제2판

문화정책론

이흥재 · 김영주

박영사

개정판 머리말

문화활동은 이제 발보다는 마음으로 선택한다. 물리적 공간보다는 마음이 닿는 곳이면 어디서든 이뤄진다. 상상이 뻗어 나가는 데까지가 문화활동 영역이다. 전문성이 없어도 망설임 없이 문화활동에 참여하고, 실적이 없어도 경험만으로 만족한다. 시간이 흐르면서 문화지평은 다양하고 넓어졌다. 많은 활동들은 문화와 접목하면서 내재가치를 높이려고 애쓴다. 이제 문화생태계에 예전 방식만으로 접근한다면 감당하기 벅찬 시대가 되었다.

그러다 보니 전략보다 철학을, 성과보다 맥락을 갖춘 정책들이 필요하다. 그런데 정책이 정치에 끌려다니거나, 정책을 위장하며 날뛰는 정치로 먹구름이 드리운 문화정책이 눈에 거슬린다. 중앙에서 이러하니 지역에서는 아예 문제의식조차 없고 정책의지도 실종되었다.

지금 우리는 웹 3.0시대에 문화생태계의 전환점을 마주하고 있다. 이 정책환경을 엄중하게 보고 전략이나 현장 적응력 못지않게 기획역량이나 논리기반에 힘써야 한다. 사업으로 펼치는 활동들은 경영적 접근보다 정책적 시야를 확보하는 것이 중요해졌다. 문화수요층 증가에 걸맞는 수준으로 문화재정을 점증적으로 늘려야 한다. 문화활동 생태계를 지속발전가능하게 만드는 데 정책 우선순위를 두고 진지하게 창발적 접근을 해야 할 때다.

'문화공유정부'를 내세우며 그나마 문화정책이 비전을 제시하며 정책대안을 개발하려 애쓰던 시절을 추억만으로 간직해야 한다면 회한이 클 것이다.

이런 문제점을 알고 있으면서도 이번 개정판에서 더 과감하게 다루지 못해 아쉽다. 우선 역량 부족이고, 소용돌이 환경을 내다보는 데 문화정책만으로는 한계가 있다. 지능정보화에 적합하도록 정책활동 궤도 수정도 일반론으로 소개하는 데 그친다. 그러나 새로 추가된 정책활동을 소개하고, 이미 성과를 달성한 정책을 삭제하며 내용을 바꿨다. 생명공동체로 나아가는 전환기, 웹 3.0을 반영하는 문화정책 논리를 해당되는 곳곳에 넣어 힘주었다. 문화예술생태계의 지속가능 조건에 대해서 거시적이고 사회문화적인 담론 접근을 시도해 별도의 장으로 추가했다. 각주는 외국사례나 이미 검증된 정책은 삭제했으나, 역사적 의미가 있는 부분은 남겨두며 큰 폭으로 정돈하였다.

개정판을 내면서 공저로 하여 적실성 있는 정책, 현장에서 참여한 논의 결과들이 생생하게 들어가게 되어 이 또한 보람이다. 개정판에서 저자들은 모험보다 맥락성 있는 정책개발에 중점을 두었다. 최근 문화정책 교과서들이 많이 출판되어 이 책에서 모두 다룰 필요가 없어 다행이라고 생각한다.

늘 하는 이야기지만 진심으로 박영사 대표님, 조성호 이사님, 편집부 여러분께 감사드린다.

문화정책이라는 산을 오르거나 둘레길을 산책하는 이들과 함께 생각을 나누는 자리로 가다듬어 내놓는다.

2023년 봄에
저자들 씀

머 리 말

우리나라에서 문화정책을 연구대상으로 삼고 전문적으로 개발해온 지도 어언 20여 년이 지나고 있다. 그동안 연구의 겉넓이는 한없이 넓어지고 속은 더 깊어지고 있다. 확실한 대안을 개발하려 애쓰는 인력은 전문화 내지 고급화되었다. 함께하며 도움을 주고받는 인접분야도 늘어나고 있다. 연구단체들의 동태적인 활동들도 보다 더 실질화되었다. 문화정책 연구개발의 춘추전국시대로 보인다.

이처럼 연구가 활발한 데 비해 문화정책 현장에는 걷어내야 할 아쉬움이 없지 않다.

우선 개발된 정책이 지속·발전되지 못하는 느낌이다. 대응처방이야 아니겠지만, 천년대계를 짜는 문화정책으로서 멀리보지 못한 채 기술적으로만 나아가고 있다. 문화에 대한 정책논리·철학·기조가 바탕이 되고, 비전 있게 형성되어야 지속발전 가능을 담보할 수 있다고 본다.

또한 문화정책 의제가 밑으로부터 발굴·논의되기보다 위로부터의 지시에 따르는 경향이 많다. 관련된 기관이나 담당자들이 도구적 집행에 소모되는 것처럼 보인다. 정책이 원래 그렇다고 해도 문화는 뿌리에서 나오므로 이와 달라야 하지 않겠는가. 문화정책 생산의 관료주의화와 정치 결합이 문제다. 문화의 지나친 경제예속화는 중앙·지방 가릴 것 없이 고착화될 우려마저 크다.

문화정책의 과정이 좀 더 개방적·실질적이지 못한 점이 걱정이다. 문화정책은 집행을 전제로 하므로 실질적 측면이 중요하다. 문화정책 과정의 합리성이 보호막이나 실패를 변명하기 위한 것이어서는 곤란하다. 평가를 위한 평가, 평가의 형식화는 위험하다. 정책현장에서 문화정책의 거리감을 느끼게 되는 것은 바로 이 때문이라고 본다.

　　문화정책의 주변이 다양해지고 확대되는 것은 융합의 덕분이지만, 이는 반드시 문화적인 융화·융통이 함께 되어야 의미가 있다. 그래야 정체성도 상처입지 않는다. 문화적 코드를 공유하고 문화에 대한 애정으로 먼저 손 내밀 때 문화정책에 덧붙여진 다른 부문의 정책들이 부가가치를 갖게 된다. 문화정책이 다른 정책의 가치나 자원을 탐내거나, 힘을 얻어내는 데 혈안이 되어서는 안 된다.

　　문화정책이 나아갈 길을 정리하기가 점점 녹녹치 않다. 그래서 아쉬운 점들을 이처럼 머리말에 내 펼치면서 이어지는 글에서 성찰의 소재로 삼고자 한 것이다. 문화정책을 연구주제로 선정했던 판단을 스스로 자랑스럽게 여기지만 성과는 미미하다. 절제의 아름다움을 소중히 여기며 살고 있지만, 원고를 쓸 때면 확 펼치고 싶은 뜻과 추스려야 한다는 생각들이 늘 혼란스럽다. 이 책에서는 기존 문화정책 연구서보다 훨씬 더 절제하는 데 힘을 주었다. 그러나 주석을 읽는 즐거움을 보여주려고도 애썼다.

　　이 책은 추계예술대학교 특별연구비 지원으로 이루어졌다. 소중한 기회를 준 학교에 감사한다. 연구와 생활에 도움을 주는 동료 교수님들께도 늘 마음 속 깊이 고맙게 새기고 있다. 이 책을 만드는 데 도움을 준 김경화, 김영주, 송은옥, 이승금 님께 감사한다. 그리고 문화정책개발, 문화정책이론, 문화전략 수업에서 토론을 함께 한 학생들과도 출간의 기쁨을 나누고 싶다. 어려운 출판시장 여건을 덮어둔 채 이 책을 펴내준 박영사의 안종만 대표님, 기획해준 조성호 부장님, 편집에 애 많이 쓴 안희준 님께 감사한다.

　　내가 소중히 생각하는 것들이 영원할 수 있기를 기대하며 …

이 흥 재 씀

차   례

01 PART 문화정책의 논리 》》》

02 PART 문화자원의 개발과 활용 >>>

03 PART 문화예술의 사회 확산 〉〉〉

Chapter **9** 품격있는 생활문화

04 PART 문화정책의 혁신 ≫≫

Chapter 15 창조성 확산과 정책혁신

PART 1

문화정책의 논리

Chapter 1

문화정책의 역할과 접근

1. 문화정책의 특징

(1) 문화가치의 실현

문화정책은 문화와 정책을 합친 말이다. 문화라는 목적을 정책이라는 수단으로 엮어내는 공공활동을 일컫는다. 문화의 가치를 획득·유지·부가·증대시키기 위하여 정책 주체가 의도하는 종합적인 생각·행동대안이 바로 문화정책이다.

문화정책은 흔히 쓰는 일반정책의 틀과는 다르게 전개된다. 문화의 어떤 특징을 살려, 어떻게 정책에 반영하여 추진하는가?

기본적으로 문화정책은 문화예술의 고유가치를 높인다. 문화예술만이 갖는 고유한 가치를 발견하고 새롭게 해석하며, 가치를 덧붙이는 정책활동을 전개한다.[1]

인간의 본질적·근원적인 속성과 깊이 관련된 문화는 그 속성 보유만으로도 소중하다. 물론 가치로서의 문화가 본질적으로 뛰어난 것인지, 또 '정책의

---

[1] 문화예술은 고유가치, 이미지가치, 소통가치, 부가가치, 인본가치를 갖는다고 생각한다. 자세한 논의는 이흥재(2005) 2장, 이흥재(2012) 2장을 참조.

힘'으로 문화가치를 더할 수 있는지에 대해서는 논란의 여지가 있다.[2]

우리사회는 동태적·지속적으로 창조를 반복하고, 새로운 세계를 발견·개척하면서 문화가 축적된다. 이 성과는 역사·세대·공간을 넘어 계승되고 마침내 사회와 인류의 공통자산으로 자리 잡는다. 다양한 지역·사회·민족·역사·전통 속에서 다채롭게 발전된 다양한 문화가 한 사람 한 사람의 개성, 창조단체의 자발성·자율성을 기반으로 펼쳐지고 전개된다. 이 같은 문화의 특징을 볼 때 문화정책은 문화의 고유한 가치를 충분히 배려하고 실현해야 하는 조심스러운 정책활동이다.

문화정책은 어디까지나 정책이므로 정책이 갖는 속성에 따라 일정한 과정을 거치면서 비로소 기대효과를 거둘 수 있다.[3] 문화예술의 정책문제를 해결하기 위해 문화가 갖는 사회적 의의에 충실하게 논의하고 형성한다. 정책활동을 거치면서 문화는 모든 분야의 창조성과 매력의 원천으로서 거듭나고, 국가·도시·지역은 나름의 고유한 문화가치를 키운다. 이러한 문화적 매력의 원천을 '마르지 않는 샘'으로 가꾸는 노력을 정책활동으로 펼치는 절차적 과정이다.

결국, 문화정책은 다양한 정책수단을 이끌어내서 고유가치라고 하는 숭고한 목적을 달성하도록 추진하고, 단체·집단·나라 사이의 상호이해를 도와주

---

2 이 논란은 문화에 대한 소극적인 입장에서 나온다. 예를 들면, 지극히 개인적인 취미·선호에 밀접하게 관련되어 있는 문화예술 소비를 사회적인 문제로 다룰 것인가. 예술우대 또는 예술가 우대를 정책으로 추진하면 결국 고소득자에게 소득이 재분배되는 것은 아닌가. 문화예술이 인간에게 본질적인 것이라고 하는데 정말로 그러한가. 문화예술은 소득이나 시간에 여유 있을 때에나 지출하는 대상이 아닌가. 일반소비자들이 더 선호하는 대중오락은 문화예술과 정책 차별화가 필요하지 않은가. 문화예술은 우리 사회에서 교육만큼 사회적 공감대가 형성된 정책대상인가. 문화정책은 결과적으로 사회적 역진성(regressive transfer)을 가져오지는 않는가. 이러한 의문들은 정책과 철학에 따라 논점이 갈리겠지만, 문화예술을 포괄적인 정책대상으로 보는데 영향을 미치거나 무리가 될 정도는 아니라고 생각된다.

3 정책학에서 말하는 정책이란 ① 특정 공공문제에 대응하기 위한 대책 ② 목적을 달성하기 위한 대안 개발 ③ 정책형성과정을 통해 만들어진 것 ④ 목적달성을 위한 수단 ⑤ 권위 있는 기관이 공식적으로 승인한 것을 말한다. 이러한 정책은 논리적으로 다음과 같은 구조를 갖는다. ① 정책은 달성해야 할 최종상태로서 목표를 설정하고, ② 목표달성을 위한 수단으로서 계획·제안·권위 있는 프로그램을 만들고, ③ 이들에 대한 집행·평가를 위해 사안별로 결정행위를 하며, ④ 계획달성 여부를 측정하기 위한 예상효과를 기대한다.

이렇게 볼 때 정책에서 정책목적과 수단이 추구할 목적과 목적달성을 위해 수행할 구체적 활동지침으로서 수단을 개발하는 것이 중요하다. 결국, 문화정책은 목적과 수단을 포함하는 가설이며, 원래의 조건과 미래에 나타날 결과 사이의 인과관계 틀이다.

는 징검다리 역할을 한다. 또한 정책의 주체와 객체 사이에 협력을 반복하면서 자연스럽게 문화의 소통가치를 실현한다.

문화정책은 관련 가치나 문제에 대한 행동지침들을 이러한 활동과정에서 자연스럽게 만들고, 목적과 수단을 동원하여 해결한다. 이를 추진하기 위하여 하나의 정책은 몇 개의 프로그램으로 구성되고, 각각의 프로그램은 또 수많은 프로젝트로 구조화 된다.[4] 이러한 방식으로 문화예술의 창조·전달·교류·소비 등이 쌓이고 거듭되어 사회 전체 속에서 인간적인 가치가 축적된다. 그것들은 또한 다양한 '사회의 내용과 질'을 결정하게 된다. 결국, 문화가 바람직한 사회 구축의 기반이자 중심으로서 활약하도록 정책이 다리를 놓아 준다.

(2) 사회가치의 실현

문화정책에서는 문화가 지니는 고유가치, 이미지가치, 소통가치, 부가가치, 인본가치 실현을 추구한다. 문화정책은 이 가치추구 연속선에서 정책과제를 선정하고, 문제점을 발견하며, 그 해결책의 계획·실행·평가과정을 전개한다. 이처럼 문화정책은 문화가 갖는 '사회적 순환성'을 실천한다.

또한 문화예술은 교육, 국제관계, 경제, 복지같은 다른 국가정책 이슈들에 덧붙여서 매력적인 감성프로그램을 형성한다. 치열한 정치·경제적 대결구조를 아우르는 접근으로 사회이슈들을 문화적으로 해결한다.

뿐만 아니라 문화정책은 교육, 범죄, 공동체, 경제, 국가복지 등 다양한 사회문제를 끌어안고 이에 맞춰 영향을 발휘하는 역할도 소중히 한다(Elenora Belfiore, Oliver Ben, 2007). 문화정책에는 예술정책은 물론 다른 정책의 내재적 포괄성이 강하다.[5] 따라서, 구체적인 계획(예: 문화공간 조성)을 전국적인 규모로

---

4 문화정책은 문화행정과 다르다. 행정은 공공단체가 법률·명령·법규의 범위 안에서 수행하는 업무이다. 정책이란 '정부의 행동방침'으로서 공공부문이 주로 행동하며 공공목적과 미래지향적 방향성을 만들어 간다. 결국 행정에 비해서 정책은 보다 장기적·미래지향적인 관점에서 사업을 추진한다.

5 문화정책은 예술정책과도 차이가 있다. 흔히 문화는 예술보다 넓게 사용되며, 사회학이나 인류학적에서 문화는 예술개념과 다르다. 유럽사회에서 예술은 더 이상 주도권을 갖지 못하는 실정이다(Elenora Belfiore, Oliver Ben, 2007). 사회와 관련해서 문화정책이라는 것은 '커뮤니티 사이에서 일어나는 문화생활과 공공부문 사이의 상호작용'으로 이뤄진다고 본다. 결국 문화정책은 예술정책은 물론 다른 정책까지도 포함하게 된다. 문화와 예술에 대한 보다 현실적인 구분은 공공예술(public art)에서 찾아볼 수 있는데 여기서 어떤 예술작품은 예술진흥을 위한 도

먼저 수립하고, 획일적으로 지역들이 따라서 추진하는 방식은 바람직하지 않다. 더구나 개별 시설에 따라 그 사회적 역할이나 목적이 다르므로, 미술관 하나를 짓더라도 문화가치에 맞게 그 설립목적·이념을 실천해야 한다.

또한 문화정책의 집행 결과는 사회나 개인의 자율성·다양성은 물론 질적 수준에까지 영향을 미친다. 문화정책은 사람들 하나하나의 '삶의 과정이나 인생설계'와 연관되어 개개인 생활의 질에 직간접적 영향을 미친다. 이렇듯 사람을 중심에 두고, 개개인의 자발적 활동을 자극하고 신장시키며, 개인 활동의 한계 보완과 불균형 시정으로 인본주의를 실현하는 데 기여한다.[6] 이처럼 문화정책은 개인은 물론 국민들의 평균적 수준의 삶의 질을 조성하여 사회적 질을 높인다.[7]

(3) 문화활동의 확산

문화정책은 나라마다 역사적 배경, 강조점, 추진체계가 다르다.[8] 뿐만 아니라 개별정책의 정책동기, 접근방법도 다르다. 그러나 문화창조 활동을 보장하며, 고유문화 전통과 문화유산을 이어가고, 다른 세부정책들과 서로 연결되고 순환되도록 조정하는 것은 문화정책이 갖는 세계적인 공통점이라고 할 수 있다.[9]

시계획, 도시환경조성, 기반시설 관련 기획·운영 정책으로 다룬다.

6 문화예술에 대한 인본주의적 접근은 16세기 이탈리아, 18~19세기 독일 교육철학자들의 저술을 바탕으로 예술의 문명화, 교육화 기능에 관한 이론이 만들어진다. 예술의 카타르시스 메카니즘에 대한 도덕적 관점으로 즐거움과 교양은 물론 도덕적 가르침까지 제공한다는 것으로 확장된다(Elenora Belfiore, Oliver Ben, 2007).

7 다른 어느 분야보다 문화정책은 새로운 공공개념을 재정립해야 한다. 최근에 많이 논의되는 문화 거버넌스(協創, 협동적 창조활동) 개념으로 접근하여 추진할 경우 문화정책적인 논리는 정책효율성뿐만 아니라 정책대상의 광범위성에서도 찾아야 한다. 그 결과 문화정책의 역할도 '일방적 제공에서 협동적 운영'으로, '향유공감에서 협동적 창조'로 변해야 한다.

8 문화정책은 사회와 접목하며 다른 정책영역을 포용하고 있다. 예를 들면, 문화콘텐츠를 엔터테인먼트산업과 관광산업에 접근한다. 문화지원정책을 경제적 기여를 논의하고, 기술발달에 따라 멀티미디어산업과도 호흡을 맞추고 있다. 문화유산은 사적 권익을 제한하면서 보호를 위한 법제도를 달리하고, 저작권도 글로벌 진행과 조약에 따라 달라진다. 교육과 문화의 관계도 긍정적으로 넓혀진다. 다른 문화와 접촉하는 국제문화교류, 도시계획과 관련한 경관과 도시디자인, 웹 3.0 기술과 결부된 문화콘텐츠의 육성도 새롭게 각광 받고 있다. 결국, 문화정책 관련 영역은 광범위하여 종합적으로 접근하는데 기술·정치·경제·역사 환경변화와 관련해서 무한 확대된다.

9 그 밖에도 나라의 언어를 닦으며, 창조자의 창작물 권리를 보장하고, 문화콘텐츠를 개발하는 파생역할이 많아진다. 우리 문화정책은 생활문화, 예술, 문화콘텐츠산업, 문화유산, 우리말, 저

이처럼 광범위한 문화정책에서 중요성이나 우선순위에 맞게 문화활동이 자연스럽게 확산된다. 일반적으로 문화예술을 진흥시키는 정책이 최우선으로 간주되며, 생활문화가 이를 후원하는 모습의 구조를 생각할 수 있다. 그리고 국민일반의 생활을 활기차게 하는 관광이나 체육도 넓은 의미의 문화에 속해 '국민들에게 다가가는 정책'으로 추진되며, 동시에 문화를 소재로 한 발전정책의 하나로서 펼쳐진다.[10]

(4) 자원과 수단의 융합융화

문화정책은 다양한 문화자원을 서로 결합하는 융합융화 가능성이 매우 넓다.[11] 그 방법은 정책, 프로그램, 콜라보레이션, 창조적 실험, 재정지원, 특수목적에 대한 문화적 관점의 지원, 시설의 융합 등으로 실현된다. 예를 들면 과학과 문화예술의 융합이 문화와 과학기술정책, 과학박물관, 과학문화프로그램, 미디어아트 또는 테크놀로지컬아트, 과학기술부처와 문화부처의 재정결합 사례로 나타나는 것이다(Jonathan Paquette, 2011).

그런데 문화의 다양성과 광범위한 연관성 때문에 문화정책 목표가 때로는 애매하며, '계획성 무효화 계획'이 등장하기도 한다(久木元拓, 2009). 더구나 문화정책은 당연히 융합적·종합적인 성격을 갖는다. 다시 말하면, 문화기반 정비, 예술활동 장려, 활동지원, 참가와 향유기회 확대 등 폭넓은 문화활동이 다른 정책에 관련된다. 이에 따라 최근 문화정책은 폭넓게 정책수단을 활용하는 '종합적인 경영' 기능을 갖는다.

작권, 종교, 관광, 체육을 포함한다. 예술은 장르별로 문학, 음악, 미술, 연극, 무용 등을 모두 포함한다. 문화콘텐츠산업은 영상, 게임, 애니메이션, 출판, 방송까지 포함한다. 이처럼 문화정책은 문화창조라는 기본적인 활동에 많은 대상을 유기적으로 연결하며 다면적으로 활동한다.
10 문화에 대한 정책범주는 나라마다 다양하다. 스웨덴은 문화활동, 예술가의 지원, 극장, 음악, 미술관·박물관, 문화유산의 보호, 문학, 도서관, 라디오·TV, 영화, 신문, 생애교육 등을 문화정책으로 다룬다. 일본은 문화청의 역할 범주를 문화정책 대상으로 삼는다. 주로 문화의 진흥과 보급, 문화재의 보호와 활용, 국어의 개선, 저작권의 보호, 종무행정 등을 맡는다. 문화청 이외에도 총무성이 지역문화를, 외무성이 문화교류를, 재정경제성이 문화산업 관련 정책을 담당한다. 캐나다는 도서관, 문화유산, 예술교육, 문학, 연극, 음악, 시각예술, 영화, 방송, 다문화주의 예술활동을 다룬다. 문화유산에는 박물관, 미술관, 공원, 귀중한 건축물을 포함하고 있다. 문화유산, 공원, 귀한 건축물, 그리고 사회를 구성하는 인간의 다양성을 유지하고 관리 한다는 의미에서 유산성(遺産省)을 설치하고 있다.
11 '모듬비빔시대'의 문화예술 융합융화에 대해서는 이흥재(2012) 5장 참조.

이러한 융합정책적 성격은 지역문화정책에서 더 확실하게 나타나 자원과 수단을 융합하는 방식으로 지역창조를 이루기도 한다(Carl Grodach, Anastasia Loukaitou-sideris, 2007). 지역계획 수립에 있어서 문화정책은 계획의 전제 내지 핵심내용으로 포함된다. 정책 대상도 예를 들면, 문화시설, 축제, 이벤트, 지역 경관, 어메니티(amenity), 공원, 거리 등 하드웨어는 물론 생활 전반에 대한 프로그램까지 포함할 정도로 넓다. 또한, 지역수준의 문화정책은 문화환경 조성, 사회학습, 산업발전, 공동체 등에 관계되는 지역의 공공정책으로 자리 잡는다. 뿐만 아니라, 경영전략에서도 기업가전략, 신창조계급전략, 진보전략같은 다양한 형태로 접근하고 있다(Carl Grodach, Anastasia Loukaitou-sideris, 2007).

이에 따라 문화정책 집행에 있어서는 활용할 문화자원과 인력을 모두 동원하고 배분한다. 특히 창조환경을 정비하고, 기업의 역량을 동원하며, 산업적 문화자원을 적극 활용한다.

이 과정에서 문화정책은 사회문화자원을 재평가하고 자리매김한다. 예를 들어, 산업경제에 관련된 근대유산을 문화의 관점에서 재평가 활용하거나, 사회변화 동인을 문화적으로 해석하여 창조환경 개선·발전에 연결시킨다. 문화정책에 관련된 인적 자원도 경제학, 사회학, 교육학, 건축학, 미학, 역사학자를 포괄하여 활용한다. 또한, 예술가, 예술단체, 미술관의 학예사, 문화행정 공무원, 문화시설 직원, 기업, 예술경영 종사자 등이 폭넓게 동원된다.

2. 기능과 역할

(1) 기여론·거부론·목적론

사회문제의 정책적 해결은 정책의 의지와 역할에 대한 기대에서 출발한다. 문화정책 주체가 정책문제에 대하여 어떠한 역할을 할 것으로 기대(role expectation)하느냐에 따라서 정책 방향이나 내용에 차이가 생긴다.[12]

---

12 이는 주체의 존재 이유(mission)로서 정책비전, 방향, 목적, 목표, 수단의 결정에 중요하다. 예를 들면, 프랑스의 문화정책은 이미 1980~90년대부터 연관된 정책을 함께 추진함으로써 사회

문화정책은 사회에 어떤 기여를 할 것으로 기대할 수 있는가? 문화정책은 어떤 역할을 하는가?

① 기여론

문화정책은 사회의 문화활동 총량을 증대시키고 나아가 사회 속에 흐르는 문화예술 수준을 끌어올리는 데 기여한다. 단지 문화를 대중화하고 '모두를 위한 문화'에 머물지 않고 이를 넘어서서 향유자가 인간으로서의 자리를 온전하게 누릴 수 있도록 하고, 문화예술로 행복하도록 돕는 것이다. 더 나아가서 모두가 즐거운 세상, 문화예술 향기로 품격 높은 사회를 형성하는 데에 기여한다. 결국 문화정책은 사회변동의 주체인 개인들의 인생의 질을 높이고, 풍요로움을 보장하며, 사회의 문화역량을 키워 사회 전반의 활력을 유지하는 역할을 맡는다.

한편, 개인에 국한해서 보면 문화정책은 납세자인 개인에 대한 문화서비스를 통해 개인의 문화권을 넓혀준다. 개인이 문화예술 접촉 기회를 통해 자신을 자각함은 물론 존엄성을 인정받고, 공동체 속에서 사회적 관계를 맺고, 문화권도 보장받도록 해준다. 문화정책은 이처럼 개개인의 문화예술 창조와 향유권리를 키우는 데 기여한다.

이러한 사회적·개인적 기여로 문화예술을 지렛대로 하여 문화국가 발전에 다가간다. 또한 문화공동체로서의 국가가 정체성을 갖도록 문화유산을 공유하고, 지식인과 예술가의 창조성을 키워 문화국가의 주체성과 결속을 다지게 한다. 모든 나라들은 이처럼 '품위 있는 문화국가'의 미래를 위한 창조적이고 구체적인 노력을 문화정책에 기대한다.

② 거부론

정책의지에 따라 정책수단을 동원하는 데 대해서 사람들이 거부감을 갖

전체에서 문화정책의 위상을 높였다. 문화정책의 존재를 과시하는 세부정책에는 ① 문화예산의 확대 ② 정책 대상인 문화 범주의 확대 ③ 문화와 경제발전의 연결 ④ 영상산업(방송, 영화)에 대한 개입확대 ⑤ 지방문화행정 추진을 포함했다. 프랑스에서 문화의 범주는 문화가 일상생활에서 개인 생활 전반을 포함하여 대중문화, 생활문화, 패션, 음식, 락 음악까지 포함한다. 이러한 정책의지는 서양의 문화뿐만 아니라 프랑스에서 창조·공연되는 세계 각국의 다양한 문화를 모두 포함한다고 하는 당시 문화장관 자크 랑(Jack Lang)의 생각을 반영한 것이다.

는 경우가 적지 않다. 이러한 문화정책에 대한 거부감은 어떤 근거에서 나오는가?

기본적으로는 문화예술의 속성에 비춰볼 때 문화를 정책화한다는 것 자체가 부자연스럽기 때문에 거부감이 생긴다.[13] 한편, 정책 주체인 관료들이 대중을 교묘하게 통제하거나, 매스컴을 이용해서 사회에 대중조작 기술의 먹구름을 드리우는 데 대해 창작자·매개자들이 거부한다. '사회를 밝고 맑게 이끌어가는 것'에 역류할지도 모르는 정책수단에 대해 우려하는 것이다. 그런데 이는 전제주의 시절 문화정책이라는 허울로 정치이념을 무기화했던 것과는 다르게 보아야 한다. 오늘날 문화정책은 이와는 분명 다르다. 현실적으로 문화정책이라는 말에 거부감을 느껴서 의도적으로 문화정책이라는 말 대신 '문화행정', '문화시책'이라는 말을 사용하는 경우도 있다. 그렇지만 행정은 '정책보다도 실무에 가까운 구체적 시책'이라는 뜻으로 한정해야 한다.

③ 목적론

문화정책은 수단적 가치를 갖는 것이 아니고 그 자체가 문화예술 발전을 목적으로 하는 활동이다. 물론 이러한 문화정책의 역할에 대해 그 실효성을 의심하는 이들도 있다.

문화정책은 창조자가 창조활동을 활발히 하게 하는 목적에서 계획적으로 사회를 변화시킨다는 점이 핵심이다. 특히 문화정책은 문화의 내용에 관여하는 것이 아니라, 자주적이고 자발적인 활동을 '옆에서' 자극하고 신장시키는 데에 중점을 둔다. 정치적 의사결정에 바탕을 두고 공공권력이 관여하여 문화예술 발전을 비트는 것에 대해서는 누구나 반대한다. 문화정책은 문화예술의 자유와 활발한 전개를 위해 측면적인 조건 정비에 주력한다.

결국 문화정책은 문화예술을 통해 개인은 풍요로운 생활을 누리며, 사회는 창조적 생산환경을 만들고, 정책 주체들이 스스로 이러한 역할을 부여하도

---

13 얼핏 보면 공공 권위에 대한 거부감으로 생각되지만, 권위를 바탕으로 정책을 추진할 때 자기혁신이라는 부담이 뒤따르는데, 문화예술 정책의 창조적 혁신도 결국 자기변혁 고통을 감내하기 힘들어서 거부하는 것이다. 문화예술 정책과정에서 새로운 정책체계를 구축하거나 혁신을 요구하는 데 대한 두려움과 거부가 복병처럼 나타나 문화예술 정책을 형식화 시키고 있다. 이 때문에 문화단체들은 문화정책이라는 말과 추진과정에 대해서 위화감을 갖고 '불가피한 마찰'을 겪는다.

록 여건을 만들어 주는 데 중점을 둔다. 따라서 문화정책은 정부주도의 일방 공급적 성격보다는 적극적이고 예술경영을 포함하는 새로운 정책적 성격을 갖는다. 정책형성, 집행자의 가치와 신념에 따라 목적론적 지향을 분명히 할 때 문화정책이 정체성을 갖는다(허범, 2002). 특히, 문화정책이 가져오는 뛰어나고 효과적인 교육성, 역사적 보존성, 우월성 등은 눈에 잘 띄지 않아 그 편익을 내세우며, 공공정책을 만들기는 어렵지만 숭고한 목적을 실천하는 활동인 것이다.

(2) 역할 기대

문화정책에 대한 역할 기대는 시대와 나라에 따라서 매우 다르다.[14] 문화정책을 추진하면서 먼저 해야 할 일은 문화예술을 정책으로 다루는 데 대한 창작자들의 거부감을 해소하는 것이다. 그리하여 소망하는 목표를 달성하기 위해 명분을 세우고, 바람직한 방향을 위한 전략을 설정해야 한다.

인간으로서의 삶을 문화 측면에서 접근하므로, 문화정책은 문화활동과 인간의 관계에서부터 출발한다. 창조 주체는 어디까지나 개인과 단체이므로 정책이라고 하는 것은 이러한 창조활동을 도와주는 데 불과하다. 문화소비자 개인의 자발적 활동을 자극하고, 모두가 문화를 즐길 수 있도록 조건을 정비하는 데 도움을 준다. 결국 정책은 제한적인 개인의 문화소비활동을 지원하게 된다. 이에 나아가 우리는 부족한 면을 보완하며 불균형을 시정함으로써, 전체적으로 고른 문화발전이 이뤄지도록 정책·제도·법률적 조치를 강구하는 역

---

14 유럽 문화정책은 일찍부터 도서관, 박물관, 갤러리 같은 공공문화시설 건립에서 출발했다. 역사적으로 국제연합과 유네스코가 탄생한 1940년대 후반을 문화정책 출발시기로 본다. 유네스코는 교육·과학·문화를 다루며 문화정책 이념과 방향을 제시해준다. 그래서 유네스코 가입국은 대개 미래와 국가발전에서 문화의 중요성을 인식하고, 이념을 정책에 반영하여 시민의 창조적 발전기회, 예술정책 자극, 사회경제조직들의 문화활동 참여를 펼친다. 1970~80년대까지는 문화의 기능에 정책의 초점을 맞추었고, 산업으로서의 문화론을 뿌리내려 경제활동에 민간의 참가를 활성화했고, 경제발전에 기여하기위해 문화산업 잠재력을 일깨웠다. 1990년대에 들어서는 문화산업에만 편중한 산업지향 문화정책은 채택되지 않았다. 독일은 헌법에서 '예술의 자유'를 보장하며 15개 연방주 각각의 주 헌법에서 국가역할로 예술정책을 규정하고 있다. 법률을 보면 우리나라(1972), 핀란드(1967)에서 제정된 '문화예술진흥법'에서 예술정책을 강조한다. 호주도 연방예술진흥법(1988)과 주의 문화진흥법이 있다. 일본도 문화예술진흥기본법(2001)이 있다.

할을 문화정책에 기대하는 것이다.[15]

① 문화발전 기반

문화정책은 공급 측면에서 우선 문화발전의 조건과 기반을 마련한다. 사회 전체적인 관점에서 문화의 학습·창조·전달·향유·축적·교류활동이 원활하도록 시설정비, 관련 제도, 문화단체 조직화, 문화경영 인력육성 등이 포함된다. 이로써 기본적인 문화공간을 확대하여 활동의 장을 만들고, 프로그램으로 개발하여 문화발전과 수준을 높일 수 있도록 한다.

또한, 문화정책은 문화 관련 시설·단체나 기구들의 운영이 활성화되도록 지원한다. 이를 위해 기본적인 운영과 유지비용을 제도적으로 지원하는데, 어떤 기구를 골라서 지원하는 것이 효율적인가를 결정하고, 이를 위해 일정한 기준을 세운다. 지원대상을 선정하는 기준은 적합성 여부에 두고 그 활동이 얼마나 예술적 다양성을 증진시키는지, 소외된 문화집단들이 참여하는지, 예술적 우수성을 확보하는지에 따라 지원 수준을 판단한다. 이처럼 '공식화된 기준 만들기'는 문화정책에 우리가 기대하는 바이기도 하다.[16]

또한 문화정책은 문화자원에 투자하는 재정전략으로서 선택적 활동을 육성하기 위해 특별 프로그램을 개발·연결한다. 이는 문화예술의 중심부와 주변부, 국가와 지역들 사이의 틈새를 보완하기 위한 보조전략이다. 아울러 이러한 역할을 맡은 대도시 예술단체들이 지역공동체들과 협동·교류하도록 지원하고, 기본 관객층에 대한 공공지원을 확장하여 훌륭한 예술에 보다 많은 사람들이 접근할 수 있게 한다. 다시 말해서 문화정책으로 문화예술인의 활동기회가 늘어나고 문화예술이 원활히 흘러갈 수 있으며, 국민의 문화향유 기회가 늘어나 궁극적으로 문화활동에 긍정적 영향이 미치는 것이다.

---

15 문화정책이란 문화적 필요를 충족시키기 위해 의도적으로 추진하는 활동이므로 이를 달성하기 위해서는 필요한 물리적·인적 자원을 최대한 동원·활용한다. 그러므로 문화정책으로 달성해야 할 문화발달의 기준은 개성의 완성과 사회경제적 발전에 따라 명확히 제시되어야 하며 문화와 결부되어야 한다(UNESCO, Cultural Policy, 1970). 다시 말하면, 문화적 필요를 충족시키는 것이 문화정책의 과제이며, 그것은 바로 문화영역에 있어서의 조건정비에 곧바로 연결된다는 입장이 70년대 이후 줄곧 유지되고 있다.

16 예술서비스 조직에 대한 실질적인 지원 조치로 일본은 NPO법에 따른 문화예술단체 활성화, 예술단체의 NPO화, NPO로서의 예술서비스조직 강화, 예술서비스조직의 성공사례 활용, 예술과 사회의 만남의 장 만들기에 힘쓰고 있다.

② 사회적 확산

문화정책은 사회 내 문화수요와 공급을 공진화시킨다. 문화사회 활성화를 이끌어내기 위해 문화정책 가운데 특히 힘써야 할 것은 문화소비와 생산이 공진화하도록 하는 것이다. 이는 문화경영으로 당연히 추구해야 할 목표지만 성공적으로 실천하기는 매우 어렵다. 생산, 매개, 소비과정에 참여기회를 제공하는 프로그램을 만들고, 문화서비스의 수급 관계 활성화를 문화경영으로 어떻게 달성할 것인지가 중요하다(久木元拓, 2009).

또한, 문화정책은 문화향유의 불공평을 해소하는 일종의 사회발전 정책이다. 문화생활은 교육수준, 소득수준, 거주지의 영향을 받는데, 문화정책은 문화적 접근기회 불공평을 해소하기 위한 일종의 분배 정책으로 문화적 복지를 넓히는 데 기여한다.[17]

문화소비 활동에 있어서 개인이나 단체활동만으로는 제약이 있게 되므로 문화정책이 이를 보완하는 것이다. 또한 문화정책은 다원적인 문화(기성예술, 전위예술)와 토착적인 문화(지역문화)의 틈새를 좁혀주는 공생 정책으로 전개된다. 이를 위해 우수한 지역공동체나 예술활동에서 요구하는 기술적·재정적인 지원을 확대하기도 한다.

마지막으로, 정책 실제에 있어서 문화정책은 다른 발전 정책과 결합하여 효율성을 높인다. 예를 들면 과학 분야에서 '창의성'을 중심으로 과학과 예술 간의 상호 연계협력을 꾀할 수 있다. 기술 분야도 창의성을 중심으로 기술과

---

17 불공평을 해소에 관련해 보몰(Baumol)과 보웬(Bowen)의 논리는 설득력이 있다. 미국 20세기 재단의 보고서(1966)에서 이들은 비영리 예술조직이 경제적 딜레마에 빠져있기 때문에 이러한 배분문제를 스스로 해결할 수 없다고 주장했다. 비영리 예술조직들은 '소득과 수입 격차' 때문에 자금융통이 원활하지 못하며, 많은 청중을 폭넓게 확보하지 못한다. 따라서 문화정책은 문화적 형평을 유지하기 위해 노력해야 하며 미국이 예술부문을 정책의제로 선정하게 된 배경도 바로 여기에 있다고 한다. 또한, 우수한 문화예술 향유기회를 고루 제공해야 하는데 비영리문화단체들이 경제적으로 무능력해서 정부가 이를 해결해야 한다고 강조했다. 결국 이를 정책적으로 추진하기 위해 NEA를 창설하고 예술에 대한 공공지원을 지속적으로 추진하기에 이른 것이다.
　남북으로 뻗은 스웨덴은 문화향유에 지리적·경제적 격차가 생겨 격차 해소와 문화활동 참가 권리 보장 중시한다. 그래서 문화예술 평등 실현을 내세우고 있다. 문화예술 취향은 경험재이기 때문에 어린시절부터 경험기회를 만드는 것이 문화적 평등을 보장한다고 믿고 국가 지원 연극의 상당 부분을 어린이용으로 채우는 배려를 한다.

문화융합 협력을 추진한다. 국방 분야에서는 군 문화활동을 위하여, 복지 분야에서는 근로자 문화예술활동 참여로 삶의 질과 복지효과, 국제교류 분야 문화정책은 국제개발협력(ODA) 분야에서 문화정책을 개발한다. 또한 지식재산 분야는 문화예술 분야의 지식재산 정책수립, 지식재산 전문인력 양성에 문화예술 분야 특성을 반영하며, 보건 분야는 문화예술영역에서 건강관련 복지성 사업을 연계추진한다. 또한 국제관계에서 문화정책이 국제규범에 제약이나 마이너스 효과를 받지 않아야 하는 경우도 생겨나 이를 우선적으로 배려하는 문화정책적 고려를 해야 한다.[18]

　　문화체육관광부의 주된 업무인 문화정책도 이처럼 광범위한 부처 연계성을 갖는다. 그런데 법률과 기본계획으로 관련 업무협력을 명시하고 있지만, 실제 협력수준은 매우 낮은 형편이다. 정책협력을 실천하기 위해 기획, 수립 단계부터 협력의 확대, 협력사업 진행에 대한 가이드라인 마련, 부처 내 융합 업무를 담당하는 정책 네트워크(policy network) 만들기에 힘써야 한다.

3. 접근 방법

(1) 예술경영

　　예술경영이란 문화예술시설이나 단체들이 보다 효율적으로 더 많은 성과를 올리기 위한 경영 활동을 바탕으로 한다.[19] 결국, 문화예술 창조환경을 만들고 문화예술 행사 참가자를 확보하며, 공연장을 확보하고 문화예술단체와

---

18 국제규범 때문에 문화정책이 자유재량을 제약받는 경우가 있는데, 이때 자국 문화에 부정적인 영향을 미칠 수 있어 유의해야 한다. 예를 들면 국내 문화정책이 국제경제규범 통상정책, 역내 무역 등에 부담이 될 수 있다. 또한 다인종 다문화사회가 확산되면서 국제인권규범에 문화정책이 구속을 받거나 마이너스(負)의 효과를 가져올 수 있다. 그 밖에도 세계유산조약과 같은 문화유산이 국내 문화유산정책에 영향을 미치므로, 문화적 가치의 세계적 보존이라고 하는 보편적 가치를 존중하면서 정책을 펼쳐야 한다(稻木徹, 2009).

19 이를 넓게 보면, 문화예술을 시장으로 연결시키고 문화예술과 사회의 만남을 연결하는 활동주체의 내외부적 활동으로 생각된다. 더 넓게는 사회에서 문화예술을 활성화하고 재생산하기 위한 여러 사회문화 활동들을 포괄해서 말한다.

조직을 관리하며, 문화예술의 사회화를 넓혀가는 것을 포괄하는 활동이다.[20]

그렇다면, 예술경영은 일반 경영과는 어떻게 다른가? 예술경영에서는 특히 외부지향적인 계발(啓發)에 초점을 두는 공급자가 중심이 아니라, 수요자 중심으로 사업을 개발하고 마케팅한다. 다만, 예술이라는 '특수한 경영자원' 때문에 경쟁을 강화시킨다고 해도 기대한 대로 성과를 올릴 수 없을지 모른다. 그러나 과학적·합리적으로 경영하여 참여자들의 의욕을 높이며, 문화향유자에게 보다 높은 서비스를 공급할 수 있다.

① 예술과 사회의 만남

이 같은 문화예술경영은 논리적으로나 실질적으로 어떠한 기능을 갖는가? 단체·시설·기업의 문화예술 활동에 대한 경영에서 추구하는 궁극적인 방향은 무엇인가?

문화예술경영에 대한 철학적 논의는 문화예술과 사회의 만남으로 어떻게 관계를 맺고, 문화예술은 사회에 어떤 기여를 하는지와 관련된다. 그래서 문화예술경영의 실질적 기능은 예술가의 창조성을 높이고, 문화향유자 중심의 사회를 활성화시키며, 문화예술 자본과 잘 연결시키는 것이라고 말할 수 있다. 이를 위해 기획제작, 경리, 조직관리, 홍보·마케팅을 추진한다. 다시 말하면 예술가의 재능, 자본과 조직, 향유자 같은 3요소를 잘 연결하는 것이다.[21] 다른 한편으로는 관련 주체를 축으로 하여 창조단체, 문화시설, 문화지원 조직 분야에 대한 경영기법을 찾는다. 결국, 우리는 문화경영의 실질적인 역할을 찾기 위해 이 두 축을 바탕으로 경영활동 매트릭스를 만들어 볼 수도 있다.

---

20 예술경영이라는 말이 쓰이기 시작한 것은 유럽에서 1980년대, 일본에서 1990년대부터이다. 우리나라는 2000년도에 들어와 대학에서 강좌를 개설하고 연구모임도 만들었다. 대학강의는 좁은 범위의 예술경영 범주에서 이뤄지는데, 구체적인 경영기법이나 실천적인 측면을 학생들이 요구하기 때문이다. 단편적 사례중심으로 경영현장인들이 많이 강의한다.

21 이러한 관점에서 문화경영과 문화공학을 결합한 문화정책 개념을 제기한다. 문화경영이나 예술경영은 문화사업 추진에서 기획과 운영상의 방법론에 비중을 둔다. 이 방법론은 차라리 문화공학의 틀로 논의하는 것이 적절하다. 문화공학이란 문화활동에 필요한 요구사항에 따라 그 활동의 품질·비용·기간 조건을 고려하여 최선의 해결책을 이끌어 내는 총체적 활동이다. 여기에는 목표 규정, 사업 추진과 운영, 필요 자원 확보, 사업의 전략적 실현을 담는다. 그리고 이러한 개념과 자원을 확보하는 것을 소중히 다룬다. 환경분석·요구분석·효과예측 타당성 조사를 바탕으로 기본방향과 컨셉 도출, 목적 정의·실행가능성 조사, 사업계획·절차·평가를 한다는 점에서 문화경영과 문화정책의 과학성을 높이는 방안으로 적합하다.

이처럼 각 주체와 활동을 서로 연결시켜 잘 작동하도록 하는 활동이다.

이렇게 하여 문화예술의 의의를 사회적으로 두텁게 하고 사람들의 공감을 불러일으키며, 문화예술의 새로움·공공성을 획득할 것이다. 좀 더 역할을 확장한다면, 문화예술 자금조달과 운영의 바람직한 상태와 관련해서 조직을 만들고, 사람들을 배치하여 시장·마케팅에서부터 경영 감각을 받아들인 사업을 성공적인 제도로 정착시킬 수 있을 것이다. 그리하여 오늘날 문화예술경영은 창작, 전시, 공연은 물론이고 공간, 운영관리, 정보, 홍보, 유통, 청중·관중, 보존, 지원, 문화정책 등 문화예술과 사회 전반에 관한 활동으로 이해할 수 있다.[22]

② 새로운 경영 패러다임의 정책

오늘날 문화예술은 사회를 구성하고 변화시켜가는 주요 요인의 하나이다. 문화활동을 사회변동의 동인으로 이해하고 이를 경영전략으로 추진하기 위해서는 경제, 행정, 법률, 정보공학 등 종합과학 지식을 축적해야 한다. 무엇보다 인간의 감성에 따른 새로운 문화경영 패러다임을 활용해야 한다. 그렇다면 어떤 관점의 경영전략이 필요한가?

우선, 지원 유도와 그 결과를 관리하는 전략이 필요하다. 보몰(William. J. Baumol)과 보웬(William. G. Bowen)도 문화예술경영을 전략적으로 활용하는 것이 문화경제적 측면에서 중요하다고 보았다. 문화예술 활동에는 필연적으로 적자가 따르는데 관·민 양측에서 지원을 받아 그 수지를 명확히 해야 한다는 것이다. 최근에 문화예술자본이 다양하게 동원·배분되는데, 문화예술단체들이 재정을 원활히 관리하기 위해서 담당자가 전문적인 문화경영 전략을 필수적으로 갖춰야 한다.

문화의 공공성 가치를 공유해야 한다. 우리 사회가 지니는 고도정보화 수준, 일 중심의 사회적 속성, 문화예술을 즐기려는 낙관적 성격 등이 정책이나

---

22 문화경영과 문화행정은 관리행동이라는 점은 같으나 현실적으로는 차이가 있다. 문화경영은 조직발전을 목표로 하고, 이론적이고, 학제적인 이념을 가지며, 장기적이고 근본적인 해결이 요구되고, 따라서 경영이념과 객관적 분석능력이 요구되는 분야이다. 한편 문화행정은 개인의 성장이나 직무능력 향상을 목적으로 하며, 지식이나 기술을 이념으로 하고, 즉각적인 대응능력이 필요하며, 실천기술과 지식이 필요하다.

경영 현장에서는 적극 반영되지 않고 외면당하고 있다. 더구나 문화서비스 제공자와 소비자가 특히 문화 공공성을 우선 고려해야 한다. 예를 들면, 어느 도시에서 공연장을 만들 경우 문화단체는 공공성을 빌미로 공연장의 값싼 사용을 바란다. 문화단체는 그 수익 대상이나 시장이 한정되어 있어 경영전략으로 공공성과 경영성의 거리감을 좁히는 데 인식을 함께 해야 한다.

경영적 정책을 실질 목표로 잡아 추진하기 위해서는[23] 사업에 소요되는 자금이 적기에 적절한 규모로 동원·배분되어야 한다. 이런 맥락에서 문화정책의 목표는 경영전략적인 재정지원의 범주와 함께 문화발전 전략의 하나로 논의될 수 있다. 아울러, 문화정책과 문화경영을 성공적으로 접목하기 위해 경영전략을 정책에 녹아들게 해야 한다. 문화정책의 정책수단이 점차 확대되면서 문화경영의 개념과 외연은 상당히 중복된다. 한편, 문화경영도 종합적인 경영으로서의 성격을 갖는 문화정책과 적어도 외연에 있어서는 합치된다.[24]

③ 공동 이해관계 조정

문화정책과 경영을 통합시키기 위해서는 먼저 문화경영의 어려움을 정책담당자들이 이해해야 한다. 문화예술에 관련되는 인간과 그 인간이 만들어내는 사회제도 사이의 관계를 잘 설정하는 것이 경영에서 중요하다. 그런데 사회환경이라는 것은 매우 복잡미묘해서 예술경영만으로 그 관계를 조정·처리하기는 어렵다. 과학적인 분석을 통해 사회통념을 깨는 방식, 집단지성에 대한 이해 등으로 문화예술경영에 접근해야 한다(久木元拓, 2009). 그런데 이것이 문화예술을 지키는 방파제가 될 수 있을지는 모르겠지만, 이것만으로 발전전략에 도달하기는 쉽지 않다.

---

23 문화정책의 목표는 명목적 목표와 실질적 목표로 나눌 수 있다. 명목적 목표는 가장 이상적인 사업을 나타내면서 방향을 제시하기 위한 목표이고, 실질적 목표는 현실적으로 필요에 따라 추진하기 위한 목표이다. 정책목표는 가급적 재정을 확보하여 실질적 목표로 나타낼 수 있어야 한다.

24 미국이나 유럽의 문화예술경영과 문화정책은 그 나름대로 역사적 배경 속에서 탄생되었고 그들의 문화환경에 맞춰 운용된다. 유럽 문화시설들은 100년의 역사와 제국주의 시대의 역사배경을 담고 시작되었다. 그런데 오늘날 그들의 최대 고민은 식민지국가로부터 이민 온 다민족들의 개성을 살려 조화시키는 데 있어, 문화예술경영도 사회조화를 위해 문화정책 역할에 기대고 있다. 우리처럼 행정국가 경향이 강하고 문화적 이질감이 덜한 곳에서는 문화정책에 경영을 포함해도 무리가 없다고 본다. 우리는 문화시설의 수준, 문화소비자의 접근방식과 모습, 국가의 역할에 대한 기대, 민간부문의 참여역량의 실제에서도 차이가 있다.

또한, 문화예술 교육으로 정책과 경영에 대한 이해의 접점을 늘려야 한다. 특히 관객수보다 예술접근성에, 예술의 상업화와 지나친 소비상품화보다는 예술의 미학적 가치 찾기에 중점을 두어야 한다(Njordur Sigurjonsson, 2010). 특히 교육내용에 대해서는 이 점을 재검토해 보아야 하며, 예술경영교육만으로 어설픈 자기만족을 조장하거나 사이비직업(pseudo-profession)을 만들어내지 않는지 반성해야 한다. 또한 사회가 문화예술을 이해하지 못한다고 한탄하면서 지원을 요구하는 것만으로 문화예술 환경개선을 기대하기는 어려우며, 결과적으로는 예술인들의 배타적인 불만만 쌓이게 된다. 결국 문화예술정책과 경영이 결합하여 관련 분야 연구자·행동가의 공동참여를 추진하고 종합과학적으로 접근해야 한다.[25]

④ 정책과 경영의 공존·공생·공진화

문화정책과 문화경영은 정책과학 논리로서의 인본주의적 관점 아래 공진화가 가능하다. 그동안 문화예술경영에서는 인본개념보다는 수익과 기획, 홍보, 관객개발에 더 초점을 두었다. 문화경영에서 인간개념을 강조하고, 조직상의 인력관리에 중점을 두는 이유는 예술이야말로 가장 인간적인 작업활동이기 때문이다. 그러나 문화경영 현장에서 부딪치는 현안은 대개 예술가의 재능을 살리거나 문화단체의 인력을 활용하는 데서 생기는 어려움에서 비롯된다.

문화정책과 경영 담당자는 문화이해의 폭이 넓고 경영 특성에 밝다. 경영자들은 관객 확대를 기본으로 하는 시장 형성 등 적극적인 마케팅 활동을 전개하고 경영노하우를 자산화하는 방향으로 정책에 협력할 수 있다. 문화예술 향유자인 시민의 입장에서는, 소비자가 있어야 문화예술이 발전하고 소비자의 수준에 따라 예술 수준도 향상되므로, 문화토양이 윤택해지도록 문화향유 능력을 키우는 측면에서 정책과 결합한다.

문화정책은 문화경영 인접 분야와 추진방법이 같으므로 함께 추진하여

---

25 예술인이나 경영인들은 문화정책의 어려움을 이해해야 한다. 예술 활동에서 다양성은 최대한 보장되지만, 정책이나 경영에는 여러 상황·직업·규율을 결합하거나 다른 활동과 구분하지 않을 수 없다. 예술창조·해석·보급·연구·보존에 있어서 모든 형태의 예술에 관련되는 경영상의 공통 요인을 찾아야 한다. 예술경영자는 예술이 갖는 불명확성에도 익숙해야 하므로, 정책형성자와 집행자 입장에서 이해하고 재정지원, 예술정책의 복잡성, 정책의 절차와 통제과정, 불확실하고 불투명한 기준을 최대한 명확히 파악해야 한다.

공진화할 수 있다. 국가나 지방자치단체의 문화전략과 정책은 사회정책, 교육
정책, 도시행정, 지역경영과 관계가 깊다. 문화경영도 물론 이와 관련되어 문
화예술의 거시적 운영을 통해 사회의 모든 영역에 영향을 미친다. 문화정책과
문화경영은 문화기관 경영마인드의 실천, 단체나 시설의 특성 이해, 기업마인
드를 중시한다. 더 나아가 문화예술 환경, 지역환경, 문화에 대한 사회환경,
예술가의 생활환경 등을 파악·분석하는 등 사회적 요소를 고려해서 함께한다.
또한, 문화정책과 문화경영에서는 하드웨어(활동공간), 소프트웨어(정보, 기회),
휴먼웨어(인력양성, 지원제도)에 대한 정비를 함께 다룬다. 따라서 이를 위한 전
략도 파트너십을 형성하며, 종합적·체계적으로 접근하여 자립성·주체성을 달
성하는 데에 맥을 같이 한다.

(2) 문화경제

문화정책에 대한 경제적 접근은 문화가 갖는 경제적 가치를 중점으로 연
구한다.[26] 문화경제학은 원래 공연예술 지원을 집중연구하면서 탄생하였고, 이
를 바탕으로 한 예술에 대한 지원의 경제적 논리·방법·효과 등을 주요 연구
대상으로 삼는다.

경제학 기반의 문화경제연구에는 커다란 흐름이 있다. 그 연구에 시동을
건 사람은 아담 스미스(Adam Smith)와 밀(J. S. Mill) 등 고전 경제학파, 생활에
서 예술과 경제의 의미는 무엇인가를 연구했던 존 러스킨(John Ruskin)과 윌리
엄 모리스(William Morris) 등이다. 그 뒤 많은 연구자가 뛰어들어 '생활예술과
경제학'을 탐구했고, 1940년대부터 케인즈 이후의 현대경제학 연구자들이 곁
에서 이를 뒷받침했다. '풍요로운 사회'로 각광을 받은 갈브레이스(J. K.
Galbraith), 자유주의 경제의 논객 프리드리히 하이에크(F. A. Hayek), 후생 경제
학의 아마르티아 센(Amartya Sen) 등이 케인즈(J. M. Keynes) 이후 새로운 연구

---

26 문화활동의 경제적 가치는 대개 소득증대, 일거리 창출, 기업의 투자유인, 경제와 산업의 성장
견인, 사회활력 증진, 기업마케팅 전략으로의 활용 등으로 나타난다. 문화경제학은 또한 이러
한 활동에 대한 수요와 공급, 보조와 지원, 사회경제적 양상을 분석한다(이흥재, 2000). 문화경
제학 연구는 문화정책의 국제비교에 도움이 되고, 공적 지원을 다각적으로 분석하며, 세제지
원 문제를 다루는 데 기여했다. 뿐만 아니라, 문화경제는 저작권, 산업조직, 문화다양성에 대
한 경제적 접근으로 문화정책의 지평을 넓혔다(後藤和子, 2011).

를 개척해 왔다.

① 문화정책에 기여

그동안 쌓여왔던 문화경제학 연구들은 예술에 대한 공공지원 문제, 예술시장의 문제, 문화단체들의 경영관리, 문화예술과 지역사회개발의 연관성 파악에 이론적·분석적 도움을 주었다. 문화경제학 연구자들은 문화예술에 관련된 상황들을 과학적인 분석을 통해 문제점과 대책을 합리적으로 도출하여 문화정책의 과학화·객관화에 기여했다. 아울러 정부의 문화예술정책에 합리적 근거와 객관적 자료를 제공하여 정책형성·집행을 보다 체계적이고 효율적으로 추진하게 했다. 우리가 무엇보다 주목해야 할 것은 실질적으로 문화경제학이 예술행정가·예술가·예술단체들에게 경제적 마인드의 중요성을 인식시켜 주었다는 점이다.[27]

이렇게 볼 때 문화정책은 종합과학이므로 당연히 경제학 등을 포함하여 학문상호간 협동연구를 확대해야 할 것이다.[28]

또한, 문화경제학은 문화예술경영을 유도하기 위한 지원정책을 개발하는데 도움을 준다. 문화예술경제는 문화예술기관의 자금운용 효율성을 높이는 방안을 개발하여 정부가 예술보조를 통해 예술기관의 적자를 메울뿐만 아니라, 예술기관들이 기업경영자의 자세와 책임을 갖도록 유도한다. 그리고 예술기관의 경영실적을 평가하여 많이 벌어들인 기관에게는 많이 지원하게 하고 적게 벌어들인 기관에게는 그에 맞춰 적게 지원하게 한다. 또한 문화예술경제는 새로운 기금장려계획(incentive funding scheme)을 제정하고 예술후원, 예술상품의 개발과 판매를 장려하기 위한 다양한 정책을 내놓는다.

그러나 앞으로는 환경변화에 따라 문화에 대한 정부의 역할을 재정립해야 하고, 문화경제학의 연구방향도 문화시장과 문화산업 자체에 대해 체계적

---

27 그러나 문화예술경제학은 경제학에 지나치게 의존하여 문화예술의 특수성을 살리지 못하고, 자칫 가치배제적인 분석자료와 기법을 제공하여 '문화성 없는 문화정책'을 양산하거나, 단편적·모순적인 정책으로 유도할 위험을 안고 있다.

28 문화정책은 경제학과 연구 수준을 한 단계 더 높여 소비자이론이나 비영리단체의 경제학, 도시경제학, 환경경제학, 노동시장론, 문화시장론과 접목해야 할 것이다. 이에 따라 문화경제학 연구 결과를 바탕으로 문화현상을 정확히 이해하고 문화정책 형성에 보다 적합한, 적실성 있는 대안을 개발하게 될 것이다.

인 분석을 수행하는 방향으로 나아가야 할 것이다.[29] 또한 수익 관점에 지나친 나머지 사회·교육적 목표 사이에서 갈등이 생기지 않아야 한다(Carl Grodach, Anastasia Loukaitou-sideris, 2007).

② 경제학에 기여

한편, 지금까지 축적된 문화경제학의 연구성과는 경제학의 발달에도 기여했다. 특히 보몰(W. J. Baumol)의 비용질병, 문화상품의 공공재적 성격, 문화에 대한 수요이론, 미술품 투자의 장기 수익률, 새로운 기술과 미디어가 문화상품의 생산과 소비에 미치는 효과, 문화의 경제적 가치에 관한 연구 등을 성과로 들수 있다.[30] 결국 문화경제학은 경제학적 방법론으로 문화를 연구함으로써 문화현상을 얼마나 잘 설명하고 있는가에 초점을 맞춰온 것이 사실이다. 최근에들어 경제발전의 새로운 패러다임으로 창조경제, 창조비즈니스(creative busi-ness)를 위해 문화정책적 접근을 강조하는 경향이 있다(Dominic Power, 2009). 이러한 다양한 측면의 문화경제적 접근 덕분에 문화정책은 풍요로운 논의가이뤄지고 있다. 앞으로는 문화경제학이 경제이론 그 자체에 어떤 영향을 미치게 될 것인가에 대해서도 상당한 연구가 진행되어야 할 것이다.[31]

그러나 예술이 과연 경제적인 영향을 미칠 수 있는가에 대하여 "긍정적인외부 영향력"을 갖는 정도일 뿐 인간의 삶을 풍요롭게 하는 요소라는 신념은

---

29 이를 위해서 데이터를 체계적으로 정비해야 한다. 최근 문화 관련 데이터에 대한 중요성이 사회적인 공감대를 형성해가고 있어 데이터 수집·관리를 위한 시스템과 투자가 절실하다.

30 문화예술의 경제적 부가효과에 대한 보몰과 보웬의 〈공연예술: 경제학적 딜레마〉는 미국의 연극, 오페라, 음악, 무용 등 무대공연예술을 대상으로 재정적 위기와 공공지원의 필요성을 근대적 이론체계와 실증적 분석 방법으로 논의한 첫 책이다. 한편, 1970년 중반에 런던 빈민가인 이스트엔드 재개발 때 종합문화센터인 바비칸센터를 건립하여 주민유치와 지역경제 활력 기여 연구, 워싱턴에 케네디센터 건립으로 예술이 지역사회개발을 주도할 수 있다는 점을 보여준 연구도 유명하다. 이 두 사례는 예술이 지역사회에 제공하는 경제적 이익에 대한 분석의 좋은 표본이다.

31 그동안 문화경제학은 응용경제학의 하나로 일반경제학 분석도구를 예술에 적용시켜 보는 실험적 노력이었다. 그 때문에 독자적 이론체계 구축보다는, 복지경제학의 범주에서 기초적인 경제학 원칙들을 동원하여 문화현상을 진단하는 데 주력했다. 문화현상 분석에 주로 활용한 경제학의 방법과 개념은 물가와 소득의 변동에 따른 수요 반응, 희소성 있는 재화의 공급에 있어서 가격의 역할, 생산과 소비에 있어서의 한계 대체, 고정비용과 유동비용의 구별, 평균비용과 한계비용의 구별, 모든 공적·사적인 의사결정을 좌우하는 우선순위 문제, 효율성을 나타내는 파레토 최적의 장단점, 외부효과와 공공재 같은 특성 때문에 나타나는 문제점이었다.

"감정적인 것"이라는 비판이 있다. 즉 문화예술에 대한 경제학적 접근은 냉정한 분석을 한 것처럼 위장하여 지지정책을 뒷받침하고, 이해하기보다는 '증명'을 하기 위한 연구에 자원을 낭비한다는 것이다(Elenora Belfiore, Oliver Ben, 2007).

(3) 문화사회

문화에 대한 사회학적 연구는 사회의 다양한 현상을 문화적으로 접근하여 많은 것을 새로운 각도에서 파악해 왔다. 그러나 이는 경험적으로 접근하기 어렵고, 범위가 넓으며, 개념이 모호하다.[32] 그럼에도 불구하고 문화사회학적인 연구는 사회학의 일반적 연구대상을 중심으로 다음과 같은 특징을 가지고 진행되고 있다. 특히 사회격차 해소, 사회적 배제, 사회적 역진성 해소, 문화적 사회참여 증가에 따라 문화정책과 사회적 자본의 관점에서 본 연구가 중요해지고 있다(이흥재, 2013).

먼저 '문화연구(cultural studies)'와 같은 문화현상과 그에 대한 비판에 초점을 맞추는 연구들이 있다.[33] 또한 시민사회론, 특히 시민적 공공성의 관점을 바탕으로 정책과학의 입장에 관한 연구들이 있다. 이 연구들은 국가와 개인, 행정과 시민이라는 관점에서 시민사회의 자세, 문화권력의 작용, 시민의 문화적 자기각성, 맑고 밝은 문화사회만들기, 사회적 자본(social capital)구축 역할 측면에서 넓은 의미의 문화정책 패러다임에 많은 시사점을 주고 있다(이흥재, 2012).

한편 문화사회의 각종 흐름, 제도, 지원 등에 관한 연구들이 있다.[34]

---

32 사회학에서는 문화를 연구대상으로 삼기 어려운데, 문화예술향유자 수가 적어 사회를 변화시킬 정도의 독립변수로 보기 어렵기 때문이다. 또한 예술표현 형식이 자유롭고 다변적이어서 외부적인 사회변화 요인으로 보기도 어렵다. 즉, 사회전체에서 예술이나 문화는 정책효과를 거두기 어려워 부분적인 사회학으로 다룰 수밖에 없다고 본다(友岡邦之, 2011).

33 이러한 연구들은 문화론에서 시작하여 20세기 중반의 문화인류학과 도시문화론의 성과에 바탕을 둔 것들이다. 이는 정치경제학이나 문화인류학, 영화이론, 예술이론과 같은 영역들을 횡단적으로 접근한 것으로서 크게 보면 문화사회학과 문화연구의 경향을 띠고 있다.

34 이 연구에서는 관찰분석 방법을 사용하여 문화예술 관련 사회조직과 그 동향의 통계를 수집하고, 그 결과에서 법칙과 흐름을 발견한다. 이 연구들은 특히 문화의 사회적·경제적 제도와 그 산물, 커뮤니케이션에 명시된 내용을 객관적·조직적·양적으로 표현하는 내용의 분석, 제도와 혁신으로 나타나는 효과에 대한 미디어론적 분석을 다룬다. 또한 사회학에 좀 더 가깝게 문화

나아가 최근에는 문화의 사회적 역할 강조와, 소외계층을 문화적으로 지원하는 사회돌봄, 복지적 문화활동에 많은 관심을 갖는다. 그리고 노령층, 청소년들의 문제를 문화예술이 치유하는 '사회돌봄 문화정책'에 참여하는 비영리 문화단체에 대해서 '문화생산의 사회학'으로서 문화정책적으로 접근한다.

특히 고용불안에 대한 문화정책적 접근수요가 많은데, 폭넓은 문화예술 관련 사업들에서 중앙정부나 지자체들이 공공문화예술 서비스와 고용정책을 병행하는 프로그램을 만들어내는 데 도움을 받는다. 이러한 연구는 예술가뿐만 아니라 포괄적 고용정책으로 문화시설, 단체, 사업투입을 통해 커뮤니티에서 크리에이티브 리더로 성장하여 문화저변을 확대시키는 성과를 거두었다(秋葉美知子, 2007).

문화정책을 대상으로 한 사회학적 연구는 앞으로 더 늘어날 것이며, 정책학의 하나로서 문화정책의 가능성과 함께 창조성의 사회적 확산(Nick Wilson, 2010), 거버넌스의 종합적 취급에서도 의미가 있다(友岡邦之, 2011). 그러나 문화예술이 플라톤의 '국가론'에서처럼 사회적 관계에서 권력을 강요하고 표출하는 도구로 사용되는 것(Elenora Belfiore, Oliver Ben, 2007)을 경계해야 한다는 견해도 있다.

(4) 융합적 접근

문화경제·경영·사회론 연구는 문화현상에 대한 이해나 단순한 행태론적 관찰연구를 뛰어넘어 정책과학의 방법을 활용한 행동과학론으로 발전하였다. 정책에 접목시킨 이러한 연구들은 새로운 문화정책을 개발할 때 큰 그림(grand design)을 그리는 데 도움이 된다. 행동과학론을 사용하는 문화정책 연구는 하나의 큰 추세일 뿐만 아니라 '소용돌이 문화 현장'에 적용하기에도 적절하다. 그렇다면 우리는 정책학에서 어떤 범위와 방법론을 사용함으로써 더욱 세련된 연구를 진행할 수 있을까?

앞에서 언급한 방법들을 서로 모아 융합하고, 서로 거슬리지 않게 융화시키며, 그 결과가 서로 상통하게 융통하는 연구가 중요하다. 문화와 정책을 포

의 민주화를 논의하거나, 비영리 예술단체를 중심으로 조직내부의 연대성과 배타적 의식을 높이기 위하여 의도적으로 추진했던 예술지원을 다룬다.

괄적으로 다루는 연구로 현실적합한(relevance) 정책개발에 도움을 주도록 한다. 이처럼 바탕이 되는 문화정책 이론을 배경으로, 공공 정책과정을 고려하며, 정책성과나 영향에 대한 평가를 포함하는 정책연구가 필요하다(伊藤裕夫, 2008).

연구방법 상 문화정책에 알맞는 실증적 방법을 도입하는 경우 주로 문제점, 현황과 실태, 대상의 인과관계 등과 같이 사실의 존재·상태·관계에 초점을 맞춘다. 또한 문화정책의 사회적 영향에 대한 '증거기반의 정책' 연구에서는 경험에 기초한 사실을 설명하고 미래를 예측하는 것이 무엇보다 중요하다(Elenora Belfiore, Oliver Ben, 2007). 이러한 방식은 대개 지식정보 관점의 문화정책 연구에서 주로 발달되고 있다.

규범적인 방법을 사용하는 문화정책 연구는 특정 가치를 실현하고 현실세계의 문제를 해결하기 위한 실제 행동을 개발하는 데 중점을 둔다. 결국 이러한 연구는 특정 가치를 실현할 수 있고 문제를 해결할 것으로 기대되는 각종 대안의 작성·선택, 그리고 선택된 대안을 집행할 때 예상되는 문제점에 대한 분석·대응책, 전략적인 문제들을 주로 다룬다. 이러한 규범적 정책연구는 순수학문적 정책연구보다는 정책문제를 해결하기 위한 정책의제 선택, 정책개발에서 더 적극 활용한다.

정책성과에 대해 평가하는 문화정책 연구에서는 정책이 활용하는 수단에 관심을 기울인다. 또한 정책연구자는 어떤 문제를 해결하기 위해서 누구의 가치를 실현시킬 것인가, 또는 어떤 특정의 가치에 비추어 볼 때 주어진 사실이 옳은 것인가 그른 것인가, 좋은 것인가 나쁜 것인가에 대한 해답을 얻고자 노력한다. 평가적 정책연구에서는 관련된 사항을 보다 정확히 평가하기 위해서 실증적 연구에서와 같이 과학적 방법에 기초한 사실기술과 미래예측을 중요시한다. 이러한 정책연구는 순수 학문적 정책연구와 실제 현안문제 해결을 위한 기초조사의 성격을 띤 연구 모두에 활용된다.

비교론적인 방법을 사용하는 문화책연구는 몇 가지 관점에 초점을 맞춰 사례들을 비교하게 된다. 그동안 비교연구는 시스템, 정책전반, 특정 정책, 컨셉 등이 주된 비교대상이었다.[35] 가장 흔한 것이 시스템을 중심으로 하는 비

---

35 예를 들어 재정지출을 잣대로 비교하는 경우에 문화재정이라는 '수단'만이 아니라 문화정책의

교연구이다.36 또한, 정책전반을 대상으로 하는 비교연구도 적지 않게 진행되고 있다.37 이러한 연구는 대개 나라들을 서로 비교하지만, 문화에 대한 범주가 다를 뿐만 아니라 각 연구자의 연구스타일에 차이가 있어 일관성을 갖지 못한다. 그렇지만 각 나라의 전문가가 보다 상세한 내용을 소개하고 있어서 실정을 파악하는 데는 도움이 된다.38

아울러 특정 정책을 중심으로 논의한 연구도 적지 않다. 예를 들면 문화예술활동 지원, 문화정책 과제, 정책대상 집단을 정책연구의 하위주제로 선정하여 논의한다. 이러한 연구는 논의대상을 좁힐 수 있기 때문에, 우리는 이러한 연구를 통해 각 분야 간 인과관계를 발견하고 서로 다른 나라들 사이의 공통점과 차이점을 파악할 수 있다.39 또한, 문화예술에 대한 국가개입의 개념적 모델을 만들고, 문화정책의 바람직한 자세, 국가개입의 국민복지, 또는 사회통제 수단적 관점을 보는 연구도 있다.40

목표·방법·성과에 대해서 종합학문적 관점으로 접근하는 것이 바람직하다. 또한, '수단'을 보더라도 지출의 영역·내용·조건을 분석해야 한다. 문화지출 외에 문화정책 결정과정, 문화행정 조직을 비교분석해도 좋다. 또한, 정책목표의 내용과 존재 배경을 비교하거나, 역사·사회·경제·지리·문화적 조건에 따른 문화정책 목표 모색도 필요하다. 정책의 결과 평가가 어려워 문화단체 관계자와 행정담당자의 의견을 반영 객관적 지표를 만들어 분석해야 한다.

36 예술위원회를 시스템비교 연구로 접근할 수 있다. 예를 들어 캐나다예술위원회와 영국권 나라들이 공공재정에 의존하면서도 예술위원회를 어떻게 독립적으로 운영하는가를 연구한다. 이 연구를 위해서는 먼저 예술위원회의 기금조성을 평가하는 분석 틀을 만든다. 그리고 조사대상으로 국가와 지역수준의 위원회를 선정하여 구조적인 유사점과 차이점, 문제점과 과제를 연구한다.

37 이러한 연구의 하나로 유럽각국, 북미, 일본의 문화정책을 비교한 연구(Cummings Jr and Katz)에서는 지역과 문화정책 영역에 대하여 각국의 역사적 배경은 물론 연구학파까지 포함한다. 한편, 각국의 특정영역과 정책에 관한 사례연구를 종합하여 '문화경제학과 계획'에 관한 국제사회의 연구들을 발전시켰다.

38 문화정책 전반에 관해 조직·재정·지원방법을 중심으로 각국의 문화정책 구조를 비교한 연구(Schuster), 유럽과 미국 등 6개국의 문화예술의 지원실태를 공공예산을 통해 비교한 연구(Cultural Trends), 문화예술지원에 관한 정부모델을 제시한 연구(Chartrand and McCaughey), 각국의 다양한 문화정책에 대한 생각과 실례를 제시하면서 문화발전 정책의 자세에 관한 생각을 제시하는 연구(Girard) 등이 많은 기여를 했다.

39 예를 들어 특정 국가들의 재정지원과 그에 따르는 예술표현의 자유 정도를 조사하여 정책을 평가하거나, 정책의 기본관점인 창조성·분권화·참가 촉진의 관점에서 정책 본연의 자세와 그 효과를 평가할 수도 있다. 또는 정책대상 집단을 비교하는 연구로서 대도시 미술가들과 예술경영을 비교할 수 있다.

40 문화예술에 대한 국가개입의 동기에 주목하여 문화정책 개념을 고대 그리스부터 현대까지를 고찰하면서 포괄적인 국제간 비교를 통해 주로 정부 정책에 중점을 두고 연구한 경우(J. Pick)

예술정책에서 많이 다루는 공공지원에 대해서는 정책학자보다 주로 경제학자가 연구에 참여해 왔다. 그러나 일반경제학은 추상성이 높은 학문이기 때문에 지금까지 연구는 국제 비교라기보다는 어느 정도 국가 초월적인 성질을 띠고 있다. 그러나 문화정책의 국제 비교연구는 개념적·이론적인 면에서 아직도 부족한 실정이다. 이러한 연구는 자칫 문화정책에 관한 단편적인 정보수집에 그치고 말 우려가 있으므로 본격적으로 국제 비교연구의 틀을 만들어야 할 것이다.

4. 정책체계: 이 책의 관점

앞에서 본 문화예술 정책의 이론과 실제 모습을 바탕으로 논점을 몇 가지 세우려고 한다. 문화정책 연구에 대한 이 책의 입장은 첫째 환경변화를 '수용'하고 새로운 환경을 '유도'하며, 둘째 경영전략을 활용하여 경영정책적으로 접근하며, 셋째 정책학적 관점에서 정책구조를 체계화하는 것이다.

(1) 변화의 수용, 새 환경 유도

문화정책을 둘러싼 사회환경이 급변하며 소용돌이치고 있는데 정책과정에서 이를 어떻게 고려할 것인가? 이는 정책의 중점을 어디에 두는가 하는 문제 또는 정책철학적인 문제와 관련된다.[41] 기본적으로 문화환경의 글로벌화, 지능정보화, 정책대상의 광범위화, 방법의 거버넌스화와 같은 변화를 당연히 받아들여야 한다.

기본적으로 자립적 예술경영기반으로 이끌어 가는 정책이 필요하다. 문화

도 있다.

41 문화정책은 사회가치를 강조하면서 동시에 사회환경에 맞춰 정책을 개발한다. 문화예술은 고유가치 외에도 사회적 유용성을 더하여 강조함으로써 존립 타당성과 활동 합리성을 확장한다. 예를 들어, 문화예술단체들이 주장하는 사회적 가치부가의 논리근거는 문화예술이야말로 교육을 활성화하고, 창조적인 사고력을 키우며, 청소년을 건전하게 육성하고, 국제 이해능력을 높이고, 직업을 만들고, 다양한 사회적 자본을 구축하는 도구라고 주장한다. 문화예술에 대한 공공지원은 다른 사회정책들과 연결하여 사회와 공진화할 수 있는 방법을 찾는 데 중점적으로 활용한다(자세한 내용은 이흥재(2012) 참조).

정책 수단인 지원이 그 자체에서 그치지 않고 변화된 자립가치를 소중히 하는 것이 지속발전 생태계 측면에서 바람직하다. 문화예술 지원시스템도 공급자인 예술단체와 예술가에게 부족한 부분을 지원하는 소극적 지원을 넘어 자립경영 가능한 기반을 마련해주는 적극정책으로 바뀌고 있다.

또한 정책대상에 대한 인식변화를 주목해야 하는데, 최근 문화정책의 중점 대상은 공급자 측면 못지 않게 향유자 측면으로 변화시키고 있다. 이는 문화예술의 최종 소비자인 문화향유자를 만족시키고, 동시에 '스마트사회에 부응하는 시민'을 개발하는 데 '문화의 힘'을 활용하려는 시대적 변화에 따른 것이다.[42] 예를 들어, 앞으로 문화예술을 담당할 청소년들에게 예술향유 기회를 어떻게 제공할 것인가와 같은 미래지향적 문화환경 조성에 대해서 모든 나라가 고민하고 있다.

전략적으로 정책 주체를 거버넌스화, 다변화시키는 문제를 주목해야 한다. 문화정책은 그동안 사업관련 예산배분 결정을 관료나 전문가 집단에 맡겨왔다. 그런데 이는 급변하는 환경변화에 적응하기 어렵고(Deborah Stevenson et al, 2010), 문화민주화에 바람직하지 않으며, 정책의 공정성과 효율성을 위축시킬 수 있어 재검토가 필요하다. 이러한 환경변화를 받아들여 최근에는 정책 주체를 국가정부 중심에서 보다 분권적인 것으로 전환해가고, 다원적인 참여를 유도하는 방향으로 나아가고 있다.[43]

이와 함께 정책 주체들 사이의 거버넌스와 문화울력(문화협동)이 중시된다. 정책 개발자들은 문화 관련 종사자들에 대한 지속적인 교육훈련으로 문화

---

42 우수성을 중시하는 프로예술과 시민참가 중심의 아마추어 문화활동 가운데 어디에 중점을 두어야 하며, 비중을 어느 정도 배합할 것인가와 같은 문제다. 또한, 평가가 이뤄지지 않은 예술 작품·창작활동과 이미 평가가 이뤄져 시장성이 있는 것을 어떻게 구별하여 취급할까 하는 문제가 여기에 해당된다.

43 전환기에 들어서 국민들의 기본욕구 증가, 문화활동 관심 다양화·고도화로 문화정책이 예산 효율성 중심으로 추진하던 방식은 이제 한계에 이르렀다. 새로운 방법과 시스템으로 대응해야 한다면 문화정책에서도 문화재개발을 생각해야 한다. 문화재개발이란 도시정책에서 말하는 도시재개발처럼 문화정책에서도 새로운 기운을 주고, 문화시스템을 새롭게 구축하며, 문화시설의 효율을 극대화한다는 뜻이다. 이를 위해 문화프로듀서를 육성하여 활용해야 한다.
  그동안 경제논리에 대항할 문화정책이 없었고, 문화개발의 이념이 제대로 마련되지 않아서 이러한 문화개발은 논의 대상에조차 떠오르지 못했으나 재정 중심 경제의 한계를 극복하고 종합적인 문화정책을 펼친다는 점에서 적극 검토해야 할 것이다.

경영을 보편화하기에 이르렀다. 이에 따라 문화정책 주체와 관련 파트너들은 공공서비스, 장기적인 계획, 확실한 운용에 대해 서로 조화롭게 일하게 된다. 문화단체, 기타 단체, 회사, 예술인들도 자신만의 예술활동을 희생하면서 문화를 경영하는 주체로 발전하게 되는 것이다. 최근 관심을 끌고 있는 신공공관리(New Public Management)에 따라 문화정책도 많은 영향을 받고 있다. 신공공관리의 방법으로서 거론되고 있는 공공회계에 복식부기 도입개혁, 시장화 테스트, PFI(Private Finance Iniciatives), 책임운영관리 방식으로 문화환경을 새롭게 구축하고 있다(阪本崇, 2011). 결국, 문화정책의 추진주체인 정부, 시민, NPO가 네트워크를 구축하고 파트너십을 만들어가는 것(PPP: Public Private Partnership)이 중요 정책과제로 부각된다.

(2) 경영정책적 접근

문화시설 운영이나 사업수행에 있어서 예술경영만으로 접근하면 단순하게 해결할 수 없는 사회적 과제에 부딪치는 경우가 많다. 시설운영과 문화단체의 활동을 활성화하기 위해서는 문화환경의 소용돌이 속에서 사회적인 의의를 명확히 세워 '사회적 지원'을 얻고 활동을 연속·발전시켜나가는 것이 더 소중하다. 다시 말하면, 문화정책을 사회지원 정책과 연결시켜 경영적 측면에서 접근해야 하는 것이다.

① 현실적·학문적 개척

현실적으로 문화정책과 예술경영은 그 접점이 점점 넓어져 가는 추세이다. 최근에 들어 문화정책은 행정주체 일방이 아니라 복잡 다양한 형태로 지원이 이뤄지고 있으며, 단순한 집행활동이 아니라 '종합적인 경영기능이 문화정책에 활용'되고 있다.[44]

학문적 연구대상으로도 예술경영론과 문화정책론은 밀접하게 결합하고

---

44 문화정책의 역할과 내용이 변하면서 집행주체가 다양화·복합화되고 있다. 따라서 현장 경영에 의존하게 되고, 문화경영 기술이 단순히 현장 노하우로 끝나지 않고 사회가치를 덧붙여 정책으로 투입된다. 문화정책이 그동안 국가를 축으로 하는 집단시스템이었다면 문화예술경영은 현장이나 커뮤니티 단위로 일정한 이념에 근거해서 사회수요에 부응하는 활동이라고 할 수 있다. 바로 이 때문에 시민사회 시대에 적합한 분권적 시스템으로써 문화경영이 문화정책에 투입되어야 한다.

있다. 문화예술경영이 새롭게 인식됨에 따라 새로운 학문 분야로서 또는 실천적 수법으로서 예술경영학이 빛을 내고 있다. 국가·지방공공단체의 연수나 대학에서 강좌를 개설할 때에는 대개 좁은 의미의 예술경영 내용을 다루는 경우가 많다. 한편, 정책학은 경영보다 더 일찍 실천적 과제로 대두되어 왔지만 아직 개척중인 분야이다. 예술경영론의 등장과 함께 문화정책론에서도 연구와 실천의 양면에서 그 중요성이 높아지고 있다.45

② 개별적·구체적인 파고들기

그렇다면 문화정책과 문화경영이 구체적으로 어떻게 결합할 수 있을까? 우선, 문화예술경영자에게 문화정책 마인드를 주입해야 하는 점을 강조할 수 있다. 문화예술경영자도 다른 사업경영자들처럼 자신의 목표와 목적을 명확히 규정하고, 자신의 성과를 효율적으로 마케팅하고, 효율성을 평가할 수 있는 수단을 도입해야 한다. 창작활동은 날로 늘어나는 추세인데 경영전문가가 아닌 예술가들이 운영하는 경우가 많아 아쉽다. 예술경영 요원들을 훈련시키고 창작품에 대한 경영을 그들에게 맡기는 것은 얼핏 사소한 문제 같아 보이지만, 시장경제체계 아래에서 문화예술을 체계적으로 발전시키는 데 필수적이다.46

또한, 예술경영의 위기에 대응하기 위해서 정책과 결합해야 한다.47 이에 대한 관심과 요구는 오래전부터 있어 왔지만 최근에 들어와 문화예술경영이 해결해야 할 과제와 연구대상으로 대두되고 있어 새로운 연구방법과 독자적인 개념이 필요하게 될 것이다.48

---

45 문화발전을 담당하는 지방의 문화 관련자들에게 특히 문화정책론의 개척이 절실하다. 문화예술경영론과 문화정책론이 더욱 진척되며 통합할 이론을 확립하고 실천적 전략을 개발하여 적용해야 한다. 문화정책과 예술경영이 서로 중복된다고 생각하면 두 이론은 쉽게 종합화될 것이다.

46 이를 위해 유네스코는 문화예술 행정가(administrator)와 경영자(manager)를 훈련시킬 지침서를 개발하고, 문화예술 행정가와 경영자 교육훈련과 관련기관을 연계 활용토록 권고한다.

47 문화예술이 붐을 일으킨다고 하지만 문화예술의 원천이라고 할 수 있는 극단·교향악단·전통예술단체는 정작 경영위기로 허덕인다. 더구나 예술인 대우, 경력관리, 전문교육 양성 문제가 예술인들의 존립기반을 위협한다. 문화경영은 이제 이 분야에 관심을 가져야 하며 미래정책차원에서 단체조사, 청중분석, 단체경영, 예술가 경력에 골몰해야 한다.

48 1980년대 영국 예술단체들은 국가의 문화정책에 대하여 죽기 살기로(adapt or die) 달려들었다. 단체가 살아남기 위해 이처럼 처절하게 예술경영을 활용했던 빅토리아·알버트 박물관, 바

(3) 정책 체계

문화예술정책의 대상을 체계화하는 것은 그리 단순하지 않다.[49] 또한 앞에서 설명한 바와 같이 문화정책에서 다루는 중점사항이 환경변화에 따라 다양해지고, 정책 대상도 확대되고, 인식의 깊이가 더해져 문화정책 대상 분야 설정이 어렵다.[50]

이러한 소용돌이 환경 속에서 문화정책의 범주와 구조적 체계화로 일단 논의의 출발점을 제시하려고 한다. 이런 맥락에서 저자는 목적은 사람이 중심에 서는 인본주의(人本主義), 정책수단으로는 더불어 '협동적으로 창조하는' 협창주의(協創主義), 결과로써 성취하는 것은 기존 상태에 가치를 덧붙이는 가치부가주의(價値附加主義)를 제시한다. 이는 두고두고 풀어야 할 정책과제로서 이책에서 관련된 논의들을 모두 마치고 마무리하는 마지막 장에서 방향을 거시담론으로 제시하겠다.

이런 관점에서 문화정책의 구조는 정책목표관리 측면과 정책과정 측면의 두 가지로 나눠볼 수 있겠다. 우선 문화정책의 목표관리 측면에서 보면 문화자원의 활용 제고, 문화의 창조력 제고, 문화의 사회성 제고, 전환기 지속발전 문화활동 상태계 구축과 혁신이 주요 목표이다.

문화자원의 활용을 제고하기 위해서는 문화기획, 문화인력, 문화재정, 문화정보를 대상으로 삼을 수 있다. 문화의 창조력을 제고하기 위해서는 문화정체성, 예술창조 여건, 기반시설 조성과 운영을 대상으로 삼는다. 문화의 사회적 역할을 제고하기 위해서는 개인 문화생활의 활성화, 지역단위 문화의 균등

비칸센터 등이 바로 성공한 예술경영의 전설적인 사례이다.

49 문화예술정책 대상에 대하여 Throsby는 세 가지 분야로 체계화한다. 즉, 문화산업으로서 예술, 영화영상, 미디어, 방송, 텔레비전 등을 포함, 문화유산으로서 가시적인 유산(건물, 문화적인 유산, 경치 좋은 장소)과 무형유산(언어, 전통), 정부의 문화에 대한 관여로서 창조예술(문학, 비주얼아트, 연극)이 있다. 물론 이 세 가지에는 서로 중복되는 점이 있지만 일단 참고할 만하다.

50 세계문화정책회의는 오래전(1982)부터 문화정책 변화의 특징을 지적하고 정책범위와 주제를 논의했었다. 논의주제는 문화적 아이덴티티의 존중, 문화정책에 있어서 민주주의와 참여의 중요성 확인, 문화적 발전을 사회발전의 목적 그 자체로 인식하는 새로운 가치관 제기, 문화와 교육의 상호관계 강조, 문화와 과학기술, 문화와 커뮤니케이션, 문화와 평화의 관계였다. 이들은 문화정책 대상이 되는 문화개념이 사회생활의 모든 부분에 다면적으로 접목되어 있음을 알 수 있다. 따라서 문화정책의 범위도 광범위하게 늘어나는 것이 당연하다.

발전, 맑은 사회 만들기를 정책화해야 한다. 문화의 경쟁력을 제고하기 위해서는 문화예술경영, 책임운영제 확립, 문화외교 등을 대상으로 삼을 수 있다.

한편, 문화정책을 정책과정 중심으로 보면 정책논리, 정책개발, 사회적 확산, 정책과정 충실, 혁신으로 전개할 수 있다. 이 책에서는 이러한 정책과정 측면에서 논의를 펼치겠다. 이러한 관점에서 정책과정별로 추진해야 할 현실적인 정책목표를 서로 연결시켜 정리하면 다음과 같다.

편 (목표)	장 (수단)
1편 문화정책의 논리	1. 문화정책의 역할과 접근
	2. 문화정책의 이념과 가치
	3. 문화정책의 목표와 수단
2편 문화자원의 개발과 활용	4. 문화인력의 육성과 보호
	5. 문화재정의 동원과 배분
	6. 문화시설의 확충과 경영
	7. 지역문화의 창조와 발전
	8. 문화콘텐츠의 육성과 산업화
3편 문화예술의 사회적 확산	9. 고품위 생활문화
	10. 문화예술 학습과 사회자본 구축
	11. 문화흐름(文流)과 서비스
	12. 문화협동과 거버넌스
4편 문화정책의 혁신	13. 문화정책 형성, 집행과 평가
	14. 전환기 지속발전 혁신 생태계
	15. 창조성 확산과 정책혁신

Chapter 2

문화정책의 이념과 가치

1. 정책이념의 체계

(1) 정책이념이란

문제라고 생각되는 상황을 개선하기 위해 우리는 정책을 개발·채택한다. 정책을 결정하게 되면 어떤 형태로든 새로운 변화가 생겨난다. 여기서 변화의 내용은 문화가치 배분이거나, 인간 존엄성일 수 있다. 그 내용이 무엇이든, 문화정책 결정으로 생기는 변화는 반드시 인간 삶의 의미와 질에 영향을 미친다. 이렇듯 문화정책의 이념은 그것이 내재하고 있는 문화예술의 인간적 의미에서 비롯된다.

그런데 문화에 관련된 정책은 그 밑바탕에 흐르는 어떤 '이념이나 원리' 또는 '발전과 지속가능성의 결합'에 따라 점진적으로 변하기 마련이다(Deborah Stevenson, David Rowe, Kieryn Mckay, 2010). 문화정책에서 정작 중요한 것은 수단결합에 의한 단편적인 변화라기보다 이처럼 그 바닥에서 면면히 흐르는 이념과 정책철학인 것이다.[1] 문화정책은 어떤 이념과 가치에 근거해서 결정되고

---

1 문화정책은 한 사회가 스스로 새로운 목적을 세우고 달성하기 위하여, 자원·노력을 동원하거나 조직하고, 실제로 그 목적을 찾아 스스로 탈바꿈해 가는 힘(self-guiding capacity)이다. 그러므

집행되는가?

(2) 이념의 체계

문화정책 결정은 문화예술의 가치를 실현하는 동태적인 활동들이다.[2] 정책을 통해 실현하는 가치는 이상 가치, 사회목적 가치, 정책 가치로 나눌 수 있다. 문화정책은 이 세 가지 국면에서 가치 체계를 갖는다고 본다.

먼저, 이상 가치라고 하는 것은 가장 차원 높은 바람직한 가치이다. 주로 인간 삶의 의미를 실현하는 데 목적을 두고, 사람을 소중히 하는 인본주의를 들고 싶다.[3]

또한 이상 가치 다음으로 추구할 가치는 사회목적 가치이다. 여기서 사회목적 가치란 인간 삶의 이상 가치를 실현시키기 위해 공동체 문화적인 삶의 형태·방식을 갖추는 것이다. 개인적인 자기실현을 전개하면서 사람끼리 엮어지는 삶 속에서는 불가피하게 가치관의 갈등·경쟁이 생긴다.[4] 사회목적 가치는 이상 가치보다는 좀 더 정책차원에 가까운 정책이념이며, 정책 가치보다는 좀 더 상위에 자리하는 정책목표이다. 다시 말하면 정책 가치를 통해 단기간 안에 이루기는 어렵지만, 궁극적으로 계획된 목표의 달성을 바탕으로 실현하려고 하는 이념인 것이다.

이러한 사회목적 가치로 창조성을 들고 싶다. 여기서 말하는 창조성은 사회문제의 문화적 해결이 가능하도록 창조력을 갖추는 것을 말한다. 창조성은

로 문화정책 결정은 새 문화창조를 유도할 수 있으며, 이는 다시 사회의 자율적 변화개선능력을 향상시킨다. 문화정책 결정은 사회의 자율적 변화개선능력의 핵심인 동시에 문화창조의 원동력인 것이다. 이런 점에서 문화정책결정은 역사적·사회적 책임, 미래세대에 대한 책임을 아울러 지게 된다. 이처럼 과거에 대한 반동과 미래에 대한 낙관으로 생겨나는 역사적 책임의식이 바로 문화정책의 이념이다.

2 상세한 것은 이흥재(2012) 2장과 이흥재(2005) 1장, 2장 참조.

3 이 점에서 문화정책의 궁극적인 이상 가치는 인간으로서의 존엄성을 실현하는 데 있다. 문화란 개인이 자기 존재의 정당성을 확인하고 가치를 실현하는 활동인데, 이러한 활동여건을 만들어 주는 것이 문화정책의 본분이다. 이를 바탕으로 자유로운 개성과 자기존중이 함께 발현되도록 하는 것이야말로 최고의 이상 가치이다.

4 이를 실현하기 위해서 남을 위하고 공존·공생·공진하는 가치관의 조정과정이 필요하다. 이것이 달성되어 바람직한 공동체의 모습을 유지하는 것은 결국 인간의 존엄성을 실현하는 또 다른 방법이다. 바로 이러한 공동체적 삶을 뜻 있게 만드는 사회목적 가치야말로 문화정책이 추구해야 할 차원 높은 가치가 아니겠는가.

정책목표처럼 명확히 측정할 수는 없지만, 새로운 방식으로 공동체 문제에 접근하고 해결능력을 키우는 것으로 본다.

끝으로, 정책 가치가 있다는 것은 이상적인 인간 삶의 의미와 모습을 구현하기 위한 기여와 수단의 관점에서 볼 때, 정책을 선택할 만한 가치 또는 이유가 있다는 것을 말한다. 이러한 정책 가치로 몇 가지를 들 수 있다. 먼저 정책 가치로서의 합리성을 들고 싶다. 이와 함께 정책의 내용·과정·결과를 충족시킬 또 다른 가치가 요구된다. 우선 정책내용은 문제에 접근하여 해결할 수 있어야 한다는 점에서 효율성을 그 이념으로 삼고 싶다. 다음으로, 정책과정이 절차에 맞아야 하며 '모두를 위한 모두의 문화'이어야 한다는 점에서 민주성을 이념으로 들고 싶다. 또한 정책결과가 부분적으로 부풀려지지 않고 전체적으로 균형을 달성해야 한다는 의미에서 형평성을 이념으로 들 수 있다.

앞에서 이야기한 것을 정리하면 다음 〈그림 2-1〉과 같다.

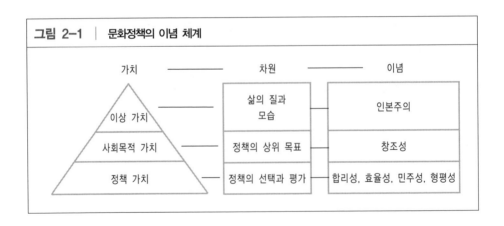

그림 2-1 | 문화정책의 이념 체계

가치	차원	이념
이상 가치	삶의 질과 모습	인본주의
사회목적 가치	정책의 상위 목표	창조성
정책 가치	정책의 선택과 평가	합리성, 효율성, 민주성, 형평성

2. 인본주의: 이상 가치

(1) 새로운 인간관

문화예술 창작이나 소비활동은 인간에게 필수적인 것인가? 아울러 문화

활동은 인간의 삶 속에서 필수적인가, 아니면 여유 있을 때나 찾는 잉여재화
(剩餘財貨)인가?5

문화활동이라고 하는 것은 바로 인간화 작업이므로, 사회적 측면에서 보
는 문화는 모든 영역의 활동, 사회에 속한 모든 집단의 다양성에 사회적으로
부여되는 표현이다.6 이러한 표현을 통해 사회를 구성하는 개인들은 복합적인
사회활동으로 얻는 지식을 바탕으로 삶의 조건을 수정한다. 그렇다면 이러한
인간화를 실현하기 위한 작업은 어떠한 내용으로 전개되는가. 문화는 사회공
동체적 책임이며 상식이다. 그러므로 문화는 사회문화적 집합의식으로 결정된
다. 동질성과 다양성을 동시에 갖는 우리 사회에서 문화활동을 바탕으로 문화
라는 공통의 영역이 만들어지는 것이다.7

물론 이러한 인간에 대한 관점은 환경에 따라 얼마든지 변할 수 있는 것
이다. 어떻게 변하는가? 결론부터 말하면 사회적 관점에서 인간관은 인간을
경제자원으로 간주하는 시각에서 벗어나 인간을 문화로 보는 관점으로 바뀌고
있다. 그런데, 정책론에서는 그동안 인간을 정책자원 내지 문화자원으로 보는
관점이 사실상 지배적이었다.8 이처럼 정책학에서는 문화도 상당부분 경제정
책과 연관되고, 사회의 다양한 자원과 여러 현상은 경제자원으로서 논의하는 것
이다.9

---

5 현실적으로는 어려운 문제들이지만 문화정책에서 피할 수 없는 주제이다. 인간의 문화활동은
  사회적 속성을 지닌다. 따라서 문화활동을 시작한다는 것은 그 자체를 인간의 행동 속에서 인
  간 특유의 사회적인 가치를 찾아보는 시도로 볼 수 있다. 그렇다면 인간의 문화활동은 삶의
  필수사항이라기보다는 셀프서비스로서의 성격이 더 강하다. 그래서 문화재화를 소비하고, 소
  비수단을 정하는 여러 정책행동들은 서로 불가피하게 연관을 맺는다.
6 이렇게 보면 문화와 문명의 관계에 관한 논의로 이어지는데 자세한 것은 이흥재(2005)1장 참조.
7 인본주의적 측면에서 문화예술은 전적으로 개인능력의 조화로운 발전을 위한 것으로 간주한
  다. 그리하여 개인이 얻은 일반적인 모든 지식, 개인이 실현한 고유한 창작물 전체를 문화라
  고 일컫게 된다. 이런 점에서 국가나 한 세기의 문화는 개개인의 정신적인 창작물의 총체로
  구성된다고 본다.
8 문화를 '가치관의 체계'라고 폭넓게 정의하면 인간사회의 모든 것이 문화가 된다. 정책학 대상
  으로서의 문화를 이처럼 가장 넓은 의미의 것으로 전제한다면, 문화정책은 사회전체에 걸친
  여러 현상을 '문화자원'의 관점에서 고찰하는 학문이라고 자연스레 결론 내릴 수 있다.
9 같은 맥락에서 그동안 사회과학에서 인간을 '인간=경제자원'으로 보고 인구, 노동력, 실업률
  이라는 말 자체가 바로 노동자, 소비자같은 의미의 경제자원으로 다뤘다는 뜻이다. 그 밖에 사
  물을 생각하거나, 창작활동을 하거나, 즐거움에 흥겨워하는 인간을 별도 존재로 보지 못했고
  오히려 그러한 경제자원에 부수되는 활동으로 다뤘다. 그 때문에 다양하게 지적인 창조활동을

　　이에 비해서 문화정책에서 인간관은 별로 뚜렷한 것이 없을 정도로 미약하게 다뤄왔다. 앞에서 말한 것처럼 기본적으로 문화정책을 사회경제정책에 부수적으로 따르는 정책으로 보았기 때문이다. 따라서 인간에 대해서도 사회경제정책의 인간관을 그대로 이어받아 왔었다. 그러나 이러한 인간관으로 문화정책을 실현하는 자세에는 분명히 한계가 있다.[10] 적어도 문화예술을 다루는 문화정책이라면 인간은 문화를 계승하고 창조하는 존재라는 뚜렷한 관점에서서 정책을 펼쳐야 한다.

인간, 주민, 국민

　　여기에서 다시 인간은 어떤 존재이며 어떻게 표현되는가. 또한 인간, 주민, 국민은 서로 어떻게 다른가? 먼저 개념적으로 인간은 납세자인 국민, 특정 공간에 거주하는 주민과는 차이가 있다. 국가의 입장에서는 정책과정에서 국민이라는 개념을 주로 사용한다. 이는 정책추진에 필요한 세금을 납부한 납세자를 대상으로 문화정책을 펼친다는 뜻을 담고 있다. 그런데 국민개념은 최근 글로벌, 온 라인, 웹 3.0연결, 시민사회 활동들에서 보듯이 매우 다양하고 폭넓게 바뀌고 있다.[11] 이 점을 주목해야 하는데 이는 결국 문화정책이란 인간을 대상으로 해야 한다는 말이다. 예술이 인간을 인도주의로 이끈다는 믿음은 상식적이지만 역사적으로 엄연히 실재했고, 예술의 근본이야말로 인류에게 주어진 순수한 축복이므로(Elenora Belfiore, Oliver Ben, 2007) 문화예술은 인본주의를 소중히 실현해야 한다.

　　이처럼 사회변화와 함께 사람들의 가치관이 변함에 따라서 정책적으로도 인간관이 바뀌고 있다. 특히 고도성장 이후 사람들의 가치관이 크게 변하여 물질을 중심으로 했던 생활에서 정신적인 풍요를 바라는 시대로 바뀌고 있다.

　　펼치는 인간을 전제로 해서 정책을 따로 다룰 대상으로 취급하지도 않았었다.
10 인간, 문화, 정책을 연결하는 데 있어서 인문적 문화개념(humanist concept)과 인류학적 문화 개념(anthropological concept)을 생각한다. 인문적으로는 인간의 자기인식, 정신적 성장, 진보의 관념을 포함하고 이른바 문명개념과 대비되도록 쓴다. 인류학적으로는 생활양식과 거의 비슷하게 쓰는데 공동체나 가치, 규범, 차이를 중시하며 쓴다(川村陶子, 2008).
11 국민이나 주민이란 공간을 내세우기보다 폭 넓은 '사람들'과 연대하기를 꾀하는 존재로 본다. 지자체들은 지역 내 거주자를 '주민'이라고 하며 공공서비스 대상으로 봤으나, 최근에는 이동 인구도 주민개념에 넣고 있다. 외지에서 바람타고 온 관광객, 일시 체류자도 관광, 교통에서와 달리 문화정책 대상으로 보고 있다.

경제성과 효율성을 주요 가치로 우선시하였던 고도성장사회를 벗어나 자연환경 훼손, 인구구조 변화 문제를 해결하기 위해서는 문화적 측면의 접근이 필수적이라 생각하게 되었다.[12] 결국 사회문화 활동에서 이처럼 인간적 요소가 중요하기 때문에 인본주의를 문화정책의 최고 이념으로 내세우는 것이다.[13] 여기에서 문화정책 주체로서의 인간과 정책소비 대상으로서의 인간에 대한 역할기대는 차이가 있다.

(2) 접 근

이상 가치로서의 인본주의에 정책적으로 어떻게 접근하고 이를 실현할 것인가?

먼저 정책의 눈높이를 문화향유자로서의 인간적 욕구에 맞춰야 한다. 사람들의 생활의 질과 밀접하게 연관된 문화향유 기회를 제공하는 데 문화소비 정책의 초점을 맞추는 것이다. 대부분 복지국가의 틀 속에서 재정지출이 이루어짐에도 불구하고 그동안 문화정책은 기껏해야 예술단체에 대한 보조 정도에 머물렀던 적이 있다. 그러나 국제화와 국가재정 불안으로 공공선택론이나 재정책임론이 모든 분야로 확산·적용되기에 이르렀다. 예술단체에 대한 지원도 이에 따라 변화되었다. 예술단체의 적자를 보전한다는 명분에서 지급되는 보조가 문화향유자의 기호를 가볍게 보고, 예술적 세련미만 추구한다는 비판이 일게 된 것이다. 이에 따라 자연스럽게 향유자 눈높이에 맞춘 정책과 제도화에 중점을 두지 않을 수 없게 되었다.

또한 인본주의적 관점은 문화소비에서뿐만 아니라 문화경영에서도 새로운 이념으로 자리 잡아야 된다. 이러한 전환은 문화에만 적용되는 것이 아니라 사실상 복지성격의 모든 정책에 고루 적용되는 추세에 있다. 공급에 관련된

---

12 산업사회의 병폐인 비인간성에 관심을 둔 존 러스킨(John Ruskin)은 이에 맞서 문화의 중요성을 강조하고 문화를 경제학 주제로 설정해 이념적 방향을 제시했다. 그의 관심을 바탕으로 학자들은 예술의 붐, 국민복지 측면까지 관심을 갖게 되었다.

13 문화예술활동에서 인간은 취향이 다양하다. 따라서 정책 주체이자 대상인 인간 요소는 중요 변수이고, 당연히 인본주의적으로 접근하는 것이 바람직하다. 문화활동 선택 취향은 다양한 변수(연령, 거주환경)에 따라 형성된다. 어떤 것이 설명력이 강한지 딱 잘라 말하기는 쉽지 않다. 사회에서 문화적 재화에 대한 수요와 공급 모두 변하고, 어떤 문화적 재화가 시장에 대량 출현하면 그에 따라 문화활동도 변한다.

기능을 국가에서 지방으로 위양하고, 공공부문의 권한을 비영리와 민간부문에
까지 이양하는 분권화도 따지고 보면 문화소비자에게 더 가까이 다가가려는
정책적 노력의 하나이다. 뿐만 아니라, 문화경영 차원에서 문화소비자에 의한
선택의 폭을 넓히기 위한 노력은 인본주의 문화정책 이념을 새롭게 맞추려는
것이다.[14]

생활의 질

진정한 인본주의를 실현하기 위해서는 문화정책이 생활의 질 향상으로
연결되도록 추진해야 한다. 문화예술의 가치를 고유가치 관점에서 처음으로
이론화한 사람은 경제학자이자 미술평론가였던 존 러스킨(J. Ruskin)이다. 그는
문화예술의 고유가치를 '삶을 지탱하는 절대적인 힘'이라고 보고, 고유가치는
문화향유능력과 만날 때 비로소 실질적인 가치가 된다고 정리했다. 이처럼 향
유자의 향유능력을 중시하는 사고방식은 아마르티아 센(Amartya Kumar Sen)의
기능적 접근에서도 볼 수가 있다. 센의 '잠재능력(capability) 개념'에 따르면, 생
활의 질이란 어떤 생활과 인생을 선택할 수 있을까 하는 개인의 자유를 표현
하는 개념이다. 문화정책을 인본주의 입장에서 추진하는 데 생활의 질에 관계
되는 사항을 중심에 두고 정책들 사이의 연계를 짜맞추는 것이 인본주의 문화
정책의 최종목적이자 큰 특징이다.

그런 점에서 인본주의 문화정책의 역할 가운데 사람들이 스스로 문화활
동을 하도록 자극하고, 문화를 향유할 수 있도록 조건을 정비하는 데 기본을
두는 것이 중요하다. 또한 격차가 생기지 않도록 개인활동만으로는 한계가 있
는 곳에 관심을 가져 부족한 면을 보충하고, 불균형을 시정하는 필요조치를
강구해야 한다.

간추려 말하면, 문화는 인간의 근원적인 욕구이며 그 주체는 개개인 본인
인데, 사회적 전개과정에서 한 쪽으로 기울어지거나 부족한 부분이 있다면 그

---

14 문화소비자를 넓게 잡으려면 정책은 소비자 선호 성향, 선택능력 확보여부를 검토해야 한다.
　　미술관이나 극장시설이 훌륭해도 티켓가격이 높거나 작품 이해능력이 부족하면 소비자간 격
　　차만 더 넓어진다. 또한, 문화소비자에 초점을 맞춘 지원이라해도 문화소비자 접근만 중시하
　　고 예술 창조를 경시하는 것은 아니다. 문화소비자 향유능력 제고뿐만 아니라 창작의 질을 높
　　이게 지원할 수 있다. 결국 예술가와 문화소비자의 만남을 잘 엮도록 문화예술경영이 역할을
　　하는 것이다.

것을 바로잡는 것을 국가정책의 역할로 삼아야 한다는 것이다.

이러한 논의에 비춰볼 때 인본주의에 접근하는 데 복잡한 절차·내용·경비 문제가 뒤따를 것으로 예상된다. 인본주의의 달성을 위해서는 이용자인 각 소비자의 관점에서 시설과 운영계획을 마련하고, 시설을 이용하고 활동하는 사람들이 충분히 그 능력과 성과를 발휘할 수 있도록 환경을 제공해야 한다. 일반 이용자는 그 활동을 바탕으로 충분히 그리고 즐겁게 생활의 풍요로움을 느낄 수 있어야 한다.

인본주의를 제도화하기 위해 문화에 관한 권리를 확보해야 한다. 문화에 관한 권리개념은 원래 인본주의적인 바탕에서 헌법에 근거하여 생겨났다. 문화의 향유기회를 충족시키고 창작기회를 제공하기 위해서는 문화에 관한 인간의 권리를 국가가 먼저 인정·확보하지 않으면 안 된다. 문화에 관한 권리는 국가로부터의 자유를 보장하는 자유권적 기본권이 그 바탕을 이룬다. 아울러 복지국가 노선의 전개에 따라 국가로부터의 자유를 보장하는 사회권적 기본권의 생성이 촉구된 것이다. 인본주의적 관점에서의 문화권을 문화예술활동 양식에 맞춰 본다면 '생존적 문화권', '생활적 문화권', '예술적 문화권(cultural right on art)'을 아우르는 포괄적인 성격을 갖는다(正木桂, 2009).

결국 문화정책에서는 모든 것을 처음부터 끝까지 인간이 주체라는 관점에서 처리해야 한다. 지금까지 겪어온 경험에서 보면 정책 각 단계마다 소비자의 의견을 철저히 반영하므로 시간이 많이 들고, 또 건물 하나를 만들어도 보통의 경우 시설비나 운영비가 더 든다. 인본주의 실현전략은 그만큼 어려운 정책이념이다.

(3) 적용, 실현

문화개념 자체에 녹아 있는 인간본위적 성격을 찾아내 자리매김해야 한다. 다시 말해서 문화에 반영된 인간의 특성을 살리고, 인간의 감성적 풍요를 발견하고 키우는 문화활동의 본질에 충실하도록 인본주의를 자리매김해야 한다.

그렇다면 인간은 문화와 어떤 관계를 갖는 것일까?

먼저 생각할 것은 문화란 인간의 집단적 특성을 가리킨다는 점이다. 집단

을 구성하는 개개인은 자기가 속해있는 집단에 대해서 공통된 생각을 품고 있
으며 귀속의식도 갖는다. 내면적으로 공감할 뿐만 아니라 겉보기에도 똑같은
가치관, 행동양식, 스타일을 가지고 있다. 문화란 이처럼 사람들의 특정한 생
활양식 전체를 자리매김하는 것으로 볼 수 있다.

또한 문화란 인간의 내부적·정신적인 측면이 상대적으로 더 반영된 속성
을 가리킨다. 이는 관념론적 사고로서 물질적인 진보를 뜻하는 문명과 대비되
는 특성이다. 이 같은 문화의 정신적 측면은 특히 예술·사상·종교·논리의 영
역에서 주로 풍미되며 여기에는 인간적인 속성이 늘 담겨져 있다. 이러한 개
념적 특성에 비춰보면 문화정책이 추구하는 궁극적인 목적은 '아름다움, 여유,
놀이, 개성, 다양성, 즐거움'과 같은 '인간다운 감성의 풍요'를 갖추도록 하는
인본적 속성 그 자체이다.

아울러 문화는 인간의 본질적인 욕구이다. 문화란 사람이 사람으로서 살
아있다는 것을 증명하는 것이다. 인간의 문화적 욕구는 태생적·본질적·근원
적인 것이다. 인간은 태생적으로 자의건 타의건 문화를 향유하고, 스스로 창
조활동에 참여하고, 문화적 환경 속에서 삶을 살게 되어 있다. 인간에게 문화
는 이처럼 본질적인 욕구의 대상이자 당위적으로 실현하고 지향하는 대상인
것이다.

끝으로 인간생존의 최소 조건인 노동이나 생활과 동격으로서 예술활동에
주목하는 것이 다름 아닌 인본주의이다. 예술이란 원래 인간의 생활 속에서
자연스럽게 생겨난 것이고, 근대 이전 사회에서 예술·노동·생활은 한 몸으로
존재했다. 그러므로 본래 의미의 예술이라고 할 수 있는 '인간의 창조적인 활
동'에 덧붙여 유형문화는 물론 무형문화를 모두 고려해서 인간화·생활화를 추
구하는 것이 문화 활동이다.[15] 문화정책의 주체가 누구인가 하는 점에서 노동
과 생활 속에서 만들어낸 무형문화는 인본주의 속성에 오히려 더 가까우므로
노동·산업·생활의 일체성을 고려해 주요 이념으로 삼는다. 그리하여 빌 게이
츠가 '다보스세계경제포럼'에서 말한 것처럼 자본주의가 부자들뿐만 아니라
가난한 이들을 위해서도 기여하는 이른바 '창조적 자본주의'(creative capitalism)
로 거듭나야 한다고 본다.

15 무형문화란 인간이 사회 구성원으로서 획득한 태도나 사상, 습관, 신조, 가치관을 말한다.

이와 같이 인간의 문화활동은 인본주의 이념을 실천함으로써 더욱더 창조성을 북돋우며 개성을 신장하고, 자기개발을 도모하게 되는 것이다.

① 종합적 적용

문화예술 정책에서 여러 가지 접근전략이 중요하지만, 한 걸음 더 나아가 정책이 인본주의적 이해 위에서 문화를 다뤄야 문화의 정책적 본질에 가깝게 느껴지고 수용자에 대한 정책 적응력도 커질 것이다.

그렇다면 정책이 어떻게 인본주의적으로 문화에 접근할 수 있을까?

우선 인본주의로 종합 과학적 문화정책 연구를 보완해야 한다. 종합 과학적 문화정책 연구는 흔히 문화와 사회를 물질주의적 관점에서 접근하며 문화를 물성(物性)으로서 이해한다. 이는 대상을 분할하여 구성요소 하나하나에 대하여 분석하는 이른바 요소환원주의(reductionism)에 치우치고 있기 때문에 단편적인 사고로 흐르기 쉽다. 또한, 문화실태를 표현하지 않을 뿐만 아니라, 실생활자의 문화목적에 직접 연결하는 힘이 모자란다. 한마디로 이러한 극단은 종합과학적인 접근과 인본주의적 문화정책을 병행하여 조화시켜야 하는 것이다.

또한 사람들의 삶을 포괄적으로 나타내야 한다. 문화란 사람들의 삶을 그리는 것이며, 따라서 다양하고 다원적이어서 언제나 불안정한 '흔들림' 상태에 놓여있는 것이 특징이다. 다양성은 문화의 절대조건이라고도 말할 수 있기 때문에 인본주의적 접근이 그리 단순하지는 않을지도 모른다. 그러나 인본주의적 문화정책 접근을 통해 초합리성과 맥을 연결할 수 있을 뿐만 아니라, 어떻게 정책을 만들 것인가에 대한 정책결정을 강조하는 메타정책(meta policy)적 성격도 기대할 수 있을 것이다.[16] 이러한 움직임은 세계 문화정책의 주요 흐름의 하나이다.

아울러 문화의 동태성을 잘 반영해야 한다. 문화는 여러 가지 요인에 의해

---

16 인본주의 문화정책에서는 문화의 지속적 개발과 활성화는 상호의존적이라는 전제에서 인간 개발의 주요 목적 가운데 하나는 개인의 사회적·문화적 완성이라고 본다. 문화생활 참여는 개인의 기본권리이므로 정부는 권리 행사 조건을 갖출 의무가 있다. 문화정책의 핵심 목적은 인간완성에 기여할 수 있는 환경을 만들고, 목표를 설정하고, 구조를 만들어 충분히 지원하는 데 있다. 문화적 창조성은 인간과정의 원천이며, 인간에게는 보물이므로 문화적 다양성은 결국 인간 발전의 필수 요소다.

결정되고, 다원적인 네크워크를 이룰 뿐만 아니라 언제나 동태적인 시스템에서 움직인다. 더구나 문화의 시간적·공간적·인간적 국면은 매우 개방적이다. 이런 관점에서 볼 때 현재 사용되고 있는 다양한 문화개념은 시간·공간·인간 등 3간(間)의 폐쇄성을 뛰어넘어 동태적인 사고와 행동이 가능한 새로운 개념으로 대체되어야 한다. 이러한 것들은 모든 문화활동의 출발점이자 성과의 귀착점인 인간에 바탕을 두는 인본주의적 접근으로 그 한계를 극복할 수 있다.

② 네트워크의 중심 자리

문화를 구성하는 틀을 휴먼웨어, 소프트웨어, 하드웨어의 3개 국면으로 나눠 볼 수 있다. 휴먼웨어는 그 자체가 문화자원과 연결되며 문화발전의 큰 축을 이룬다. 그리고 지식·매뉴얼·규칙이 자원과 연결되는 소프트웨어가 또 다른 축을 형성한다. 또한 도구·시설이 자원과 매체가 되는 하드웨어가 3각 기둥의 다른 축으로 버티고 있다. 이들을 다시 말하면, 의식, 행태(動態), 표현물·성과(靜態)인데 이들을 모두 합하여 문화라고 할 수 있다.[17] 그런데 여기에서 문화발전의 가장 기본적인 기둥이라고 할 수 있는 휴먼웨어에서 다른 두 가지 요인이 파생된다. 결국 문화발전 네트워크의 중심에 인간이 있고, 또 정책을 이끄는 철학으로 인간 본위적 사고가 가장 중심을 지키는 것은 문화정책 구성의 틀에서 보면 매우 자연스럽다고 할 수 있다.

③ 개별적 입장까지 고려

인본주의 이념은 내용적으로 인간의 어떤 측면을 강조하는가? 서둘러 정리한다면 인본주의 문화정책에서는 뜻·생각·기억·이념과 같은 인간본성을 중시한다고 말하고 싶다. 다시 말하면, 인본주의 문화정책은 인간 존재의 만화경 같은 다양성이나 개별성을 존중하는 것이다. 그런데 이 점은 자칫 가볍게 보아 넘기기 쉽다. 인본주의는 인간적 감성을 표현하는 수사적인 용어로 쓰이거나 담당자의 주관과 상업주의에 끌려들어가 표현에만 그칠 수도 있다. 그러므로 과연 누구를 위한 것인지, 무엇을 위한 인본주의인가에 유의해야 한다.

---

17 문화자원 가운데 하드 이전에는 소프트웨어가 있고, 소프트웨어 이전에는 휴먼웨어가 있다. 결국, 문화라는 것은 인간이 인간으로서 존엄하게 살기(인간답게 살기) 위한 가치들의 총집합이고, 나머지는 이를 실현하기 위한 수단에 불과하다. 결국 문화정책의 이념적 우선순위는 휴먼웨어, 소프트웨어, 하드웨어 차원의 각 단계에 따라 구축되는 것이다.

그러기 위해서는 우선 인본주의적 정책의 실현을 위한 관점을 정립해야 한다. 무엇보다도 개개인 시민을 보는 관점을 인간 존재로서의 다양성이나, 생활자로서의 전체성에 맞추어야 한다. 또한 통계적 사고로 보는 수량적이고 추상적인 시민 관점에서 벗어나야 자연스럽다. 당연히 이는 개별시민의 생활방식과 일상적인 생활을 주시하는 것과 맥락을 같이한다. 아울러 차별 없이 문화즐기기에 도움되도록 개별적 입장까지 고려하여 문화정책을 만들어야 한다. 이를 실현하기 위해서 행정을 개선하고, 인본주의적 개혁을 도모하는 방향으로 구체적 시책을 연결시켜 나가는 것이 참된 인본주의의 실천이라고 본다.

3. 창조성: 사회목적 가치

(1) 사회관의 다변화

사회가 기술이나 환경변화로 급변하여 소용돌이치고 있어 정책 문제들은 그 범위가 매우 넓어졌다. 더구나 예전처럼 국가가 나서서 하는 사회경제정책의 틀만으로는 해결이 어렵다. 문화정책은 사회적 측면에서 공공성이 중요하지만, 이제는 창조성이라고 하는 사회문화적인 접근으로 풀어가야 한다.[18] 문화와 창조성은 다르다. 문화는 배타적이고 엘리트주의적이어서 제한적 의미를 갖는 데 비해 창조성은 민주적이고 수용과 포용의 의미를 갖는다. 지원을 펼치는 공공문화정책에서는 이 용어에 대해 혼란이 없어야 한다(Susan Galloway, Stewart Dunlop, 2007). 사회문제에 대한 문화정책적 접근의 필요성은 각종 연구에서도 잘 나타나고 있지만 사회목적 실현과 관련해 주의해야 할 점도 적지

---

18 정책학에서는 공공성을 사회목적 가치로 중시하는데, 문화예술에서도 당연히 공공성을 포함해야 한다. 문화활동 단체들은 때로는 공공성에 기대지만 부담스러워 한다. 하드웨어는 국민들의 세금으로 만들고, 예술창작품은 사회적 존재물로 세상에 나오므로 어쨌든 공공성을 외면할 수 없다. 그래서 공공성으로 존립 정당성을 확보하고, 공공성이나 활동에서 공공성을 자각하고, 지원받을 때도 경제지원으로부터 사회적 지원으로 인식을 바꿔야 한다. 논의를 보탠다면, 공공성이란 제공되는 서비스가 일반적 생활조건, 평등 이용, 기본인권 존중, 서비스에 동의하는 민주절차 적합성을 지닌다는 것을 잘 인식해야 한다. 공공성은 권력과 결부되고, 평등성, 공통성을 지니고 있어 문화예술에 관련해서 해석할 때는 주의해야 한다.

않다(Nick Wilson, 2010).

현대사회에 필요한 사회목적 가치로 이런 점에서 창조성이 강조된다. 사회전반에 창조력이 넘치는 지능정보화 사회에서는 이를 바탕으로 혁신적인 문제해결이 가능할 것이기 때문이다.[19]

창조성은 사회가 바람직한 방향으로 가도록 추구하는 사회목적 가치이다. 사람을 중시하는 인본주의 이상 가치를 실현하고 문화정책 가치인 효율성을 실현하는 중간수준의 달성이념이다. 때문에 이미 여러 나라들이 미래를 준비하는 중요한 사회문화적 이념으로 창조성을 선택하여 추진하고 있다.[20]

사회목적 가치로서 창조성을 문화정책에서 이념으로 삼는 또 다른 이유는 문화예술적 상상력이 창조성을 가져오는 바탕이기 때문이다. 창조성은 예술 활동의 원천이고 문화예술에서는 생명과 같은 가치를 갖는다. 더구나 문화예술이 인간의 내적 생산력을 발휘한 활동을 통해 나타난 결과라면, 개인적인 상상력을 바탕으로 인간의 내적 생산력을 사회적 창조성으로 승화시키도록 돕는 것은 정책이념으로 매우 자연스럽다(Robert Weisberg, 2010).[21]

또한, 창조성은 우리 사회의 모든 분야에서 창조적 문제해결에 연쇄적으로 반응을 계속 불러일으키며 기존의 시스템을 변화시켜 준다.[22] 창조성은 정태적 결과가 아니라 지속적인 유동성이다. 이 같은 창조적인 사회문제 해결에

---

19 창조적이라는 말은 독창적, 혁신적이라고 하는 일반적인 의미이다. 어원은 프랑스의 creare(만들다)에서 본 딴 영어 creative로서, 16세기까지는 '창조주로서 신의 행위'를 뜻했으나 르네상스의 휴머니즘 사상과 함께 '인간의 만드는 능력'을 말하는 것으로 바뀌었다. 18세기에는 과학기술이나 예술사상에서 '창조의 능력'을 나타내게 되었다. 20세기에는 혁신(innovation)과 상상력(imagination), 공상(fantasy)과 관련하여, 한편에서는 경제나 생산 활동, 그리고 다른 측면에서는 예술이나 사상과 관련하여 쓰는 경우가 많았다. 창조성과 비슷한 뜻을 갖는 창의성이라는 말은 주로 교육학에서 '새롭고 유용한 것을 생각하고 만들어 내는 능력' 혹은 '남들이 보지 못하고 생각지 못하는 것을 보고 생각하는 능력'을 뜻한다(자세한 것은 이흥재, 2012).

20 미국은 일찍부터 창조성을 실현하기 위한 문화정책에서 실천과제를 제시한다. ① 문화민주주의 강화 ② 문화의 풍요로움 활용 ③ 문화 향유기회 다양화와 지원 문화단체 풍부 ④ 아마추어나 비영리문화와 상업문화의 상호작용 강화 ⑤ 독립적 상호의존적인 지원제도 마련 ⑥ 문화자본 보존과 창조력 촉진인데, 이를 위해 문화리더십 보장이 필요하다고 강조했다.

21 창조성은 개인의 사고, 능력, 인성, 가치를 함축하며, 창조활동은 결국 사회적 의사소통 행위이고 의사전달자인 창조자의 역할이다. 따라서 창조성의 사회적 확산이 중요하며, 창조행위의 사회적 의사소통 측면을 중시해야 한다. 창조성을 사회정책으로 실현하려면 교육, 지원체계, 사람들의 문제, 환경구조, 창조적 발전에 필요한 자료를 준비해야 한다.

22 창조성의 사회적 확산에 대해서는 이흥재(2012) 4장 참조.

영향을 주는 요소로 사람, 기술, 환경 등을 들 수 있지만 무엇보다 가장 중요한 환경으로 정보와 커뮤니케이션시스템, 문화와 예술의 다양성, 교육시스템, 사회적 안전 등을 내세우는 데 주저할 이유가 없다(Nick Wilson, 2010).

문화정책은 결국 사회전체에 창조적인 분위기를 조성하여 국민 모두가 창조자로서의 역할을 다 하도록 돕는 방향으로 확산시켜 나가야 한다. 그런데, 문화예술이 이처럼 사람들의 창조적 사고와 행동을 이끌어내는 중요한 작용을 하기 때문에 문화예술 환경은 사회목적 가치를 실현하는 견인차로서 중요하다. 그래서 최근 문화정책도 사회적 창의성을 활짝 열기 위해서라도 엘리트 예술가가 창조의 독점적 지위를 견지하도록 지원하던 낡은 방식을 벗어나 창의, 창조가 마침내 창발(創發)과 창신(創新)에 연결되도록 지원방식의 혁신, 창조적 실험에 대한 적극 장려의 판을 벌려야 한다고 본다.

(2) 창조성 확산

창조성 이념을 어떻게 구현하고 실천적 행동대안을 어떻게 이끌어 내도록 문화정책을 전개할 것인가? 크게 국가, 사회, 경제, 도시는 물론 다른 요소들과의 경계에 놓여 영향을 미치는 특징(boundary phenomenon)을 갖는다.

① 창조국가론

창조성은 창조국가 만들기에 중요한 개념요소로 적용한다. 창조국가란 인간이 자유롭게 창조활동을 발휘하도록 하는 데 바탕을 두고, 국가 활동에서 창조성을 풍부하게 하고, 동시에 기존 사회경제 시스템을 혁신적으로 바꿔 유연한 사회시스템으로 준비하는 국가이다. 이러한 창조국가는 인류가 직면한 지구적인 환경문제, 국가적·지역사회적인 과제에 대해서 문제를 해결하는 '창조의 장이 많아지는 국가'를 말한다.

이 같은 창조국가의 개념을 문화정책 개발론으로 좁혀서 좀 더 구체적으로 접근해 볼 수 있다. 우선 창조국가는 예술가나 과학자가 자유롭게 창조활동을 하고, 노동자나 기술자가 자기능력을 유연하게 발휘하여 생산하고, 자기 혁신능력을 갖는 국가·사회·경제시스템을 갖추는 데 주력한다. 또한, 과학과 예술의 창조성을 지탱하는 대학, 연구기관, 극장, 도서관 같은 사회문화시설을 충분히 정비한다. 아울러 창조적인 일을 지원하는 각종 단체나 협회 등 비영리부문이 충실하게 매개역할을 할 수 있는 '창조마당'을 열어 풍부한 활동을 불러일으킨다. 나아가 산업발전으로 국민생활의 질을 개선하고, 사회서비스를 충실히 제공하여 환경·복지·예술창조에 자극을 주는 산업활력을 넣어주고, 생산과 소비를 균형 있게 발전시켜 특히 개인의 다양한 창조활동을 보장하고, 문화행정에 대한 주민참가 시스템을 잘 갖춘다. 이를 위해, 창조적 문화행정을 지탱하는 재정 자율성과 정책형성 능력이 높은 문화행정 인력을 확보한다.

② 창조사회론

새로운 환경변화 중 사회발전 패러다임으로 자리 잡을 지식기반 사회를 열어 가는 데 창조성이 중요한 열쇠로 활용된다. 우리가 지금 맞이하는 지능정보사회에서 창조성은 암묵적 지식, 감수성, 창의력의 세 가지에 관련된다.[23]

지능정보 사회의 기반이 되는 지식, 정보란 과연 무엇인가? 이를 구축하고 창조력을 키우기 위해 환경을 어떻게 구축할 것인가? 이는 지식에 대한 새로운 해석에서 시작된다.[24] 종래에는 각종 정보의 홍수 속에서 정보를 고도로 분석해서 생긴 지식을 활용하는 방법이 지식을 해석하는 주된 방법이었다. 그러나 최근에는 각종 지식의 세목별 요소보다는 경험을 능동적으로 형성·통합할 때 생기는 자기 내부의 형성력이나 통합력이 활성화되는 것을 중요시 한다. 이를 암묵적 지식(tacit knowledge)의 '통합능력'이라고 한다. 이때 중요한 것은 이 암묵적 지식을 어떻게 사회적 지식으로 만드는가이다.[25] 다시 말하면

---

23 지능정보사회에서는 지식과 데이터가 부가가치 창출의 원천이 된다. 전환기 문명사적 전환을 맞아 선진국들은 글로벌리더십을 유지하는 데 힘쓴다. 이를 위해 국가과제로 정보인프라 구축, 교육훈련 강화, 공공부문을 연결하는 범국가적 지식공유 활용시스템을 구축하고 있다. 그런데, 지능정보사회 구축은 4차산업혁명 기술이나 웹 3.0 기술과 더불어 문화산업·글로벌·문화정보화와 연계하여 급변한다. 한편, 정보·상품·서비스가 국경을 넘어 이동하면 자국 문화 정체성에도 영향을 미치므로 이를 중시한다.

24 지능정보사회에서는 사람의 지혜·감성이 경영자원으로 중요해진다. 그리고 지식을 통합·공유하고 축적된 지식을 어떻게 경영에 연결하는가를 중시한다. 이러한 접근은 종래와 같은 합리주의, 효율주의에 기초하는 기계적 지식을 넘어 새로운 지식형태를 향해서 가야 한다.

25 지식을 형식 지식과 암묵지식으로 나누는 폴러니(M. Polanyi)는 형식 지식은 인간이 언어·문화·제도·법률이나 폭넓게 갖는 시장가격 등으로 표현되는 지식을 말한다. 암묵지식은 어떤 형식을 갖는 것이 아니고 문화·언어로 표현되지 않으나 사람들의 신체로 목적을 같게 하는 인간네트워크가 공유하는 지식이다. 이는 인간이 형식 지식보다 더 많은 일을 알고 있기에 공유할 수 있는 것이다. 폴러니와 비슷하게 트로스비(D. Throsby)의 '눈에 보이지 않는 문화자본'

암묵적 지식은 방치하면 메말라 버리므로 지속적으로 샘솟게 해야 한다. 따라서 명시적으로 자꾸 보여주어 암묵적 지식이 사회적으로 분출되게 하는 장소를 어떻게 만들어 갈 것인가가 중요한 사회적 문제가 된다. 여기에서 문화예술이 매개자 역할을 하고 사회적 창조성(social creativity)을 확대시키는 까닭을 찾을 수 있다.

③ 창조경제론

사회경제 문제의 해결에 창조성이 도움을 준다. 창조성을 도시계획에 적용한 것이 '창조도시론'이다. 이는 지역이나 도시의 문제해결을 위한 도구로 활용된다. 창조도시, 마을만들기, 지역경제연구, 창조관광 등이 이러한 사례이다. 더구나, 문화재를 활용한 마을만들기와 산업문화도시로의 발전을 적극적으로 모색하는 데에도 창조력이 무엇보다 중요하다.

한편, 경제학에서 창조력 문제는 좀 특이하게 적용된다. 그동안 경제학에서는 창조력을 연구대상에 포함하지 않았었다. 경제학의 틀에서는 기호의 변화와 기술혁신은 상황에 이미 주어진 외생적(外生的) 요인으로서 다루었기 때문에 창조력도 경제적인 틀 밖에서 일어날 수 있는 것으로 처리했었다. 그러나 산업구조의 변화에 따른 발전이론에서는 지적·문화적 요소를 중요하게 다루며, 창조성 문제를 경제이론 내부로 받아들여 연구하기에 이르렀다. 경제학에서도 창조성은 이제 문화가치를 산출하는 함수라고 간주하기에 이르렀다.

(3) 동태적 순환

문화를 정태적으로 보는 경우와 동태적으로 보는 경우가 있는데, 문화창조성은 문화를 동태적인 것으로 보는 것이다. 다시 말하면, 사람들의 마음속에 있는 욕구가 환경 속에서 동기를 제공하여 행동으로 전환되고, 그 결과 작품으로 탄생되는 것이 문화예술이라고 보는 것이다. 문화를 유기체적 순환이라고 보면 창조성은 삶의 각 단계에서 생겨나고 동태적으로 확산되는 것이다.[26]

을 말하는데 이는 암묵지식을 포함해서 집단이 공유하는 관념, 관습, 가치같이 지적인 자본을 말한다.

26 예술창작자의 느낌은 그림, 조각, 음악 작품을 바탕으로 보는 사람이나 듣는 사람에게 전달되

이렇게 하여 문화예술의 창조성은 사회적으로나 국가적으로 더욱 확산되고 재탄생된다(Nick Wilson, 2010). 좀 더 적극적으로 보면 이렇게 탄생한 문화성은 창작자의 창조력에서만 나오는 것은 아니다.[27] 창작자의 창조적 표현은 문화소비자의 향유능력에 의해서 다시 태어난다. 만일 소비자의 감상능력이나 고품위의 문화향유능력이 뒷받침되지 않는 작품이 있다면, 그 작품은 창작자의 치기(稚氣)로 매도될 수도 있다.[28] 이런 점에서는 문화예술 창조력은 창조자와 소비자의 공생·공진화 관계로 이뤄진다고 말할 수 있다. 또한 이러한 면에서 사회발전 수준과 문화예술에 대한 가치부여가 창조성 향상의 동반 축으로 표현되는 것이다.

창조성이 어떻게 발현되고 있는지와 창조성 발현에 어떻게 접근할 것인가에 대해서는 두 가지 접근 측면을 고려해 볼 수 있다. 하나는 선형적·합리적·개별적인 측면이고, 또 다른 하나는 이에 대칭되는 적응적·총체적·순환적인 측면이다. 여기에서 현대사회가 요구하는 창조성은 아무래도 총체적인 측면의 접근이라고 볼 수 있다.[29]

이러한 창조성은 구체적으로 어떤 과정을 거쳐 확산되는가? 창조성은 아이디어의 재생 → 탐색 → 육성 → 발상 → 개선과 같은 순환을 이루면서 더욱

어 감동·기쁨·공감·충족감을 준다. 뿐만 아니라 새로운 동기와 행동을 유발하고, 또 다른 문화예술로 재탄생된다. 이처럼 문화접촉에서 생겨나는 감동이나 순환(문화의 사이클)이 활발해질수록 문화의 다양성·보편성·고도화가 이뤄질 것이다.

27 내면적인 문화예술은 원래 창조자의 실험정신에서 나오며, 처절하고 고독하며, 모든 가능성을 꿰어 엮어보는 실험정신이다. 그래서 문화예술을 희소성·비대체성·독창성의 다른 표현이라고 말할 수도 있다.

28 문화의 창조는 창조 → 전달 → 향유 → 평가 → 축적 → 교류 → 학습 → 창조라고 하는 순환과정을 거친다. 이 과정은 단선적으로 이뤄지지 않지만, 향유 뒷 단계에서 실제적인 문화예술창작에 대한 평가가 이뤄진다. 특히 문화상품이나 대중문화의 경우 이러한 향유 이후 단계에서 창조아이디어가 소중히 반영된다. 결국 소비는 단순하고 수동적인 문자 그대로의 '소비'가 아닌 평가, 교류, 재창조의 바탕이 된다는 점에 관심을 모아야 한다고 본다.

29 창조성의 양상과 이에 대한 논리적 접근법을 대비하여 정리하면 다음과 같다.

개별적	총체적
• 혁신적 창조성	• 적응적 창조성
• 자생적 창조성	• 재배된 창조성
• 창조적 분열	• 창조적 융합
• 선형적 논리	• 퍼지 논리(fuzzy logic)
• 단일기능적 창조성	• 다기능적 창조성

이렇듯 창조성은 해탈의 논리, 동양적 사고, 불확실상황 표현, 최대한 할 수 있는 비결정적 확률논리의 특성을 갖는다.

그 가치가 부가된다. 이 같은 창조력의 순환과정은 창조와 소비과정에서 인간관계로 연결된다. 이러한 관점에서 사람들의 문화예술 창작활동을 위하여 정보·장·기회를 제공하는 것이 창조성 제고를 위한 문화정책의 기본적인 역할이다. 뿐만 아니라 문화정책은 문화소비자 개개인 삶의 질적 향상을 위해 필수불가결한 요건이다.[30]

4. 합리성·효율성·민주성·형평성: 정책 가치

(1) 합리성

문화정책은 다양한 자원을 동원·배분하여 목적을 달성하는 행동이므로 가장 효과적인 수단을 찾아내는 실천적 행동이어야 한다. 이는 인간의 판단능력이 제한되어 있기 때문에 각종 판단기술을 사용하여 최적 상태에 이르기 위한 기본적 행동가치이다. 이처럼 논리적·과학적으로 타당한, 합리적 접근이 이루어져야 문화정책이 최대한의 가치를 실현하는 것으로 간주한다.

문화정책 가치로서 합리성 이념이 중요한 것은 문화정책이 갖는 다음과 같은 특징 때문이다.

합리성 이념은 문화예술의 효과를 어느 시점에 국한해서 평가하기 어렵기 때문에 중요하다. 문화예술 활동은 시대적 특성을 갖기 때문에 특정한 시점에서 한 마디로 확정하기 어렵다. 문화예술 가운데 어떤 세대나 비평가 집단들은 확신을 가지고 특정작품을 좋게 평가하는 것조차도 쓸모없는 것으로 본다. 그들이 별 볼 일 없다고 생각한 작품이 다른 세대들에게는 걸작으로 평가되거나 걸작의 창조로 이어질 수도 있다. 따라서 문화예술정책은 어느 시점에서나 형식적으로나 실질적으로 합리적인 기준에 맞아야 한다.[31]

---

30 문화소비를 위해서 미술관은 감상, 창조, 하드웨어와 소프트웨어 접근 정보를 제공한다. 이 밖에도 문화예술 경영요소로 박물관·미술관 학예사, 도서관 사서, 극장경영 전문가를 중시한다. 즉, 감상자·학습자로서의 시민, 장·기회·정보를 연결해주는 사람의 존재, 사회와의 연계를 만드는 소위 인간관계가 문화시설의 운영과 시민문화의 향상과 활성화에 더 중요해진다.

31 문화예술단체들이 활동과정에 많은 제약을 받기 때문에 합리성 이념은 중요하다. 그래서 필요

현실적합성

문화정책은 합리성과 동시에 현실에 적합하게 이뤄지는 현실적합성(re-levance)에 맞게 정책을 실현해야 한다. 문화정책에서 현실적합성이란 정책이 상황에 적합하고, 과거로부터 내려오는 경향이나 미래에 대한 전망에 맞게 형성·집행되는 것을 말한다. 최근 지능정보화, 4차산업혁명 기술, 코로나19 집단감염을 거친 전환기에 이르러서는 특히 문화정책의 현실적 필요성, 재정이나 기술적 실현가능성, 논리적 인과성이 맞아야 한다.

문화정책이 현실적합성 있게 마련되고 집행력을 갖기 위해 정책 주체들은 어떻게 해야 하는가? 현실적합성을 높이기 위해서는 문화정책 주체들이 정책내용, 목표에 대하여 정확히 파악하고 관련 분야에 대한 특별한 마인드를 가져야 한다. 우선 담당자는 담당 분야를 깊이 이해하고 관련주체들과 협력해서 추진해야 한다. 이를 위해 각 정책이나 정책 주체의 특성에 정통하고 실무 능력을 준비하는 등 이론과 실제를 갖춰 추진해야 한다.

민간주체의 입장에서는 다양한 문화예술자원을 사회공헌 활동에 이용하여 활기찬 사회를 만들기 위해 노력해야 한다.[32] 한편, 국민의 입장에서 보면 예술도 소비자가 있어야 발전하고, 소비자의 수준에 따라 예술 수준도 향상되므로 문화토양이 황폐해지지 않도록 문화향유자 능력을 키워야 한다.

(2) 효율성

일상 언어에서 효율성이란 효과와 능률성을 합한 말이다. 문화정책을 선택할 때에는 배분의 효율성이라는 가치를 살려 결정·집행해야 한다. 경제생태계에서 자원의 효율적 배분을 중요시하듯이 문화생태계에서도 효율성을 중요하게 생각하며 그것을 추구하도록 정책을 개발한다. 그러므로 좋은 문화정책

재원을 조달하는 방법, 활동 내용, 실행 방법에서도 합리성을 보장하기 어렵다. 개인후원이나 재원을 제공받는 단체들은 문화활동 확대과정에서 어떤 형태로든 활동에 제약을 받을 수밖에 없다. 따라서 이러한 제약을 최대한 극복하고 가장 합리적인 선에서 문화정책을 펼쳐야 한다.

32 기업은 문화시설을 만들고, 예술과 사회를 연결시켜 문화폭발시대에 알맞는 새 사업을 만들어 낸다. 또 문화예술단체나 예술인은 문화예술 관련 시장을 형성하고 마케팅활동을 펼치며 '노하우를 자산화'한다. 이처럼 예술이 필요하고, 지원을 받아야 하는 이유를 확실히 하여 사회적 존재로서의 문화예술을 적합하게 활용해야 한다.

은 정책의 효율적 집행을 중심으로 해서 종합적이고 집행력 있는 정책을 펼치는 것을 말한다.

문화정책에서 효율성은 무엇을 말하는가? 문화정책 효율성 논의는 '정부실패'라는 측면에서 비롯된다.

① 정부실패와 효율성

어떤 점에서, 왜 정부실패가 문화정책의 효율성을 해치는가? 이는 정부간 관계의 불명확성 때문이다. 문화진흥을 위한 정책의 형성과 집행에 있어서 정부 부처간 또는 중앙－지방 사이의 역할 관계가 불명확한 채 집행되는 경우 효율성 저하를 초래할 가능성이 높다. 특히, 문화예술진흥에 관련된 법규, 재정동원 방법, 주요 정책의 집행과정에서 정부간 관계가 명확해야 한다.

또한, 보조금 배분에서 단체에 대한 보조금은 총액이 적을 뿐만 아니라, 다른 분야와 비교해도 상대적으로 적다. 더구나 여기에 보조금을 받기 위한 비영리 문화단체들의 지대추구(rent seeking) 행동33이 일어날 가능성이 있어 효율적으로 배분될지 의심받는다.

또한, 문화예술단체는 만성적으로 적자를 볼 수밖에 없다는 이른바 '보몰의 비용 질병'을 근거로 보조금 획득을 촉진시키는 정책이 논리적으로 과연 효율성을 보장하는 것인지도 의문이 든다. 나아가 이러한 보조금 배분이 오히려 전체적인 효율성을 저해할 가능성도 있다는 점을 고려할 때 재검토해야 할 지경이다.

그 밖에도 새로운 문화예술 정책을 도입하고 집행할 때는 준비시간과 가처분소득이 낭비되지 않도록 하는 사전학습에 드는 비용을 감안해야 한다. 이러한 것들은 모든 일반정책에도 필요하지만 기획 창의력이 중요한 문화예술정책에서 크게 나타나므로 효율성을 더욱 고려해야 한다.

② 자원효율성 논의

예술단체의 사회적 역할에 대한 문제 때문에 효율성 논의가 활발하다. 예

---

33 보조금을 받아 예술활동에 써야 할 돈을 정치가나 관료에게 로비활동으로 사용해, 결과적으로 예술시장 질서를 왜곡시키고, 지원대상 단체 선정 때 다른 예술단체가 예술시장에 참가하기 어렵게 만드는 활동을 말한다.

술단체는 대개 비영리단체로서 사회적으로 널리 알려져 있지 않은 예술활동을
담당한다고 자부하는데, 지원은 실제로 이를 만족시키지 못하여 효율성을 거
두고 있다고는 장담할 수 없는 상황이다. 특히 비영리단체에 대한 기부와 그
에 대한 한정적인 기부세제로 인해서 정책효율성을 재검토해야 한다.

지원을 통한 문화정책의 효율성 논의가 가장 첨예하게 대두되는 분야는
역시 문화예술단체에 대한 보조금 지급에 관련해서이다. 논의의 초점 가운데
첫째는 '예술시장의 비효율성'을 없애기 위해 정책개입이 이뤄지는 보조금이
국민의 예술선호 변화보다는 유명 예술단체에 의한 예술시장의 과점(寡占)만
조성하는 결과를 가져온다는 점이다.34 둘째는 공공재원, 특히 보조금의 비효
율적 활용은 예술경영과 사회경제적인 측면에서도 비효율을 낳는다는 점이다.
비효율성으로 지적되는 사항은, 첫째 과소한 산출량, 둘째 경영에 있어서 느
슨함, 셋째 예술표현 혁신을 위한 노력의 태만, 넷째 지대추구 행동 등이다.
이러한 사실은 공공재원의 비효율적인 이용이라는 의미에서 사회적 손실을 초
래하고 사회전반에 걸쳐 비효율을 가져온다.

이러한 논의는 예술경영이나 사회경제적인 비효율뿐만 아니라, 문화예술
에 대한 지원 전체를 불신하는 결과를 가져올 수도 있어서 전반적으로 검토해
야 한다. 보조금지원의 비효율성 논의에 어떻게 정책적으로 대처할 것인가?
우선 예술지원정책으로 생겨나는 불공정한 배분을 막아야 한다는 주장이 많
다. 또한 그 같은 행동의 원인이 되는 보조금 지급 상위단체들의 지대추구 행
동을 막아야 하고, 차선책으로 그들의 교부총액을 상대적으로 억제하는 방안
이 있다.

이와 같은 맥락에서 예술지원 재정을 다원화하는 것이 오히려 총체적인
효율성을 높여준다는 점을 주목해볼 만하다. 재원의 다원화를 통한 정책효율

---

34 이는 보조금이 결국 효율적이지 않다고 하는 재정논자들의 뼈아픈 비판이다. 문화예술 보조금
은 주로 생산자인 창조자들에게 지원된다. 그런데 생산자 보조금은 직접 효과는 크지만, 불공
정과 비효율을 초래할 가능성도 크다. 이 점이 정책학에서 정책효율성을 논의할 때 쓰는 재정
논리이다. 문화창조자에 대한 정부지원 방법은 ① 예술단체에 대한 보조금 ② 입장료 인하에
대한 보조금 ③ 예술단체로 기부한 개인소득세 공제 ④ 예술향유 교육을 통한 예술감상 능력
증진에 의한 소득격차 시정이 있다. 보조금에 의한 정부지원을 연구한 피콕(Peacock)은 역사
적으로 보면 지원보조금 전체의 50~80%정도 금액을 상위 20% 단체가 받는다고 비판한다. 이
른바 '2 : 8법칙'이다.

성 제고는 다원적 사회의 경우에 주로 타당하겠지만 특히 NEA의 경험적 사례를 통해 확인할 수도 있다.[35]

③ 재정 분권화 정책

지원정책을 펼치고 문화예술 공공재를 공급하고 특히 정부가 문화시설을 공급하는 데 있어서 효율적 배분을 위한 기준은 무엇인가. 물론 때와 장소에 따라 차이가 있을 것이다. 일반적으로 재정 분권론(fiscal decentralization)에서 논의하는 효율성에 대한 관점은 다음 몇 가지를 살펴볼 수 있다.[36]

첫째, 중앙정부나 지방자치단체 가운데 어떤 정책 주체가 추진하는가에 따라 자원의 효율적 배분이 달라질 수 있다. 같은 내용을 공급하더라도 문화시설을 중앙정부보다도 지방자치단체가 주체적으로 건설한다면 보다 더 효율적이다. 이는 지방자치단체에서 정책을 추진할 때 지역주민의 고유하고 집합적인 선호를 잘 반영하여 독자적인 정책설계가 가능하기 때문이다. 다시 말해서, 투자의 최적 배분으로 상대적 접근이 가능하다는 것을 말하는데, 이는 재정분권화론의 시각에서 자원의 최적 배분을 이론적으로 논의하는 오트(W. E. Oates)의 입장이다.

둘째, 소비자주권을 도입하는 정책을 펼치면서 효율성 논란이 일고 있다. 특히, 문화인프라 설립을 중심으로 추진하는 문화정책은 어디까지나 소비자의 선택폭을 넓힌다는 의미에서 효율적인 지원정책으로서 높은 평가를 받는다. 그러나 예술시장의 효율성을 높이는 정부개입 측면에서 본다면, 소비자의 정보가 부족한 상황에서 선호하는 방향에 맞춰 개발하기는 어려우므로 다른 한 편으로는 비효율적이라고 말할 수 있다.[37]

---

35 NEA 설립(1967) 이후 미국 연방정부의 예술보조가 늘어났다. 특히 주정부나 시도 문화예산을 증액하여 지금은 국가, 지방공공단체, 기업, 재단, 개인 등 다양한 자금이 문화예술로 유입되고 총체적인 효율성을 높였다. 일본에서도 중앙과 지방에서도 총효율을 높이는 데 도움이 되고 있다고 평가한다.

36 재정분권론이란 논점이 많지만 여기서는 중앙 – 지방간, 정부계층간(수직적 관계) 또는 지방정부 상호간(수평적 관계)에 재정배분이 이루어지는 정도를 뜻한다.

37 재정조정을 통한 효율화는 여전히 정책적 지지를 받고 있다. 지역의 문화시설은 중앙정부가 지방재정을 조정하는 방식으로 확충한다. 전환기 인구구조 변화 인구과소(過疎)지역에 문화시설을 건립, 예술활동 기회증가, 문화격차 시정에 효율적이다. 또한 예술선호를 반영하여 개발하므로 소비자의 완전정보에 접근하는 것이라고 보면 일종의 소득재분배 효과까지도 기대할 수 있다. 물론 예술선호는 개인적인 것이므로 본격적인 소득재분배 정책이라기보다 경영효율

결국 문화정책에서 효용개념을 버리는 것은 생각할 수도 없고, 다만 "공리주의 문화정책으로부터 탁월주의 문화정책으로" 관점을 강화하는 정도의 노력으로 정책 가치를 실현하는 데 무리가 없을 것이다(阪本崇, 2011).

(3) 민주성

문화정책의 민주성은 크게 절차적 민주성과 문화민주주의로 나눠볼 수 있다. 절차적 민주성이란 정책을 판단·선택하는 과정에서 절차의 공개, 참여와 토론, 대표성을 확보하여 국민들의 마음에 와닿는 정책을 결정하는 것을 말한다. 문화정책은 국민 한 명 한 명의 삶의 질을 높여주고 국민들이 마음으로 받아들일 수 있게 만들어야 하기 때문에 절차적 민주성을 이념으로 추구해야 한다.

① 문화민주주의 이념

문화정책에 있어서 문화민주주의 이념은 첫째, 문화민주주의는 사람들이 문화소비자로서 문화적 산출물을 '소비'하는 것을 도울 뿐만 아니라, 문화가 대중화되는 데에 주안점을 두는 것과도 관련이 깊다. 그 결과 문화정책도 엘리트주의적 예술개념을 뛰어 넘어 다양한 문화향유 제고 분야에 관심을 갖게 된다. 예를 들면, 다양한 장르의 예술뿐만 아니라, 아마추어 활동, 성인교육, 사회교육과 학습 분야로 확대되기에 이른 것이다. 최근에는 문화시설의 정비, 미디어를 통한 감상기회의 증대 등에 의해 큰 진전을 보이고 있다.

둘째, 문화민주주의는 문화의 내용과 그 가치를 민주화하는 것과 관련이 깊다. 사실 문화정책이 문화적 민주주의의 실현을 목적으로 내세우고 있음에도 불구하고 문화보편화가 예전에 비해 크게 나아졌다고 보기는 어렵다.38 어떻든 문화민주주의에 대한 필요성은 시대적 요구이며 문화정책의 최종목표이다. 우선 문화민주주의는 문화예술을 사람들에게 널리 보급시킬 필요가 있다는 것에서 이념으로 설정하는 것이다. 이러한 정책이념은 모든 사람들이 참가

성을 논의하는 정도에서 가능하다.
38 예를 들어, 그간 도시에 사는 교육적·지적인 엘리트 그룹의 문화는 클래식음악, 순수연극, 문학, 미술이 대표한다고 보았다. 한편, 상업예술, 민족예술 같은 보통 사람들의 창조활동은 예술적 가치를 낮게 평가했다. 당연히 학교교육이나 정부지원에서는 엘리트예술에 치중했었다.

하는 문화예술을 키우고, 창조활동에서 민주화의 진전이 불가결하기 때문에 중요하다.

② 문화의 민주화

문화민주주의는 문화의 민주화와 구별될 수 있다. 문화의 민주화(democra-tization of culture)는 전에는 접근할 수 없었던 장소나 사람들에게 싼 가격으로 문화생산물을 대량으로 배급하는 것이다. 이 개념을 바탕으로 문화정책을 펼쳐나갈 경우 여전히 공급자 중심의 문화정책을 의도적 추진하는 현실적인 한계를 넘기 어렵다. 실제 경험에 비추어 볼 때에도 이러한 입장의 정책적 접근은 별 실효를 거두지 못하고 만다는 것을 알 수 있다. 사람들은 이미 어떤 방식으로든 예술을 즐기고 있다. 다만, 훈련받은 자들에게 혜택이 중복되고 있으며 이 개념은 문화를 극히 제한적으로 보는 한계에서 벗어나지 못한 것이라고 비판받는다.

한편 문화민주주의(cultural democracy)는 문화가 시민의 삶을 통해 대중적·일상적으로 진행되도록 하는 것을 강조한다.39 유럽에서는 오래전부터(예: 문화장관회의, 오슬로, 1976) 문화민주주의의란 다양한 문화를 인정하고 아마추어리즘과 창조적 여건을 개선하여, 시민들이 문화의 단순한 수용자가 아니라 주체적으로 참여하는 능동적 참여자가 되도록 하는 데 목적을 두고 있다고 강조한다. 따라서 문화민주주의는 문화정책의 수단인 동시에 목적이다. 이 정책의 목표는 개인과 공동체의 문화적 선택을 존중하고 그들의 선택행위를 돕는 데 있다. 문화정책의 전개에서도 이러한 문화민주주의와 함께 민주적 절차를 중시한다.40 이 두 개념은 다소 상이하나 단계적인 접근으로 파악할 수도 있다고 본다. 결국, 인본주의적 문화정책과 관련해서 모든 분야에서 일하는 시민들의 문화욕구를 충족시키고, 일반 시민들이 직접 문화활동에 참여토록 해야

---

39 문화정책은 예술적 가치가 생활의 질을 높인다는 바탕에서 정당성을 갖는다. 그 결과 예술에 대한 접근을 모두에게 열어놓는 것을 중요시한다. 이 같은 문화민주화 실현을 위해서 정부가 예술에 투자하는 것을 기본적인 정책이념으로 삼는 데 거리낌이 없다. 그러다보니 보조금 투입, 입장료를 감면 조치는 거의 모든 정책에서 보편적으로 사용된다.

40 미국은 국가예술원(NCA)이 나서서 문화민주주 구현에 노력한다. 미국은 정치이념 처럼 문화예술 서비스 공급에서도 민주성 확보를 중시한다. 특히 보조금을 지급하면서도 객관성·공정성·민주성을 귀중하게 다룬다. 이를 위해 NCA를 설립하여 시민대표를 정책결정에 참여시키고, 보조금 지급 과정에서 NCA 자문과 심의과정을 꼭 거친다.

한다. 따라서 자연스럽게 문화민주주의적인 접근이 요구된다.

③ 민주성의 실천

문화민주성을 이루기 위해 문화정책에서는 내용과 가치의 민주화를 실천한다. 문화적 민주주의의 실천은 문화정책의 기본적인 목표이지만 엘리트예술로부터 문화민주주의로의 전환이 파격적으로 이뤄지기는 사실상 어려운 면이있다. 이는 내용과 가치의 민주화를 동시에 실현해야 하기 때문이다.

또한 비전문인의 예술창조 참가를 불러일으킨다. 문화민주화는 보통 사람들이 예술창조에 참가하는 것을 말함. 문화민주화는 또한 유럽국가들처럼 아마추어 활동이 활발하게 꽃피는 것을 돕는다. 창조는 직업적 예술가가 하고,보통 소비자들은 그 작품을 고맙게 감상하면 좋다는 식의 생각에서 벗어나야한다.

아울러 문화의 자율성을 추구한다. 오늘날, 문화정책에서 가장 유의해야할 점은 문화활동의 책임자는 마지막까지도 시민 한 사람 한 사람이라는 점이다. 이를 위해서는 국가와 지방자치단체의 역할과 책무를 명확히 하고 자신의영역을 넘어 문화내용에 관여할 위험성을 억제해야 한다. 아울러, 문화에 대한 정책적 관여방향과 자세의 근거를 법적으로 명확히 하는 것도 필요하다.[41]

끝으로 문화정책의 주체성을 존중한다. 문화는 사회생활과 정신생활의 두측면에 관계되어 사람들의 생활과 마음을 풍요롭게 만들어주는데, 문화정책은지방자치단체가 문화단체와 '아름다운 거리'를 두고 더욱 적극적으로 몰두할 필요가 있는 의미 있는 정책 분야인 것이다. 집행주체가 어느 정도로 관여하면서문화의 자율성, 주체성을 확보해 나가는가로 민주성의 정도를 가늠할 수 있다.

(4) 형평성

발전과 성장에 버금가는 사회적 자본에 대한 갈망이 커지는 현대사회에서

---

41 문화의 자율성을 추구하는 정치이념은 문화국가론이다. 이는 학문의 자치와 학문에 대한 조건 없는 지원을 뜻하기도 한다. 일찍이 독일 바이마르 헌법은 예술, 학문 또는 그 교수는 자유라고 지적했다. 국가는 이를 보호하고 장려해야 한다며 이를 법으로 자리매김했다. 독일에서 문화 자율성, 문화 보호·장려는 정치적 배경으로 문화에 대한 관여의 본래 입장을 보여준다. 이는 독일이 목표로 하던 정치이념이자 문화국가 개념을 형성하는 요소로서 논의해 왔다.

문화정책의 바람직한 대안으로 등장했다(이흥재, 2012). 문화정책과 사회적 자본의 공진화를 위해 형평성 이념의 가치인식이 실천전략으로 나타나야 한다.

문화정책에서 형평성을 유지한다는 것은 불특정 다수를 위한 문화정책이 결과적으로 전체사회에 균형을 유지하고 사회를 조화롭게 엮어나가도록 결실을 맺는다는 것이다. 전체적인 균형을 맞추다 보면 정작 정책목표의 대상이 되어야 할 이들에게는 다소 소홀해질 수도 있기 때문에 이 관계를 잘 조정하여 형평성 이념을 추구해야 하는 것이다.

① 사회돌봄 문화예술

최근에 들어 우리사회에서 문화적 삶에 대한 욕구가 직접적으로 표출되지는 않더라도 실제로 국민들이 느끼는 '심정적인 격차'는 경제적 격차 못지않다. 진정한 문화사회란 다양한 문화예술을 향유할 수 있는 곳이므로, 문화사회를 위해서는 모든 문화서비스가 보편적으로 제공되어야 하며 그에 대한 공간적 제약이 없어야 한다. 더구나 문화정책은 맑고 밝은 사회를 지향하는 '사회돌봄 문화정책' 수요가 늘어나므로 문화서비스의 형평성을 먼저 추구해야 한다.

② 배려정책

형평성 있는 문화정책을 펼치기 위해서는 정책추진, 문화공급, 문화소비에 대한 측면을 고루 아울러, 추진체계나 법제도가 국제적인 보편성을 지녀야 한다. 또한 장르, 유행, 대중성에 따른 차별이 없어야 한다. 공급 측면에서 보면 소외, 배제, 정책 역진성(regressive transfer) 등을 뛰어넘어 생산, 유통, 시설, 전문인력 등에서 고루 여건을 갖춰야 한다. 소비 측면에서는 문화에 대한 인식이나 이해력의 격차, 실질 소비활동의 격차를 정책적으로 풀어줘야 한다.

문화정책의 형평성을 따질 때 특히 고려되어야 하는 것은 형평성을 제도적으로 갖춰놓지 않으면 시간이 지나면 격차나 불평등이 더 커질 수밖에 없다는 점이다. 결국, 문화정책에서 형평성을 실현하기 위해서는 국민의 문화접근성을 고르게 하고, 문화소외지대에 대한 따뜻한 배려를 정책적·제도적 장치화로 보장해야 한다.

Chapter 3

문화정책의 목표와 수단

1. 정책목표의 설정

(1) 문화정책목표

문화정책은 목표를 지향하는 활동이므로 무엇보다 달성해야 할 목표를 명확히 설정해야 한다. 문화정책의 목표는 앞에서 보았듯이 정책 가치와 이념에 따라서 설정한다. 또한 정책목표와 적합한 전략과 수단을 설정하는 인과관계 논리구조를 갖춰야 한다. 아울러 집행자는 목표를 효율적으로 집행하고, 결과에 대하여 정확히 평가해야 한다.

정책목표는 이렇듯 정책의 내용, 활동수단, 정책과정에 모두 연관되는 정책의 핵심요소이다. 정책목표란 위로는 해결을 기다리는 정책문제를 정의하여 명확히 하고, 아래로는 하위목표를 구성하는 틀이 되며 정책수단을 합리적으로 사용할 근거가 된다.[1] 다시 말하면, 정책목표는 정책이 나아갈 방향을 제시

---

[1] 정책목표란 정책으로 달성하려는 미래의 바람직한 상태를 말한다. 정책목표를 세워 정책개발의 방향을 정하면 이는 정책집행의 행동지침이 되고, 집행결과를 평가할 때는 성과평가 기준이 된다. 따라서 정책목표는 명목목표와 실제목표가 타당하고 일치해야 하며, 목표들 사이에 일관성을 가져야 하고, 구체적이고 실제적이며 실현가능해야 한다. 또한 왜곡, 확대, 축소, 추

하고, 앞으로 펼쳐질 행동들의 대안이 되며, 해결을 위한 수단을 동반할 명분이 된다. 그러므로 목표는 분명하게 정립되어야 한다.2

정책목적이 타당하고 이에 대하여 국민 공감대가 이루어진다면, 그 다음 과제는 어떤 정책수단·프로그램·사업을 만들어야 하는지, 그리고 과연 그 목적을 순조롭게 달성할 수 있는지를 성찰하는 일이 뒤따른다.3 또한 정책목표는 명확성·단기성·가시성이 생명인데, 문화활동의 최종 책임과 성과는 객관적인 평가가 쉽지 않다. 정책목표에 대한 성찰은 바로 이런 점들에 대한 해답을 찾는 정책과정이다.

문화정책 목표를 수립할 때 구체적으로 어떠한 점을 성찰해야 하는가? 우선은 문화정책 목표의 공공성이다. 문화정책은 역사성·사회성에 바탕을 둔 공공성이 소중하다. 그렇다면 문화정책의 공공성은 사적인 문화활동들의 다양한 이해관계를 단순하게 합한 것이라고 볼 수도 있다.4 그러나 공적인 문화정책은 조세의 지원을 받는 활동이므로, 사적인 문화조직들의 활동과는 명백히 구별되는 목표내용과 체계를 갖고 공익을 증진시켜야 하는 것이다.

또한, 문화예술 정책의 목표로 흔히 내세우는 아름다움 추구(審美性)를 어떻게 이해할 것인지를 생각해야 한다. 목표 또는 평가기준으로서 심미성은 문화적 성향이나 예술성에 비추어볼 때 그 성과를 측정하기가 매우 애매하다. 더구나 전통문화와 문화재 정책이라면 서구적 심미성 이론으로 평가를 하는

가, 삭제, 승계되며 수시로 변할 수 있어 분명히 정립하여 명확해야 효율적으로 추진할 수 있다.

2 문화정책 목표가 이처럼 중요하기 때문에 목표를 설정·변경·추구할때는 철학적으로 성찰해야 한다. 사업을 전개할 때마다 정책목적 달성에 적절한 프로그램인가를 먼저 검토해야 한다. 문화예술사업은 다양한 편익을 가져오므로, 정부가 지원했다는 것만으로 '목적 합리성'을 가졌다고 보는 것은 위험하다. 중요한 것은 정책목적이 누구를 위한 것이며, 달성하는 수단으로써 그것이 가장 뛰어난 것인가 하는 점을 고려하는 것이다.

3 문화정책에서는 목표설정과 조정, 목표의 구체화, 정책목적과 수단의 관계, 정책결과의 평가를 명확히 해야 한다. 사업추진 중에 졸속으로 목표를 재설정하거나, 불명확한 목표 때문에 생기는 손실이나 사회적 비용 낭비를 막기 위해서라도 문화정책 목표와 수단을 명확히해야 한다.

4 공공성이나 공익성 증진은 창작활동 지원때 내세우는 기준의 하나인 우수성과 상충되는 것처럼 보일 수 있다. 물론 우수성을 유일한 정책목표라고 규정하기는 어렵지만, 예술 창조자들은 상대적으로 숙련되고, 실험적이고, 심오한 우수예술이 예술지원정책의 논리적인 우선순위를 갖는다고 말할 수 있다. 정책목표로서의 공공성은 문화 속성에 비춰보더라도 단순한 평등주의를 추구하는 것은 아니다.

것은 위험하기까지 하다. 또한 문화시설 설립정책의 경우에는 혹시 예술작품의 가치평가에 지나치게 의존하거나 오히려 경제효과의 외부적 요인에 따라 정당화하는 경우가 없을까 하는 걱정도 있다.[5]

아울러, 책임성이 중요한데 이는 문화민주성과 더불어 모든 문화정책의 바탕원리이다. 책임이라는 것은 회계책임(accountability)과 일반적 책임(responsibility), 운영결과 나타나는 반응에 대한 책임(responsiveness)을 모두 포괄하는 넓은 뜻이다. 흔히 앞의 두 가지만 생각하는데 문화정책에서는 당연히 정책효과에 대한 향유자의 반응성을 더 소중하게 보고 정책목표를 설정해야 한다.[6]

(2) 정책목표의 설정

문화정책 목표는 무엇을 내용으로 하는가? 여러 측면에서 여러 가지 내용을 들 수 있겠지만, 문화예술정책은 국민 생활의 질을 개선하고, 문화예술을 창조·발전시킨다는 큰 목표를 지닌다. 이 목적을 위하여 관련 예산을 배분하고, 이를 담당할 예술가의 사회적 지위와 조건 개선에 힘쓰고 있다. 이러한 목표를 실현하기 위해서 주요국가의 모든 정책들은 중간 규모의 목표를 여러 개 갖는다.

① 접근과 참여

문화정책에서 기본적인 목표는 많은 사람들이 문화예술에 쉽게 다가갈 수 있도록 여건을 조성하는 데 있다. 다시 말하면, 빈부·남녀·지역차이 없이

---

5 미적인 우수성 추구는 문화정책의 기본목표지만 미적 기준은 정책 주체 사이에서 명확하지도 않고 문화소비자들에게도 각양각색이다. 따라서 심미성 판단은 예술가나 전문가에게 특권처럼 위임되어 있다. 그러다 보니 문화정책담당자는 심미성 정도에 대한 판단은 애매하더라도 면죄되는 것으로 오해한다. 이 때문에 심미성 판단은 신비한 채로 적용되어 유용성이 없다고 경시된다. 더구나 예술가들 입장에서는 미적 판단력을 내세워 예술활동을 특권시하는 예술가 전제주의(artist despotism)경향을 갖는 이도 있다. 결국, 예술단체들이 조직을 운영하고 경영해나갈 때 표현내용에는 직접 관여하지 않아 이 문제가 극히 가볍게 다뤄지기에 이르렀다.

6 정책수단이 빈약하고 정책단계마다 평가할 시스템이 없다면 책임의식도 희미해진다. 결국, 책임있는 정책은 효율성이나 민주화 원리에도 딱 맞는 결과를 이끌어낸다. 그런데도 정책 주체는 빈약한 정책수단, 관료주의 정책과정에서 나타나는 문제점들을 감내하는 추세이다. 덧붙여서, 문화재정은 규모가 적거나, 그마저도 일부 관심정책이나 문화 인프라정책에 편중되고, 왜곡된 정책과정으로 이뤄지는 실정이다. 개선되고 있지만 기대한 대로 문화 정책목표를 설정·집행·평가하는지는 여전히 불안하다.

모두 다 문화예술소비를 활성화할 수 있도록 한다는 것이다.[7]

따라서 문화정책은 이에 바탕을 두고 문화소비자들의 자발적 활동을 자극·신장시킬 뿐만 아니라 국민 모두가 문화를 즐길 수 있도록 조건들을 정비한다. 또한, 자주적이고 자발적인 문화소비활동을 '측면적'으로 자극·신장하는 정책목표를 찾는 것이다.

한편, 문화정책은 단순한 접근편의를 제고하는 것 못지않게 대중들이 폭넓게 참여할 기회를 넓히는 데 목표를 둔다. 정책적으로 문화활동에 참여시킴으로써 개인들이 문화예술을 느끼거나, 상상력을 표출하게 하여 개인의 창조능력을 배양시키려는 것이다. 반면에 공공단체가 아마추어 참여 프로그램을 지나치게 지원한다고 비판하는 사람들이 있는데, 이들은 대중매체가 국민들을 수동적인 존재로 마취시키며 민주사회의 시민을 잘못 형성시킨다고 하는 대중문화에 대한 경고 때문이다.

② 우수성 확보

문화예술의 공공정책 목표의 하나로 문화예술의 우수성을 제고시키는 것은 '우수한 작품에 대해서' 지원한다는 뜻으로 매우 추상적인 목표가 아닐 수 없다. 물론 이러한 목표가 진정한 정책목표로서 자리매김할 수 있는지 여부는 논란거리이다.[8]

한편, 우수성을 정책목표로 삼는 데 대하여 반대하는 입장에서는 우수한 작품만을 정책목표로 삼고 지원하는 것이 결과적으로 '예술정책'과 예술가를 위한 정책' 사이의 균형을 깨뜨린다는 것을 강조한다. 물론 균형 있는 지원을 통해 이 둘 사이의 공진화를 추구하는 것이 바람직하다고 본다.[9]

---

7 가난한 사람들을 고급문화에 접근하게 하려는 노력이 혹시 문화적 식민주의를 조장하는 지원이 아닌가하는 논란이 있다. 물론, 잘못되면 그런 결과에 이를 수도 있다. 그러나 문화가 생활에 필수적인 바에야 다양한 문화에 접근하는 것은 삶을 풍요롭게 할 수 있어 지나친 걱정이라고 본다.

8 예술적 우수성은 달성해야 할 정책목표라기보다는 공공재원으로 지원하는 데 필요한 선결조건으로 볼 수 있다. 더구나 우수성이 문화정책의 목표든 아니면 조건이든 간에 우수한 문화예술을 창조하기 위해 정책수단을 활용한다는 점은 마찬가지이다. 그리고 이는 공공기금 지원을 받은 예술은 사적인 기금으로 지원하는 예술과 달라야 한다. 다시 말해서, '예술을 위한 예술' 철학보다는 오히려 예술을 위해 지원된 공공기금으로부터 파생되는 '공공의 이익'을 우선 강조해야 한다.

9 창작활동 발전을 위해서는 공급자인 예술인'과 참여수요를 갖는 소비자가 모두 필요하고 이들

이러한 점을 생각해볼 때 우수성이라고 하는 목표는 전략적으로 접근해야 할 대상임을 알 수 있다. 이는 특정 형태의 표현물과 특별한 종류의 창작자들만을 옹호할 것이 아니라, 평등원칙에 따라서 모든 문화활동과 수요에 책임을 지는 전략적 접근이 필요하다는 것을 뜻한다. 우수성을 강조하는 예술가들을 위한 정책에서는 우수성 추구 과정에서 배제되어 왔던 사회집단들이 보다 쉽게 접근할 수 있도록 지원하는 정책이 동시에 확장되어야 한다.[10]

③ 사회의 지적인 혁신

훌륭한 작품은 우리에게 기쁨이나 영감을 주고, 충격과 놀라움을 불러일으켜 '문화의 전달자' 역할을 한다. 예술의 진보라는 것은 예술역사에서 우수한 것으로 평가된 작품을 접할수 있는 기회에 비례한다. 이런 맥락에서 문화정책은 과거 문화예술을 보존하고 지적으로 승화시키는 데 정책목표를 둔다.

문화예술은 끊임없는 혁신을 거쳐 내려오고 또 혁신적인 예술은 발전가능성과 새로운 기회를 낳는다. 문화정책은 이러한 질적 혁신을 위해 노력해야 하면서 정책목표도 당시 환경이나 나라의 여건에 따라 늘 새롭게 만들어진다.

우리는 문화정책 목표들에 대한 중요성을 보고 어떻게 우선순위를 정할 수 있는가? 이는 정책목표를 설정하는 데 있어서 고려할 점, 환경변화, 지적 혁신요구 등에 따라서 정책목표를 어디에 두는가는 문화정책 철학 문제와 깊이 관련된다. 우선, 우수성을 중시하는 프로예술과 시민참가 중심의 아마추어 문화활동 가운데 어디에 중점을 두며 또 어느 정도의 비중으로 이러한 활동들을 배합해야 할 것인가. 평가가 이뤄지지 않은 문화예술 활동·창작활동과 이미 평가가 이뤄져 시장성이 있는 정책활동을 어떻게 구별하여 목표로 취급할 것인가. 이러한 것들은 여건과 사안에 따라 철학적 성찰을 거쳐 결정한다.

이 공진화해야 한다. 만일, 어느 하나만 우세하면 예술은 발전되지 않는다. 그렇다고 우수성 기준을 포기해도 되는 것은 아니다. 물론 예술가 집중투자에 치우쳐 주민들의 삶에 밀접한 대중연예인·촉매자·아마추어가 소외되어도 좋은 것은 아니다.

10 문화와 발전에 관한 세계위원회는 일찌기 '예술에 필수적으로 요구되는 우수성이나 고상한 때문에, 사회구조에 생생한 활력을 주는 상상력 유발 활동을 무시해서는 안 된다'는 충고를 남겼다. 최근 정책현장에서는 대중들의 창조적 활동을 장려하는 프로그램을 육성하고, 자신의 창작능력을 개발하도록 예술교육을 강화하며, 삶의 질을 강화하는 창작활동 사례를 장려하고 있다.

(3) 정책목표와 수단의 연계

문화정책은 정부가 앞으로 추구할 목적과 그 목적달성을 위한 목표, 그리고 좀 더 구체적으로 수행할 활동에 대한 지침을 만드는 연속과정이다. 정책목표를 만드는 것은 달성하려는 목적과 수단을 엮어주는 일종의 가설과 같으므로, 정책이 적합한 목적·수단·조치를 포괄하는지는 곧 정책성공 여부와 관련된다고 해도 지나친 말이 아니다. 그래서 목적, 목표달성을 위한 행동노선이나 계획, 실제 조치와 같은 요소들을 잘 구성해야 한다.11

이렇듯 우리는 문화정책 목표에 따라서 정책수단을 동원하고, 목표와 수단을 연계시켜 정책 실효성을 확보할 수 있다. 결국 정책은 사회 내의 차원 높은 목적을 달성하기 위해 개발된 수단들의 집합으로 구성된다. 또한, 문화정책 목표라고 하는 것은 정책의지의 변화, 예정 목표의 실질적 달성 완료, 목표달성 불가능, 환경변화 등에 따라서 수시로 변동된다.

문화정책 목표를 달성하기 위해서는 적합한 정책수단을 갖춰야 한다. 이때 동원하는 정책수단은 문화정책에 대한 정책역할에 따라 지원, 조성, 육성, 규제(규제완화)로 나누었다. 따라서 정부는 지원자, 환경조성자, 생산자, 공급자, 조정자의 입장에서 문화정책을 집행하게 된다.

이러한 문화정책의 목적과 수단은 반드시 합리적 연계(chain)를 이뤄야 하는 것이 정책학의 기본이다. 그런데 정책수단은 효율적 달성을 위해 불가피하게 혼합성(policy mix)과 계층성을 갖고 있다. 따라서 이 같은 정책현실과 현장을 바람직한 방향으로 이끌어 가기 위해서는 전략적 수단 선택의 묘미를 발휘해야 한다.12

---

11 문화정책은 목표를 여러 개 두고 각 목표는 또 하위목표들을 두므로 목표들끼리 계층을 이룬다. 문화정책의 목표계층화는 복잡하고 수단들이 많아 효율적인 집행체계를 갖추기 위해서이다.

12 예를 들면, 과정합리성, 최적모형의 선택, 자원의 동원과 배분의 공정성, 정책성과의 형평성 실현 등을 우선 고려하는 정책적 사고가 문화정책에서 필요하다.

2. 지 원

(1) 지원철학

문화정책 수단 가운데 으뜸으로 중요한 것은 지원인데, 나라·지역마다 제각기 다른 철학을 바탕으로 대안을 개발하고 있다. 기본적으로 어떠한 철학 위에서 지원수단을 활용할 것인가?

먼저, 지원수단과 논리는 어떻게 생겨났는가를 보는 것이 도움이 될 것이다. 문화예술에 대한 정책지원은 시장리스크로 생긴 적자에 대하여 보조금을 지급하는 것이라는 성격에서부터 출발한다. 전문가에 의한 공공적 선택으로 위원회나 공공기관이 직접 나서서 문화예술 기획(전람회, 콘서트)을 하지 않고 직업예술가에게 지원하여 예술가의 표현의지를 살리도록 한다는 것이다.[13]

지원의 근거는 무엇이고 어떻게 변해 왔는가. 지원철학은 문화예술이 갖는 소통가치에 힘입어 확고해졌고 소통가치 덕분에 지원을 받는 문화예술창작자들은 문화교류 활동에 더욱 적극 기여한다. 한발 더 나아가 예술인들의 존재 자체만으로도 지원받을 수 있는 여건이 마련된 셈이다. 물론 이러한 지원 근거가 거부 없이 받아들여지도록 예술가들은 서비스정신을 갖추어야 한다. 지원정책에 대한 시스템이 나라마다 차이가 나는 것도 바로 이러한 철학적 바탕에서 나오는 것이다.[14]

아울러 문화예술 지원정책이 관행화, 보수화 경향으로 흐르지 않게 철학을 갖춰야 한다. 문화정책상의 가치기준이 명료하지 않음에도 불구하고, 문화 지원을 단지 정책적인 관행으로만 활용하다보면 지원수단은 당연히 점차 보수

---

13 케인즈(John Maynard Keynes)는 일찍이 '자유방임의 종언'(1926)에서 문화예술 지원을 담당할 조직은 반자치조직(半自治組織)이어야 한다고 언급했다. 즉, 경제활동의 국유화나 시장위임의 갈림길에서 자본주의체제나 국가체제에 치우치지 않고 반자치·분권적 자치 가능성을 제시했다. 결국, 국가수준의 반자치조직을 바탕으로 예술을 지원하도록 한 케인즈의 탁월한 식견에 힘입어 영국예술위원회가 탄생하여 지원정책의 중심축을 이뤘다.

14 예를 들면 유럽 문화예술은 국가와 사회에 없어서는 안 된다는 강한 의식이 뒷받침되어 있다. 예술가가 없어서는 안 되며, 예술 재능인력이 필요하므로 예술가 존재 자체에 지원을 하는 것이다.

화되기 마련이다. 다시 말하면 문화적 창조활동에 반드시 동반되어야 하는 가치의 불확정성 때문에 오히려 친근하게 다가가기 어렵게 진행되고 있다. 이 점에서 보면 문화예술진흥을 위한 오랜 역사를 자랑하는 우리나라의 문예진흥기금 지원 관행에서도 특별히 경계해야 할 요소가 적지 않다.

지원철학의 응용

지원은 단순한 수혜가 아니라 문화예술 육성을 목적으로 삼아야 한다. 현실적으로 대부분의 활동단체나 개인에게 문화예술단체들은 지원금에 부끄럽지 않은 활동을 하고 있다고 자부한다. 그러나 지원받지 못한 단체들의 시선은 곱지 않다. 따라서 지원에서 소외받는 이유와 그에 부합하는 성과로 문화발전을 이루도록 균형감각과 지혜를 발휘하고 촉진할 수 있는 수단이 되어야 한다.

'지원하되 간섭하지 않는다'는 원칙을 지켜야 한다. 재정을 지원하지만 기관의 운영, 프로그램 구성, 절차에 대해서는 참견하지 않는다는 원칙을 시스템화해야 한다. 여기서 불간섭의 범위는 적어도 문화예술 창조활동의 구성요소인 동기, 행동, 성과, 작품 등이며, 이들에 대해서 관여하지 않아야 한다. 또한 행정이나 제3자가 함부로 정책목표에 개입하거나 위협하지 말아야 한다. 다시 말하면, 지원은 행정과 문화예술의 상호존중을 바탕으로 이루어져야 한다.

이 같은 지원에 대한 종합적 이해를 좀 더 확대하면, 문화정책의 대상은 창작자와 일반 소비자인 국민이며, 정책은 이들의 자주성과 주체성을 존중하는 기반을 만들고 지원한다.[15] 이는 문화발전 수단을 동원하는 기본이기 때문에 지원에는 의무와 규제가 따를 수도 있다. 아울러 문화예술이 지니는 공공성·사회성 때문에 정보제공과 지원을 명문화하고, 그 책임·의무를 시민과 행정이 서로 확인하는 것이다.[16]

---

15 문화창조 활동은 창조 과정을 바탕으로, 서비스받는 소비자가 평가를 통해 생산에 미치는 효과로, 소비자의 의미생산 능력의 심화·확대 등을 바탕으로 생긴다.
16 유럽은 간섭 없는 지원을 원칙으로 일정 정도에서만 문화정책을 추진한다는 정책철학을 지닌다. 이 철학은 예술가를 지원하는 입장과 지원을 받는 예술가 측이 대립될 때도 유지한다. 이른바 지원해도 간섭하지 않는다고 확립되어 있다. 그러나 현실에서는 팔 길이(arm's length)는 커녕 한 뼘(palm's length)도 못지키는 행정실제가 많다. 실제 예술표현에서는 이 사상이나 표현의 자유침해에 대해 사법부에서 판단하는 사례도 많다. 문화 본질에 비춰보면 자유, 자립성, 주체성의 존중이야말로 문화정책의 기본적인 원칙으로 지킬 중요 기조이다.

(2) 지원방식과 평가

지원수단과 방식, 규모, 성격, 수혜대상 등은 서로 연계를 갖는다. 이러한 연계 속에서 정책을 추진함으로써 정책지원효과를 더 높일 수 있다. 이러한 상호관계를 통해 지원효과를 극대화하는 관점에서 보다 효율적인 방식을 선택한다. 그렇다면 어떠한 지원방식을 효율적으로 조합해서 활용할 수 있을까?

① 지원방식

지원은 직접지원과 간접지원 방식을 조합한다. 직접지원하는 방식으로는 보조금을 들 수 있고, 간접지원으로는 세제방식을 활용한다. 대개 문화활동 재정을 보조금으로 직접지원하는 방식을 쓴다. 정부가 예술가를 직접 고용해서 생산하는 것이 아니라, 민간에 보조금 형태로 지원함으로써 개인 또는 단체의 예술활동을 지원하는 시스템이다.

보조금을 지원할 때에는 보조대상, 보조금액의 규모 등이 중요한 정책 포인트가 된다. 정부는 가끔 정부 정책의도에 맞게 지원조건을 붙여 대상을 선정하여 의도를 실현한다.[17]

한편, 간접지원 형식으로서 예술가, 문화예술 단체 등 비영리 문화예술 단체의 활동에 조세감면 혜택을 준다. 또한, 이들 단체에게 기부금이나 지원금을 주는 비영리재단에 대해서도 조세를 감면해 준다. 이로써 기부활동을 장려하고 결과적으로 더 많은 민간의 재원이 예술 분야에 돌아갈 수 있도록 유도하는 것이다. 미국에서는 정부가 주는 직접보조금보다 민간기부금에 대한 세제 혜택이 정책수단으로 크게 기여한다.

그리고 지원방식에 따라서 개별지원(사업비 지원)과 포괄지원(연간 활동비 지원) 방식을 사용한다. 개별지원은 하나하나의 작품에 대해서 개별적으로 사업이 끝나고 난 뒤에 지원하는 방식이다. 한편 포괄지원은 사업전체에 대하여 몇 년간 지원하는데, 처음에는 사업조성을 위해 출발하지만 그 다음에는 무엇

---

17 예를 들어, 문화복지를 위해 보조금을 지원하면서 문화소외 지역에 대해 공연해 줄 것을 조건으로 설정하거나, 보조금 조건을 아동 대상 공연에 한정하기도 한다. 지원받는 입장에서는 보조금액이 늘 적게 느껴지지만, 사업비 일부로 충당하고 그에 대응하는 수준의 다른 재원을 끌어들이는 명분으로 활용한다.

을 위해 사용해도 좋도록 포괄적으로 지원하는 방식이다. 물론 관련 회계서류
는 당연히 정확하게 제출한다.[18] 이러한 지원방식은 지원철학과 효율성 관점
을 어떻게 보는가와 관련 있다.

② 지원효과 평가

우선 직접지원과 간접지원은 혜택과 효과 면에서 몇 가지 차이점이 있다.
세제 면에서 혜택을 주면 줄어든 납세액만큼을 예술단체들이 이용할 수 있으
므로, 결국 단체에게 보조금을 주는 것과 겉보기에는 똑같은 효과를 갖는다.
그러나 보조금과 세제혜택이 똑같은 규모로 이루어져도 그 실질적 효과는 다
를 수 있다.[19]

예술가나 예술단체에 대한 지원은 과연 어떠한 효과가 있을까? 공공지원
의 효과에 관한 실증연구에 따르면 창조자의 시장진입에 따른 실패위험을 줄
이는 효과가 있다고 한다. 다시 말하면, 정부가 예술가나 단체에 재정을 지원
하면 예술가(생산자)가 예술시장에 참가할 때 감내해야 할 리스크나 비용을 축
소시켜주는 효과를 낸다는 것이다. 이는 넓은 의미에서 정부지원을 통한 자원
배분 기능으로 연결될 수 있다. 한편, 문화 지원효과에 대한 분석은 그동안 이
론적·역사적인 접근 중심에서 실증적인 계량분석으로 많이 바뀌고 있다.[20]

이러한 지원은 다른 정책수단보다 낭비적일 수 있으므로 지원에 대한 정
확한 가치관이 먼저 마련되어야 한다. 다시 말하면, 지원은 문화예술의 향유
자인 국민이 납부하는 세금으로 이뤄지는 것이며 행정담당자는 대리인에 불과

---

18 유럽에서는 이 두 가지 형태의 지원(사업비 지원, 연간활동비 지원)을 잘 조합해서 극장과 극단
을 운영하고 있다. 그러나 이러한 연간 지원방식은 대개 그 예를 찾기가 쉽지 않다.

19 보조금을 어느 단체가 받는가 하는 것은 보조금을 배분하는 정부의 재량에 달려 있지만, 세제
혜택의 경우는 일정 조건을 제시하면 누구나 혜택을 받을 수 있다. 이 점에서 정부 측의 자의
적 편견이 개입되지 않은 채 혜택을 고루 나누는 장점이 있다. 다만, 일정 이상의 세액을 납부
한 경제력 있는 단체나 기부자에게 한정하여 세제혜택을 주는 방식으로 운영할 수도 있다. 그
러나 보조금은 납세를 하지 않는 영세단체에게도 제공자가 재량에 따라 혜택을 줄 수 있다는
점에서 대조적이다.

20 공공재인 문화예술에 대해 정부의 직접 개입과 소비자들의 선호를 계량적으로 파악하는 연구
사례는 많다. 예를 들어, 국립극장이 얼마만큼의 편익을 주는지, 관람에 지불할 의사가 있는
금액은 얼마인가를 조사 측정한다. 문화예술을 경제가치로 정량화시키는 연구에서는 가상평가
법을 쓴다. 이 편익에는 극장을 방문하지 않는 사람들의 편익도 포함되어 있다. 이러한 정량
적인 파악으로 정부가 국립극장을 지원할 타당성이 있는지 검토한다.

하다는 사실을 인식해야 한다는 것이다. 이러한 인식을 위해서는 지원시스템을 개혁해야 한다. 따라서 문화를 지원하고 있는 것은 무엇을 위한 누구의 시스템인가의 관점에서 다시 정리해야 한다.[21]

(3) 지원시스템화

지원수단을 효율적으로 활용하기 위해서는 이처럼 객관적인 철학, 비전, 재정을 갖춰야 할 뿐만 아니라 지원시스템을 독창적으로 운영해야 한다. 주요 국가들을 보면 환경여건에 따라 이런 시스템을 매우 다양하게 운영하고 있다.[22]

이와 관련해서 문화예술을 지원하는 자립형 모델을 만들어야 한다. 이를 위해 생산구조와 문화지원 시스템을 비교하여 바람직한 모델을 만들어 보는 것도 의의가 크다.[23]

이 같은 문화지원 시스템에는 몇 가지 문제점이 있다. 우선, 재정지출 결과에 대한 국민의 반응이 파악되지 않고, 이에 대한 개혁요구를 시스템문제만으로 생각한다는 점이다.[24]

---

21 예술가가 지역에 장기간 체류하면서 작품을 제작하는 레지던시는 예술가 창작뿐만 아니라 워크숍, 교육으로 사회환원 활동도 한다. 이러한 활동은 지역에 가시적인 이점이 그리 많지는 않을 지라도 지역 이미지를 개선하는 데는 기여하고 있다.

22 프랑스는 문화보조기금(FIC)을 두고 문화위원회의 권고에 따라 1971~1984년까지 운영한 적이 있었다. 총리 직속이지만 문화부 산하에 사무국을 두고 운영했는데 문화발전에 많이 기여했었다. 지원액수가 제한적이었지만 한 번 받으면 연속으로 받을 수 있었다. 한편 별도로 혁신기금을 두고 지방자치단체, 재단, 문화예술단체가 주도하는 문화활동에 중앙행정기관들이 혁신적인 사업을 개발했었다. 나아가 도시정책, 국토정비, 사회사업 분야에서 문화발전을 위한 부처상호 협력을 촉진시켰다. 재정지원으로 추진하는 계획과 연계시키거나 계속 자금을 주었다. 지원받은 사업을 평가하여 다른 계획에 활용되고 보편화될 수 있도록 도와주기도 했다.

23 지원논리에 바탕을 두고 설립된 영국예술위원회는 성과를 거둔 것이 사실이지만 운용과정에서 한계를 보였다. 이 조직설립의 근거를 제시한 케인즈의 사후에도 이 조직이 존립은 했지만 피라미드형 관료조직으로 변화되고 비대해졌다. 또한 예술을 둘러싼 사회환경 변화에도 불구하고 정책수단은 예전처럼 고착화되었다.

24 문화정책시스템은 대체수단이 없이 납세자의 공공선택 명목으로 세출을 줄이기때문에 문화현장에서 혼란이 생긴다. 또한, 각종 규제를 급속히 완화하여 극단적인 시장만능주의시스템으로 전환함에 따라서, 단기간 안에는 시장효율성을 가져올지 모르지만 장기적으로는 소수가 독차지하는 독과점(獨寡占)을 가져올 것으로 우려된다. 결국, 신규 예술생산자의 참여를 막고 소비자가 요구하는 선택 다양성의 폭을 좁힐 가능성이 크다.

시스템 마련과 운용

이러한 문제에 대하여 어떻게 지원수단의 정책효과를 효율적으로 달성하도록 시스템을 운용할 것인가? 문화예술 지원시스템을 공공재공급 시스템의 관점에서 효율적인 자원배분을 목표로 새롭게 검토해야 한다. 이를 위하여 하나의 상권·생활권·문화권 단위별로 예술시장을 인식하고 시장화에 최대한 접근시키는 것이 필요하다고 생각한다.

그렇다면 어떻게 예술의 시장화에 접근해야 하는가?

우선, 시스템운용과 관련하여 지원정책의 수단을 다양하게 개발해야 한다. 직업예술가에게는 보조금 외에도 교육, 예술가 우대세제, 기부세제, 정보의 비대칭성 해소의 다양한 정책수단을 활용해야 할 것이다. 그 밖에도 비예술시장을 운용하기 위하여 예술가의 참여를 촉진해야 한다. 이는 예술가와 공공요구를 연결하여 사회가 직면한 과제를 해결하는 접근방식인데, 예술활동에 관련된 고용기회를 창출하고 예술관련 산업을 육성하는 데까지 연결시켜야 할 것이다.

또한, 문화지원에 필요한 재원을 예술시장 안으로 조달해야 한다. 문화지원은 다양한 가치관 반영을 전제로 한다. 그런데 이러한 문화지원 시스템에 소득세와 소비세를 중심으로 하는 일반회계 재원이 조달되고 있다는 것은 엄격히 따지면 재정논리상으로는 바람직하지 않다. 왜냐하면, 납세자의 과세동의가 성립되지 않을 가능성이 있기 때문이다. 따라서 재원조달 못지않게 비영리단체의 다원적인 재원구성을 목표로 하여 자발적인 기부를 촉진할 세제를 정비해야 한다. 나아가, 문화지원시스템의 전제조건이라고 할 수 있는 법체계를 개선해야 한다. 우선, 소비자 입장에서 다양한 문화향유가 가능하도록 표현의 자유를 최대한 허용하는 것이 중요하다. 한편, 생산자의 입장에서는 재산권과 관련하여 최근의 저작권 동향을 제대로 반영하여 창작자의 창작의도를 존중하도록 해야 한다.

3. 조성·육성·규제

(1) 조 성

문화조성정책에는 주로 인프라, 특히 문화예술가나 문화예술단체가 활동할 수 있는 사회간접자본을 구축하려는 것이 가장 많다. 조성대상 사회간접자본 인프라로는 우선적으로 공연장, 전시장, 도서관 등을 들 수 있다.

① 시설, 수요, 재원

조성정책은 논리적으로 정부가 시설제공자로서의 입장에서 정책을 펼치는 것을 말한다. 정부는 기본적으로 공연장, 문화시설 등을 건립하여 국민과 예술가들이 소비·창작활동에 이용하도록 한다. 공공문화시설의 경우는 단순한 대여에서부터 직접 제작·운영하는 경우에 이르기까지 폭넓게 이뤄진다. 미술관이나 갤러리도 단순한 장소 대여에서부터 시설운영에 직접 관여하는 경우까지 광범위하다.

또한 정부는 문화예술진흥에 관한 이벤트나 캠페인으로 분위기를 조성하고, 저작권 정비와 같은 기본질서 유지를 위해 관련 사항을 정비한다. 정부가 문화활동 정보를 내보냄으로써 잠재되어있던 소비자 수요가 생겨나는 경우가 있는데, 이 활동도 간접적으로 예술활동을 지원하게 된다. 시장 메커니즘을 원칙으로 하는 자유경제 체제에서는 이 같은 소비자 수요의 충족과 충동이 문화를 발전시키는 중요한 조건이 된다.

문화재정은 문화정책을 수치로 표현한 것이다. 실질목표 달성에 필요한 재원을 다양하게 동원하고 조성하는 노력은 공공·민간 모두에게 중요한 정책수단이다. 공공정책에서 예산, 기금, 조세정책을 활용하고, 재단이 주축이 된 재원조성 전략은 모든 문화정책의 자원이다. 최근 재정마련의 전략적 접근으로 공동재원 조성을 위한 다양한 모색을 펼치고 있다. 이는 정책수단이면서 동시에 공동목표를 지향하는 접근으로도 볼 수 있다.

② 정보서비스

지능정보사회에서 정보재(情報財)의 가치가 날로 커져가는 가운데 스마트 사회에 걸맞는 정보기반 조성이 중요하다. 이를 위해서는 먼저 국민들이 문화소비에 필수적인 문화정보를 구축해야 한다. 문화예술·문화시설·유산·문화활동·문화인력·여가·교육 등에 대한 정보구축으로 모두를 위한 문화정책을 지원하는 것이다. 또한 창작자의 창작에 도움이 되는 원천정보와 지식정보기반의 플랫폼을 구축하는 것도 역시 중요하다.

구축한 정보를 다양한 방법으로 많은 실수요자들이 편리하게 적극 서비스하는 서비스여건을 만들어 줘야 한다. 문화콘덴츠 컨버전스시대의 서비스 고도화가 이제 문화선진국의 척도로 쓰이고 있을 정도로 다양한 수요를 충족시켜야 한다.

저작권 정비를 통해 유통 기본질서를 유지해야 한다. 예술가가 창조활동을 지속하기 위해서는 활동에 맞는 적정한 활동비가 확보되어야 한다. 창작작품을 불법 남용한다면 창작자의 창의성은 퇴색되어 버린다. 이와 같은 상황을 방치하면 창작자의 창조활동은 사라지며 사회전체로서도 모든 면에서 창조활동이 축소될 것이다. 예술가의 창작품에 대한 권리를 법적으로 보호하는 것은, 다시 말하면 문화국가나 창조사회로 가는 환경을 마련하는 길이며, 이는 교육과 콘텐츠산업 정책으로 이어진다.

(2) 육성과 보호

문화예술 육성을 위해 직간접적인 공공정책으로 관심을 쏟아야 할 분야는 정부가 문화예술 생산자 역할을 직접 담당하는 경우에 해당한다. 이는 직접 예술가를 고용해서 예술창조활동을 실시하거나, 장소 제공, 전시를 하는 것과는 차이가 크다.[25]

---

[25] 정부가 국립으로 합창단, 발레단, 오페라단을 운영하거나 지자체가 교향악단이나 극단을 운영하고 경찰관악대를 관리한다. 유럽에서 이런 사례는 흔해서, '극장'이라는 말이 극단이나 악단을 포괄하는 의미로 쓰인다. 그런데 국립예술단은 경비일부를 자체충당하지만, 예술의 질적인 향상을 위해 관객이 적어도 운용한다. 이에 따라 수준향상을 위한 노력이 부족하다는 비판을 받거나, 수익성을 요구하기도 한다. 유럽의 공립극단·악단에서는 정부가 비용을 부담하지만 운영은 독립시키는 사례도 많다. 한편, 미국에서는 질적·양적으로 우수한 군악대를 빼고는 정부

문화 관련 교육을 바탕으로 정부가 문화예술에 관여하는 중요한 루트로 직접 육성하는 일이 많다.[26]

한편, 사회교육 차원에서 정부는 미술관, 예술교육·훈련기관, 개인의 잠재적인 예술적 재능을 교육·육성한다. 이는 본래 정부의 직접적인 예술육성정책이면서 동시에 새로운 예술시장 참가를 보충한다는 점에서 시장육성 정책이기도 하다. 이때 교육계몽기관 경영의 독립성과 전문가평가에 준거한 공공선택, 재원 등을 갖추는 것은 정부의 몫이다.

① 인력보호

육성정책과 좀 다른 차원에서 인력을 육성·보호하는 정책을 펼친다. 예술인은 특성상 보호 대상이기 때문에 우선 문화예술가를 보호하는 정책이 중요하다. 예술활동은 인간의 상상력을 발휘해서 마음을 담아 창조활동에 전념하는, 고유가치가 높은 최고의 직업활동이다. 그러한 창조에 전념하는 예술인들은 사업적 실무에서는 유약한 체질이다. 따라서 누군가가 지원하지 않으면 스스로 창작활동의 성과를 발표해서 판매할 기회 또는 생활까지 어려울 수도 있다.

뿐만 아니라 예술활동은 직업으로서 그저 편하지도 않다. 예술가라는 직업에는 다른 직업보다 위험요소가 더 많고 불확실성이 크다. 그럼에도 예술가가 되기 위해서 필요한 기술을 습득하는 데 드는 시간·노력·자본 투자가 많이 소요된다. 더구나, 훌륭한 예술가로 우뚝 서서 성공에 이르기까지 많은 함정이 노리고 있다. 또한 예술시장은 싹쓸이시장(勝者獨食)으로 최고가 아니면 인정받기 어려운 특성을 지니고, 보통 예술가는 수입이 불규칙하기 때문에 직업적 안정성을 보장받기 어렵다. 이 때문에 예술분야 인적자원의 투입이 감소될 수 있으며, 예술인력 공급을 늘려 적정 수의 예술인력이 공급될 수 있도록 다양한 정책을 마련해야 한다.

예술단체가 적어서 유럽과는 대조적이다(이흥재, 2002).

26 초중등학교에서 음악, 미술, 예술 특수과목을 개설하거나 의무교육으로 채택한다. 특히 사회예술학습에서 국민이 감상·창작 경험, 미술사나 음악사 관련 지식을 얻을 기회가 늘고 있다. 또한, 예술교육 지원으로 국립국악원, 국립국악고등학교, 한국예술종합학교, 전통문화대학교 운영에 지원한다. 문화산업과 관련하여 CT대학원, 영상, 게임, 애니메이션 분야 전문아카데미를 운영하며 전문인력을 키워내는 정책도 우리나라에서 성공적으로 추진된다.

무엇보다 보호 대상인 전업 예술가들에 대한 다양한 사회적 지원이 절실하다. 특히 시장구조 때문에 예술·인력 자원이 줄어들지 않도록 보호정책을 펼치고, 개인이나 기업의 자발적인 기여, 공공보조금에 의한 지원, 기술습득에 대한 보조금 지급 등 정책적 배려를 강화해야 한다.

② 육성과 지원의 공진화

현재 예술가 인력에 대한 수요와 공급 구조는 불안정하고, 시장현황은 오히려 공급이 초과되는 현상이 심각하다. 이런 점에서 예술·인력자원은 교육투자에 비해 낭비적이라고까지 말하고 있으며, 이런 상황에서 인력확보를 위한 보호정책은 정책수단으로써 한계가 있다.[27]

문화예술에 대한 육성과 지원은 공생·공진화 철학에 바탕을 두어야 한다. 문화예술의 육성은 지원방식과 더불어 시너지효과를 거둘 수 있는 특성을 가지고 있어 지원하는 것 자체가 곧 육성하는 것이다. 그러나 지원시스템은 비교평가로 정해진 집단에게만 지원금이 나가게 되어 있고, 공공 조성정책에는 육성의 의미도 포함되어 있기 때문에 이러한 관점에 맞춰 개선해야 할 부분이 많다. 문화예술 단체들은 운영기반이 취약할 뿐만 아니라 자의적(恣意的)인 판단으로 활동을 중단하는 일이 많아 안정성을 가지고 있다고 말할 수 없다.

육성을 위한 지원방식 중 쉽게 생각할 수 있는 제도로는 문화활동단체들이 공동으로 사용할 수 있도록 연습장을 제공하거나, 유학과 같은 연수제도를 충실히 제공하는 것을 들 수 있다.

(3) 규제와 규제완화

규제란 문화정책에서 소수의 집단에게만 제한적으로 자원상의 불이익을 제공하는 조치를 말하는데, 이를 특히 경쟁적 규제라고 부른다. 또한 규제는 특정한 사적인 활동들을 위해 어떤 환경을 조성함으로써 대중을 보호하려는 목표를 가지는데, 이는 보호적인 규제라고 한다.[28]

규제도 물론 문화예술의 원활한 흐름과 발전을 위해 사용되며, 문화예술

---

27 예를 들면, 기술습득 소요비용을 감면해주는 조세제도를 채택하면 예술을 직업으로 선택함으로써 발생하는 위험을 보상해주는 효과는 거둘 수 있겠지만 정작 위험을 감소시킬 수는 없다.
28 규제와 규제완화에 대한 상세한 논의는 chapter 11 참조.

을 활성화시키거나 보호·육성하는 정책수단의 하나이다. 예를 들어, 영화산업을 보호하기 위해 스크린쿼터제를 두거나, 예술창작품을 보호하기 위한 지적재산권을 강화하는 것이 여기에 속한다. 그러나 규제는 시장의 역할을 저해하여 궁극적으로는 그 산업의 발전에 해를 끼칠 수도 있다.

또한, 규제정책은 복잡하기 짝이 없어 정책수단도 많고, 규제를 포괄하는 제도 또는 비제도적 근거도 다양하다. 정책에서 어떠한 개념·사고방식을 바탕으로 해서 정책목표를 확립하고 계획을 책정해 가는지는 매우 중요하다. 국가의 다양한 정책유형들은 모두 다 문화정책과 직간접적으로 관련 있고, 문화정책은 경제사회 계획과 국토계획, 환경정책 등과 같은 계획마련 정책의 하나로 분류된다. 이러한 정책들은 법률, 법령, 계획, 예산, 행정규칙 등으로 이어진다. 조례도 여기에 해당되는데, 지방자치단체가 스스로 제정하는 자주적인 법 성격을 갖는다. 규제와 규제해제를 내포하는 이들은 이른바 제도화된 정책이다.[29]

규제와 지원의 공진화

여기에서 중요한 것은 규제와 지원의 공생·공진화이다. 다시 말해서 규제는 정책목표를 달성하기 위한 수단으로써 지원과 조화를 이뤄야 한다. 안정적·영구적인 재정으로써 활용하기 위해 공공기금이나 재단을 끌어들이는 것은 지원과 관련하여 볼 때 고려할 만한 선택이다. 이는 정부부처의 직접보조금에 비해서 훨씬 유리하다. 특히 정부가 '간섭 없는 지원원칙'을 채택하는 경우 이러한 방법은 각 기관들에게 고도의 자율성과 의사결정권을 부여하면서, 각 기관들을 정부규제로부터 자유롭게 해주기 때문에 더욱 중요하다.

그러한 시스템에서는 보조금 분배에서의 정치적, 관료적 개입이나 규제의 위험을 최소화할 수 있다. 더구나 매년 정부예산 배정에 따른 동요에 상관없이, 예술과 문화기관들에 대한 안정적인 수입원을 확보한다는 점에서 기금이나 재단의 지원은 소중하다.

---

29 제도화되지 않은 것도 정책수단으로 힘을 발휘한다. 부처의 업무 요강, 장관과 지방자치단체장의 소신이나 시책방침에 대한 담화도 대외적으로는 정책이나 규제로 받아들인다. 문화정책도 문화진흥조례나 문화기본기획처럼 제도화된 것, 또는 자치단체장의 문화진흥 관련 기본자세와 방침, 의회답변같이 제도화되지 않은 것이 있다.

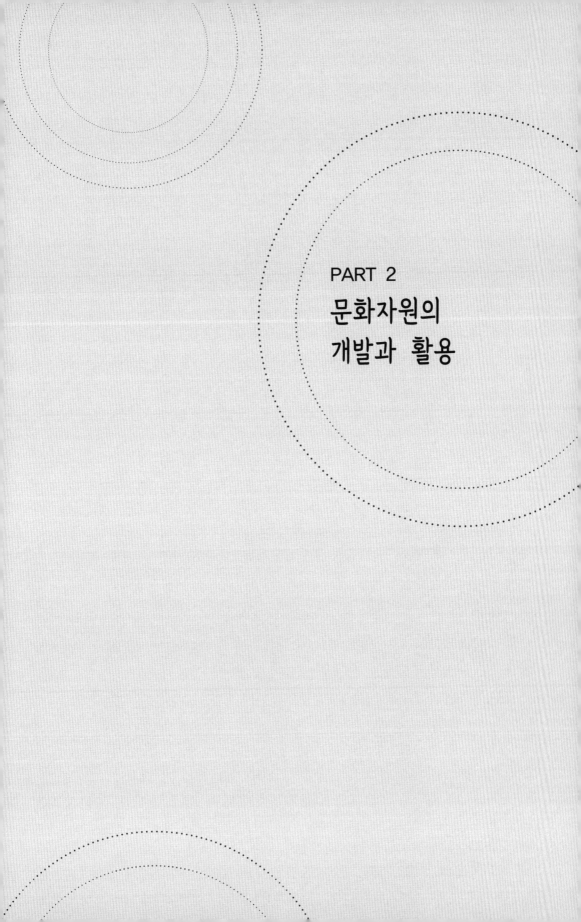

PART 2

문화자원의
개발과 활용

Chapter 4

문화인력의 육성과 보호

1. 문화인력의 가치 키우기

(1) 가 치

문화예술 분야 인력정책은 다른 분야의 인력정책에 비해 많은 관심을 끌지 못한다.[1] 우리사회는 문화예술인에 대하여 스스로 좋아서 그 일을 하는 행복한 사람쯤으로 생각해버리고 만다. 그러나 문화예술인은 우리 사회에서 높은 공공성과 대중성을 지니는 정책대상이다. 문화예술이 공공자산으로서 높은 가치를 갖는 만큼 예술인의 위상도 중요하기 때문에 사회적 공공성을 극대화시키는 역할을 하는 예술인을 '사회적 공통자본'으로 간주한다. 더구나 지식정보가치, 감성가치와 더불어 창조성이 더욱 더 강조되는 시대에 문화예술인의 참값은 날로 더 소중해지고 있다. 따라서 사회적 기준이나 직업적·전문가적 역할을 바탕으로 정책을 개발하는 것은 의의가 크다.

---

1 이 책에서 다루는 문화예술 인력은 ① 창작과 실연가 ② 전문 예술인력(정규교육), 창조사회의 사회문화적 필요인력(사회교육)을 포괄하는 개념이다. 인력정책은 이들에 대한 창작환경 마련이 주된 관심사였으나 최근에는 복지여건, 사회적 지위와 권리 등에 관심이 늘고 있다.

① 예술인이란?

문화예술인을 정책대상으로 검토하려면 먼저 그 역할에 대한 사회적 공감대가 형성되어야 한다. 문화예술인으로서의 지위를 갖는다는 것은 예술인이 '사회에서 수행했으면 하고 기대되는 역할의 중요성'을 갖는다는 것을 뜻한다. 그리고 그것을 근거로 해서 '예술인이 향유할 자유와 권리(정신적, 경제적, 사회적 권리 포함), 특히 수입과 사회보장에 관한 권리'를 존중하는 것이다. 결국 사회 속에서 예술인의 역할을 존중할 뿐만 아니라 폭넓게 예술인의 경제적·사회적 권리까지 부여하는 측면에서 정책을 논의한다.[2]

이러한 관점에서 유네스코는 일찍이 '예술인의 지위에 관한 권고'(1980)에서 정책대상이 되는 예술인에 대해 특별히 설명하고 있다. 즉, 예술인이란 '예술작품을 창조하고 표현 또는 개조하여 '예술적 창조를 자기 생활의 본질적 부분'으로 간주하며, 예술적 창조를 통해 문화발전에 공헌하고, 고용관계와 단체관계의 유무에 상관없이 인정받거나 인정받기를 희망하는 모든 자'이다.[3]

이러한 예술인은 크게 창작자와 실연자로 나뉜다. 창작자(creative artist)는 작곡가, 미술작가, 작가 등 스스로 새롭게 예술작품을 만드는 사람이다. 이들은 예술활동만으로 살아가지만 생활비를 확보하기가 어렵다. 한편, 실연자(interpretive artist)는 연주가, 배우, 무용가 등 작품을 상연하고 재현하는 예술인을 말한다. 이들은 예술단체나 조합에 소속되어 무대에 출연하고 출연료로 최저 임금은 보장된다. 일반적으로 예술인 개인에 대한 지원을 논의할 때는

---

2 예술인은 전문적 훈련을 받고, 예술로 생계를 유지하며, 비평가들이 예술가라고 인정하며, 자기 스스로 예술인으로 생각하는 사람들이다. 그리고 예술인 시장도 서비스거래방식, 경력과 재능 중시, 고용과 실업 문제의 특이성을 함께 살펴보아야 한다. 예술인의 지위에 대한 구체적인 것은 이흥재(2005), 12장 참고.

3 예술인 통계에 포함되는 대상은 나라별로 다르다. 우리나라 〈문화예술인실태조사〉에서는 문화예술인 범주를 다룬다. 즉, 문학, 미술, 건축, 사진, 음악, 국악, 무용, 연극, 영화, 연예 분야의 예술인을 다룬다. 주로 한국예총 산하협회, 민예총 산하단체의 회원을 예술인의 대상으로 한다. 미국 통계청은 배우, 감독, 건축가, 작가, 무용수, 디자이너, 음악가, 작곡가, 화가, 조각가, 공예가, 판화가, 사진가, 라디오나 TV아나운서, 예술교사를 예술인으로 본다. 일본 총무청은 표준산업분류에서 전문서비스업의 일종으로 저술가·예술인업을 규정한다. 한편, 일본 문화예술진흥법은 정책대상으로서 "문화예술 창조활동자, 전통예능 전승자, 문화재 보존활동 전문지식과 기능을 소유한 자, 문화예술활동 기획을 담당하는 자, 문화시설 관리운영 담당자"를 들고 있다.

대개 창작자에 대한 지원을 중심으로 말해왔는데, 최근에는 실연자에 대한 문제도 함께 다루고 있다.

② 사회적 창의성 견인

문화예술 인력은 어떠한 점에서 중요하며, 정책을 펼칠 때에는 어디에 강조점을 두어야 하는가? 예술인들의 활동은 우리 사회에서 창의성을 확산시키는 데 크게 영향을 미친다. 지식사회로 접어들면서 사회구성원들의 창의성을 높여 감성지식 성장을 이끄는 선도적 역할은 더욱 중요해졌고 이 역할에 대한 배려는 국가적 차원의 정책의제로 대두된다. 문화예술은 속성상 그 어떤 사회서비스보다도 인력 의존성이 강한 분야이다. 그리고 문화예술 인력은 기본적으로 고도의 전문성이 요구되는 분야이다. 따라서 개인 예술인의 전문성·자주성·개성을 최대한 보장하는 것 못지않게 크리에이티브 리더에 관한 정책으로 재조명된다.

또한 인적자본 확충의 측면에서 문화예술직 종사자들을 정부가 지원해야 하는 이유는 그들이 우리사회의 중요한 '문화자본'이기 때문이다. 이는 결국 인적 자본을 고르게 증진시키기 위한 전문화 비용을 정부가 지불하는 셈이 된다. 예술직종이 창조사회에 필요하고 보전되어야 할 대상이므로 예술인들이 계속해서 활동할 수 있도록 지원해야 한다는 관점이다.

③ 문화자본, 인적자본

예술인력 정책을 위한 공공지원은 흔히 예술인의 수입보전을 위해 필요한 것으로 간주하는 경향이 있다. 실제로 예술인력의 수입은 매우 불규칙적어서 평균소득에 대한 분산도가 심하다. 또한 예술인은 다른 직종보다 위험요소에 더 많이 노출되어 있다. 더구나 예술인이 되기 위해서는 필요한 기량을 습득하는 데 많은 시간과 노력, 자본투자가 요구되는 데 비해, 이를 회수하는 데는 오랜 시간이 걸리거나 어려운 직종인 것이다.[4]

---

4 낮은 임금, 길고 불확실한 근무시간, 부상위험, 힘든 준비와 교육과정, 재능이 필요한 직업이기 때문에 예술활동 인력 자원의 투입이 감소될 우려도 있다. 예술인력 공급이 부족을 막고 적정한 공급이 이뤄질 수 있도록 정책적으로 지원할 필요가 크다. 전통예술 분야에서는 그 정도가 심하지만, 공연분야의 예술인들은 예술자체에 대한 만족과 소명의식을 갖고 활동하는 실정이다.

그런데 이러한 예술인에 대한 수급은 장르별로 차이가 많다. 예를 들어, 전통예술 분야에서는 인력부족으로 전통예술 계승 자체가 어려우며, 공연 분야는 소박한 낙관주의 덕분에 예술인력 문제가 덜 심각하다고 볼 수 있다.

이들에 대한 관심사는 창작환경 조성(공간, 교육훈련), 교류, 사회적 지위(사회활동, 법제도, 표창), 복지(사회보장, 일거리, 권익) 등에 초점이 맞춰지고 있다. 무엇보다도 미래지향적인 신진인력에 대한 지원에 특별히 관심을 두어야 한다(박영정, 2010).

(2) 논 리

문화예술 인력의 보호와 육성의 필요성과 강조할 측면에 대한 논리는 문화예술의 중요성 논리에 바탕을 두고 나온다. 기본적으로 문화예술인은 사회적 공공성 제고에 기여하는 사회적 존재이므로 작품을 창조하는 데 관련된 자금수요를 공적으로 지원받을 수 있다. 즉, 예술인이 공공성을 갖고 예술활동을 하는 데 대한 지지로서 예술지원에 대한 여론이 사회 안에 자연스럽게 형성되는 것이다. 공공성에 기여한 예술인들의 명예신장을 위해 각종 상을 주는 것도 이러한 맥락에서이다.[5]

① 공공 생산성과 시장경제

예술인들의 생산물인 작품은 공공성을 지니는데, 그 제작과정에서 생산성 격차가 발생한다. 이 특징 때문에 보몰과 보웬이 지적한 이른바 실질비용 증가분을 감안하여 정부가 지원하는 것이 타당하다고 문화예술경제학에서 설명한다. 한편, 이 논의에는 공공지원의 합리성 때문에 문화예술인들이 공공성에 대한 자각을 갖춰야 한다는 정책적 함의도 함께 강조된다.

한편, 예술인을 직업인의 관점에서 볼 때 생산성 개념이 모호하다. 예술인은 기본적으로 개성과 특징이 중요하기 때문에, 예술인력 시장은 일반시장의 경쟁조건과는 다르다. 기본적으로 예술시장은 예술인의 특성에 따라 움직이므로 완전 대체재는 아니다. 또한 예술인의 생산품인 창작품의 가치는 시장

---

5 정부가 수여하는 명예 상은 활동에 대한 보상과 격려이며 활성화 수단이다. 정부주관 문화예술상은 대한민국문화예술상, 문화의 날 문화훈장, 한글발전유공자, 세종문화상, 오늘의 젊은 예술인상, 예술인의 장한어머니상같은 것들이 있다.

가격에 대한 합의가 없거나 합의가 어려우므로 예술인의 임금에 대한 완전정
보도 갖기 어렵다. 아울러, 예술인의 한계 생산성을 파악하기도 극히 어렵다.
예를 들면, 바이올린연주자 1명을 추가할 경우 이 연주자가 심포니오케스트라
의 '산출물'에 얼마만큼 기여했는지 성과를 가늠하기가 분명하지 않다.

결국, 경제적 관점에서는 예술인을 생활인으로 보아야 한다. 예술인도 노
동자로 볼 수 있으므로, 이 점을 정책에 반영해야 한다. 예술인을 노동자로 보
는 것은 미학적 접근이라기보다 사회과학적 접근이다. 다시 말하면, 예술인을
노동자로 인정하고 일반 노동자가 향유하는 권리이익을 예술인에게도 인정하
도록 하려는 것이다.[6]

사실상 예술인의 소득이 불안정하다는 점은 생활인으로서 예술인에게는
매우 중요한 특징이다. 대개 예술인들은 예술 활동을 통해 몇 가지 추가적인
편익들을 받는데 이것이 보완적인 보상이 된다고 한다. 따라서 예술인들이 급
여는 잘 받고 있지 못하지만 궁핍하지는 않다고 해석하고 있다.[7] 그러나 예술
인의 활동조건과 일하는 나라에 따른 구체적인 연구가 좀 더 이뤄져야 할 것
이다. 중요한 것은 이 정도의 소득수준에 대하여 예술인들 스스로는 어떻게
느끼는가 하는 점이다.

② 권리론·구제론·역할론

예술인을 사회적 존재로 보면, 예술인의 권리를 제도적으로 보장해 주어
야 한다. 예술인의 권리는 국민 문화권을 보장하는 데 있어서 매우 소중하다.
국민의 교육권 보호를 위해 교육공무원의 신분을 보장하는 것처럼, 국민의 문
화권 보장을 위해서도 예술인에 대한 보호정책이 필요하다. 특히 문화의 민주
화가 주요 정책으로 대두되면서 문화향유 기회를 제공하는 예술인에 대한 정
책은 국민문화향유권과 동일한 수준으로 당연시되고 있다.

---

6 당초 ILO는 녹음기술 발전으로 피해입는 공연자의 경제적 권리 보장을 위해 21세기 초부터 예
술인을 '노동자'로 인정해 왔다. 또한, 그람(William D. Grampp)은 「Pricing the Priceless」(1989)
에서 미술가의 수입구조를 분석하고 있다. 한편, 무대연기자의 비용과 기타 비용의 추세를 분
석한 보몰과 보웬도 철저히 '경제인으로서의 예술인'에 대한 연구로 대단한 성과를 올린바 있
다. 한스 애빙(Hans Abbing)은 왜 예술가는 가난해야 하는가를 논의하고 있다. 흔히 예술인들
은 가난하다고 말하는데 과연 그러한가에 대하여 연구한 필러(Randall K. Filer)는 개인적 특성
과 생산성이 표준화될 때 예술직은 비예술직보다 10%쯤 적게 벌어들일 뿐이라고 말한다.
7 우리나라 예술인의 수입현황은 〈문화예술인실태조사〉에서 볼 수 있다.

이 같은 관점에서 설명하기 위해 정책자들은 흔히 '권리모형'을 사용한다. 권리모형이란 예술은 본래적으로 가치가 있는 것이며, 예술인들은 일반국민을 포함한 사회의 모든 자원들에 대해서 도덕적 권리를 가지고 있다는 개념이다.8 대부분의 예술인들은 그들의 공동체와의 관계에 대하여 많은 관심을 갖고 있다. 그럼에도 불구하고 일부 예술인들은 공동체나 사회와의 연결 없이 그들 자신 스스로 작업하고자 하는 경향이 있어 '권리모형'은 최근에 흔들리고 있다. 다시 말하면, 사회적 도덕관념에 어긋나는 문화예술활동에 더 이상 무제한적 면책특권을 인정하기 어렵다는 것이다.

그럼에도 불구하고, 제도적 보호에는 한계가 있다. 문화 관련 제도나 정책은 '창조적 능력을 왕성하게 발휘할 수 있도록 여건을 충분히 보장해 주는' 데에 있으며, 이 점에서 개인이나 단체의 예술활동에 대한 지원제도는 창조자들에게 커다란 관심 사항이다.

예술인에 대한 제도적 보장은 다른 직종보다 훨씬 더 어렵다. 즉, 누구나

---

8 문화예술단체 공공지원의 논리는 국가지원 요청은 권리, 만성적 재정부족 구제, 단체의 사회적 역할 인식이라고 나눠 논의할 수 있다. 첫째, 권리론인데, 문화예술 활동을 펼치는 문화단체들은 사회적 특권을 가지고 있다는 권리모델(entitlement model)에 따라 지원을 요청한다. 이는 문화예술은 원래 가치 있는 것이며 그래서 예술단체의 문화활동은 사회의 자원들에게 특권을 요구할 권리를 갖고 있다는 것이다. 권리론은 최근에 예술가나 단체들이 사회가치보다는 자신이해에만 몰두하는 경향때문에 예술단체 전제주의에 빠지는 한계를 보이면서 비판을 받고 있다.

둘째, 구제론인데, 문화예술단체의 활동은 생산성을 높이기 어렵고, 일회성에 그치며, 수요가 제한적이어서 만성적인 적자구조때문에 수익창출이나 산업화를 돕기 위해 공공지원이 불가피하다는 입장이다. 보몰의 조사연구를 근거로 제시하며, 단체들의 지원요청때 주로 쓰는 논리였다. 그러나 최근 들어 공연의 산업화와 마케팅을 도입한 단체경영의 효율적 성공사례에 힘입어 이러한 논의도 당연한 것으로 받아들이기는 어렵게 된다.

셋째, 역할론으로서, 문화단체의 사회적인 고유역할을 인정하고 더 큰 역할을 기대하면서 지원해야한다는 입장이다. 사회적으로 문화단체는 조정자로서의 역할을 통해 문화예술의 사회화에 기여함을 인정하며, 국민들의 문화적 접근을 돕는 활동을 더 알차게 하도록 지원해야 한다. 또한 자국의 문화예술이 글로벌활동을 하도록 경쟁력 있는 단체로 키우려는 것이다. 더구나 비영리단체의 자발적 공공역할을 정책적으로 활용해 문화정책거버넌스를 효과적으로 달성할 수 있다. 오늘날 문화단체에 대한 역할 기대는 이 고유역할론에 바탕을 두고 지원명분을 찾아야 한다.

생각하건대, 권리론은 충분히 지원하지 못하는 정부입장을 옹색하게 하며, 구제론은 지원받는 단체를 궁색하게 만든다. 그러나 역할론은 지원하는 정부나 혜택을 받는 단체의 입장을 떳떳하게 세워준다. 다만 결과에 대해 철저하게 책임을 지는 '책임지원·책임 활동'을 철학적 기반으로 삼아야 한다는 부담이 있는데, 이는 책임사회의 당연한 활동근거라고 본다.

예술인이 될 수 있는 것이 아니며, 어떤 사람이 예술인인지를 판단하는 기준
도 정하기 어렵고(시험 합격으로 되는 것도 아니다), 예술인의 업무를 단순하게
규정할 수도 없다. 특히 국민들의 예술활동이 일상화되어있지 않은 나라에서
예술인에 대한 지위를 제도적으로 완벽하게 보장하는 것은 어렵다. 설사 가능
하다고 해도 직업으로서의 일반적 인지도가 낮기 때문에 예술인은 경제적·사
회적·제도적으로 보장받을 기회가 적다.[9]

2. 크리에이티브 리더의 전문화

(1) 창조활동 인력 육성

문화예술 인력정책의 핵심은 문화예술 창조와 진흥을 위한 우수인재 양
성이다. 예술 인력정책에서 이점은 추진하기 어려운 현실적 제약을 지니고 있
다. 특히, 집단교육보다 개성 있는 창조적 방식으로 육성해야 하는 어려움이
크다.

사회적으로는 예술인력보다는 넓은 개념으로서 창의적 전문인력, 즉 창조
활동 인력자본으로서 크리에이티브 리더의 양성·배출이 필요하다(이흥재,
2012). 특히 문화사회를 지속성장 가능하게 발전시키기 위해서라도 크리에이
티브 리더가 요구된다. 문화예술 창작자와 더불어 이 시대의 새로운 문화경제
흐름을 이끌어갈 창조리더는 그 범위가 넓으나 대개 아티스트나 크리에이터
계통의 사람들이다. 이들은 기본적으로 예술, 디자인, 엔터테인먼트, 스포츠,
미디어의 각 전문 직종에서 일한다. 크리에이티브 리더라고 하는 관점은 크리
에이티브한 방법을 쓰는 리더계층이라기보다, 자기 분야에서 일하는 방식을
창조적으로 만들어 가면서 크리에이티브한 환경을 만들고 이끌어 가는 사람
들, 문화이념적인 리더들이라고 보는 개념이다.[10]

---

9 예술인에 대한 부당한 대우를 불식시키고 일반 노동자가 얻는 혜택을 누릴 수 있도록 정책담
  당자들은 가시화된 제도를 제시해야 한다. 이를 위해서는 예술가들이 사회에서 예술인 지위가
  확고히 인정될 정도의 사회적 보편성을 우선 얻어야 하며, 예술활동이 일상화되어야 하는 것
  이다.

플로리다와 같이 미국적 관점에서만 본 크리에이티브 클래스는 연구개발에 종사하는 과학자나 엔지니어들 또는 변호사나 국제적 회계업무를 담당하는 전문직의 사람들을 포함한다. 이들은 컴퓨터, 수학, 건축, 엔지니어, 생명, 자연과학 또는 사회과학, 교육, 훈련, 도서관 직종에도 포진하고 있다. 이러한 창조계급을 유인하기 위하여 지역이 문화발전 전략을 꾸미는 경우도 있으나 대중이 아닌 창조계급이 추구하는 경험에만 초점을 맞춘다는 점에서 비판을 받는다(Carl Grodach, Anastasia Loukaitou-sideris, 2007). 또한 이미 스스로 선택한 것을 추구하면서 문화장치를 통해 다채로운 라이프 스타일을 즐기는 여건이 되어 있는 계층적 관점에서 각광을 받는 사람들을 뜻한다는 점에 논의 한계가 있다.

이러한 창조리더는 앞으로 창조시대 문화국가를 이끌어가는 데 중요하므로 국가 또는 지방정부 차원에서 중장기계획으로 양성해야 한다. 상하이에서는 '창조시스템 건설 10대 전략'을 수립하여 추진한바 있다.[11] 보다 구체적인 창조인력 양성을 위해 영국은 인력양성을 위한 부처간 통합지원정책을 펼치고 있다. 다시 말하면, SC(Sector Council, 분야별 기술위원회), 창조문화기술(Creative & Cultural Skills), 연금지원조직(NESTA) 등과 연계교육 훈련시킨다. 이와 비슷하게 프랑스의 경우도 노동법에서 노동종사자 중 비정규직 노동자(intermittent, 엥테르미탕)에 따라 예술인력 사회보장을 하고, 문화예술 종사자 사회보장그룹(audiens, 오디앙스), 공연예술훈련보험(AFDAS), 문화예술고용지원센터(POLE Culture-Spectacle) 같은 예술인 사회보장과 고용촉진 등 전담조직으로 크리에이티브 리더 양성을 맞춤 지원을 하고 있다(김효정, 2011).

10 이 말은 플로리다의 창조계급이라는 개념에 대한 비판적 관점에서 필자가 만든 것이다. 플로리다의 창조계급론은 문화예술을 경제정책과 통합시키고, 정치적 관점을 지나치게 과장한 측면이 있다. 또한, 창조계급을 수퍼창조계급과 창조전문가계급으로 이원화하지만 결국은 모두 전문관리자 계급에 불과하다. 이 견해는 문화정책보다는 신자유주의정책을 강조한 것일 뿐이다. 창조경제 원동력에 대한 잘못된 가정때문에 자본주의 결과물과는 다른 의미 있는 결과를 가져야 할 문화정책 관련자들의 관심을 분산시키고 있다.

11 물론 과학기술 측면에 치우쳐 있지만, 다음과 같은 전략을 표명한 바 있다. 정부가 거시적 조정능력을 키운다. 과학기술 측면의 창조환경을 개선한다. 기술측면과 지식측면의 창조능력을 높인다. 인재를 모아 능력을 키운다. 자금조달 능력을 키운다. 과학기술 측면의 창조수단을 개선한다. 기술이전 속도를 높인다. 창조의 통합과 집적을 높인다. 과학기술 측면의 창조 관련 협력을 강화한다와 같은 내용으로 이를 추진하고 있다.

① 예술경영 인력 육성

크리에이티브 리더 중 핵심역할을 할 예술경영자에 대한 보다 구체적·개별적인 교육수요와 공급이 늘고 있다. 문화시설이 대폭 증대되는 데 비해 기획·행정·프로그램과 같은 소프트측면이 취약해 이를 관리하기 위한 예술경영 수요가 늘어난 것이다. 문화단체가 창조활동을 활발히 하기 위해서는 경영기반의 강화에서부터 시작해야 한다는 인식도 깊어졌다. 또한 기업이나 민간 지원자가 문화사업과 문화단체의 운영에 관심이 커져 문화경영 인재와 문화예술경영 교육이 활발해지게 된 것이다.[12]

예술경영 교육은 양적 확산에 따라 새롭게 검토해야 할 점이 많다.[13] 우선, 직능교육은 있어도 그것을 조직의 운영교육과 사회 관련 시스템에 연결시키지 못하는 것이 과제로 남아있다. 그 과제 해결을 위해서 우선 사회가 바라는 효과를 만들어 낸 실질적 학술·교육적 내용을 종합한 독자적인 커리큘럼을 구축해야 한다. 뿐만 아니라 문화시설의 운영·경영기법에 대한 실천적인 측면, 사회와 사람들의 욕구 등을 고려하여 커리큘럼을 차별화해야 한다. 또한 이에 대한 사회적 인식을 높이고 반영하여 제도를 확립해 나아가야 한다.[14]

---

12 문화예술경영 교육은 무엇을 다루는가. 총론으로 문화시설의 특징, 예술경영의 의의와 기획을 다룬다. 구체적으로는 조직분야, 특히 관리운영조직(직영방법, 공익법인·제3섹터·주민조직·NPO 등에 위탁)과 사업실시체제(직영, 공익법인이나 경영사업자에 위탁, 실행위원회 방식)를 다룬다. 인사와 채용의 문제로 파견, 고유예술 감독, 제작·학예·무대기술 전문인사 채용의 문제도 취급한다. 의사결정과 조정의 문제에 대해서는 심의기관(이사회, 위원회, 운영심의위원회), 조정기관(운영협의회, 직원회의, 이용자간담회)을 검토한다. 이어서 주민·감상자·예술인·예술단체의 성격과 기능을 다룬다. 정보·미디어와 관련해서 홍보, 정보공개, 정보미디어를 다룬다. 예산·재무에서는 직영, 위탁료, 보조금, 분담금을 다룬다. 이어서 사용료, 대관료, 티켓수입, 판매수입, 재단, 메세나협의회, 기업협찬 문제를 다룬다. 끝으로 사업 부분은 자주사업과 대관사업으로 나누어 자주사업에서는 기획, 제작, 마케팅, 판매촉진을 다루고 대관사업에서는 계약, 판매촉진의 문제를 다룬다.

13 문화시설의 운영 관련 예술경영 수요가 폭발하는데, 미국 UCLA에서는 이 코스를 개설(1969)하고 석사과정에 문화전문가 양성 코스를 도입했다. 유럽에서도 경영교육이 확산되며(1980년대), 예술활동과 사회를 폭넓게 결부시키는 형태로 보급하였다. 영국도 일찍부터 교육을 시작(1967)하고, 예술활동의 공공지원을 위해 예술과 교육에 대해서도 경쟁원리와 경영효율성을 도입하며, 80년대부터 본격화했다. 일본은 1990년대 초 지방공공단체에서 예술경영 연수를 열거나 대학에 예술경영학과 개설했다. 교육대상은 연주단체, 문화재단 운영, 문화시설 기획자, 국가·지자체의 문화예술 담당, 기업의 문화부문 담당자들이다.

14 예술경영은 인재육성을 위해 실무경험자 실제경험과 이론교육이 많다. 따라서 기획운영실무 코스로 기획서 작성, 예산수립 방법, 극장시설의 체험적 학습을 기본으로 하는 실무 노하우

또한 폭 넓은 예술경영을 대상으로 실무 수준에 도달하기는 쉽지 않다. 따라서 현장 활동가를 중심으로 한 재훈련 교육과 전직자에 대하여 재교육 기회를 충분히 마련해야 한다.

② 지원인력 육성

무한 창조력을 발휘할 수 있는 크리에이티브 리더는 새로운 분야 또는 미래의 문화사회를 담당할 창조인재를 육성하기 위한 프로그램이다. 신진 젊은 예술인들을 위해 활동경력이 적고 나아가 젊은 예술인들을 발굴 지원하며, 전문인력으로 현장에 적응하게 한다. 또한 독립적인 실험장르에 도전하는 기회를 줘야 한다. 이를 위해 각국의 문화지원 기관은 후원과 후견, 연수와 교류, 첫 번째 전시지원, 종합지원, 창작기반에 필요한 정보제공, 국내외교류 기회, 전문적인 교육훈련의 기회를 제공하고 있다.[15]

아울러, 예술활동을 지원하는 전문인재를 양성하고 확보해야 한다. 예술 창조 활동을 실현하는 예술경영이나 무대기술 분야 연수를 통해 전문가를 길러내고 자격제도를 도입하여 관리해야 한다. 문화시설 운영 전문행정가들을 양성하고, 박물관·미술관 학예사의 자질을 향상하며, 고도의 전문성을 평가할 수 있는 평가제도를 도입해야 한다.

실제 교육은 여러 측면에서 다양하게 이뤄지고 있다. 우선 정규 교육과정에서 장기적으로 적성훈련을 한다. 이 적성훈련은 주로 학교에서 예술적 창조에 대한 소중함을 인식하고, 예술적 적성을 발견하며, 발전 강화를 목표로 한다.[16] 좀 더 넓게는 일반 기술적 전문가(technocrat)를 예술적 소양 있는 전문가(artcrat)로 키워가는 것도 포함한다. 또한 걸출한 작품을 만들기 위해서 기본적

취득 교육에도 중점을 둔다.

15 기술발달에 적용하도록 새로운 분야에서 신진예술인을 지원하기 위해 호주는 멀티미디어 신기술인 교육을 하고 멀티미디어사와 멀티미디어협력센터를 통해 예술인들에게 기술을 지원한다. 그런데 이는 오히려 호주영화위원회, 호주방송영화학교, 호주어린이방송재단들의 멀티미디어 기술개발을 도와주는 것으로 그 효과가 되돌아온다고 한다.

16 예술교육을 통해 기대되는 교육효과는 4C(civilization, communication, creativity, choice)로 요약한다. 즉, 예술교육이 언어, 사회 등 다른 교육에 도움이 되고 시민성장에도 기여한다(civilization). 또한, 비언어적인 표현능력 개발로 창의적인 의사소통을 가능하게 한다(communication). 아울러, 지능정보시대에 필요한 창의적인 인간을 길러낸다(creativity). 다양한 예술형식 가운데 자신에게 맞는 것을 선택 향유하여 삶을 행복하게 한다(choice).

으로 예술인, 교육자의 자유와 독립을 손상하지 않도록 정책을 추진해야 한
다.[17] 사회에서 문화예술의 독자성을 자각하고, 문화 부흥에 예술인이 주도적
인 역할을 해야 한다.[18]

(2) 창의적 전문화

지능정보사회에서 문화예술 매개자나 문화행정 담당자는 기술적 전문가
를 뛰어넘어 창의적 전문가로 바뀌어야 한다. 창의적 전문화로 가는 길은 개
인적 차원의 접근과 사회적 교육차원의 접근으로 나눠볼 수 있다.

개인적 차원에서 창의적 전문가는 일정 과정을 거쳐 육성되기보다는 '자
기화'를 통해 만들어지는 것으로 알려져 있다. 창의적 전문가가 되기 위해서는
기존 관련 분야의 전문 지식을 새로운 지식으로 연결하고, 자기화하는 작업을
거쳐야 한다. 그리고 기존의 것들과 다른 차이를 스스로 인식하는 등 새로운
문제를 발견해내야 한다. 다음에는 경험적 데이터를 가장 잘 설명할 이론을
창안하여 자기화하는 '발견적 문제해결'이 필요하다.

또한, 자기화를 위해 개인은 일반적으로 모험을 즐기고, 큰 생각으로 정
신적 도약을 이루며, 창의성을 향상하기 위해 의도적·일상적인 노력을 기울여
야 한다. 이러한 개인적 노력은 조직이나 단체로 확산되면 더욱 효과적이다(이
홍재, 2012). 이를 위해서 문화예술 교육, 체험, 기대감, 자원, 인정, 바람, 기회,
보상 등을 제공해주는 것이 바람직하다고 일반 이론에서 말한다. 그리고 영역

---

17 NEA는 예술교육파트너십을 위해 학교교육 중심으로 주정부와 지방이 전국조직과 상호교류·
공동 노력하도록 지원한다. 파트너십 조직에게는 예술교육 보조금을 지급한다. 나아가 연구,
평가, 조기교육이나 예술 분야에서 파트너십 TF들은 예술교육이나 학습이 모든 학생들에게 미
치는 가치를 평가한다. 학생들에게 예술공연을 하며 여기에 학교, 음악가, 지역사회 조직들이
참여한다. 봉사활동을 하는 학생들, 일반 대중을 위한 오케스트라 연주는 미국 내 모든 연주
회의 1/3에 이를 정도로 많다. 여기에는 공립학교 음악 프로그램을 보완하고 새 관중을 발굴
하는 것도 포함한다.
18 NEA는 국가 교육체계에서 예술의 역할을 강화하고 평생 예술교육을 장려한다. 유치원에서부
터 12학년까지 예술교육을 청소년 교육의 기본으로 삼고, 예술에 대한 이해, 예술기법을 증진
시키며 참여기회를 확대한다. 아울러, 예술인나 직업 예술인, 교사들을 위한 예술 전문성의 개
발 기회를 제공한다. 이로써 미국 교육법을 실현하고 예술 바탕의 교육을 실제로 보장한다.
이를 위해 NEA는 연방교육성과 다른 공공이나 민간기관 파트너들과 함께 활동한다. 나아가
학교 밖 교육활동에 예술조직들이 참여하고, 과외 예술활동은 전문예술인 육성이나 대중의 보
편적 예술교육에 초점을 맞춘다. 이처럼 예술이해나 기술증진 사업에 투자하여 미국인들에게
유익한 평생학습을 장려한다.

을 넓히고 다양하게 활동하면서 정보에 접근하고, 지식을 체계화하며, 새로운 발견을 장려하고, 이른바 몰입과 학습[19]을 일상화해야 한다.[20]

나아가 사회적 측면에서 창조성 증진을 위해 사회전문 교육을 펼친다. 문화예술교육의 초점 자체가 우수한 예술활동의 계승에서 광범위한 사회적 환경 형성으로 변하고 있다. 이러한 변화 속에서 정책을 통해 어떤 사람을 키울 것인가. 문화예술인의 유형에 따라 사회는 정책적으로 그들의 기능과 역할을 새롭게 키워주어야 한다. 예를 들면, 예능실연가(performers)와 예술스탭(creative staff)에게 창의성을, 공연제작자에게 제작기능을, 프로듀서(producers)에게 표현기능을, 시설관리자에게 시설경영 능력을, 기술자에게 기술통제 능력을 키워주어야 한다.

정책 방향

그렇다면 포괄적으로 창의적 전문화 인력을 육성하기 위한 정책방안은 무엇인가? 창조성 증진을 위한 정책논리로 먼저 예술과 인문학을 중시해야 한다. 문화콘텐츠산업의 기반인 예술과 인문학 진흥을 위해 관련 종사자들에게는 후원금과 최저생계비를 지원해야 한다. 그 밖에도 공교육에서 문화예술교육 강화, 조기 영상교육을 강화하고, 문화단체나 학교에 대한 지원과 연계를 강화해야 한다(Robert Weisberg, 2010). 또한 창조력 소재의 바탕이 되는 지식정보와 출판 산업을 육성하고, 아마추어 활동을 육성하기 위해 아마추어 공모전 활성화, 신인 발굴 강화와 참여, 기회제공을 중시해야 한다. 또한, 리스크가 적은 재정적 기반을 마련하기 위해 예를 들어 문화벤처기업을 육성하고, 산학연 협력체를 구성하여 지원하고,[21] 기부금 활용을 위한 제도를 개선토록 한다.

---

19 미하이 칙센트미하이는, 「창의성의 즐거움」, 「몰입」에서 창의적 인간은 어떻게 만들어지는가에 대한 논의에서 ① 창의성의 재발견 ② 창의적 인물과 생애 ③ 창조활동의 영역을 논의한다.

20 과학·기술·예술분야의 창의성을 지원하기 위해 영국은 NESTA를 설립(1998)했다. 다른 기금들이 조직, 기존 사업체, 프로젝트를 주로 지원하는 데 비해 여기서는 개인을 지원한다. 지원 내용은 재정(장비, 여행, 휴식, 연구개발, 지적재산권 보호, 비즈니스 엔젤 유형의 투자지원)은 물론 비재정 지원(교육, 훈련, 만남, 네트워크 형성, 재능 소유자에게 강의기회 제공)도 한다. 주요 프로그램으로 장학프로그램, 개인 아이디어로 결과물이나 서비스를 만들도록 지원하는 창조 혁신프로그램, 대중인식과 이해증진 교육프로그램이 있다. 우리나라도 창의적 전문가 육성을 위해 문화예술진흥기금으로 이런 창의성 전문화 교육을 폭넓게 지원해야 지속발전 생태계를 구축할 수 있다.

21 미국의 Small Business Institute, 대학생의 중소기업 진단 제도, 독일의 Obligatory Student Internship,

또한 이를 위해서 창조적 기획력 제고를 위한 교육과 계몽 기능은 가장 기본적인 것으로서 각국들이 여러 가지 방법으로 일찍부터 추진하고 있다.[22] 또한, 창조적 기획력 제고를 위한 별도의 재정을 마련하여 추진하는 경우도 있다.[23]

3. 문화예술인 일거리, 일자리

(1) 전환기 전문직 인력수요 충족

① 직업 보호

예술인의 직업보호 문제는 사회가 예술인을 부당하게 대하지 않아야 한다는 생각에서 나온 것이다. 특히 '유네스코 권고'를 채택하게 된 배경은 예술인이 국민들의 문화생활에 중요한 역할을 담당하고 있음에도 불구하고 경제적으로나 사회적으로도 적절한 대우를 받지 못한다는 현실을 인식한 데에서 출발한다.

그런데 예술인이 사회경제적으로 그처럼 부당하게 대우받는 이유는 예술에 대한 평가가 제대로 이뤄지지 못한 때문이기도 하다. 또한 예술인을 얕잡아보던 역사적 흔적들이 오늘날 예술인에 대한 일반적 평가에 영향을 미치는 경우도 있다. 더구나 예술이나 예술인의 효용성에 대해서는 객관적인 판단을 내릴 수 있는 합리성이나 '판단기준'이 없다는 점도 예술인이 부당하게 대우받

영국의 Technical Company Scheme, 기업학습제가 대표적인 사례이다.

22 영국은 문화교육과 계몽을 위해 미술관, 예술교육기관이 개인의 잠재적 예술재능을 환기시켜 새로운 시장 진입을 촉진한다. 이를 위해 문화지원법 시스템 정비, 문화지원시스템에서 '표현의 자유' 확보를 중시한다. 생산자의 재산권인 정보이용권 설정, 저작권, 저작인접권제도를 강화했다. 실천과제로 청소년의 창의력과 혁신능력 개발, 문화예술 분야 영재 발굴, 창의성과 경영능력을 겸비하도록 교육훈련을 제공한다. 프랑스는 문화분야 국내외 인력의 상호교류, 아마추어 예술활동 장려, 문화교육과 취향교육을 강조한다. 캐나다도 개발자와 이용자를 위한 저작권법을 개선하고 있다. 네덜란드는 지식의 수급일치를 위한 연구개발정책의 장단기 목표설정, 전문인력 교육체계의 개선을 강조하고 있다.

23 영국은 공적인 예술지원기관, 예술시장에 예술인(생산자)이 진입하는 사이에 직면하는 리스크나 비용을 낮추는 정책을 개발하며, 프랑스도 문화혁신기금을 창설하여 집중 지원하고 있다.

는 현실에 한 몫 한다.[24]

어떤 직업이 사회적으로 유용한지를 그 직업의 존재 의의와 존경심만으로 판단한다면, 유용성 여부를 판단하기조차 곤란한 예술인이라는 대상은 존재 의의조차도 사라져버릴 수 있다. 그러나 현실적으로 예술과 예술인이 우리 삶의 방식이나 생활에 직간접적으로 혜택을 주거나 문제를 제기하기도 하므로 이러한 짧은 생각은 위험하다.

그동안 직업관은 경제주의적·합리주의적인 사고나 가치관을 전제로 한 것이었다. 그런데 절대적이라고 믿어왔던 이러한 사회적 가치관에 대해서 새로운 시각을 제시한 것이 바로 예술인의 사회적 지위를 인정하고자 하는 각종 움직임들이었다.[25]

② 경제활동 기회 마련

예술인들이 쌓아 온 창작경험을 바탕으로 다양하게 참여하면서 자기실현과 사회경제활동을 하는 제도적 장치를 그동안 지속적으로 마련하고 있다.[26]

그런데 그동안 시행되었던 예술인 참여활동 방식은 그 취지는 좋지만 실제 운용에서 몇 가지 보완해야 할 점이 있다.[27] 전반적으로 문화예술 분야 고

---

24 예술정책과 예술인정책 중 어디에 더 중점을 둘 것인가? 우수 작품을 생산하기 위해서 예술인의 복지정책이 중요하지만, 예술정책과 예술인 정책은 균형을 유지해야 한다. 예술인들의 작품공급 만큼이나 참여를 요구하는 소비자들의 수요도 중요하다. 전업예술인만 지원하면 국민들 삶에 밀접한 연예인·지역예술인·아마추어들이 상대적으로 소외될 수 있다. '문화와 발전에 관한 세계위원회'는 예술을 고상하게만 지키려고 사회에 활력을 주는 소박한 상상력이 들어있는 활동들을 무시하지 말라고 제안한다. 결국, 특정 표현물들이나 창작자들만 보호하지 않고 모든 문화활동과 수요에 책임지는 정책이 필요하다. 우수성을 강조하는 예술인 정책은 이제 문화활동 집단들이 쉽게 접근 가능한 예술정책으로 확대되어야 한다.

25 이러한 움직임의 실제 성과는 회의적이었는데, 이를 점검한 것이 유네스코의 「예술인 보장에 관한 국제회의」(1988, 마드리드)였다. 그리고 유네스코 회의에서 최고회의 그룹은 '유네스코 가맹국과 비정부단체가 예술인 지위에 관한 권고를 실행하기 위한 방안'을 검토했다. 이 그룹의 최종보고서는 예술인의 사회적 권리보장을 위한 몇 가지 조치를 제시했다. ① 예술인 업무성과의 다양성을 고려해서 적용범위를 넓게 잡아 예술인복지기구와 관련 법률을 마련 ② 예술인에게 최저소득을 보장 ③ 예술인 노동조건과 노동상황을 고려해서 예술인노동법을 제정. 이처럼 유네스코 최고회의 그룹의 최종보고서의 구체적 명시 덕분에 「유네스코 권고」를 구체적으로 실현하는 데 도움이 됐다.

26 대표사례로 학교교육에 예술인들을 초청하고 예술감상을 교육하거나, 예술강사로 파견되는 경우이다. 종합교육을 지향하는 각급 학교에서 지역 관련 학습 또는 학교행사의 하나로 지역에서 유명한 예술인을 초빙한다. 이때 보조금으로 사업을 펼치는 학교에서 무료나 소액의 사례를 지급하는 정도이므로 이 사정을 알만한 예술가를 초빙한다

용을 촉진시키는 정책을 지속적으로 추진해야 한다. 또한 문화예술 분야 고용
시장은 몇 가지 특성을 갖는데, 우선 기본적으로 예술창조를 목적으로 노동력
을 제공하는 창작자와 실연자를 포함하고, 나아가 이들을 고용하는 사업기관
도 포함해야 한다.[28]

생활보호 규정으로서 독일에서는 「예술인복지보험법」(2002)을 제정하여
전문예술인들 특히 프리랜서 예술인들에 대한 사회보장을 공공책임의 차원에
서 강조하고, 이를 보장하기 시작하였음을 앞에서 살펴보았다.[29]

코로나19 집단감염과 같은 전환기를 지나면서 우리나라의 문화예술 부분
을 포함한 전문직의 일거리 일자리 변화를 주목해야 한다. 문화예술 전문직은
단기적으로는 면허, 규제, 권리의무와 더불어 고도화, 체계화되면서 유지될 것
이다. 그러나 중기적으로는 고도전문가로 대체되는 것이 불가피하다. 지능정
보화와 더불어 변화가 커지면 전문직 확산이 점차 보편화되겠지만, 장기적으
로는 전문직이 해체될 수도 있겠다. 그 결과, 고급인력 지향성 확산, 고급기
술과 수요에 맞는 인력이 늘어나면서 일자리 양극화(job polarization)로 이어
진다.

③ 예술인의 기술적 전문화

예술인 경제활동과 창조적 전문화가 빛을 내기 위해서는 예술인도 이제
기술적 전문화가 뒤따라야 한다. 그런데 기술전문화를 위해서는 흔히 지원이
불가피하다고 논의한다. 그에 대한 연구는 예술의 노동생산성과 생산성 격차

---

27 예를 들어 예술인 강사 참여제도 운용을 일자리 만들기와 학교예술교육 임시과정으로 다루면
   안 된다. 예술인 초빙대상을 예술인단체에 의뢰하거나 지역에 잘 알려진 인물보다 광범위하게
   찾고, 실질적으로 재원을 마련해야 한다. 예술인에게 재능기부나 자원봉사 또는 사회공헌을
   막연하게 기대하면 곤란하다. 우수예술인 참여를 활성화하고 실질적으로 도움을 주고받을 조
   건이 정비되어야 한다. 그리고 교육자료와 프로그램을 전문적으로 개발해야 한다.
28 이런 특성을 갖는 사람이나 기관들이 고용시장의 주체로서, 서로 결합하며 임금조건이나 근로
   조건을 체결하면서 시장을 형성한다. 이러한 시장에 진입하는 모습은 보통 공개채용이나 지원
   으로 이뤄지지만, 공식적인 지원시스템 못지않게 지인소개를 취업경로로 활용하는 경우가 적
   지 않은 특징이 있어 이를 감안해야 한다.
29 이 법에서는 언론출판인의 사회보장보험을 중점적으로 다룬다. 여기에서 규정하는 주요 내용
   은 ① 피보험인의 범주(보험의무의 규모, 보험 의무에 대한 예외조항, 보험가입의무의 시작과
   유효기간, 생업장소의 변경, 해약권리) ② 예술인 복지공단의 보험 보조금 ③ 공지의무와 신고
   의무 ④ 자금 조달(원칙, 피보험자의 분담액, 예술인 복지보험료) ⑤ 벌금규정이다. 한편, 예술
   인 지원을 통한 육성정책에 관련된 법으로는 세법, 저작권법을 들 수 있다.

이론(보몰의 비용질병)에서 찾을 수 있다. 다시 말하면, 예술활동과 같이 노동생산성이 상승할 가능성이 적은 것은, 그 생산물의 가격은 계속 상승하고 그 수요의 가격탄력성이 상당히 낮아지지 않는 한, 당해 부문의 생산이 축소되어 곧 소멸된다는 것이다. 그러므로 예술상품의 가격을 억제하기 위해 정책적으로 보조해야 한다는 논리이다.[30]

흔히 말하는 전문화란 해당 분야에서 우수성에 대한 기준을 마련해 주고, 통일된 행동지침을 제공하며, 책임감을 불러일으키고, 고용이나 훈련의 척도를 마련해주는 과정들을 일컫는다. 그렇다면 문화예술인의 전문성 수준은 어느 정도이고 직업으로서의 전문성을 갖추기 위해서는 어떤 점을 중요시해야 하는가? 요약하면, ㉠ 고도로 전문화된 지식이나 표현기술의 소유 ㉡ 예술가로서의 전문가적 윤리와 가치관의 보유 ㉢ 전문성을 강화시키는 예술단체의 결성 ㉣ 공인된 교육훈련기관과 일정자격을 갖춘 교육자 ㉤ 전문가의 활발한 교류 ㉥ 전문성에 부합되는 사회문화적 소명의식 등을 중요시해야 한다. 그밖에도 문화정책은 목표가 애매하고 계획을 무효화시키는 계획이 등장하는 경우가 있다. 따라서 문화정책에서 강조되는 기술적 전문화의 하나로 의사결정능력도 다양성이 생명인 문화프로젝트에서 강조된다(久木元拓, 2009).

문화예술 분야의 기술적 전문화는 문화기획, 전통문화, 문화행정, 무대기술 분야특성을 살려서 인력을 양성한다. 우선 문화기획 인력은 창조성을 발휘할 수 있도록 전문화해야 한다. 문화기획 가운데 시설운영 인력과 장르별 기획전문 인력으로 나눌 수 있다.

문화행정 분야는 그동안 전문성을 별로 중시하지 않아 실무를 거치면서 습득하는 데 그쳐왔다. 그러나 최근에는 재정을 효율적으로 집행하고, 지방자치단체의 문화활동을 키우기 위해 문화행정 인력의 전문화가 중요하다.[31] 따

---

30 그러나, 가격을 낮추는 것만으로 예술의 수요를 증가시키려는 정책을 펴는 것은 곤란하다고 보몰은 지적한다. 다시 말하면, 가격억제정책보다도 교육정책이 문화예술 수요를 증가시키는 데 도움이 된다는 것이다. 사실상 고액 소득자일수록 예술소비가 많으므로, 가격억제정책은 오히려 비판을 받게 되고, 그러한 관점에서 보더라도 교육정책이 보다 바람직한 것으로 실증되고 있다.

31 문화행정 전문가 대상은 ① 정책목표 실현을 위한 제도를 구축하고 주민관계를 책임질 전문가인 문화기획자 ② 산업·기업·지역사회에 생겨난 과제를 조사하고 문제해결을 위한 방안을 개발하는 문화분석가 ③ 인재·노하우·자금을 유기적으로 결합해서 문화자원의 잠재능력을 일

라서 문화행정 전문가는 일종의 기술전문가에서 예술전문가로 바뀌어야 할 정도로 위상이 커졌다. 따라서 창의력 증진과 창조적 리더로 되는 교육을 포함해야 한다.

아울러 문화직 공무원들은 적어도 직무수행능력·지식·경험, 문화예술분야의 광범한 지식과 경험 ③ 문화정책의 역사와 현상 이해, 문화정책 기획 입안 능력, 시민·지역·문화예술에 대한 애정 등이 필수적이다(鬼木和浩, 2011).

이 같은 전문성을 활용할 기회를 제고하기 위해서 예술인에게 해외 연수, 예술 인턴십, 해외예술인 초빙연수로 교류기회를 확충하고 새로운 분위기를 익히도록 하는 펠로우십을 활용하는 방법이 있다. 창의력 증진과 창작 기회를 확충시켜주기 위한 이러한 각종 지원을 받아서 새로운 작품을 개발하고, 상상력을 더욱 풍부하게 키우며, 새롭게 재해석하는 능력을 키우도록 해야 한다. 이런 점에서 최근에는 문화기획과 집행과정에서 '집단지성'의 중요성을 이해하고 활용할 수 있는 리더십이 강조되고 있다(久木元拓, 2009).

기술이 인간을 능가하는 현상(singularity)이 생기면서 자동화 가능한 일거리는 증가하지만, 그럴수록 '창의적 전문가' 수요도 늘어난다. 예술경영에서도 기능적으로 '숙련된 전문가'와 달리 문제를 찾아 새롭게 정의하고, 새로운 가치를 창출하며, 관계(사람, 사물, 기술과의 관계)창출이 중요해진다. 규격화된 인간이 아닌 성장확장 가능형 인간들이 제 역할을 만들어 가는 것이다. 결국 문화부분 전문직들도 창의적 디지털 역량(digital capability)과 더불어 인성(개방, 디지털사고, 상호신뢰, 협력)까지 갖춘 파트너가 더 필요하게 된다.

이에 맞춰 문화예술부분 전문인력을 공급하는 대학시스템도 창의성, 창의적 구현, 열린 리더십, 혁신적 사고를 키우도록 미래지향적 교육으로 바꿔야 한다. 문화서비스 활동에 필요한 교육설계, 멀티미디어제작, 데이터 분석, 웹 3.0 기술 교육, 소프트 스킬, 취약한 커뮤니티 해소, 디지털 연결 학습도 강화하여 예술경영에 접목시키도록 해야 한다.

예술인력의 번아웃 현상에 대한 대책도 마련해야 한다. 집단감염병으로 전환기에 위축되었던 문화예술인들이 건강한 상태로 활동하고, 혁신 창의성을 향상시키며 변화를 주도하게 해야 한다.

깨우는 문화프로듀서를 말한다.

(2) 일거리 일자리 정책

① 일거리 문화정책

문화경제에서는 문화예술행사의 고용유발 효과를 극대화할 정책을 추진하는 데에 기대를 걸고 있다. 결국, 문화인력의 일자리와 일거리는 문화예술가, 단체, 시설에 국한되는 것이 아니고 문화정책의 큰 틀에서 정책의제로 개발된다.

전환기 문화예술 인력은 왜 중요한가? 문화예술 생태계가 건장하게 지속발전 하려면 전환기 위기관리와 갈등관리에 주의해야 한다. 또 전환기 사회가 '경제공동체'에서 '생명공동체'로 바뀌면서 문화예술인들이 직업을 바꾸거나 문화예술 활동을 등지는 경우가 생길 수 있다. 문화예술 인력은 장기교육, 저임금 구조, 진입장벽의 특징 때문에 이런 전문인력의 상실과 회복 불가능에 따른 예술시장의 왜곡으로 손실도 커진다. 침체된 전환기 사회에 에너지를 만들어 줘야 하는 문화예술 분야에서 먼저 인력정책에 우선순위를 두어야 하는 이유가 여기에 있다. 전환기 일자리 정책에서는 정책철학을 먼저 세워야 한다. 단지 일자리를 만들어내는 임시방편 지원이나, 직업전환 맞춤교육이 아닌 일상적 훈련만으로 해결하면 미흡하다. 문화정책과 일자리정책이 함께 진화될 수 있는 공진화정책으로 나아가야 한다. 지역의 경우는 문화예술 인력시장의 수요와 공급을 명확히 파악하고, 맞춤정책으로 지속적으로 추진해야 한다.

② 대상별 적정화

흔히 '일자리'라고 하면 안정적인 소속감을 갖도록 취업을 생각하기 쉽지만, 문화예술 부분에서는 '일거리'가 더 많이 늘어나야 한다. 정규·비정규직 구분의 일자리에 연연하지 말고 취업 외에도 창업기회를 늘려 문화예술활동에 디딤돌이 될 수 있게 해야 한다. 우선 특화된 분야 육성으로 전국소요 인력을 독창적으로 공급하거나, 창업·창직을 위한 해당 업체 맞춤 기획으로 교육을 진행하는 방식을 개발해야 한다. 특히 웹 3.0시대를 누비게 될 4차산업혁명 기술을 활용한 콘텐츠사업에서 이런 노력으로 성과를 거둘 수 있다.

문화정책 전반에서 '문화예술인 참여 관점'의 문화정책을 개발하여 문화예술의 사회적 가치를 높이면서 동시에 창작인력의 일거리가 늘어나도록 해야 한다. 전환기 우선순위를 두어야 하지만, 중장기적인 문화예술생태계를 동시에 고려해야 하므로 결국 정책결정자의 정책 가치 판단이 필요한 부분이다.

문화예술 인력 가운데서 우선순위와 정책자원의 비중을 고려하면 장애예술인, 청년 첫 일자리, 순수 전업예술인, 웹 3.0기반 관련 기술을 우선 학습시켜 콘텐츠기획자 들에게 기회를 마련해 줘야 한다.

정책수단도 지원, 육성, 보호, 조성의 정책수단을 현실적합하게 동원해야 한다. 성급한 보호나 퍼주기 지원으로 단기간 내 과시성 사업을 전개했던 외환위기, 메르스 사태, 코로나 팬데믹 과정의 정책들은 중앙, 지방 모두 효과를 거두지 못했다. 지속발전생태계를 구축하는 데 크게 도움을 주지 못했기 때문에 예견된 실패였다. 지원하되 육성을 전제로 하고, 보호하되 추가적 조성을 전제로 하는 정책이어야 한다.

장기적으로는 문화예술인력 인력을 공급하여 곧바로 현장투입이 가능하도록 뒷받침하는 교육훈련이 지속적으로 이뤄져야 한다. 예를 들어, 웹 3.0시대 문화예술시장에 투입될 인력들에게 '융합형 인재'로서 활성화된 지식을 바탕으로 취업·창업을 열어줘야 한다.

'사회문화 창발활동'이라고 이름 붙일만한 활동을 많이 펼쳐야 한다. 여기에 미디어 해독 능력, 소셜 네트워크, 전자출판, 미디어와 예술융합을 익숙하게 다루도록 학습기회를 제공해야 한다. 참여하는 문화예술인들은 문화예술 매개자 활동을 병행하게 되므로 건강한 소셜아트를 키우는 데도 도움이 된다. [32]

---

32 예컨대 사회의 환경훼손을 경고하며 빈집이나 공원을 야외 갤러리로 탈바꿈 시키거나, 도시이미지를 형성하는 지역이미지 색으로 치장하며, 사회 분위기를 바꿔주는 문화예술 활동들이다. 또한 '문화경제박람회'로 성공사례를 공유하며, 창조일자리 개발 박람회를 열고, 문화기획자 양성 기회로 활용한다. 나아가 지역의 매력공간에 각종 미디어를 결합하여 시민과 예술가들이 함께 참여하며 상호작용 체험을 공유하고 지역활력을 엮어내는 일거리도 있다. 또는 지역의 문화유산, 역사적 기념물 자료수집, 유지 보존, 활용 참여활동을 문화예술인 재능기부나 일거리 창출기회로 활용할 수 있다. 문화재단이 지자체와 대학을 연계하여 일거리를 만들어 청년문화예술인들의 활동을 이끌어 낼 수 있다. 지역조사연구 전문가, 주민 예술교육자, 어린이 대상 지역이야기꾼, 지역스토리 텔링과 마케팅, 유치원 등에 예술가 파견, 중고등학교 수업 예술가 파견, 비정규 고용상태의 예술가(계약, 파견, 위탁, 아르바이트) 대상 예술경영 특강 강사 등으로 참여할 수 있다.

4. 문화예술인 복지

(1) 복지, 지위, 권리의 보호

예술인력 보호란 예술인이 무한창조력을 발휘할 수 있는 여건을 조성하고, 자유와 독립에 바탕을 두고 주도적으로 활동할 수 있도록 예술인의 지위 수준에 걸맞게 보호해주는 것을 말한다.

예술인력은 낮은 소득, 불규칙적 급여, 직업적 불안정성, 근로자 기준의 보편적 적용 어려움 등으로 인해 고용보험과 노후 생활안정을 위한 연금보험 같은 사회보장 혜택이 필요하다.

① 예술인복지법

우리나라 '예술인복지법'은 이러한 예술인보호를 위한 장치로서 폭넓은 규정을 하고 있다. 이 법에서는 예술인을 규정하고 예술분야를 창작, 실연(實演), 기술지원으로 세부화했다. 그리하여 분야별 특성에 따라 복지지원자 대상을 설정하고 그들의 근로활동 관계를 명확히 할 수 있게 되었다. 이 예술인들에게는 정부(국가, 지자체)는 예술인들의 지위와 권리를 보호하고 예술인들의 복지증진에 관한 시책을 수립하고 시행하도록 책임을 주었다.[33]

예술인복지정책의 법제도와 함께 예술인복지재단이 예술인들에게 실질적인 사회보장 혜택을 받을 수 있도록 다양한 지원책을 개발하고 있다. 다만, 우선, 노동자지위 부여, 근로시간 및 근로여건 개선, 복지지원 조직과 전달체계 명확화, 정부재정 지원의 확보 등은 여전히 절실하다. 특히 프리랜서 또는 개인자격으로 예술 활동을 하는 예술인들이 많아 사회보험 요건에 맞지 않고 실

---

33 뿐만 아니라 보다 구체적으로 예술인 지원활동에 대한 표준계약서 보급을 명시하여, 문화예술 영역에서 표준계약서를 개발·보급하여 문화예술진흥기금 지원 등에서 우대받도록 했다. 나아가 예술인들이 안정적으로 대우 받도록 사회보험 가입과 관련된 조치를 규정하여 정부에 권고하고, 예술인들이 예술활동 과정상 업무재해 등은 「산업재해보상보험법」에 따라 지원받을 수 있도록 한다. 나아가 이러한 일들을 실천적으로 추진할 한국예술인복지재단을 설립하고, 필요한 재원으로 복지금고를 둘 수 있으며, 예술인들의 사회보장 확대지원, 예술인들의 직업 안정·고용창출과 직업전환을 수행하도록 했다.

업, 질병, 노후 등에 대한 보호를 받지 못하는 점을 개선해야 한다.

　이 같은 문제점을 보완하고 예술인 복지정책을 완성하기 위해서는 구체적으로 예술인복지 관련 재원 확보방안을 마련해야 하며, 이에 대해서도 하위법으로 규정해야 한다. 예술인을 위한 사회보장의 범위가 좁아서 우선 적용대상인 산재보험 이외의 다른 사회보험과 복지제도의 혜택에 대해서도 제시해야 한다. 또한, 예술인들은 산재보험의 성격상 고용관계(사용주와 근로자)가 있어야 하는데 창작자(미술, 작가 등)들은 자기작업 공간에서 활동을 하므로 산재보험의 적용을 받기 어려워 이를 개선해야 한다.

　따라서 이러한 사업 초기에 공공재정 확보가 반드시 필요하다. 또한, 예술인들과의 표준계약서를 바탕으로 근로, 임금에 대한 명시적 통계들이 구축되면, 산재보험과 더불어 현재 제외된 고용보험과 국민연금으로까지 지원범주가 확대되어야 한다. 좀 더 나아가 예술인들의 다양한 의견과 욕구를 수렴할 수 있는 실태조사를 체계적으로 마련해야 한다.

　② 사회적 지위 보호

　사회는 문화적 환경에 알맞게 문화예술인들 공적으로 승인하고, 그 명예에 걸맞은 제도를 부여하여 성취감을 갖도록 하는 등 사회적인 지위를 보호해주어야 한다.[34]

　예술인의 지위는 '사회에서 인정받는 지위'를 말한다. 이때 주로 거론될 수 있는 것으로는, 예술인이 이익을 얻어야 하는 부분인, 예술인의 권리, 노동, 생활조건, 적정수입과 물리적 원조, 정신적 지지, 의무와 책임, 재능의 활용 등 예술인의 특성에 관련된 것들이다.

　우리나라에서 예술인 지위와 권리에 관한 법 근거는 '예술인의 지위와 권리의 보장에 관한 법률(예술인권리보장법)'(2021), '예술인복지법'(2018)에 잘 마련하고 있다.

---

34 예술인의 사회적 지위보장을 위한 노력은 국제기구에서 먼저 싹텄다. 이러한 움직임이 활발해진 것은 「예술인의 지위에 관한 ILO·UNESCO전문가회의」(1977, 제네바)에서 고용문제와 관련하여 예술인 활동의 노동성에 대한 문제가 제기된 것이 직접적인 계기가 되었다. 이 회의에서는 예술인의 노동조건과 예술인 개념 정의를 확대하였다. 여기서 예술인은 고용관계의 유무에 관계없이 예술가치를 삶의 질 향상에 두며, 전문예술단체에 소속여부에 관계없이 사회에서 예술인으로서 인정하기를 요구하거나 또는 스스로 이를 수용하는 이들이다.

생활보호에 대한 국제적인 기준으로서 유네스코는 「예술인 지위에 관한 권고」(1980)에서 예술인의 지위를 국제적인 수준으로 올려야 된다는 관점을 제시하고 있다. 그 뒤 캐나다 연방정부가 제정한(1992) 예술인지위에 관한 법(The Status of the Artists)은 예술가가 캐나다의 풍요, 삶의 질, 생활열망 표현, 문화산업성장에 기여한다는 사실에 대한 믿음을 확인하고 있다. 또한 예술가와 제작자 사이의 관계를 전문적으로 해결하는 특별재판소 설립을 포함하여 실효성을 갖춰 확정(1995)되었다.[35]

③ 권리 보호

창의력을 생명으로 하는 예술인의 권리를 보장하는 것은 매우 중요하다. 예술인도 물론 국민의 일부이므로 문화권이 보장되지만, '예술인의 권리'라고 말할 경우에는 엄밀히 말해서 문화권과는 다르게 생각해야 한다.

이 같은 예술인의 권리가 보장되는 데 필요한 조치는 각국의 노력으로 발전되었다. 먼저 유네스코의 「예술인의 지위에 관한 권고」(1980)를 중심으로 구체적 내용을 살펴볼 수 있겠다. 여기에는 각국의 문화예술진흥에 있어서 중요한 역할을 담당하는 예술인의 지위를 다시 생각해보게 하는 광범위한 내용을 포함하고 있다.[36] 이어 「세계예술가 지위 회의」(1997. 6, 파리)에서는 예술창작지원, 예술가전문교육, 예술창작을 위한 기술보급, 저작권보호 강화, 예술인 생활과 고용을 위한 특별기금 마련(세금, 사회신분 보장, 결사, 고용, 노조결성과 활동의 차별 없는 적용), 예술재정 정책에 예술가 참여 등을 제안하고 있다.

이 같은 유네스코 권고나 예술가 지위 회의 권고 등은 각국에서 예술인의 지위를 보호하고 실생활에 도움이 되도록 하는 데 토대가 되며, 점진적으로 수용되어 법제화되고 있다. 일본의 예능인연금제도(1973), 미국의 예술인길드, 프랑스 앵떼르미땅, 독일의 예술가사회보험법(1981)이 예술인들의 사회적 지위 고양과 더불어 복지에 실질적인 도움을 주고 있다.

---

35 그럼에도 불구하고 이 법 자체의 한계를 감안하여 예술가들의 사회경제적인 개선을 위해서 예술가들의 세제관련 법 개선, 지원규모 확대, 기부금 손비처리 범위 확대, 평균임금 확보, 저작권법 개선 등에 걸쳐 한걸음 더 나아가는 개선을 지속적으로 추진하고 있다.
36 특히 예술인의 사회적 지위를 중시하고, 각국이 적극적으로 정책을 세워나갈 것을 권고한 점은 문화정책 측면에서 눈여겨볼 일이다. 물론 '예술인의 사회적 지위'를 이야기할 때 예술인이란 아마추어와는 구별되는 존재로서, 자신의 활동을 직업으로 삼는 프로예술인을 말한다

④ 예술인 지위와 실연가 권리보호

예술인의 지위향상에 관련된 법규에는 우선, 기본적인 계약에 관련된 법들이 있다. 예술인들은 법적 이해관계에 무디다. 간혹 잘못하면, 예술인들은 민법상의 고용, 위임같은 전형적인 문서상의 계약이 없는 상태나, 고용 관계에 있는 예술인에게 필요한 항목이 포함되어 있지 않는 상태 등 불리한 조건에서 일할 수도 있다. 이를 개선하기 위하여 계약의 서면화를 요구하는 조항이 필요하다.

또한, 노동법, 사회보장관계법에 관련된 사항이 있다. 이는 주로 산재보상, 실업수당, 연금보장, 의료보장 등에 관한 것들이다. 예술인은 노동자인가 아닌가에 대한 노동부의 판단기준에 따라 모든 것을 일반 급여소득자와 똑같이 취급할 수는 없다. 이를 해결하기 위해서는 노동자인가 여부의 판단에 따르기보다는 예술인이라고 하는 독자적인 직업유형의 관점에서 특별한 노동과 사회보장제도를 구축해야 한다.

나아가 이런 것들에 관련된 과세 조건을 개선해야 한다. 예술인들의 창작활동을 위한 비용지출을 비과세하여 창작활동에 실질적인 혜택이 돌아가도록 하는 것이다. 예를 들면, 전문협회에 등록된 예술인의 문화비 지출을 예술성 계발을 위한 생산비용의 일부로 간주하여 손비처리하거나 소득 공제함으로써 소득보조 효과를 주는 것을 들 수 있다.

창작자와 실연가의 권리 보호는 국제적인 시범기준에 맞춰 비교적 잘 제도화되어 있는 반면에 실연가들의 활동은 권리의무 관계에서 매우 취약하다. 그렇다고 상세한 부분까지 규제하기나 계약으로 묶어두면 작품의 특성이나 창의력이 싹트지 못할 수도 있다. 따라서 최소한도의 범주 안에서 계약을 통한 법적 보호가 필요하다(黑川德太郎, 1976).

일반적으로는 권리의무 관계를 계약 관계로서 문서화하고, 여기에서 인격적인 권리나 이용권 등 양도할 수 없는 권리를 확실하게 해야 한다. 아울러 계약문서에는 라이센스를 부여하는 데 어떠한 원칙을 가질 것이며, 어떻게 독점적 라이센스에 대한 부정경쟁방지 장치를 하고, 특별한 법률로 어떻게 조정할 것인가를 명기해야 한다. 아울러 대상이 되는 권리의 수나 관련 실연의 수를 나타내는 라이센스의 대상, 라이센스의 기간이나 이용 의무, 실연자에 대한 공정한 보수, 피고용자에 대한 실연 등도 권리로 규정해야 한다.[37]

라이센스 못지않게 중요한 것이 특정한 상업적 이용 수단을 계약으로 규정하는 문제이다. 이때 음반, 라디오, 영화 등 특정 분야에 관한 특별 규정을 어떻게 다룰 것인지를 명확히 해야 한다. 이와 아울러 이용자와 실연자 단체 사이에서 생겨나는 불공정 경쟁도 미리 예방할 수 있도록 조치해야 한다.

(2) 사회활동, 명예의 존중

예술인이 활발하게 사회활동을 하기 위해서는 예술인 중점의 예술공급시스템을 새롭게 개발해야 한다. 다시 말하면, 예술지원정책의 새로운 틀을 마련하기 위하여 효율적 자원배분, 문화예술시장을 하나의 상권·생활권·문화권 단위로 인식하는 논의가 필요하다.

또한 문화예술단체나 직업예술가가 보조금에 매달려 자기 노력을 게을리하지 않도록 해야 한다. 아울러 보조금 교부 이외에도 교육연계, 예술가 우대세제, 기부세제, 정보의 비대칭성 해소와 같은 다양한 정책수단을 함께 개발한다. 그 밖에도 비예술시장에 예술가의 참가를 촉진하는 정책을 늘려야 한다. 그리고 예술가와 공공요구를 연결하여 사회가 직면한 과제를 상당히 해결할 수 있으므로 예술활동에 관련된 고용기회를 창출해서 예술콘텐츠산업으로 육성할 수 있다(이흥재, 2010).

명예 보호

예술인들의 명예와 자존심은 창조활동의 생명과 같으므로 그 높은 명예와 사회적 인식을 높여야 한다. 예술인은 창조적 영감과 표현으로 사회를 창의적인 분위기로 이끌어가고 사회발전에 공헌하는 역할을 한다. 그러므로 사회발전에 따라 예술인에 대한 명예도 적정수준으로 끌어올려야 하며, 문화적인 노동에 적극 종사하는 자로 높이 평가해야 한다. 명예를 높여주어 문화예술인의 명예와 자긍심을 고취시켜 주는 것은 또한 귀감이 되는 문화예술인을

---

37 실연자는 배우, 무용가, 가수, 연주가 등은 물론 실연을 지휘 감독하는 연출가, 지휘자, 감독을 포함하는 넓은 개념이다. 따라서 실연자는 '창작예술가'와 대비되는 개념으로 쓰이며, 때로는 '저작자'와 대비되는 개념으로도 쓰인다.

통해 국민들이 문화의식을 함양하도록 돕는다.[38]

또한, 문화예술인은 해당 분야의 전문가로서 활동 하는 데 필요한 전문적 조건을 고려하여 법적·사회적·경제적 편익을 가져야 한다. 또한 이런 측면에서의 정책은 보다 더 적극적이어야 한다.[39]

끝으로, 창작 예술인이 다른 걱정 없이 명예롭게 예술에만 전념토록 생활을 보호해야 한다. 예술인의 고용·노동·생활 조건은 예술 활동에 전념할 수 있도록 지원하고, 예술활동 기회를 촉진하며, 예술단체에 대해 보조하여 예술활동에 손색이 없도록 보호해야 한다. 또한 예술적 창조성, 문화적 발전, 고용조건 향상을 위한 보호정책을 추진해야 한다.

---

38 유명예술인의 활동 연고지역에 기념조형물 설치, 존경받는 문화예술인의 귀향 문화활동 지원을 할 수 있다. 그 밖에 문화예술발전 유공자의 사기진작과 복지향상을 위해 문화예술상을 확대하고, 젊은 예술인에게 상을 주고, 원로예술인 복지지원금을 지급하는 정책을 적극 펼쳐야 한다.

39 이를 위해서 예술인에게 자영인 또는 피고용인 지위를 보장해줘야 한다. 문화발전에 기여하는 피고용인이나 자영인이 받아야 할 사회보장·노동조건·과세조건을 개선하여 지위를 강화시켜줘야 한다. 따라서 예술인의 고용과 노동조건에 관한 국제적 규약이 준수되도록 보호받아야 한다.

Chapter 5

문화재정의 동원과 배분

1. 문화재정 정책의 기조

(1) 재정의 역할과 특성

사회경제활동 주체(개인, 기업, 공공)들의 활동에 문화접목이 일상화되고, 문화단체도 늘어나고 활동 내용이 다양화되면서 문화재원은 더 많이 필요하게 되었다. 특히 어려운 경제 여건에서 문화재정의 효율적 동원과 배분은 문화정책의 가장 중요한 과제로 자리하고 있다. 단체나 개인에 대한 지원금 배분 경쟁도 날로 치열해져 예술활동에 대해서도 더 예리한 평가과정을 거치게 된다.[1]

이처럼 문화활동을 이끌어가는 힘이고, 문화정책 문제의 핵심인 문화재정

---

[1] 예술가나 단체들은 정책결정자들의 권위와 기준에 의문을 갖고 많은 몫을 요구한다. 이 때문에 문화재정 이슈는 공공정책에서 자연히 비중을 갖게 되었다. 이에 따라 예술단체들은 예술과 문화, 예술과 오락, 프로와 아마추어, 문화민주주의와 문화적 다양성을 구별하고 때로는 엮어서 추진해야 하는 부담을 지닌다. 아울러 예술에 대한 평가기준인 우수성, 실험성, 접근가능성 개념들을 새롭게 자리매김하고 공공가치와의 관계를 명확히 해야 한다.

은 몇 가지 특징을 지닌다. 우선, 문화사업은 정책효과가 가시적으로 나타나는 데 많은 시간이 걸린다. 이는 재정투입에 따른 정책효과가 낮기 때문이 아니다. 투자결실이 나타나는 데 걸리는 투자회임(投資懷妊)기간이 길고 오랜 기간에 걸쳐 효과가 나타나는 문화예술의 본질 때문이다. 이처럼 재정투자의 체감효과가 낮기 때문에 문화재정을 비경제적·소모적이라고 보는 입장조차 없지 않다.2

또한, 문화재정은 투자 우선순위도 높지 않다고 여겨진다. 문화정책은 수요가 시급하지 않는 것으로 간주되기 때문이다. 경제원리에서는 기본적으로 수요가 공급을 창출하는 것으로 보지만 문화예술은 공급이 수요를 불러오는 속성을 지닌다.3

더구나, 문화재정은 만성적인 부족을 벗어나기 어렵다. 더구나 문화재 관련 분야처럼 지속적·반복적으로 이어지는 '눈 딱 감고 쏟아붓기 재정'을 필요로 하며, 성격상 인프라 투자의 경직적인 사업들이 대부분이다. 또한 전년도 예산에 비해 일정비율 정도만 늘리려고 하는 점증주의적 예산관행 때문에 공공문화재정은 파격적 증액이 어렵다. 결국 문화재정은 늘 부족한 상황이다. 그러나 문화예술은 수치로 산정하기조차 어려울 정도로 고귀한 가치를 지닌다.4

그럼에도 불구하고 공공 문화재정은 타 재원을 유인하는 '마중물 효과'가

---

2 문화재정은 계획·사업·정책을 유기적으로 연관지어야 한다. 재정 뒷받침 없는 계획은 허구이고, 계획 없는 재정은 낭비를 가져오므로 장기계획과 단기예산이 유기적으로 연계되어야 한다. 이를 위해 문화재정 지출의 성과를 중심으로 예산을 관리 운영해야 한다. 문화재정의 특징상 투입과 성과에 바탕을 둔 문화재정운용이 쉽지는 않다. 다시 말하면, 지출의 성과가 투입보다 중요하다는 이상론과는 달리 현실은 투입위주로 예산이 편성되고 있다. 따라서 문화적 성과에 대한 정확한 이해가 필요한데, 설사 문화사업의 성과를 정확히 파악하기 어려울지라도 문화활동의 공공 성과를 가벼이 보지 말아야 한다. 따라서 가급적 중기재정계획에 연동하여 재정을 확보하고 이러한 관점을 선결 조건으로 제시해야 한다.
3 그러므로 우선 문화프로그램이나 시설을 공급하여 문화향유 기회를 만들어주고, 경험재인 문화예술의 향유확대로 자연스럽게 시장을 키워야 한다. 또한 정책 우선순위 선정에서는 문화정책의 비가시성, 장기적 효과발생, 수요인식의 결여를 고려해야 한다. 활동 주체는 이러한 관점에서 문화환경의 변화와 환경변화 유도를 위한 문화재정 비전을 가져야 한다. 또한, 중장기재정운영의 비전·목표·수단을 연계해야 한다. 아울러 추진여건을 감안하고, 재정운용의 기본방향을 설정한 다음 전체 투자방향과 세부투자 방향을 수립해야 한다.
4 문화유산만 보더라도 가격을 산정하기조차 어려우며, 관리소홀로 멸실되거나 해외 반출시 겪는 '재정체감 손실'은 엄청나다. 그러므로 문화정책의 재정적 표현 가치를 잘 파악해야 한다.

있다. 정부로부터 공공재정지원을 받은 단체들은 추가적으로 문화재정을 확충하는 데 있어서 중요한 '보증'이 되는 셈이다. 때로는, 정부지원 못지않게 더 많은 민간지원을 불러일으킨다. 문화비용 지출은 다른 재원을 늘려주는 일종의 증식효과를 가지므로 문화지출 가운데 적은 규모나마 공공재정을 절실히 갈망한다.

문화재정 정책의 구조

이러한 특징 때문에 문화재정의 정책효과는 늘 논란거리가 된다. 만성적 문화재정 한계를 뛰어넘고 정책효과를 높이기 위해서 문화재정은 어떤 목표로 운용하는가.

우선, 문화정책 기반을 조성하여 문화경쟁력을 향상시켜야 한다. 이를 위해 우선 문화기반 인프라를 갖추고, 문화정책을 국가정책의 중심에 두며, 다른정책과 조화롭게 추진하기 위해 재정을 지속적으로 동원해야 한다.

또한, 전략적인 부분을 집중 육성하여 문화 위상을 높여야 한다. 예를 들면, 창조경제에 필요한 창의력을 높이도록 문화예술을 활용하고, 문화콘텐츠 산업을 집중 육성하여 국가성장의 새로운 동인으로 삼아야 할 것이다. 또한 지역의 다양한 문화자원을 개발·육성하여 지역의 지위를 높이고 이를 위해 특별한 '목적 재원'을 마련해야 한다.

나아가, 적정 수준을 지원하여 참여기회를 제고해야 한다. 국민들이 품위 있는 삶을 즐길 수 있도록 문화활동 참여 기회를 높여야 한다. 또한 예술가와 단체의 예술창작 활동을 지원해 작품 수준을 높여야 한다. 그리고 이를 위해서는 적정한 재정이 우선 마련되어야 한다.[5]

이러한 바탕에서 문화재정 목표를 실현하기 위해 어떠한 기본전략을 갖고 접근해야 하는가? 〈표 5−1〉과 같이 문화재정은 조성·육성·지원과 같은 문화정책 수단의 '윤활유'이다. 이를 위해 문화경쟁력을 강화시킬 수 있는 기반을 조성하고, 문화정책의 특수성을 존중하여 국가정책과 조화롭게 추진하

---

5 문화예술에 쓰는 공공재정이 정당하다고 인정받으려면 조세부담자인 국민들이 문화혜택을 받는다고 확신할 수 있어야 한다. 그리고, 앞으로 더 많은 사람이 혜택받고, 문화소외 지역이나 계층에 예술프로그램을 지원하며, 문화유산을 보호하고, 청소년 교육에도 기여하며, 문화국가 전략을 지원할 수 있다는 확신이 서야 한다.

며, 중앙정부·지방자치단체·민간의 부드러운 파트너십으로 문화협동을 강화
해야 한다.

표 5-1 │ 공공 문화재정의 정책 기능, 방향과 효과

기본 기능	대상 정책	방향	정책 효과
조성	• 기반조성	무한경쟁력을 발휘하는 방향	경쟁력 제고
육성	• 문화산업 • 지역문화	종합문화력을 키우는 방향	국가위상 제고
지원	• 국민문화향유 • 예술인·단체	창조로 문화예술을 풍요롭게 하는 방향	기회 제고

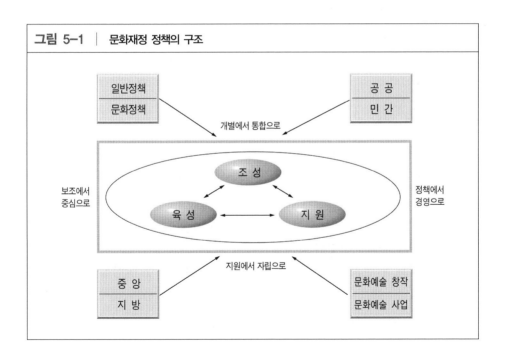

그림 5-1 │ 문화재정 정책의 구조

이 같은 효과성과 정책구조를 〈그림 5-1〉과 〈표 5-2〉에서 본다면, 기
본적으로 문화재정은 네 개의 기둥이 받치고 있음을 알 수 있다. 이를 논리적·
정책대상 별로 특정화해보자. 우선, 기반조성 사업은 국가예산으로 지원하여

인프라 보완과 신규 수요사업을 파악하여 추진해야 한다. 창조자 지원은 예술
인복지제도를 검토하여 적절한 수준에서 도입을 추진해야 한다. 창조단체와
매개단체에 대한 지원은 문화예술진흥기금에서 집중 지원하는 방향으로 전개
해야 한다. 국민의 문화향유 활동을 넓히기 위한 재정은 문화격차가 커지지
않도록 예산이나 기금으로 추진하되, 예산과 기금을 활용해야 한다.

표 5-2 │ 문화사업과 재정의 배분·분담

	배분대상	재원분담	정책초점
기반 조성	공공문화기반 시설, 문화정보화, 국제교류	예산, 기금	적정규모 파악
창조 지원	예술인, 문화기획자	예 산	예술인 복지제도 점증적 확대
단체 지원	창조단체, 매개단체	기 금	수급 적정규모 파악
향유 지원	일반 국민, 청소년	예산, 기금	잠재관객을 관객으로 유도

(2) 재정 현황

공공지원과 민간지원은 그 나라 역사와 사회환경에 따라 맥락성을 갖는
다. 문화예술에 관련된 공공과 민간재정은 각각 나름의 장단점이 있는데 그
조달은 결코 단순하지 않고 복합적이다(Peter M. Mclsaac, 2007). 전통적으로 민
간재정에 중점을 두고 시장주도로 문화정책을 추진하는 경우는 문화정책 참
여폭을 늘리고 문화민주주의를 발전시키는 데 기여한다고 본다. 한편, 공공재
정과 공공주도의 문화정책은 시장주도 문화정책에 비해 방향성을 뚜렷하게
갖고 운영되며, 민간부문이 더 민주적으로 운영되도록 하는 데에도 긍정적인
영향을 미칠 수 있다고 본다. 결국, 사회를 위한 문화정책의 새로운 역할은
공공과 민간의 재정협력으로 그 효력이 커진다(Peter M. Mclsaac, 2007).

시장경제의 발전에 따라 나라마다 문화재정 동원과 배분의 모습은 차이
가 있다.[6] 우리나라 문화재정은 공공재정을 중심으로 운영되는데 중앙정부 예

---

6 문화재정 운용은 그 나라의 역사와 정치상황에 따라 차이가 크다. 영국은 문화미디어스포츠성
   의 예산 외에 복권 판매액의 일부를 문화예산에 활용한다. 독일은 연방국가이므로 문화정책은

산규모가 적어 만성적 재정 부족을 겪는 것이 특징이다.[7]

① 공공지원 규모의 부족과 불안정

우리나라 문화재정의 핵심인 예산규모는 절대 부족한 수준이다. 정부의 문화부문 예산 중 일반회계 예산의 점유비율은 낮지 않으나, 국민 1인당 문화예산은 문화선진국과 차이가 크다. 문화선진국은 문화기반시설을 충분히 갖추고 있어 시설투자 수요가 적으며, 지방정부나 기업이 문화재정을 많이 확보한다는 점을 감안한다면 시설투자부터 시급한 우리는 상대적으로 적은 예산으로 문화정책을 운용하고 있는 셈이다.

또한, 공공 문화재정의 규모가 작은 편이다. 그동안 우리나라 문화예산은 짧은 기간에 늘어났지만 절대액수가 많지 않아 만성적인 재정 부족에서 여전히 헤매고 있다.[8] 분야별 예산구조도 정책여건에 따라 변동이 심하다.[9] 뿐만

주로 지자체들이 담당한다. 미국은 타부처 문화부문 재정이 NEA의 천배에 달하며, 정부의 직접보조가 적지만 민간기부에 의존하고 이를 장려하기 위해 세제우대 조치를 강화한다. 국제비교를 하려면 문화행정 조직, 제도, 문화예산의 범위, 내용 차이를 감안해서 국가총예산 대비 문화부분 예산의 점유율을 살펴보아야 한다.

[7] 국가총예산 대비 중앙정부 문화부처 예산 비교 (2012년)

	총예산(2012)(A)	문화부처예산 (2012) (B)	B/A (%)	단 위	업 무
영국, DCMS	68	2	2.9	십억 파운드	문화예술, 문화산업, 관광, 문화유산, 체육
독일, 문화미디어부	3,062	13	0.4	억 유로	문화예술, 문화산업, 문화유산
프랑스, 문화통신부	3,686	74	2.0	억 유로	문화예술, 문화산업, 문화유산
이탈리아, 문화부	4,987	17	0.3	억 유로	문화예술, 문화산업, 문화유산
스페인, 교육문화스포츠부	1,608	31	1.9	억 유로	문화예술, 문화산업, 문화유산, 체육
일본, 문화청	90,302	117	0.1	십억 엔	문화예술, 문화유산, 체육
중국, 문화부	64,148,270	46,832	0.07	십만 위안	문화예술, 문화산업, 문화유산
대만, 문화부	19,390	101	0.5	억 뉴타이완 달러	문화예술, 문화산업, 문화유산
뉴질랜드, 문화유산부	831	3	0.3	억 달러	문화예술, 문화산업, 문화유산
싱가포르, 문화, 커뮤니티, 청소년부	503	11	2.3	억 달러	문화예술, 문화산업, 문화유산
한국, 문화체육관광부	2,827,000	37,194	1.3	기금포함, 억원	문화예술, 문화산업, 문화유산, 관광, 체육, 종교
브라질, 문화부	1,651	17.9	1.1	억 레알	문화예술, 문화산업, 문화유산, 체육
미국, 국립예술기금	3,729	155	0.004	십억 달러	문화예술
캐나다, 문화유산부	276,000	3,000	1.1	백만 캐나다달러	문화예술, 문화산업, 문화유산, 체육

자료: 한국콘텐츠진흥원, 2013 재구성.

아니라 공공재정의 다른 한 축을 이루고 있는 지역단위의 문화재정도 큰 역할
을 하는 데 비해서 규모는 작은 편이다. 더구나, 지역의 문화예술사업은 지방
자치제도 정신에 따라 자치단체가 자체 예산으로 추진하도록 하고, 중앙정부
는 지원을 줄여가는 추세이다. 이렇듯 지방자치단체의 문화재정 빈약으로 획
기적인 지역문화투자를 기대하기 어렵고, 지역 간 재정격차 때문에 생기는 문
화격차는 점차 커지고 있다. 더구나 지방자치단체의 문화행사가 정치적 관점
에서 추진되는 경우에는 지방의회와 마찰을 일으키게 된다.

또한 문화 관련 재정지원의 큰 기둥이었던 문예진흥기금은 1990년대에는
기금 재원 중 모금에 의한 조성이 큰 비중(평균 약 25%)을 차지했었는데 규제
완화 차원에서 중단(2003)되었다. 이 부족분은 일반회계 예산으로 충당되기를
기대했으나, 현재는 로또복권기금에서 충당하고 있다.[10]

8 문체부 예산 연도별 추이

(단위: 억원, %)

	2016	2017	2018	2019	2020	2021	2022
예산	54,948	56,971	52,578	59,233	64,803	68,637	73,968
증감률	10.0	3.7	7.7	12.6	9.4	5.9	7.8

(참조: 문화체육관광부)

9 분야별 문화재정 비중

(단위: 억원, %)

	21 본예산		22 확정예산		전년대비 증감	
	예산액	비중	예산액	비중	금액	비중
합계	68,637	100	73,968	100	5,331	7.8
문화예술	22,204	32.3	24,975	33.8	2,771	12.5
콘텐츠	10,259	14.9	11,455	15.5	1,196	11.7
체육	17,594	25.6	19,303	26.1	1,709	9.7
관광	14,998	21.9	14,496	19.6	−502	−3.3
기타	3,582	5.2	3,739	5.1	157	4.4

(참조: 문화체육관광부)

10 문화예술부분에 대한 로또복권 이익금은 주로 생활문화 활동에 지원된다. 이런 지원은 복권사
용 효율성 평가에서 복권기금 사업목표에 적합하고 사업을 효율적으로 집행했다고 긍정적으
로 평가받았다. 그러나 복권기금 사업목표와 맞지 않거나 미흡한 경우 시정토록 지적받았다.
또한 수요 입장 고려와 새로운 수요자 개발 노력, 문화예술인 직접지원보다는 문화예술 환경
조성으로 변경, 사업 특수성과 시급성을 고려하여 예산을 배분하도록 유의할 것을 주문했다.
이런 평가를 감안해서 새로운 사용 용도를 적극 개발하고 배분비율을 조정해야 한다. 로또복
권 수익금 배분에 따라 문화예술진흥 재원규모는 상당히 바뀐만큼 전략적으로 복권위원회와
문화예술계의 입장을 맞춰 공진화할 새 기틀을 갖춰야 한다. 로또복권 수익금 활용에 대해서
는 이흥재, 〈문화예술〉 2005. 5 참조.

최근 기금 예치금 이율이 낮고 기금액의 절대규모가 작아 문화예술에 대한 지원재정을 기금형식으로 운영하는 것이 과연 적합한지도 재검토해야 한다. 이러한 추세로 이어진다면 기금 규모는 물론 이에 의한 지원수혜 폭은 상당히 줄어들 전망이다. 그럼에도 불구하고 민간재정 지원은 여전히 빈약하기 그지없다. 기업의 메세나 활동은 문화활동 참여라는 것 못지않게 문화재정 활용이라는 측면에서 기여하는 바가 많다. 그런데 최근에 들어 기업의 문화예술 지원은 창조자나 창조단체에 실질적인 도움이 못되는 실정이다. 그 이유는 전반적인 경제악화로 기업들이 문화사업에 대한 지원의욕을 잃고, 기부에 대한 인센티브 부족으로 기부금도 줄었기 때문이다. 더구나 지원을 하는 경우에도 홍보효과가 큰 장르나 대중문화에 집중해서 지원하는 경향이 많다.[11]

② 수급의 불균형

문화정책을 수치로 표현한 것이 문화재정이므로 이 두 가지는 서로 묶어서 보아야 한다. 문화시대를 이끌어가고 새로운 수요를 채우기에는 문화재정 규모가 너무 작으므로 이를 대폭 늘려야 한다고 문화옹호론자들은 말한다. 그러나 반대쪽 입장에 선 재정균형론자들은 문화재정은 공공이 문화에 투자해서 당초 목적했던 효용을 실질적으로 달성하기 어려워 투자효율성이 낮으므로 무작정 늘릴 수만은 없다고 한다. 문화재정에 대한 수요는 날로 늘어날 터인데 이 두 입장 차이를 어떻게 조정하면서 문화정책을 활성화할 것인가?

기본적으로는 흔히 말하는 '문화특성론'의 울타리를 뛰어넘어야 한다. 문화예술은 다른 사업에 비해 특수하므로 많은 정부재정을 확보해야 하는 '문화특성론'과 국가정책에서는 균형이 중요하다는 '정책균형론'이 대립된다. 그런데 비판적으로 보면 '문화투자와 효용의 엉성한 짜임새'가 문제이다.[12]

또한, 지원시스템의 수급 한계를 극복해야 한다. 문화예술정책을 실현하는 수단인 '지원'은 창작자들에게 가장 보편화된 문화예술정책 실현 수단이다.

---

11 기업메세나 재정의 규모, 지원건수, 주요 기업활동, 활동 분야별 내역은 기업메세나협의회 〈연차보고서〉 각 연도의 '개요'부분 참조.

12 문화투자도 엄연히 공공투자이므로 공공투자 본연의 자세와 효용을 외면하면 곤란하다. 또한 문화투자의 효용과 소기의 목적달성을 위해 투자사업의 위상, 범위, 내역을 유연한 사고로 접근하고, 효용이 널리 파급되도록 구성해야 한다. 특히, 문화사업 투자의 사후평가나 심사분석에서 이 점을 심각히 고려하여 문화재정을 경영정책으로 보고 강화해야 한다.

문화예술을 둘러싼 사회환경이 많이 바뀌었는데도 그동안 이용하던 지원정책
수단은 크게 변하지 않고 있다.[13] 그동안 문화의 이미지가치를 응용한 산업화
에 입맛을 들인 정부는 시장만능주의 정책실험을 과감히 도입하였다. 그 결과
단기간에 시장 효율성을 환기시키는 데는 성공했지만, 장기적으로는 승자독식
이나 독과점만 키울지 모른다.[14]

아울러, 공급시스템을 새롭게 개발해야 한다. 문화예술단체나 직업예술가
가 보조금에 매달려 자기노력을 게을리 하는 것을 두고 보기만 해서는 곤란하
다. 보조금 교부 이외에도 규제, 교육, 예술가 우대세제, 기부세제, 정보의 비
대칭성 해소와 같은 다양한 문화재정 수단을 활용해야 문화예술단체나 직업예
술가가 함께 발전한다.[15]

나아가, 문화재원의 다양한 조달과 효율화에 힘써야 한다. 급변하는 문화
지형에 공급되는 재정수단의 한계로 '문화정책의 동맥경화'가 예상된다. 문화
재원을 늘려 재원이 원활하게 순환되어야 건강한 문화환경이 조성될 수 있다.

한편 문화의 산업화 경향이 두드러지면서 순수예술 분야에 대한 지원이
상대적으로 위축되어 발전이 저해될 것을 우려하는 견해가 팽배해있다. 또한
문화재정의 빈곤으로 예술경영 노력이 왜곡되어 문화예술의 전반적인 발전에
부정적인 영향을 미칠 것도 걱정된다.[16]

---

13 문화예술단체들이 늘어나 새로운 문화권력으로 등장하면서 지대추구(rent-seeking) 행위가 늘
   고 있다. 이는 공정에 어긋나며, 총체적 효율을 해친다. 더구나 조세부담과 편익의 귀착이라는
   점에서 재정당국이 보기에는 문제로 비칠 수 있다. 그런데도 문화정책 주체들은 질질 끌려가
   는 느낌이고, 지방자치제도의 정치 편중으로 문화재정 지출 책임감은 둔해지고 있다.
14 문화소비 생산의 다양성을 해쳐 신규 생산자 참여를 방해하고, 소비자가 요구하는 선택 다양
   성을 좁히기도 한다. 이는 대체수단을 마련하지 않은 채로 납세자의 공공선택을 명목으로 한
   세출에만 의존한 데 따른 것이다. 그 결과 재원은 다원화는커녕 점차 고갈되어, 문화현장에서
   는 새로운 혼란을 일으키고 있다.
15 그 밖에도 비예술시장에 예술가 참가촉진 정책을 늘리고, 예술가와 공공적 요구를 연결하여
   사회가 직면한 과제를 상당부분 해결할 수 있다고 본다. 이렇게 예술활동 고용기회를 창출해
   서 예술산업을 육성할 수 있다.
16 문화단체들은 문화재정 확보를 위해 정치적 지지를 끌어들이고 경제효과를 입증하는 논리를
   개발해야 한다. 정치적 지지를 위해서는 정치인, 예술담당자, 재정담당자에게 그 문화예술 활
   동이 갖는 가치를 인식시켜야 한다. 아울러 문화소외계층이나 지역에서 공연함으로써 활동에
   대한 대외적 지지와 공공성을 확보해야 한다. 또한 경제효과를 입증하기 위해 지원의 경제적
   효과와 같은 긍정적인 외부효과를 설명하며, 의회지도자들에게 접근하고, 공공조직이나 문화
   예술단체들이 자신의 이익을 위한 공개적인 지지조직을 만들어 나가야 한다.

(3) 동원과 배분 기조

본디 문화재정과 문화정책은 한 몸에 달린 손발과 같으므로 동원과 배분에 있어서도 일관된 기조를 가져야 한다. 정책 수혜자인 개인이나 집단적 이익 흐름의 관점에 따르기보다는 문화재정의 지출 효과에 바탕을 두어야 한다. 이러한 점에서 문화예술재정은 재정적 측면, 정치적 측면, 행정적 측면을 함께 고려해야 한다.

먼저, 재정적 측면에서는 사업에 필요한 재원을 안정적이고 적정하게 확보해야 할 것이다. 국정지표, 정책목표, 사업프로그램과 연계하여 이에 필요한 재정을 확보하여 명목상이 아닌 실질적으로 목표를 실현할 수 있어야 한다. 아울러, 자금의 운용 규모를 예측할 수 있어야 한다.[17]

또한, 정치적 측면에서 재정의 책임성을 확보해야 한다. 국민들의 문화수요와 정책적 니즈에 부응할 수 있는 재원확충과 배분이 이루어져야 한다. 이는 총괄적인 책임(accountability)과 함께 수혜자들의 긍정적 반응(responsiveness)을 아울러 충족시켜주고 또한 지속성을 가져야 한다. 예를 들면, 특정 사업예산을 계속 유지하여 목표에 접근하고, 외부개입으로부터 독립적이어야 한다. 재원의 배분이 바로 문화사업의 수치적 표현이므로 '간섭없는 책임지원'(arm's length principle)의 정신을 확립해야 한다.[18]

더구나 절대규모의 부족으로 가용재원(可用財源)이 줄어드는 추세이므로 운용방식과 관리주체를 확실히 해야 한다. 우리나라는 물론 일본의 예술문화진흥기금, 미국 NEA와 같은 문화재정 지원기관들이 모두 이 문제에 대해 고민하고 있다. 다시 말하면, 기존단체에 대한 지원과 지원단체의 확대 가운데 어디에 재정 강조점을 둘 것인가, 엘리트주의 또는 대중주의 중 어느 것에 치중할 것인가, 단체에 대한 지원과 개인 예술가에 대한 재정지원 중 어느 점을

---

17 문화콘텐츠산업처럼 많은 재원이 필요한 경우 재정증대는 언제나 바람직하지만, 환경변화 때문에 지속적 재정유지가 어렵고 자금이 불안해지면 그간 투자한 재정이 낭비로 평가받을 수 있다. 문화사업들도 마찬가지로 장기투자 필요성, 투자 회임기간이 긴 점 등을 감안해서 안정적 자금확보와 예측가능성이 보장되어야 한다.

18 아울러 행정적 측면에서 중앙-지방 사이의 재정통제와 독립을 확보해야 한다. 지방정부의 각종 문화정책과 재정동원이 중앙정부의 문화정책과 연계성을 갖고 효율적으로 집행되어야 국가 전체적으로 낭비가 적다.

강조할 것인가의 문제이다. 재정동원과 배분의 효율이라는 측면에서 재원제약
적인 상황에서는 대중주의, 단체우선, 기존단체 중심으로 지원하는 것이 바람
직하다.[19]

(4) 재정의 공동마련

문화재정 고갈을 막고, 재정출연을 통해 정책 주체들이 문화정책에 책임
있게 참여하며, '지속가능한 발전'을 위해서는 공동으로 재원을 마련하는 전략
이 바람직하다. 이를 위해 보조금을 주고받으면서 문화재원을 공동으로 마련
하는 방안을 찾아야 한다.[20] 이처럼 재정을 마련하는 방안 가운데 우리가 고
려해야 할 점이 몇 가지 있다.

첫째, 매칭을 할 때 다른 민간재정을 자극하거나 지렛대 역할을 하는 대응보
조(matching grants)비율을 다양화하는 것이 바람직하다. 대응보조란 보조를 받는
수혜자가 혜택받는 비율만큼 다른 자금을 마련해야만 지급해주는 보조금이다.

대응보조금 방식은 두 가지가 있다. 우선 챌린지보조프로그램(challenge
grant program)에 대한 지원이다. 이는 완성되려면 몇 년이 걸리는 중장기 프로
젝트에 대해서, 받을 수 있는 재정의 약 3배를 다른 재원으로부터 끌어들여 와
1:3의 비율로 재원을 마련할 수 있어야 비로소 정부가 지원하는 방식이다. 이
방식은 대규모 사업과 중장기적으로 계속되는 사업에 대한 새로운 지원방안으
로써 민간지원을 자극하기 위한 지렛대역할을 하는 데 효과적이다.

아울러 역대응보조금(reverse matching grant)에 대한 우선지원 방안도 활용
해야 한다. 이는 기금이 민간부문의 예술기부에 대한 증가분에 상응하는 보조
금을 제공하는 것을 말한다. 정부가 먼저 돈을 내고 민간 기부자들이 이에 상
응하는 자금을 제공하는 것이 아니라, 민간부문으로부터 어떠한 새로운 기부
를 제안 받으면 비로소 정부가 이에 상응하는 자금을 자동으로 제공하기 때문
에 역대응보조금이라고 부른다.[21]

---

19 이홍재(2000) 6~8장 참조.
20 보조금은 대부분 부가적 판매와 소득세를 통해 환수된다. 이러한 점 때문에 문화정책 실현을
  위한 수단으로써 흔히 활용된다. 유럽 문화정책에서도 문화예술기관의 공영화, 공영화되어 있
  지 않은 활동에 대한 보조금 지원을 정책참여의 주요 수단으로 채택하고 있다.
21 이 제도는 미국 매사추세츠 주에서 시범실시했고, 슈스터(J. Mark Davidson Schuster)가 그 효

문화예술에 민간참여로 재정을 확충하는 것은 예술인력과 재원의 안정적 확충, 다양한 지원으로 예술활동을 늘려간다. 그 밖에도 국민들의 참가의욕을 북돋우고, 자력으로 예술을 뒷받침하려는 의욕을 생기게 한다.

둘째, 대응주체를 중앙−지방의 관계에 국한하지 않고 신축적으로 활용한다. 대응보조금제도를 다양하게 운영한다면 지방정부의 문화재정을 늘리는 유인정책으로도 사용할 수 있다. 자율적인 책임과 재정운용의 효율화를 위해 대응비율을 엄격히 적용하되, 지방문화력과 재정격차 조정을 위해 중앙정부와 지방정부 사이의 '문화사업개발 협약제도'정신에 의한 지원을 제도화해야 한다. 또한 자치단체끼리 광역행정협정에 의하여 문화시설을 공동설립·공동운영할 경우에는 적절한 인센티브를 부여하여 재정효율화를 유도해야 한다. 중앙−지방 간 대응교부금, 또는 역대응교부금을 사용할 경우 재원마련의 다양성, 일방적인 부담으로부터의 경감, 지방의 책임 있는 재원활용 유도, 민간재원과의 충돌이 없다는 것이 큰 장점이다.

2. 재원의 확충과 개발

(1) 예 산

문화예술 시설이나 활동에 대하여 국가예산을 활용하는 정도는 나라마다 다르다. 전통적으로 행정국가 성격이 강한 나라들은 대개 문화예산에 크게 의존하고 있다.[22] 그런데 국가예산은 전년도를 기준으로 삼아 점차 늘려나가는 점증주의(incrementalism)에 따르므로 총규모가 문화수요 폭발을 따르지 못한다.[23] 우리 문화예산이 최근에 신장세를 보이고 있어 이 정도면 충분하다는

과를 연구한 적이 있다(이흥재, 2000). 미국에서는 정부통제, 재원낭비 억제를 목적으로 하고 있지만, 우리는 부족재원 다양화, 재정규모 확충차원에서 공동재원 마련 전략으로 중요하다.

22 국가재정 전체에서 문화재정의 점유 비중을 파악할 때, 문화예산의 범주를 함부로 정하고 있다. 정권에 따라서 문화재정 확보에 노력한다거나 또는 게을리하지 않는다는 것을 홍보하려는 눈가림 수작이다.

23 예산은 속성상 승인이 느리거나 동결되며, 약속한 것과 실제 지원된 액수에 차이가 있고, 사업계획을 미리 세워야 하고 추진 중에는 재조정이나 문제제기도 어렵다. 문화예산은 정치적인

이야기가 나오고 있으나, '작은 정부구현' 못지않게 문화예산 규모의 적정성 문제를 근본적으로 재검토해야 할 것이다. 문화예산 증액은 극히 최근의 일이므로 총량 규모면에서 선진국 수준에 도달하기 위해서는 지속적으로 증대시켜야 한다.

현실적으로 문화재정을 확충해야 할 필요성은 크다. 먼저, 문화 인프라(공연장, 문화시설) 증대, 소프트웨어 보급, 접근성 제고, 지역 간 형평성 제고 같은 수요가 시급하다. 그 밖에도 다른 부처와 관련된 사업에 수요가 많다.[24]

그러나 전년도와 대비하여 매년 조금씩 늘어나는 점증주의적 예산체계에서는 문화예산을 획기적으로 증가시키기가 어려우므로 이른바 '문화국가 프로젝트'를 만들어 세계적인 경쟁력을 갖는 문화예술과 문화콘텐츠산업을 계획하고 전략적으로 집중 지원하는 프로젝트 예산을 배정해 추진하는 것이 바람직하다.

자치단체 예산 증대

문화정책에 대한 지방자치단체의 역할 미흡, 의회의 비판적 견제 때문에 문화재정은 항상 우선순위에서 밀린다. 더구나 중앙의 문화부를 경유해서 지방에 배분하기를 꺼리는 재정 주무부처 때문에 자치단체의 정책 역할은 더욱 중요해지고 있다고 본다.

그런데 지역자율에만 바탕을 두고 지역문화정책 기조를 배타적으로 실천하는 것은 위험하다. 지방의 문화시설 부족, 문화격차를 감안하고 자주재정의 여건이 조성될 때까지는 중앙정부가 재정을 적정수준에서 조정해 줘야 한다. 또한, 점차 효율성과 합리성에 바탕을 두고 중앙과 지방간 공동재정 마련 시스템을 강화하여 추진하며, 재정격차가 문화격차로 이어지지 않도록 대책을 마련해야 한다. 또한 지방자치단체들이 관광여가와 같은 투자수익 보장시설

이유에 크게 좌우되어 사업이 통째로 없어지기도 한다. 동원이나 배분에 있어서 보증이나 자극을 주는 데 기여하지만 문화비용 지출의 증식효과보다 문화예산 자체의 고유한 성과를 중시하는 경향이 강하다.

24 다른 정부부처들의 예산과 혼합하여 문화재정을 늘리고 공공의 자금조달 자원을 다양화해야 한다. 이를 위해 ① 정부 내 다양한 부처, 기관, 문화기관 재원 확대. 예를 들면 외무부의 국제교류, 교육부의 예술교육, 복지부의 예술인 사회보장, 국토건설부의 시설 설립 ② 정부가 문화 관련 프로그램을 연계 포괄 문화전략으로 여러 분야에서 발전정책과 연계 ③ 문화중심 공공정책, 문화공유 정부 확립을 위해 부처간 네트워크를 강화해야 한다.

에 우선 투자할 것으로 보여 지역문화예술에 대한 투자 유인책이 필요하다고
본다.

이에 따라 정책적으로는 우선 지방자치단체의 지원증대와 지역문화에 대
한 역할 제고를 위해 지역 문화재단의 자율재정 확대가 시급하다. 한편, 지자
체의 문화재정 역할 강화와 협력이 중요하다. 자치단체의 문화재원에 대한 안
정적·지속적 확보를 위해 문화재원 확보를 조례화해야 한다.25 또한 중앙-지
방 간 조정 채널을 실질화 해야 한다. 지방시대와 문화시대가 만나는 요즘 다
양한 지역문화 선호 스펙트럼을 어떻게 조정하는가가 문화정책의 주요 이슈이
다.26

(2) 기 금

문예진흥기금은 문화재정 수급을 감안하여 책정되기보다 정치적 상황에
따라 심하게 변동되는 것이 현실이다. 그러나 최근 예술창조자나 예술창조단
체 수가 급증했고, 국민의 향유수준이 엄청나게 변했다. 국민들의 향유능력을
높이기 위한 매개단체나 비영리조직도 활성화되고 있으며, 여가시간과 자기실
현욕구 증대로 문화예술 수요가 급증하고 있다. 창조지원과 향유기회 충족을
위해 사회의 자원배분을 개선하고, 특히 공공부문에 적극적으로 역할을 부과
할 필요성이 그 어느 때보다 크다. 결국, 이 같은 정책수요를 기금조성과 배분
목표액과 정책수요를 비교해 보면 상대적으로 크게 뒷걸음질 치고 있는 느낌
이다.

그동안 문화예술 단체나 개인 활동에 대한 지원 창구로 문화예술진흥기
금을 주로 활용해왔기 때문에 이 기금 조성액의 빈약이 더 큰 문제로 대두되

---

25 문화재정 조례를 운영하는 지자체가 늘고 있다. 그 밖에 문화시설 사용료징수, 문화재관람료
   징수 등 부문적 수입 관련 조례도 마련되어 있다. 문화재정 조성규모 확충과 관련하여 영국에
   서는 아예 임의규정으로서 지방자치단체가 지방세수입의 일정비율까지를 예술진흥을 위해 집
   행할 수 있도록 하는 관련 규정(A Sixpenny Rate)을 1948년의 지방자치법에서부터 마련한 바
   있다.
26 일찍이 프랑스는 지방 정부나 문화기관들의 역할 재점검, 지방 간의 연결망 재점검, 업무단순
   화에 따른 문화부와 지역문화협의체를 통한 지역의 협력행위를 〈문화정책의 재정립을 위하
   여〉(1996)라는 보고서에서 건의하여 실천하고 있다. 미국 NEA와 주예술기관, 지역예술기관끼
   리는 파트너십협정에 의하여 조정채널을 운영하고 있다. 영국의 경우는 영국예술진흥원(AC)
   과 지역예술진흥원(RABs)간에 협력하면서 효율적으로 재원배분을 조정하고 있다.

는 것이다.[27] 우리나라 문화예술진흥기금은 1973년 이후 지난 40년간의 오랜 연륜을 자랑하는 훌륭한 제도로써 문화예술지원에 큰 역할을 해왔지만, 기금에 대한 정부출연 규모가 작고, 재정동원 방식이 수시로 변하여 불안한 상황이다. 최근에는 로또복권 수익금을 배분받고 있으나 가용대상 사업이 소외지역이나 계층에 대한 문화체험위주로 매우 제한적이다. 또한 축적 예치 기금에 대한 은행이자율의 하락으로 기금 증식조차도 어렵게 되어 재정확충에 대한 새로운 접근전략이 절실하게 필요한 형편이다.

문예진흥기금은 주로 창작예술인, 예술단체 등을 지원하는 문화정책의 주춧돌로서 창작활성화에 큰 역할을 해왔다. 그런데 지원분야가 다양해져서 지원에 따른 정책효과가 분산적이므로 지원대상에 대해서 목표관리와 효율화 방식을 찾아야 한다.[28] 이러한 관점에서 기금규모의 적정수준을 확보하기 위해서 예산, 기금 증액, 복권수익금 등 다양한 방법으로 재정을 동원하는 정책과제에 우선 치중해야 할 것이다. 또한 관련 기금의 연계 동원이 필요하다.[29]

(3) 민간재원

우리나라에서 민간 문화재정을 끌어들이기는 쉽지 않다. 기업의 경제상황과 문화 인식이 아직 미흡하기 때문이다. 민간의 문화지원 인식을 개선하고, 민간재원을 유입하기 위해 어떻게 해야 할 것인가?

우선, 민간의 활력을 끌어들여 한국적 기업메세나 풍토를 만들어가야 한

---

27 문예진흥기금(적립금) 조성현황은 다음과 같다.

(단위: 백만원)

	1973~2010	2015	2020
조성액	1,879,297	168,507	359,403
운용액	1,580,496	212,160	348,070
적립누계	298,798	111,039	167,253

(참고: 문화예술위원회, 연차보고서, 2020)

28 일본은 우리의 문화예술진흥기금을 직접 벤치마킹하여 1990년에 예술문화진흥기금을 설립하여 문화활동에 지원한다. 지원대상과 활동은 우리나라와 거의 비슷하다.

29 예를 들면 관광진흥기금은 문화관광이 늘어나는 추세에 맞춰 문화시설이나 문화프로그램 지원폭을 늘려야 한다. 경륜, 경마 등 공영경기(公營競技)수입의 일부를 문화진흥재정으로 활용하는 것은 건전한 여가활용을 유도하고 문화유산을 보호하는 데 도움이 된다. 문화유산에 관련된 외국의 주요 기금으로는 영국 유산복권기금, 미국 역사유적 보전기금이 있다.

다. 기업의 메세나 활동은 사회적 책임(CSR)에 따라 수익을 단순히 사회적으로 환원하는 것이 아니라, 조건 없이 문화예술을 지원하는 고급투자 활동이다. 이미 프랑스, 미국, 일본 등에서 활성화되어 있고, 우리나라는 한국메세나협의회 중심으로 또는 개별 기업단위로 이뤄지고 있다.

또한, 민간재단을 활용한다. 재단은 가치 있는 활동에 자금을 지원할 목적으로 설립된 기관이다.[30] 미국에서 재단은 개인기부 다음으로 문화예술 분야에 지원을 많이 하고 있다. 정부는 재단에 대하여 세금감면이나 다른 특권들을 지원해 주고 기부금을 공공목적으로 사용한다. 다만, 재정의 배분은 공개적이고 공정하며 재단설립자의 의사에 관계없이 공적인 운영진이 운영한다. 예컨대 문화유산보존을 목적으로 하는 기업재단을 신설하면 세제혜택을 주는 것 등이다.[31]

아울러, 민간비영리단체를 통해 문화재정을 보충한다. 예를 들면 문화예술 관련 사교 클럽, 전문가 집단, 그리고 아마추어 집단, 전통적으로 문화예술을 후원해오던 종교시설, 명문가, 마을 공동체, 친목회, 전문조합, 협회 등이 여기에 해당된다. 비영리단체는 '간섭 없는 지원 원칙'을 중시하는 나라들에서 예술지원의 중심으로 자리하고 있다. 특히 정부지원이 후퇴할 때 캐나다의 AS (Arts stabilization) 조직은 좋은 본보기를 남긴 바 있다.[32]

기부금 조달

개인이나 단체들의 문화예술 기부금을 늘리기 위하여 여러 나라들은 세

---

30 재원에 따라서 몇 가지로 나눠볼 수 있다. 가족재단은 특정영역에 대한 창립자의 관심 활동을 지원하기 위해 재력가들이 세운 것이다. 일반 재단은 폭넓은 활동을 지원하기 위해 전문경영인이 운영한다. 기업재단은 기업이 세워 기업의 이해관계에 따라 지원한다. 지역재단은 개인, 기업, 재단, 기타 단체 같은 민간 자금원들의 유산으로 설립하여, 지역대표로 구성되는 운영진이 관리한다.

31 영국은 부과세법, 상속세법 등에 문화유산에 대한 기부금 면세규정이 있어 문화유산 기부가 활성화되고 있다.

32 AS는 예술조직의 활동재정 기반을 지원하여 지역에 뿌리내렸고 특히 밴쿠버의 VAST는 성공적이다. 공적지원의 후퇴에 위기감을 갖던 밴쿠버재단이 연방정부, 주 정부, 시, 기업, 다른 재단, 개인후원자의 협력을 얻어 비영리조직으로 발족(1994)했다. 주로 문화단체들이 재정기반을 스스로 개선하도록 유도하는 지원정책이다. VAST에 참가한 예술조직은 전문가 조언을 받아 변화에 대응하고 장기계획을 만들어 재정기반을 강화하며 변화대응 능력을 키워간다. 전환기 우리 문화재정 확충 전략에 참조할 만하다.

금감면 인센티브를 주고 있다. 그 결과 기업 스폰서, 재단, 자원 단체 같은 독립적인 비정부 재원단체들의 문화지출이 꾸준히 증가하고 있다.[33] 이에 발 맞춰 문화관련 국제조직들은 기부단체들끼리 국제연대체계를 구축하고, 독립적인 자금조달을 강화하는 국제 활동을 권고하고 있다.

개인기부금은 재정을 확보하는 것(미국의 경우 개인 기부가 전체 기부의 80% 이상 차지) 못지않게 개인들의 관심과 참여를 유도하기 때문에 문화예술정책에서 문화민주주의 확대라고 하는 효과가 크다(Peter M. Mclsaac, 2007). 또한 자원봉사활동을 통해 예술기관을 돕거나, 프로그램을 운영하고, 창조활동을 하는 등 보수 없이 문화활동을 돕는 것도 의미가 크다.[34]

그런데, 이러한 방식이 문화재정 조달의 새로운 돌파구임에도 불구하고 기부증가로 선진국에서는 기부증가를 빌미로 공공재정이 위축될 것에 대한 우려도 일부 선진국에서 나타나고 있다.[35]

이 같은 기부금을 낼 수 있는 민간영역은 기업, 재단, 개인, 전통적 후원집단 등이다. 지원 내용은 보통 재정, 인력지원, 공간이나 시설물의 무료사용과 같은 모습으로 나타난다.

그런데 우리나라의 경우 그동안 기부금에 세제혜택을 주는 방식으로 정책을 전개했는데 큰 효과를 거두지 못하고 있어 새로운 돌파구가 필요한 시점이다. 특히, 문화예술진흥기금에 대한 기부금(특례기부금), 지정기부금 단체(전

---

33 미국은 기부에 대하여 세금감면, 우편요금이나 소득세 감면과 같은 특별혜택을 준다. 기부편의를 위해서 전문적인 행정프로그램을 개발하며, 외부컨설팅 도움을 받고, 실적을 자체평가한다. 기부는 대부분 직접하나, 일부는 재단을 통해 기부한다. 기부의 선호도는 높은 이익실현 대기업들이 예술에 더 많이 지원하고, 미술관 기부를 선호하며, 개인예술인에 대한 기부는 꺼린다. 지원신청에 대한 평가에서 지역사회에 미칠 영향력, 지역적 기준, 경영능력, 예술적 가치의 순서로 중요시 한다. 기부기업 직원들에게 연간회원제 혜택을 주고, 직원들과 단체가 가까워지도록 장려한다. 그런데, 기업지원을 늘리기 위해서는 혁신적인 프로그래밍, 연말 적자 배제, 관객 개발, 새 기부자 유치가 필요하다고 한다.
34 개인기부는 그리 익숙하지 않은 재원이다. 이는 재원조달이야말로 일종의 마케팅이라는 사실을 잘 이해해야 한다. 문화부문에 종사하는 많은 사람들이 경험하듯이 좋은 생산물이나 의도만 가지고 지원을 끌어낼 수는 없다. 특별한 기술을 갖는 재정조달 전문가만이 효과적으로 개인 기부자들을 설득할 수 있다는 점이 개인기부에서 중요하다.
35 영국과 미국에서는 민간기부금 때문에 문화예술부분에 대한 실질적 국가지출이 줄어들었다. 이 같은 공공과 민간재원의 상호 대체를 피하기 위해서는 민간기부와 공공기금을 서로 대응시키는 매칭펀드체계를 도입해야 한다. 물론 이는 공공분야에서 자발적으로 예술을 위한 재정지원의 수준을 유지하려고 하는 의지가 있을 때에만 재정의 순증가에 기여하게 된다.

문예술법인단체, 도서관, 박물관)에 대한 기부금(지정기부금)을 벗어나야 한다. 문화예술의 사회적 기여도를 호소하거나, 기부 브랜딩을 개발하고, 모범사례로 유인하며, 투명한 관리로 신뢰를 주고, 모금 역량을 강화하는 별도의 노력이 필요하다(허은영, 2009). 또한 문화예술 부문에 대한 기부를 장려하는 추가적인 제도적 장치를 갖춰야 한다.[36]

(4) 조세정책 활용

나라마다 국정운영과 재원에 대한 법적·사회적 인식이 달라 수많은 문화재원 가운데 실제 정책수단으로 활용되는 것은 그리 많지 않다.[37] 그동안은 지원책으로 정부의 직접집행, 보조금을 활용한 정부예산조치가 대부분이었다.

그런데 문화재원을 일반회계 재원에 지나치게 의존하는 구조는 오히려 부적합할지도 모른다. 문화지원이라고 하는 것은 다양한 가치관 반영을 전제로 한다. 그래서 이러한 문화지원시스템에 소득세와 소비세를 중심으로 하는 일반회계 재원이 조달되고 있다는 것은 재정논리상으로 적합하지 않다. 납세자의 과세동의가 성립하지 않을 가능성이 있기 때문이다(이흥재, 2000).

그렇다면 어떠한 정책수단을 발굴할 수 있을까? 문화재정정책의 새로운 돌파구로서 세제를 검토할 수 있다. 이러한 배경에는 행정이 주도하는 예산중심의 지원정책보다는 조세특별조치(소득공제, 세액공제)를 강구하여 문화예술을 지원하자고 하는 납세자 주권의식이 높아진 점이 있다. 또한, 재정부족으로

---

36 재원확충을 위해 민간기부를 활성화하는 제도마련이 중요하다. 국가의 문화예술진흥을 위한 기부금을 낼 때 기부자에게 세액을 공제하는 조세지원제도가 중요하다. 또한 간접지원 방법으로서 소위 조세지출(tax expenditure)이 있는데, 조세특례 조항을 만들어 국가가 조세수입을 포기하면서 문화예술이 혜택을 받도록 하는 것이다. 이러한 간접지원은 기부금을 개인소득에서 공제한 후 과세하여 사실상 정부가 지원하는 효과를 가져오는데 미국에서 주료 활용한다. 이는 기부자의 실질기부금을 감면하여 소득세만큼 줄여줌으로써 정부가 감면소득세 만큼 간접적으로 기부자에게 보조해 주는 효과가 있다. 또 기부자가 기부금 상당액에 대하여 납부한 소득세액 만큼을 나중에 국세당국이 기부받은 수혜기관에게 추가 지급해 주는 것으로써 영국에서 활용한다. 일본은 손금산입한도를 차등 적용하는데 이는 우리나라와 비슷하다. 다만, 예술의 보급향상에 관한 법률을 우리는 '한도액 손금인정'범위에 포함시키는 데 비해 일본의 경우는 '지정기부금'으로 정하여 전액 손금인정한다는 점에 차이가 있다.

37 유네스코가 발행한 〈문화활동을 위한 재원동원〉이라는 보고서(작성자: 일본쇼와음악대 와타나베 교수)에서는 다음과 같은 대안을 제시한다. 재원을 확보하기 위해 ① 공공기금의 도입 ② 각종 시설의 입장요금 인상 ③ 시설을 위한 신규 수입원 창출 ④ 특별부과세 도입 ⑤ 복권과 도박에 대한 부과세 ⑥ 저작권 사용료 부과 ⑦ 대부와 대출 사용을 권장한다.

새로운 재정부담을 감당하기 어려워 예산보다는 세제를 도입해서 문화재정 활로를 찾으려는 현실적 이유도 있다(丹下甲一, 2000).

이 같은 필요성과 논리적 장점에도 불구하고 조세정책을 활용하기는 쉽지 않다. 물론 조세를 활용하여 지원을 늘리려면 조세정책의 가능성과 한계에 관한 다각적 검토가 필요하다.[38]

이와 관련해서 중점을 두어 검토할 사항으로 소비세에 있어서 경감세율을 채택[39]하는 방안, 자산(스톡)에 의한 기부에 관계된 소득과세의 특례 확대,[40] 지방세의 법정외목적세의 활용 검토 등이다.

① 문화목적세 개발

문화재원으로 쓰일만한 세원을 특별히 발굴해야 한다. 우선 목적세 도입을 검토할 수 있다. 이는 특별세(special levies)인 문화세(cultural tax) 또는 목적세(earmarked revenues) 형태로 문화활성화를 위한 특별용도에 사용될 것을 전제로 걷는 것이다.[41]

---

38 조세정책은 다른 정책수단에 비해 재정적 수단, 금융적 수단, 강제적 행정조치에 따른 자리매김이 필요하다. 조세정책을 채택할 때 중점 검토할 사항은 조세법률주의에 유래하는 것, 조세체계에 유래하는 것, 정책의 효과검증 가능 여부, 목적세의 특수성, 강제징수권과 징세코스트 등을 상세하게 비교 검토해야 한다. 더 구체적으로는 현행 조세체계 속에서 실시 가능한 사항, 다른 행정수단과 연계하여 실시할 수밖에 없는 사항이 있는데 조세효율성을 높이기 위해 또 다른 차원에서 검토해야 한다.

39 조세체계의 중심인 소비세에 대해 유럽에서는 문화예술 관계에도 일부 경감세율을 채택하고 있다. 문화예술소비를 생활인프라로 간주하는 국민공감대를 얻는다면 최종소비자인 국민이 문화예술행사에 참여하고 문화상품을 구입하는 데 대한 세율경감으로 위화감이 생기지 않는 범위 안에서 객관성과 중립성이 갖춰진 범위에서 허락하는 것이다. 한편, 문화예술관련 조직이나 단체(학교법인, 공익법인, 비영리단체) 등 물품이나 서비스를 구입하거나, 생산물을 타 단체에 양도 제공할 때 경감세율을 적용하여 우대하고, 해당 단체의 가격경쟁력을 강화시키거나 해당 단체의 재정기반을 안정화하는 데 도움되도록 하는 방안도 있다.

40 자산(스톡)에 의한 기부에 관계된 소득과세의 특례 확대에 대한 논리는 산업화과정에서 성공한 기업들이 수익일부를 사회에 환원(예: 미술관 박물관의 건립운영, 문화활동 지원)하듯이 IT나 서비스산업 등 신흥기업의 주식상장이나 기업합병에서 생겨나는 증자나 주식매각도 늘어나야 하고, 이에 대비해서 세제상으로 고려할 점이 생겨난 데 기인한다. 이러한 맥락에서 문화예술활동을 하는 공익단체가 자산에 의해 기부할 때 기부를 보다 촉진하기 위한 조치검토가 필요하다. 이를 위해 문화예술 활동 공익법인에 대해서도 사립학교와 마찬가지로 완화해야 한다는 것이다.

41 그 밖에도 영화제작자가 입장권 판매를 통해 재정을 확보(덴마크, 독일, 이태리)한다. 또는 TV에 대한 부과세로서 유료TV회사는 수익의 일부를 장편영화, 특별 TV프로그램, 음악 등을 위한 용도로 내놓는다(오스트레일리아, 캐나다, 프랑스, 스위스). 그 밖에도 예술작품 판매에 대

건축비에 대한 부과세로 공공건물의 건설을 예술 작품의 주문이나 판매 등과 연결시키기 위해 채택하고 있는 공공예술(arts for public places)에 적용하는 것도 이에 해당되는데 미국연방예술프로젝트(federal art project)가 그 사례이다. 그리고 공연과 상연에 부과되는 엔터테인먼트세(entertainment tax)의 일정비율을 기금화하여 예술가들의 창작활동을 재정적으로 지원하는 경우도 있다. 또한 이 기금은 예술가 연금 보조에 사용되기도 한다.[42]

② 복권수익금 활용

복권수익금은 '조세저항 없는 손쉬운 재정'이어서 쉽게 거론될 수 있는 재정이다. 또한 복권을 구입하는 행위에서라도 희망을 가지려고 하는 사람들의 불안한 마음을 예술로 감싸고, 복권의 사행성이미지를 사회적 환원활동으로 개선하는 데 도움이 된다. 문화예술분야에서는 오래전부터 시설 건립에 쓰일 뿐만 아니라 영국 국립복권은 문화예술 전용창구로 활용된다. 지원대상도 다양해서 프로그램, 단체, 사업의 여러 장르를 모두 포괄하여 지원된다(이흥재, 2010).

우리나라에서도 복권기금으로 예술사업을 지원하는데 지원규모는 급격히 증대되고 있다. 특히 소외계층을 대상으로 문화향유 기회를 높이는 좋은 이미지효과 덕분에 앞으로 지속적으로 늘어날 것으로 보인다. 복권재원은 주요 관련 기관, 단체, 기업등과 연계하는 방식으로 추진하면서 외부재원(지방비, 기업후원금 등)을 끌어들여 문화재정을 확충시키는 데 도움이 된다.

생각해 보면, 저소득층이 산 복권의 수익금으로 문화예술을 지원하면 결국 은 여유 있는 계층이 즐기게 되어 복권수익금 활용의 역진성이 생긴다.[43] 이러한 논리적 특징이 있으나 정부예산을 보완하기 위해 복권수익을 적극 사

하여 작품판매액의 일부를 부과한다(노르웨이). 나아가, 콘서트나 전시회에 대해 부과하는 경우(독일, 이탈리아, 스위스)도 있다.

42 이러한 목적세는 문화재정 조달에 큰 도움을 주는 확실한 재원이며, 재원이 탈루되지 않아 안정적이고, 경쟁력 있는 문화사업 관계기관들이 자율적으로 일할 수 있게 해준다는 것이 장점이다. 그러나 문화예술목적세를 신설하려면 행재정적 필요에 대하여 대상자나 대상지역에서 무리가 없어야 하고, 누가 그 세금의 코스트를 부담하는가의 문제에서 사회적 합의가 이뤄져야 하는 어려움이 있다.

43 복권구입자의 문화소비는 국민평균의 반절정도, 경제여건 좋은 소비자는 국민평균의 2배를 지출하는 것으로 나타나 매우 곤혹스런 입장이다(영국 2002년). 또한, 복권 구매자와 복권수혜자 간의 불균형에 대한 실증적 연구결과 미국 조지아주의 교육로또복권의 경우 저소득 비백인들이 구입하고 수익혜택은 고소득, 고학력, 백인 가구들에게 돌아가는 것으로 나타난 바 있다.

용하는 사례는 많다.[44]

　복권수익금의 본래 취지를 살리고 문화예술의 취약점을 보완해 주는 공진화를 이루기 위해서 복권잉여금은 특정 문화사업에 대해서만 활용하면서 효과를 기대해야 한다. 예를 들면, 관객개발, 특정 예술시설 건립, 어린이나 노령층 접근성 제고, 문화소외층에 대한 배려예술 활동, 문화소수자 보호를 위해 활용되는 것이 바람직하다.[45] 이에 더해서 문화예술 바탕의 사회교육, 문화를 활용한 사회회복에 집중 활용하면 좋을 것으로 생각한다. 특히 재원의 안정적인 확보를 위해서 영국처럼 복권수익금의 문화활용 비율을 지정하는 정율제 지원방식으로 바꿔야 재원의 예측가능성, 안정성, 분배에 따른 잡음이나 정치적 영향을 줄일 수 있다. 문화예술진흥기금의 대책 없는 점진적 축소 상황에서, 복권수익금은 응급실 역할을 톡톡히 해내고 있지만, 상설적이고 체계적인 재원으로 활용하는 방안을 마련해야 할 것이다.

3. 운용과 배분

(1) 목적지향성

　문화정책의 실효성 확보를 위해서 문화재정이 중요하다는 것은 누구나

---

44 영국 국립복권은 아마추어 예술, 지역예술, 소규모 예술기관을 위해서 '모두를 위한 예술계획(A4E Scheme)'으로 활용한다. 캐나다에서도 문화여가부가 운영하는 반액환불(half-back)방식으로 당첨 안 된 복권으로 책, 연극 티켓을 구입할 때 할인해 준다. 미국 매사추세츠에서는 예술복권(Art Lottery)을 일반복권금액보다 낮은 1달러짜리로 만들어 판매(1982)하고 있다. 복권수익을 문화예술의 부족재원 확충뿐만 아니라 관객개발에 전략적으로 활용할 수 있다. 그러나 정부가 문화재정 응급실로 여기거나, 곶감 빼먹듯이 불확실한 재원에 편승하는 의존타성이 붙어 본격적인 재원확보 노력을 소홀히 할 우려가 있다. 다른 나라들은 대개 판매수익금의 30% 이상을 공공재원으로 쓰는데 영국, 캐나다, 호주는 이 가운데 문화부분에 대하여 집중사용하고 있다.
45 영국 국립복권은 예술분야의 대형 사업은 물론 수천 개의 작은 이벤트, 관객참여 활동, 장비, 시설개선, 순회 공연 등에 지원한다. 예술자본 프로그램, 전국 순회공연 프로그램, 재정이 어려운 단체들에 대한 안정화와 회복 프로그램, 모두를 위한 지원, 영화지원, 청년음악기금, 지역문화복권 프로그램을 운영해 왔다. 예술자본 프로그램은 건축, 서커스, 공예, 무용, 연극, 영화, 문학, 마임, 오페라, 시각예술 등에 대한 지원이다.

공감하지만 정작 문화재정에 대한 관련 주체들의 생각은 복잡하다. 우선 창작자들은 문화재정에 대하여 이중적이다. 창작자들 중 일부는 돈에 무관심하거나 돈벌이를 경멸하지만, 다른 한편에서는 조금이라도 더 많이 지원받으려고 애 쓸 뿐만 아니라 지원결과에 대한 관여는 싫어한다.

국가재정에서 문화재정 조달은 문화예술의 특수성 때문에 전략적인 결정(strategic decision making)이 필요한 부분이며 이는 예술부분 고용이나 프로그램에도 크게 영향을 미친다(David Cray, Loretta Inournelis, 2011).[46]

한편 국가재정 담당자들은 문화재정 지출에 대해서 묘한 편견을 갖고 있다. 정부의 긴축예산정책에서 문화비용 지출은 특별히 더 엄격하게 다루고 있음에도 불구하고, 문화비용 지출을 생산성 제고에 직결되지 않는 것으로 평가한다. 그런데 재정지출에 대한 편견이나 비난은 문화지출 성과의 부족 때문만은 아니다. 문화비용 지출 삭감여부에 대한 질적인 평가가 이뤄지지 않고 있으며, 문화가 경제나 사회에 직간접적으로 미치는 영향에 대한 논거는 빈약하다. 더구나 정치적인 이유로 특정 문화비 지출이 늘거나 줄어드는 경우가 적지 않아 아무 논리도 제시하지 못한 채 비난만 받기도 한다. 보다 근거 있는 논리를 제시하여 이러한 우려를 씻어내야 한다.[47]

이처럼 복잡한 이해관계 속에서 보다 실질적인 정책목적을 달성하기 위해서는 문화예술의 소프트 예산을 배분해야 한다.[48]

---

46 여기에서 특별히 전략적 결정이 필요한 부분으로는 예술단체 조직상호간 관계, 이미지, 조직구조, 성과, 시설 건립, 재원, 전략계획, 프로그램의 질, 전략적 생존, 기술대응 등을 들고 있다.

47 문화재정 지출 담당자는 감시를 피하려 한다. 문화재정 지출은 쓰이는 곳과 방법을 쉽게 관찰할 수 있어 정확히 공공의 감시를 받는다. 문화비 지출 심의를 단순하게 처리하기 때문에 사전에 계획을 세우고, 추진 중에 조정하며, 문화경영과 문화정책 당초의 목적을 달성하는 데 집중적으로 배분해야 한다. 특히, 대형 문화시설 건립과 운영상에 필요한 경상비 비용 때문에 집중적인 의혹을 사고 있다. 문화부문 지출을 예외적인 것이라고 인정받으려면 문화비용 지출이 가지고 있는 예외성이나 차별화 논리를 보강해야 할 것이다. 물론 철저하게 관리하고 지출의 예외성에 대한 인정과 감시를 소홀히 하지 말아야 한다.

48 예를 들어, 문화정책의 목적을 단체에 중점 지원하는 것이라면 오페라, 오케스트라, 발레, 연극 장르 단체에 대해서 중점 지원한다. 또는 국제적인 예술교류를 추진하기 위하여 해외페스티벌 참가나 개최에 지원하도록 한다. 아울러 예술창조 기반의 정비나 차세대 젊은 예술가 양성, 연구 같은 소프트 기반정비에도 적극 지원한다.

(2) 효율적 배분과 투자관리

전환기 사회에 들어서 문화정책이 새롭게 각광을 받고 이에 따라 문화재
정시스템도 변하고 있다.[49]

문화재정을 배분할 때는 우선 재정수급과 재정동원 능력을 고려해야 한
다.[50] 그동안 예술창조자나 단체 수가 늘어났고, 국민의 문화예술 향유수준도
높아졌다. 그럼에도 기금의 적립액은 아직껏 크게 늘지 못했을 뿐만 아니라
더 추가될 여지도 없어 상대적으로 크게 뒷걸음질 친다는 느낌이 든다.

앞으로 문화활동 비영리단체가 늘어나고, 여가의 문화적 활용 욕구와 자
기실현 욕구가 늘어 전체적으로 문화예술 수요가 급증할 것이다. 공공정책에서
도 창조지원과 향유기회 충족을 위해 사회의 자원배분을 개선하고 공공부문이
적극적으로 역할을 할 필요성이 그 어느 때보다 커지고 있다. 특히 문화소비자
보조금(consumer subsides)정책에 대한 수요가 늘고 있음을 주목해야 한다(田中鮎
夢, 2007).

이런 점을 보면 재원부족으로 어려움이 예상되며 재원확보와 고갈방지
정책을 구체적으로 점검해야 할 것이다.[51] 어떤 방법으로 기금 규모를 확충할
것인가? 우선적으로 국가예산을 배정하여 충당하고, 이자율 하락에 따른 지속
적인 추가 배정이 이뤄져야 한다.

문화시설 건설, 문화정책적 지원 등은 국가예산에 의해 이루어지는 것이
당연한데도 그동안 문화예산을 통한 인프라지원 등이 미흡해 폭발적인 문화수
요를 충족시키지 못했다.[52]

---

49 사회발전 개념이 문화를 바탕으로 하는 지속발전 개념으로 바뀌면서 이 개념을 재정이나 공공
   정책에 반영하며 새 재정시스템을 만들어가고 있다. 또한 지능정보화를 이끌어 가는 문화콘텐
   츠 산업에서 막대한 재정이나 공공시스템의 부담이 크게 늘어난다. 그리고 공공, 민간, 비영리
   섹터에서 재정협동, 유연한 재정네트워크 형태로 바뀌게 된다.

50 기본적으로 문화예술 재원의 배분은 늘 불안하다. 더구나 기금 수혜자들 사이에는 '저지원 불
   만족 구조'가 형성돼 있다. 재정지원 혜택을 받는 사업이 얼마나 성과를 거두는가 파악하기도
   어렵다. 더구나 적은 금액으로 지원수요를 맞추다보니 지원 실수요자의 신청에 비해 지원규모
   는 턱없이 부족하기 마련이다. 그 대신 많은 건수를 지원하는 방식을 유지하는데 불만은 지속
   누적되고 있다.

51 재원의 고갈방지를 위해 공동재원 마련 방법을 세분화·구체화하거나, 단체나 개인에 필요한
   재원의 일정 비율정도만을 지원하는 상한선제도 등 다양한 방법을 고려해야 한다.

또한 예산사업과 기금사업의 배분 시스템은 논리적으로 엄격히 구분해서 중복지원, 불요불급 지원에 따른 예산낭비를 막아야 한다. 논리적으로는 예산으로 인프라 건립과 대규모 행사를 지원하고, 기금으로 창작단체나 개인을 지원하고, 교류사업을 추진하는 것이 타당하다. 그럼에도 불구하고, 현실적으로 열악한 단체들이 많아 다각도 지원이 불가피하므로 기금과 예산을 적절한 수준에서 혼용해야 한다.

전환기 공공문화투자관리

그동안 문화정책 재원으로 융용하게 사용했던 보조금의 경우는 이제 전략적 배분이 필요하다. 지방의 문화재정 동원과 배분여건은 열악하므로 보조금의 배분기준을 다양하게 세분화하여 배분계획을 수립해야 한다. 기본적으로 지원대상을 보다 객관화해야 한다.[53] 아울러 우선순위와 중요성에 관한 문제에 대해서는 창조자 중심 지원에 국민문화예술 향유를 가미하도록 해야 한다. 또한 집중지원의 적정범위를 산정하고 이를 점진적으로 확충하되 소액지원의 장점이 손상당하지 않도록 조정해야 할 것이다.[54]

어차피 지원규모가 제한적일 수밖에 없어 선택의 문제에 부딪친다면, 개인보다는 단체중심의 지원이 파급효과를 높이는 불가피한 전략이다. 근본적으로는 역시 상업적인 대중예술보다는 순수예술의 지원에 우선순위를 두는 지원정책 기조를 지켜야 할 것이다.

또한 보조금 배분에 있어서 정치적·관료적 개입의 위험을 최소화할 수 있어야 한다. 매년 정부 예산배정에 따른 동요에 상관없이 문화예술기관들에 대해서 안정적인 수입원을 배분하는 것이 중요하기 때문이다.

---

52 재정 당국은 문화부문에도 동일한 기준으로 감축예산 편성을 논의하고 있어 문화예산의 적정성 문제가 제기되고 있다. 특히 문화예산 증액은 극히 최근의 일로 당분간 현재의 증가율을 유지하는 애정 어린 문화마인드가 필요할 것이다.

53 보조금 대상 사업은 대개 예술창작활동 촉진사업 경비, 예술보급사업 경비, 관계 자료정비사업 경비, 각종 문화교류 추진사업 경비를 포함한다. 그 밖에도 폭 넓게 문화예술 수준을 향상하고 보급에 기여하는 사업에 대하여 포괄적으로 배분할 수 있다고 본다. 더구나 예산 범위 안에서 이뤄져야 하는 제한이 불가피하므로, 문화예술단체들이 공감할 수 있는 지원기준과 배분원칙을 상세히 정하고 실질적 운용기준으로 사용하는 것이 바람직하다.

54 또한, 수년에 걸쳐 추진될 연속지원 사업을 선별하여 사전에 목표 연도까지 일괄 승인하는 방식을 과감히 도입함으로써 지원효과가 지속적으로 발생되어 지원의 실효성을 극대화시키도록 해야 할 것이다.

특히, 생산자보조금은 효과가 직접적이고 크지만, 불공정과 비효율을 불러올 가능성도 크다. 생산자에 대한 정부보조 방법은, ㉠ 예술단체에 대한 보조금, ㉡ 입장료의 가격인하 보조, ㉢ 예술단체에 기부한 개인의 소득세 공제, ㉣ 예술 향유에 필요한 교육을 혼합 사용할 수 있다.[55]

요즘 같은 전환기에 적합한 공공문화재정 부분의 투자관리 평가모형 정립이 시급하다. 문화경제관점에서만 보면 문화시설은 인프라 평균효율이 낮고, 예술인 지원은 효용이 그리 높지 않은 부분이다. 전환기 문화재정 관리에서 좋은 것이 좋다는 식의 감성 호소적인 재정낭비가 없도록 특별히 총수요 관리를 잘 해야 한다. 예를 들어, 예술인 생계, 관광성 지원이 낭비되거나 관리가 소홀해져서는 안 된다. 한편 창조적 실험예술 수요같은 미래지향적 지원을 외면해서도 안된다.

코로나19 집단감염으로 문화활동이 축소되는 시기, 또는 그를 벗어난 상황에 알맞는 '공적투자관리평가모형'을 만들어 적용해야 한다. 상황에 맞는 공공문화시설의 유지와 관리에 관한 지침과 기준을 만들어 적용하고, 가능한 수준에서 잘 작동되고 있는지 점검해야 한다. 공공투자에 낭비하는 일 없도록 전환기 문화재정을 적정하게 관리하고, 구체적 조치와 지침을 개발하는 등 전환기 문화재정 관리가 중요하다.

(3) 문화재정 거버넌스

강력한 집권행정체계로 문화재정을 운영하던 국가들은 점차 문화재정 분권화로 바꾸어 재정지출을 다양화하면서 늘리고 있다. 그 결과 중앙정부의 여러 부처들과 재정협력이 이뤄진다(Jonathan Paquette, 2011). 또는 자치단체들과 협력하여 지자체들은 더 많은 결정권과 책임을 갖게 되었다.

---

55 그런데 이러한 보조금은 주로 상위단체가 대부분을 차지하고 있고 국민들의 선호와 관계없이 비효율 개선보다는 저명한 예술단체에 의한 예술시장의 과점을 초래하고 있다는 비판과 함께 오히려 공공문화재정의 비효율을 초래하므로 유의해야 한다는 지적도 있다. 다시 말하면, ① 적은 산출량 ② 느슨한 경영과 비효율성 ③ 예술표현 혁신 노력의 태만 ④ 지대추구행동 등이 문제점으로 사회적 손실을 가져온다. 따라서 예술활동에 써야 할 자금을 로비활동 등에 유용해서 새로운 예술단체가 예술시장에 참가하기 어려운 환경을 조성함으로써 공정과 효율을 떨어뜨리는 지대추구 행동 등에 대해서는 엄격히 다스리고, 그들의 보조금 교부총액을 상대적으로 억제해야 한다.

문화재정의 분권화 정도는 문화예술의 잠재력, 관련 권력, 정책 파워의 영향을 받는다. 다시 말하면, 문화재정을 끌어들이는 데 환경이 유리하고, 정치적 지원이 재정의사결정에 도움이 크고, 경쟁관계의 정책에 비해 유리한 경우에는 문화재정을 많이 동원할 수 있다.[56]

자치단체의 문화재정 지출이 꾸준히 느는 것은 바람직하며, 앞으로 더 늘어나는 것이 효율적이다. 문화재정 분권화는 가능한 한 국민들의 수요에 가까운 방식으로 재원들을 사용할 수 있기 때문이다. 또한 국가문화(national culture)에 대비되는 다양한 문화발전을 가능하게 해준다. 그 결과 사회적으로 많은 참여와 지원을 불러오고, 문화가 정치적 목적에 잘못 사용되는 것을 막아주며, 풀뿌리 문화활동을 강화시켜 준다.

그러나 재정분권화는 문화재정 정책의 극히 일부분에 그치며 만병 통치약이 될 수는 없다(Katja Lindqvist, 2007). 왜냐하면, 대부분의 지방자치단체들은 중앙정부처럼 재정적 어려움에 부딪치고 있기 때문이다.[57]

더구나 국가예산이 부족해지고 공공부채는 점차 늘어나는 상황에서 이를 정치적으로 통제하기조차 쉽지 않다. 이에 따라 해결방안으로서 재정 거버넌스가 새롭게 매력을 끌고 있다. 공공 문화서비스에서도 이러한 문제는 마찬가지이다. 재정적 한계를 극복하기 위해 다양한 관계자들을 포함시켜 적정 문화서비스를 제공하려는 노력은 계속 필요하기 때문이다.

이 같은 재정 거버넌스 전략으로서 국가권력을 외부로 이동시키는 방식을 들 수 있다. 예를 들면, 책임운영기관(agencies)을 만들거나 비영리조직을 활용하며, 중앙과 지방의 관계에서 권한이양, 재정 관련 세제개혁, 정부 책임성을

---

56 재정분권화(fiscal decentralization)에 대한 체계적 연구결과에 따르면 복지국가이거나 중앙정부로부터 이전지출이 많은 국가일수록 재정분권화가 이뤄지고 성공적으로 집행되는 것으로 나타나고 있다.

57 문화재정 효율화를 위하여 유네스코는 다음과 같은 사항을 권장한다. 연방정부는 물론 지방정부가 나서서 성공적 재원도출 사례를 조사하고, 문화정책과 정책결정권의 분권화와 이양을 촉진하며, 창작 활동을 전체 발전계획에 성공적으로 통합시킨 모델을 선정토록 한다. 또한 문화발전을 위해 이용할 수 있는 모든 재정을 확보하기 위해 다음과 같은 조치들을 권장하고 있다. ① 국가수준에서 문화 개발투자를 유지·증가시키며, 지방당국이 문화활동에 더 많은 기금을 제공하도록 하며, ② 기업의 지원을 늘리기 위해 문화활동을 위한 재정적 틀을 마련하며, ③ 정부 정책이 다른 나라의 문화발전 과정에 미칠 수 있도록 조치하며, ④ 유엔 기금이나 프로그램과 금융기구들이 중요한 문화 발전 프로젝트에 재정보조를 늘리도록 촉구한다.

강화한다. 보다 더 구체적인 전략적으로 지방자치단체끼리 연합구성, 분야별 문화정책공동체(policy community)를 통해 협력적 관계를 구축하기도 한다.

아울러 지방정부와 민간 사이의 참여 네트워크를 구축하여 민간기업이 동반자로 참여하거나 또는 지방정부가 지원자로서 협력적 파트너로서 다양하게 거버넌스를 구축하게 된다(Peter M. Mclsaac, 2007; 松本茂章, 2011).

(4) 문화재단

광역 또는 기초지역 단위에서 문화재단을 설립하여 지방정부의 문화업무를 담당하는 추세가 늘어나고 있다. 지역의 재단활동은 문화재정을 확충하고, 문화기획을 전문적으로 마련하고, 문화활동을 체계적인 집행하는 데 도움이 된다.[58]

지역의 문화재단은 대부분 지방정부가 설립하여 운영비를 지원해 주는 비영리기관이다. 따라서 실제 운영에서 지자체의 관리감독을 받거나 사업예산을 지원받는데, 이 때문에 실질적인 독립성을 갖기가 쉽지 않다.

한편, 재단을 지원하는 지방정부도 중앙정부로부터 지원업무 관련 예산과 권한을 부여받는 실정이다. 이 과정에서 사업추진의 효율성, 전문성, 책임성, 유연한 집행 등을 실제로 보장받을 수 있는지 아직도 적정한 패턴이 마련되지 못한 채 운용되고 있는 실정이다. 더구나, 중앙정부, 지방정부, 광역문화재단, 기초문화재단 사이의 네트워크 관계와 역할분담이 명확해야 하고 효율적으로 분담해야 할 여지가 많은 형편이다.

생각컨대, 문화재단은 문화협동을 담당하는 한 축이다. 이러한 점에서 문화재단의 역할은 대부분 예술가와 예술단체 지원사업, 축제사업, 문화예술교육사업, 지역특성화 사업, 문화시설 운영, 문화정책 개발, 문화교류, 기타 수탁사업들로 비슷비슷하다.[59]

---

58 예를 들어 서울문화재단의 경우는 서울시의 예술창작센터, 공공도서관, 문화재보수, 예술지원 등을 담당하고 있다.

59 예를 들면, 한국문화예술위원회가 지역 협력형사업을 확대해 지역으로 이관하면서(2009) 지역의 문화재단이 사업의 추진 주체가 되고 있다.

① 정부와 재단의 재정거버넌스 구축

지역문화재단은 한국문화예술위원회와 함께 사업을 하면서 매칭그랜트를 기본으로 삼고 있다. 이로서 한국문화예술위원회는 오랜 경험에 따라 네트워크방식으로 재단과 협력하면서 기존 지원방식이 갖는 한계를 바꿔가고 있다. 이와 더불어 지역문화재단은 지역문화사업을 자주적으로 추진하는 역량을 늘려가므로 공진화 효과를 가져오고 있다고 본다(김경욱, 2011).

한국문화예술위원회와 민간재단의 관계는 공공사업에 대한 민간재원의 증가뿐만 아니라, 민간이 사회문화 활성화를 위한 공동참여자가 되는 권장할 만한 결과를 가져오게 된다. 매칭제도가 성공하기 위해서는 사회관계자본의 하나인 신뢰, 호혜성이 보장되어야 하므로, 공공은 책임 있게 행동하고, 민간 재단은 기본재산 수입으로 유연하게 지원하는 공생·공진화전략으로 나아가야 한다. 또한 정부가 민간재단의 문화의지를 존중해 주는 유인방식으로 역매칭 방식을 적극 활용하면 명예와 실리를 함께 거두는 효과를 기대할 수도 있다.

② 문화재단 경영평가

경영평가는 책임있게 경영했는지를 평가하고, 평가결과를 바탕으로 문제점을 개선하는 경영개선, 평가지표를 바탕으로 미래지향적인 경영방향을 제시하는데 있다.

지자체들은 경영성과에 따라 재정을 지원하고 기관의 성과를 평가하는 근거자료로 삼는다. 문화재단들은 역할이 점차 중요해지고, 숫자도 많이 늘어났음에도 경영현실은 지자체의 산하기관처럼 운영되는 문제가 많다.[60] 무엇보다 중요한 것은 근본적으로는 지방이나 민간이 정부문화정책 활성자로서 참여하는 보람을 나눈다는 취지에 바탕을 두고 추진해야 한다. 특히 재단 대표의 임용에 정치적인 의도가 개입되는 사례가 늘어나 재단의 자율성과 문화정책

---

[60] 심할 경우는 정치적·선언적인 형태로 재단을 일단 설립해 놓고, 재정의존 상태에서 산하기관의 역할 정도에 그치는 경우조차 있다. 그에 따라서 공익성, 전문성 같은 당초 이념에 충실하여 시민문화 활동과 거리가 있거나 재원 확충 요구에 대한 부담으로 재단의 정치화가 우려된다. 또한, 재단 대표의 정치적 임용과 임기보장 불가능으로 안정성이 유지되지 못한다. 재단이 명분과 실리를 모두 살리며 운영효율을 이루기 위해서는 재단운영 인력의 탈정치성, 활동의 창조적 전문화, 의회와의 올곧은 관계, 체계적인 성과평가 시스템 등을 시급히 갖춰야 한다.

주도 활동을 위협하고 있다.

　문화재단에 대한 평가는 이러한 재단 경영전반의 실태를 다룬다. 평가 대상 주요 항목으로는 리더십, 전략, 경영시스템, 사회적 가치제고, 경영성과 등으로 크게 나눠볼 수 있다. 평가는 업무 전반에 대하여 상세하게 점검 확인하면서 이뤄진다.

　평가결과는 최종보고서로 작성하여 제출한다. 여기에는 지표별로 경영평가 결과를 정량적·정성적으로 산출하며, 기관장 평가결과, 개선 요청사항 등을 담는다. 재단은 자체평가를 하고 외부전문평가를 받으면서 새로운 방향을 찾고, 효율성을 모색하며, 목표관리와 업무 적정성을 파악하고 자체역량을 높이도록 스스로 노력하게 된다.

　최근에는 문화재단 경영평가가 형식화되고 매너리즘에 빠져 평가제도의 취지를 살리지 못해 아쉬우며, 이에 대한 개선이 필요한 실정이다.

Chapter 6

문화시설의 확충과 경영

1. 시설의 적정화, 특성화

(1) 역할 기대와 정책

문화활동을 펼치는 데 필요한 문화기반시설을 마련하고, 이 공간을 바탕으로 문화예술 발전에 기여하는 것은 문화정책의 기본이다. 정부는 '시설 제공자'의 입장에서 문화시설을 건립·제공하여 국민과 예술가들이 이용하게 한다. 이는 단순한 대여에서부터 직접 제작·운영에 이르기까지 폭넓은 방식으로 이뤄진다. 그리하여 문화시설은 창작인들에게는 발표의 마당으로 제공된다.

문화시설은 사회에서 '문화의 사회적 순환'(circular flow of culture) 중심지로서 문화예술의 교류·축적을 원활하게 한다. 문화시설이 빈약하여 문화순환이 원활하지 못하면 사회전체가 '문화 동맥경화'에 걸리고 말 것이다. 그렇다고 시장원리에만 맡겨둔다면 경제적 순환에 동반하기 쉬운 대중적 흥미나 채산성 있는 것만 활개 칠 것이 뻔하다. 나쁜 뜻에서 상업화로 치닫거나, 지역·세대·소득간의 다면적인 문화소비 격차로 빠질 수 있다. 따라서 문화시설 정책은 '예술을 지도하기 위한 존재가 아닌 예술에 봉사하기 위한 존재'로서 중요하다. 그런 점에서 문화시설은 프로그램의 수급균형을 유지하고, 문화환경을 조성하는 정책적인 책무도 지고 있다.

여기에서 말하는 문화시설이란 문화예술의 사회적 가치를 실현하기 위해 공적으로 제도화된 시설(institution)의 형태를 말한다. 이는 사회적으로 '어떤 제도에 따라 전문가를 직원으로 두고, 문화사업을 수행하는 기관 또는 그의 활동거점시설'로서 제공된다.[1] 흔히 문화시설이라고 하면 하드웨어를 떠올리는데, 문화활동 거점으로서의 공공문화시설은 여기에서 말하는 인스티튜션의 의미로 사용된다는 점을 주의해야 한다.[2]

① 스토리텔링 네트워크 역할

이러한 공공 문화시설은 어떠한 역할을 하는가? 그리고 어떠한 사회적 가치를 실현할 것으로 기대되는가?[3]

최근 SNS와 같은 뉴미디어활용이 늘어나고 있다. 커뮤니케이션 하부구조이론(communication infrastructure theory)에 의하면 커뮤니티 '스토리텔링 자원'이 매우 중요해지는데, 문화시설은 단지 시설 제공뿐만 아니라 이 같은 스토리텔링 네트워크 역할도 맡고 있다. SNS를 통한 문화의 사회적 순환이 사회적 자본(social capital)을 줄여갈 수도 있을 거라는 의심을 떨쳐내고 이제는 시설을 플랫폼으로 하여 문화시민들의 신뢰, 네트워크, 참여, 호혜성을 높여주는 것이다.

---

1 문화시설은 일반적으로 공연, 전시, 문화행사를 열어 문화발전을 이루는 공간이다. 문화시설은 공연시설(종합공연장, 일반공연장, 소공연장, 영화관), 전시시설(미술관, 화랑), 지역문화복지시설(시·구민회관, 복지회관, 청소년회관), 문화보급전수시설(문화원, 국악원, 전수회관, 청소년회관), 도서관, 박물관으로 나눈다. 그런데 인스티튜션이란 원래 '제도, 공공시설, 기관'이라는 뜻이지만, 여기서는 전문적 스탭(학예사)설치규정에 따라 만든 박물관 미술관 시설, 공간, 제도적 활동을 말한다.

2 문화기반이란 문화생산이나 소비활동기반으로 예술활동에 관한 고정자본인 하드웨어와 이를 운영하는 소프트웨어(인적 요소, 유동자본, 노하우)를 아울러 말한다. 예술창조단체는 대개 예술이념 실현을 목적으로 하는 비영리조직이다. 또한, 공공문화시설이 반드시 국공립문화시설이라 할 수는 없다. 비영리법인 천국인 미국에서는 대부분의 문화시설이 민간조직이다. 유럽은 법적으로는 국공립의 형태를 취하고 있지만, 실제로는 민간예술단체가 계약으로 활동하는 일이 많다.

3 문화시설에 문화소비자가 기대하는 점은 삶의 질 향상, 방문객과 관광객 유치, 도시의 경쟁적 이점 강화, 고용기회 창출, 타인과 문화에 대한 이해와 인식증진, 지역 상권과 서비스 증진, 도시 이미지 향상, 공공공간의 발전, 예술교육 진흥, 지방정부 수익증대, 자산가치 상승이다(Carl Grodach, Anastasia Loukaitou-sideris, 2007).

그림 6-1 | 문화시설의 파급효과 발생과 흐름

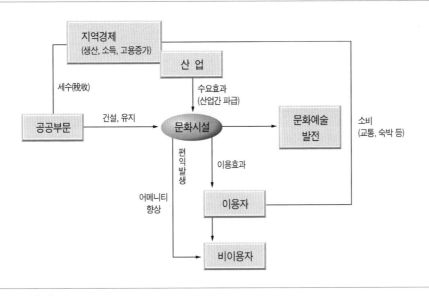

출처: 이흥재(2002).

또한, 지역에서 문화시설은 문화 정체성 형성의 거점이 된다. 문화시설은 지역사회의 문화적 잠재력을 향상시키며, 정체성을 형성한다. 또한, 지역문화의 창조와 실천과정으로 지역의 종합적인 잠재력을 개발하는 계기로 작용한다. 뿐만 아니라 시설 그 자체가 지역의 훌륭한 문화자산으로 활용된다.

나아가, 문화시설은 지역사회 활동 네트워크활동으로 경제, 산업, 고용에 파급효과를 미치고 거시경제 성장에 기여한다.[4] 〈그림 6-1〉에서 처럼 경제파급 효과에 주목할 수도 있으나 문화예술시설의 경제효과는 스포츠나 박람회에 비해 그리 큰 것만은 아니다.[5] 경제성장과 고용확대를 목적으로 할 경우에 문

---

4 사례조사 결과를 보면, 수익이 많은 문화활동은 문화시설(박물관, 미술관, 공연예술센터), 문화이벤트나 페스티벌, 문화단체에 대한 지원, 문화예술거리, 공공예술, 아트갤러리, 지역문화그룹이나 센터, 페스티벌, 문화투어의 순서로 나타난다(Carl Grodach, Anastasia Loukaitou-sideris, 2007).

5 문화시설에 보조금을 지급하면 고용 창출·유지에 쓴다. 주로 상주인력, 비상주 인력(배우, 기술자, 무대담당), 인력 고용(그래픽 아티스트, 건축 기술자)에 쓴다. 문화활동 분야가 계속 변하고 사회적 요구에 따르기 때문에 문화시설은 계속 새롭게 고용을 창출한다. 또한 문화예술은 유연성·다양성·흥미를 유발하는 성격을 가지고 있어서 2·3차 산업이 생산성 저하로 사라

화예술 투자는 반드시 최적의 정책수단이라 보기는 어렵기 때문이다. 그럼에
도 불구하고 실제로 문화예술에 대한 투자는 공적인 예술지원을 끌어내기 위
한 정치수단보다는 지역경제에 관한 다각적인 접근의 하나로 이해되고 있다.

② 정책적 고려

이 같은 역할과 효과를 거두기 위해 문화공간들은 재정을 동원하고, 관리
운영하며, 소비자 관점을 반영한 프로그램을 전문적으로 공급하는 등 정책적
지원과 배려가 요구된다.

먼저 문화예술 공간정책은 문화정책 철학과 비전을 담은 정책으로 전개
되어야 한다.[6] 공간이 지방자치단체나 국가수준에서 구체적인 지향점, 계획,
시장조사, 목적·이념에 관한 철저한 논의가 생략된 채 정치목적의 하나로 마
련되는 경우가 많다. 그 결과 자치단체는 공간 비효율에 대한 비난과 운영 상
의 고민을 고스란히 안게 된다.

특히, 문화시설은 인본주의적 관점에서 사람중심의 시설로 만들어야 한
다. 그래서 사람의 존재를 인식하고, 사회와의 유대를 만들어내어 이른바 인
간관계가 문화시설의 운영은 물론 시민문화의 향상과 활성화에 중요한 요소로
작용할 수 있게 해야 한다.[7]

그렇게 하기 위해서는 먼저, 문화환경 설정을 먼저 고려해야 한다. 문화
시설 정책은 문화활동의 동기·행동·성과·작품을 연결하고 원활히 하기 위한
환경을 설정해야 한다.[8]

져버린 고용기회를 메워줄 수도 있다. 이러한 결과는 산업연관표로 고용창출을 분석한 연구
또는 CVM 방법으로 산출한 경제가치에서 잘 나타나고 있다.

6 문화시설은 추구가치를 상징하며 정체성·차별성·방향성·이미지를 부여한다. 대규모 복합시설
일수록 강력한 컨셉이 필요하다. 왜냐면, 기획·운영과정에서 관련 주체들이 방향성을 일치하
여 유지하고 내용도 일관성을 갖도록 하기 위해서다.

7 뿐만 아니라 서비스 제공자로서 박물관·미술관에서의 학예사, 도서관에서의 사서, 문예회관이
나 공연장에서 예술경영에 종사하는 직원, 소비자를 고려해야 한다. 또한, 서비스 수혜자로서
의 시민, 쾌적한 장소, 참여기회, 정보수요를 연결해야 한다.

8 구체적으로는 문화활동가들이 가치실현을 위한 활동으로 나타낼 수 있도록 동기, 정보서비스,
기회제공, 뛰어난 예술작품과 예술창조를 할 수 있는 터전·시설을 제공한다. 다시 말하면, 건
립은 물론 시설에 관련된 제도, 정보시스템 정비, 문화단체와의 네트워크, 시설 기반정비를 포
함한다. 더구나 실제 경영에서 문화정책의 근간인 문화시설을 예술경영에 접목시키지 못하면
건립 즉시 재정적 고민에 빠지고 만다.

또한, 문화시설에 담을 소프트웨어를 함께 결정해야 한다. 문화시설을 통해 문화 창조력을 높이기 위해서는 관련 법규에 시스템, 노하우, 객관적 시설 기준에 관한 내용을 담아야 한다.[9]

(2) 기능 적정화

문화시설이 현실적으로 다양한 목적과 형태로 운영될 수밖에 없다 해도 고유한 목적과 기능을 최대한 존중해서 마련하고 운영해야 한다. 다시 말하면, 보여주는 기능(공연장, 문예회관, 박물관, 미술관), 문화예술 보급·전수기능(문화원, 문화의집), 문화예술 정보기능(도서관, 정보센터)을 적정하게 배치해야 한다. 이는 최소한도의 문화생활을 위한 필수공간이므로, 생활권 가까운 곳에 주민들이 문화생활을 충족시킬 수 있도록 해야 한다.

최근에는 지능정보사회 고도화를 이끌어갈 '문화정보의 나눔터'로서의 기능이 더 중요해지고 있다. 단순한 자료관리가 아니라 지능정보 수요에 걸맞게 문화예술 전문인이나 일반 대중들에게 필요한 정보를 제공해 주고, 가공된 2차 자료도 다양한 소비자들에게 서비스한다. 또한, 자료정보 수집 관리는 물론이고 교육까지 포괄하면서 교육기관, 문화기관, 특수 도서관, 예술 생산과 보급에 관계된 기관 등과 관련된 플랫폼 기능을 맡게 된다.

(3) 온·오프 연계와 협력

문화예술 공간은 문화예술의 고유가치를 경제사회가치와 연결하여 예술 창조에 활용하고 지역사회안에 순환되게 한다. 그런데, 코로나19 집단감염사태로 문화시설이 밀집장소로 간주되어 문화활동가들의 만남의 자리로 활용되지 못했었다.

이제 공공서비스의 전환기에는 특정 장소에 사람이 운집하는 사람 모으기 방식의 문화행사를 추진하거나 종래의 수법과는 다르게 전환되고 있다. 다시 말하면, 디지털공간에 의한 공공서비스 체험으로 방향을 전환하는 추세이다.

---

9 예를 들면, 소요재원 확보, 인력배치는 물론 문화시설·예술가·다양한 선호를 갖는 주민과의 관계도 명확히 해야 한다. 문화시설들의 근본적인 문제를 해결하기 위해 프로그램을 익힐 인재를 키우고, 시설경영을 책임질 예술경영에 관련된 정책도 상세히 개발해야 한다.

방법도 바뀌어 웹콘텐츠 프로그램 제공, 디지털 콘텐츠 체험, 디지털 공공공간으로 체험(user experience)으로 쾌적한 상태에서 체험가치를 높이는 것을 추구한다. 이를 위해 구체적으로는 디지털공간 활용, 지자체 경계를 넘어선 서비스 제공, 디지털콘텐츠의 가치나 권리의 보호, 실제 공공공간이 부담하는 역할과 적정한 인구밀도를 재산정해야 한다.

코로나19 집단감염 사태 때 라이브 스트리밍 콘서트 제공, 가상투어 박물관, 격리 폐쇄된 예술 팬들의 정신을 고양시키려고 디지털 카탈로그 무료 액세스를 제공한 경험들이 축적되었다.

문화시설 운영은 이제 기능별로 특성화하되 한편으로는 한 시설에서 다른 분야와 문화예술을 융합하는 것도 중요하게 되었다. 예를 들어, 과학기술에 관련된 박물관을 문화적 관점에서 운영할 경우 여가생활, 새로운 창조적 실험예술, 문화기술, 문화정책끼리의 융합에 기여할 수 있다(Jonathan Paquette, 2011).

보편적인 적정화와 조화를 이루면서도 특성화하기 위해 문화정체성에 관계있는 프로그램을 운영하거나 트렌드와 차별화하여 운영해야 한다. 즉, 종합문화시설과 전문문화시설, 사립과 국공립, 전국 대표시설과 지역 밀착 시설 사이에 차이가 있으므로 이를 잘 감안해야 한다.

이와 관련하여, 특정 소프트웨어 특화 시설로 만들고 해당시설의 고유 소프트웨어를 중심으로 운영해야 한다. 기초자치단체들이 경쟁적으로 문화시설을 건립한 후 운영비 부족으로 프로그램 개발과 전문가 활용이 어려운데, 특성 시설에 대해서는 특화된 지원시스템을 갖춰야 할 것이다.[10]

시설을 복합시설 또는 전문시설 중 어떤 방식으로 운영할 것인가. 중앙정부는 복합 문화공간 건립, 지자체 간 공동건립·운영 등에 대해 우선 지원하여 장려하고 있다. 복합문화공간이란 예를 들면, 문화시설 안에 문예회관, 박물관, 미술관, 도서관, 청소년, 스포츠 같은 여러 기능시설을 함께 마련하는 것이다. 그러나 다목적 공간은 '무목적 공간'이 되어가므로 장기적으로 보면 바람직하지 않다. 될수 있으면 기능별로 특성화된 공간으로 바꾸고, 시설 특성

---

10 특성화 시설로 만들어지더라도 수익과 가동률이 낮기 때문에 운영상 부담이 된다. 가동률이 높다 해도 대부분 대관사업으로 운영하고 만다. 사업에서도 수익을 내지 못하고 일반회계 예산으로 유지한다. 그 결과 사업 기획력은 떨어지고 수익성을 추구하려는 동기도 낮아지고, 운영에서도 특성화 시설에 걸맞은 창조적인 실험정신보다는 관리 중심의 운영에 그치고 만다.

에 맞는 특정 장르 전문가들의 활동 메카로 만들어야 한다.[11]

이렇게 운영하다 보면 문화시설은 자연히 해당 분야·장르의 크리에이티브 리더를 양성하는 곳으로 성장할 것으로 기대된다(Jonathan Paquette, 2011). 아울러 문화시설은 해당 장르 또는 지역문화정책의 허브 역할을 하면서 예술을 즐기는 시민들, 시설내외부의 예술가, 관련 전문가들의 '소통의 장'이 된다.[12]

2. 문화시설의 건립, 다변화

문화시설은 지역사회를 창조사회로 이끌어 가는 창조활동의 터전이다. 문화 외에도 지역사회 안에서 일어나는 다양한 사회활동, 지역정보 서비스 등 다양한 수요를 충족시킬 생활 네트워크로 사회적 자본(social capital)을 구축하는 공간이다.

또한 지역문화시설은 지역문화의 발신지로서 미술관과 박물관의 정비와 활성화, 지역문화정보시스템 구축, 지역문화 연구 기능을 한다. 그 밖에도 문화소비자들에게 일정한 외부편익 즉, 즐거움이나 생활의 자극을 준다. 또한 문화시설 그 자체가 갖는 가시적 효과로 지역의 문화유산으로 남거나 위신을 세워주고, 경제적 이득을 발생시킨다. 뿐만 아니라 시설을 이용해서 사회교육을 하고, 아마추어 예술가들이 참여하여 지역사회를 활기차게 하는 기능을 지닌다.[13]

따라서, 문화시설은 지역에 고루 갖춰야 한다. 최근 분권화와 지방자치가 확립되면서 집적의 이익, 문화예술 시설·행사·예술인의 수도권 집중으로 문

---

11 전문가 참여로 사업성과 예술성을 조화시키고, 분야별 인력 전문화를 쌓으면서 경영해야 한다. 공공문화시설은 정부 지원으로 운영하다 보면 관료적 기획과 사고방식으로 운영되기 쉽다. 참된전문가가 참여해서 수준높은 프로그램으로 경쟁력있게 다양한 수요를 채워줘야 한다. 예를 들어, 인형극 전용극장이라면 전국 인형극 종사자들의 활동 메카로 자리잡아야 한다.

12 경영 현실에서 리더 양성 역할까지는 못하고 있다. 주어진 시설 기능에 맞게 전문가가 소프트를 갖고 외부로부터 들어온다. 그래서 지역 수요인력을 양성하여 문화활동 거점이 되어야 할 문화공간이 주민을 수익실현이나 경영 통제에 발목잡히는 경우가 많다.

13 문화시설은 지역 이미지를 높인다. 도시의 특수성, 지역자부심 고취, 글로벌 감각 표현, 부정적 이미지 극복, 지역 활성화 이미지, 지자체 문화이미지 개선 효과가 있는 것으로 나타난다(Carl Grodach, Anastasia Loukaitou-sideris, 2007).

화소비 불균등화가 심화되고 있다. 문화시설이 수도권과 대도시에 집중되고, 교통접근이 불편한 지역에는 문화시설이 부족하여 접근성은 더욱 어렵다.

그럼에도 불구하고 지방비를 확보하지 못하거나 지방의 구체적 사업계획이 준비되지 않은 상태에서 국고를 지원함으로써 공사가 지연되거나 중단되는 문제도 크다.

(1) 건립 타당성

정부는 문화시설 건립 전에 타당성을 검토하여 이를 재정지원의 근거로 삼는다. 이때 주로 경제적 측면과 운영 측면을 살펴본다. 그리하여 사업추진에 필요한 객관적·중립적인 정보를 사전에 충분히 제공하여 사업추진, 시기, 최적규모 등을 합리적으로 결정한다.

당연히 문화시설은 건립에 대한 사회문화나 경제적 타당성이 명확해야 한다. 특히 지역의 사회문화 수준, 시설의 기능, 문화가치의 실현, 재정투입 정도에 알맞는가를 검토한다. 이에 따라 시설 기본계획을 먼저 수립하여 지역 상황, 목표에 따라 조정하고 마지막으로 사업 타당성을 결정한다. 여기에는 경제적 타당성과 운영목표 달성 가능성을 포함한다.

우선, 경제적 타당성 검토는 문화시설을 건립하는 데 필요한 예산을 편성하기 위해 사전에 평가하는 과정이다. 특히 대규모 문화시설에 대한 신규투자를 우선순위에 따라 투명하게 결정해야 하므로 예비타당성을 조사한다.[14]

또한 운영목표 달성 가능성 검토는 건립 후 운영에 중점을 두고 문화시설 운영 계획이 충분히 마련되어 자체적인 수행에 지장이 없는지를 사전에 평가하는 작업이다. 주로 조직, 인력, 활동 계획, 기능, 운영내역, 시설내용과 건축비의 관점에서 검토한다.

이 같은 시설에 대하여 지자체는 매칭을 통해 재원을 부담하고 시설 건립후 실제 운영을 담당하는 데 따른 사전준비가 충분해야 한다. 이에 대하여 지자체는 전문적이고 절차에 맞는 추진, 운영비 조달능력(지속적 예산확보), 건축

---

14 주로 적정시설 마련, 예산낭비 방지, 재정 운용 효율성 제고에 기여하려는 목적이다. 따라서 사업계획의 타당성, 대안 검토, 사업 자체 타당성, 추진 과정에서 고려할 점 등을 조사한다. 이때 시설소요 경비는 설계비, 보상비, 공사비 등 모든 경비를 합한 총액으로 산정한다. 재원은 국고, 지자체 지원, 민간부담 등을 모두 고려해서 검토한다.

비 확보 등을 검토해야 한다.

표 6-1 | 문화시설 건립 운영 검토 항목

부 문		검토항목
조직, 인력계획		업무분장, 조직의 전문성
활동계획	문화예술회관	공연, 전시, 홍보·마케팅, 교류협력
	박물관, 미술관	소장품 관리, 조사·연구, 전시, 홍보·마케팅, 교류협력
	도서관	자료수집, 봉사, 홍보·마케팅, 교류협력
시설기능 지원		공간구성, 규모, 설비내용의 적정성
운영내용과 운영비		정성적·정량적 정합성
시설내용과 건축비		정성적·정량적 정합성

(2) 균형배치

문화시설을 건립하고 배치하는 기준은 정책결정자의 가치관, 정책 가치, 정책결정 당시의 환경이나 상위정책과 연관시켜 볼 때 적정해야 한다. 또한 시설 건립의 수급에 대한 균형을 이루어야 할 것이다.

우선, 지역 간 불균형으로 상대적 박탈감을 갖지 않도록 해야 한다.[15] 문화서비스 시설 수요는 모든 지역에 보편적인데도 지역 편차와 불균형이 심하다. 그 결과 지자체 재정에 따라 문화활동 기회도 편차가 심각해져 이제는 국가정책으로서 형평성있게 검토해야 한다. 문화시설 재정은 건설비, 시설 유지비, 인건비 같은 경직성 경비 비중이 많다. 아울러 자본적 지출의 규모가 문화재정 전체를 결정하므로 소비적 지출은 억제된다.

그 다음은 지역 균등화에 대한 요구이다. 문화예술 소비는 일반상품과 달리 공급이 수요를 창출한다고 하는 세이의 법칙(Say's law) 적용 가능성이 높

---

15 문화시설은 근린생활시설이므로 지역에 고루 분포되어야 한다. 문화소비를 결정하는 데 있어서 거리개념은 중요하다. 일반 상품소비와는 달리 문화예술 관람은 배달이 안 되므로 소비자가 현장으로 직접 이동해야 하므로 적정거리 안에 위치해야 자연스럽게 소비가 이뤄진다.

다. 적정시설을 보유하여 주민을 위한 프로그램을 제공함으로써 주민들이 문화 향유기회를 스스로 갖게 되어 문화소비가 진작된다.

(3) 건립 지원, 다변화

정부가 문화시설 건립을 지원하는 논리와 기준이 명확해야 한다. 이에 대하여 시장경제 논리로 접근하자면 문화소비의 특성에 대한 논의에서 시작한다. 문화시설과 같은 서비스를 공급하는 것은 공공재적 성격을 지니며 비경합성(non-rivaliness)과 비배제성(non-excludability)을 갖는다. 문화서비스의 사용은 사회 속 다른 구성원과 경쟁하여 경합하지 않고 소비할 수 있고, 문화소비를 하더라도 다른 사람의 소비를 배제하지 않는다는 것이다. 이 때문에 문화서비스의 공급을 시장원리에만 의존할 수는 없고, 공공부문이 개입할 필요가 있다. 더구나 문화시설은 공공재에 대한 '시장실패' 우려가 크고, 미래 세대에 문화유산으로 전승해야 하기 때문에 정부가 개입한다는 것이다.

지역의 문화수요를 무시한 채 시설이 대형화 또는 과잉투자된 전시 행정성 사업추진이 많았다. 아울러 유사시설을 건립 중복투자하면 이용률이 낮아지고 마침내 운영비 부담은 늘어난다. 또한 지방비를 확보 못하거나 구체적 사업계획이 없는 상태로 국고를 지원하여 공사가 지연되거나 중단되는 일도 생긴다. 더구나 지자체가 경쟁적으로 문화시설을 건립해 놓고 운영비 부족으로 프로그램 개발이나 전문가 활용에 어려움이 많다.[16]

① 지원의 기준

지역의 문화시설은 지역이 자체부담으로 건립하는 것이 자치원리에 맞지만, 중앙정부와 지자체 공동보조금인 경우가 많다. 중앙은 제한된 자원을 합리적으로 배분하고 지역은 문화시설을 쉽게 건립할 수 있다. 이 때문에 현실적으로 문화시설은 문화정책 의지와 재정동원이 쉬운 자치단체에 우선 배

---

16 중앙정부가 비슷비슷한 문화시설을 만들어 주기보다 지자체가 자체 건설한다면 주민의 '집합적 선호'를 반영하여 독자설계가 가능해 투자를 최적 배분하는 결과가 될 것이다. 또한, 개성 있는 문화시설을 건설하면 인근 지역에 파급영향을 미치고 독자적인 지방재정조정 정책을 개발할 수도 있다. 이는 문화소비자 주권의 입장에서 보면 소비자의 선택 폭을 넓게 된다. 또한 지방재정 조정으로, 인구과소지역의 문화향유 격차 시정에도 기여한다.

분된다.[17]

그런데 공동보조금 방식으로 추진하면 소요재정 부담능력이 없는 자치단체가 많다. 그러다 보면, 중앙지원이 절실한 자치단체는 자기부담금을 마련할 수가 없어 건립대상에서 제외되기 쉽다. 이로써 문화시설 격차는 더 커지고 문화정책은 역진성 문제가 생긴다. 따라서 이 기준은 중앙정부의 문화정책의 지와 정책철학에 따라서 예외적으로 적용될 수도 있다.[18]

결국, 중앙과 지방의 협력 차원에서 적정수준의 문화시설 정책을 추진하고, 정책구상과 추진과 조정관리 업무에 충실해야 한다. 특히 지방자치단체와 문화행정부서가 정부 여러 시설업무와 긴밀하게 협조하여, 파트너십 '계약제정신'으로 일해야 한다. 나아가 평가, 미래지향적 자세, 새로운 정보와 기술의 접목, 문화교류와 적극 연관시켜야 한다.[19]

② 설립과 운영의 분리

이처럼 문화시설에 필요한 국비보조 지원은 국비와 지방비를 동시에 마련할 것을 전제로 이뤄진다. 최근에는 재정한계를 극복하며 시설을 건립하기 위한 대책으로 BTL(build-transfer-lease)방식을 사용한다. BTL이란 민간이 자본을 투자해서 문화시설 등을 건설(build)한 뒤, 정부 또는 지자체에 소유권을 이전(transfer)하고, 민간은 시설임대(lease)를 통해 투자비를 회수하는 방식이다. 예를 들어, 미술관, 박물관, 도서관, 문예회관, 문화센터 등은 정부나 자치단체가 건립하면 사업비 부담이 많고 투자비 회수가 어려워 민자유치를 촉진하는 방법의 하나로 BTL을 장려하고 있다.

---

17 문화시설에 대한 중앙정부의 국고지원 기준은 강화되고 있다. 우선 예산신청 때에 부지, 지방비 확보 여부를 확인하고, 인근에 유사시설이 있는지, 건립 후 운영계획을 수립했는지를 감안하며, 인구대비 시설규모의 적정성 등을 종합 고려하여 지원여부를 결정한다. 그리고 지방비 확보여부를 사전에 확인하고 부지와 지방비가 확보된 사업은 역매칭 방법으로 국고를 지원한다.

18 이 점에서 보면 문화시설 배치기준으로 중요한 재정부담 능력은 문화시설의 지역 간 불균형 극복보다는 재정효율성을 우선 고려한 발상이다. 앞으로는 더 문화적인 애정을 갖고 접근해야 한다.

19 프랑스에서는 중앙과 지방은 재정조율·단순화·활동지원의 역할 강화를 중시한다. 이를 위해 지역문화협의회를 만들고, 정부와 지방자치단체간의 협력 틀을 마련하여 공동투자·다수투자·교차투자와 같은 전략적인 방법을 모색한다. 나아가 문화단체를 더 자율적이고 책임 있게 운영하기 위해 명확한 기준마련, 문화투자의 지속화, '문화시설의 표준화'를 추진하고 있다.

또 다른 방법으로 소규모 문화시설 몇 개를 묶어 하나의 단위사업으로 추진하여 '규모의 경제'와 투자 효율을 달성하는 경우도 있다.[20]

그동안 BTL방식은 도서관이나 체육시설 같은 근린 문화생활에 도움이 될 것으로 생각해 활용했었다. 그러나 문화시설은 BTL시설 건립이나 사업관리체계를 보완해야 할 점들이 생겨났다. 우선, 사업이 사회문화적 측면에서 효율성과 현실성이 있는지, 관련규정, 지자체조례, 콘텐츠 관리 건립 타당성과 사업계획은 잘 되어있는지 충분히 검토해서 선정하고 조정하면서 설립해야 한다.

3. 문화시설 경영의 활성화

문화시설은 건립 못지않게 효율적 경영이 더 중요하므로 '시설을 위한 시설'이 아닌 문화활동 터전으로서 인본주의적 관점에서 운영되는 것이 바람직하다.

창조마당으로서의 문화시설을 인본주의적 관점에서 건립 운영한다는 것은 무슨 뜻인가? 그동안 문화시설은 '국가=국민' 또는 '자치단체=주민'이라는 행정 내지 정책의 틀로 사용해왔다. 문화정책은 이제 정책수혜자로서 1차적인 대상을 소비자에 두고, 좁은 의미의 국민이나 주민을 넘어서야 한다.

인본주의 이념이 배제된 현실적인 문제는 바로 문화시설의 설립과 경영에서 그대로 나타난다.[21] 기초자치단체 단위별로 문화공간이나 공공시설의 난립과 이의 경영난이 문제인 것이다. 인본주의적 관점을 갖지 못한 채 행정권역 안에서만 시설 투자를 반복하고 사람들의 문화활동과 시설을 연계시키는

---

20 연관된 시설을 함께 입주시키는 복합문화공간을 펼칠 경우에는 지방자치단체와 협의와 사전 준비를 거쳐 추진한다. 특히 공연장, 미술관, 도서관, 노인요양시설, 아동보육시설, 주차장을 함께 묶어 문화복지센터 등으로 조성하는 사례가 많다.

21 문화는 인간 활동의 산물이자 증거이다. 그래서 사회 모든 것을 문화자원으로 보고, 인간 활동의 터전이 중요한 정책대상이 된다. 결국 인본주의 공간 정책에서는 자연히 인간 활동을 공간 경영의 중점 대상으로 삼는다. 그래서 보다 구체적으로 시설과 환경을 정책에 일치시키고, 시설만이 아니라 그 시설을 둘러싼 환경에 대해 중시한다. 아울러 모든 종류의 활동을 포괄하고, 여러 활동공간이나 시설을 포함한 곳에서 이뤄지는 여러 활동을 포괄한다. 나아가 생산된 재화 다시 말하면, 여러 가지 문화예술활동의 결과로 생겨나는 가치나 사물을 정책대상에 포함하는 것들이다.

데 소홀했다. 그 결과, 문화시설 이용자들이 많지 않고 시설의 총효용이 낮다.

운용을 잘하지도 못하면서 시설만 마련해 겉멋을 부린다는 비판을 감안해서 경영기법의 도입, 기획운영의 특성화와 개선이 필요하다. 시설을 전시행정 위주로 추진하면 문화수요를 무시한 시설의 대형화와 과잉투자로 이어진다. 다목적시설의 실제 이용률이 낮으므로 반드시 다목적 시설이 필요한 것은 아니다. 운영상 발표기회의 개선, 시설의 적극 개방, 결함방지에 관심을 기울여야 한다. 아울러 시설관리를 전문화하고 담당자의 내부기획력을 높여야 한다. 또한 민간과 제휴하여 문화활동 기회를 넓히고, 가능한 범위에서 수익사업을 해서 자립화를 모색해야 한다.[22]

(1) 경영성과

문화시설을 설립(공급)하고, 운영(서비스)하는 데 어떤 방식이 적합할까? 여러 가지 문제점을 보완하기 위해 공급주체인 정부의 보조를 먼저 고려할 수 있다. 이는 보조하는 정도나 방식에 따라서 다시 몇 가지로 나누어 이념형을 만들어 볼 수 있다.

기본적으로 정부보조는 정부가 만들고 정부가 운영(공설공영)하거나, 민간이 만들고 민간이 운영(민설민영)하는 단선적인 관리방식으로 운영했다. 그러다가 정부가 만들고 민간에 위탁하는 공설민영 방식이 추가되었다. 또한 민간

표 6-2 | 문화시설 설립과 운영의 주체

		설립주체	
		공 공	민 간
운영주체	공 공	공설공영 (공공성 위주)	민설공영 (공공성 관심)
	민 간	공설민영 (수익성 관심)	민설민영 (수익성 위주)

---

22 문화단체·시설들의 자체수입 방법을 다양하게 개발해야 한다. 예를 들면, 시설 일부를 상점, 사무실, 카페, 갤러리 등에 임대한다. 또는 다양한 행사에 대여하며, 건물 벽 광고, 유료 주차장을 만든다. 박물관과 극장 편의점에서 추가재원을 확충한다. 운영비 충당을 위해 문화시설들이 자체 수익활동을 늘려가고 있다.

이 만들고 공공에서 운영하는 민설공영방식(예컨대 BTL사업)으로도 추진하고 있다. 새로운 공공개념의 등장과 함께 문화시설에 대한 기대치와 그에 따른 정책 접근도 다양하게 바뀌고 있다.

정부보조 방식의 선택

서비스를 위해 정부가 보조하는 방식은 크게 세 가지로 나눌 수 있는데 이러한 방식들 사이에는 어떤 차이가 있는 것일까?

우선, 정부가 최소한도 수준으로 관여하고 시장경쟁에 의해 문화서비스가 공급되기를 기대하는 방식이 있다. 이는 문화소비자가 각자 시장에서 스스로의 가치관에 따라 문화활동을 선택하도록 하고 문화시설도 이렇게 공급하는 것이다. 이러한 보조방식은 문화생활이 일상화되어 시장공급이 원활한 수준에 도달해있는 국가들에서 의미 있게 선택될 수 있다.

또한, 소비활동에 대하여 보조하는 방식이 있다. 이는 다시 세 가지로 나누어 볼 수 있다. 공공부문인 지방문화원, 문예회관이 사회문화교육 프로그램을 운영하는 것이다. 또 하나는 의무교육 커리큘럼에 문화예술교육을 하도록 함으로써 문화예술을 일종의 가치재(merit goods)로 도입하는 방식이다. 끝으로, 주민이 문화예술을 당해 지역에서 향유할 수 있도록 시설을 건설하고 유지·관리하는 방식이다. 이 세 가지가 실제로는 함께 섞여서 사용된다.

아울러, 생산자의 생산활동에 보조하는 방식이 있다. 납세자인 주민들의 선호에 관계없이 예술가와 예술단체에 보조금을 교부하는 방식이다. 이 같은 공공부문의 서비스 공급방식 여건에 따라 적합한 방식을 선택할 수 있는데, 소비자 보조방식을 기본적으로 병행해야 한다.

(2) 책임경영

경영효과를 극대화하기 위해서는 시설운영 관련자끼리 역할을 분담해야 한다. 문화시설에 관련된 행정, 기업, 단체들이 폭 넓은 경영을 어떻게 분담할 것인가?

〈표 6-3〉에서 보듯이 행정 측에서는 민의를 존중하고 문화예술단체와 연계하여 조화를 꾀하며 민간의 활력을 활용하는 데 중점을 둔다. 이를 위해

민간위탁 내지 위임방식으로 협력을 전개한다. 문화예술단체는 사회의 다른 단체나 주체들과 개방적인 관계를 유지하면서 소프트웨어를 개발하여 운용·보급하는 주체로서 활동한다. 기업 입장에서는 사회적 참여와 투자활동차원에서 전문성을 지닌 문화예술단체와 연대하여 추진한다.

표 6-3 | 문화시설 경영 역할의 분담

	역 점	정 책	방 안
행 정	민의 존중	정책 주체들과 조화	민간에 위탁
단 체	개방성	소프트웨어 개발	조정 기능의 강화
기 업	전문성	선구적 활동지원의 강화	전문가의 육성, 단체와 연대

① 자율운영, 민영화

문화시설들은 사업을 직접 기획하고 운영에 책임을 진다. 스스로 운영하거나 대관을 병행하는 자율사업으로 운영하는 일은 많지 않다. 그 이유는 기획전문 직원이 적고 사업예산이 적기 때문이다. 다시 말하면, 주로 대관사업 중심으로 운영되며, 직영사업은 직원의 전문성과 자주재정이 뒷받침되는 범위 안에서 효율성을 기대하며 이뤄진다.

한편, 민영화는 문화예술 지출을 민간에 이전시켜 민간으로 하여금 공공지출을 보완해주도록 하려는 것이다. 다시 말하면, 창작활동에 민간을 참여시켜 독창성을 높이려는 것이다. 적어도 이론상으로 문화시설(facilities)과 공공기관(institutions)의 민영화·민간위탁은 문화에 대한 민간 부문의 지원을 많이 끌어낼 수 있는 좋은 방법이다.

그러나 정부중심의 문화예술정책 관행으로 보면 공공책임을 민간에 이전할 때는 창작활동에 개입하려고 하는 관료들이 반대한다. 또한 재정적 불안을 두려워하는 예술가들, 혁신에 부담을 느끼는 예술조직과 문화시설들도 싫어한다. 반대 이유는 민영화로 쉽게 돈벌이나 하고, 덜 위험하고, 상업적인 예술만 대량생산할 것이며, 주민과 거리감이 생기고 창조적 프로그램들은 질식된다는 것이다.

그러나 어려운 사업은 소비자 반응이 없어서 민간업체에게에게 매력적이지 않다. 어찌보면 문화경영과 프로그램은 공공보다 민간경영이 더 유익할 수도 있다. 또한 민영화란 국가가 보증하고(state-endorsed) 보조금이 지급되는 것이다. 더구나 대중수요가 많은 활동, 사회수요가 많은 사업을 추진하므로 특정 문화활동을 민영화하는 것은 문화정책의 민주화를 실현하는 과정이라고 풀이할 수도 있다. 오늘날 활발한 자유시장경제 속에서 문화예술 영역만 정부가 홀로 기획해야 한다고 믿는 것은 비현실적이다.

② 민간위탁

문화시설 경영을 민간에 위탁하여 스스로 원하고 가장 효율적인 것을 선택하는 자율적 분담 방식을 말한다. 이는 다양한 의사결정방법을 사용하는 복수 재원의 가치를 인정하고, 다양한 재원 조달자들이 직면하는 제약을 둘러싼 후원제도를 활용한다는 것이다.[23]

어떤 측면에서 어떤 방식으로 위탁해야 하는가? 이는 다시 말하면 문화재원간의 역할분담 문제이다. 그러나 그동안은 대부분을 정부가 담당하고 일부 특수사업을 민간에 위탁해 왔다. 실제로는 기업과 민간재단이 주로 담당하고 정부가 일부 관여하거나, 정부·기업·재단이 파트너십으로 추진하기도 한다. 이들은 기본적으로 자연스런 경영역할 분담에 바탕을 두고 효율적으로 일하려는 전략이다.

③ 책임경영 방식

문화시설경영에서 어떻게 공공성과 효율성을 조화시키며, 당초 설립목적에 딱 들어맞게 책임지고 운영하여 효율성을 높일 것인가 하는 점이 주요 관심거리이다. 시설경영에서 매니지먼트나 마케팅의 성공 여부를 판단할 때 단지 청중 수 증가나 매출액 증가만을 기준 삼아 평가할 수는 없다. 문화예술시설은 효율성을 위한 내부구조, 경영 방식과 목적 향상과 같은 이른바 '구조적 변화'와 아울러 미적 가치를 제고시키는 데도 주력해야 한다, 특히 여기서

---

23 민간위탁은 자체운영에 비해 좌석 수 규모, 매출액, 연간 총수입액, 평균 수입 분포에서 차이가 난다. 위탁운영 재단은 제작·공연시설이라기보다는 다목적 대관사업을 공공 보조금에 의존하는 빈껍데기에 불과하다고 할 수 있다.

강조할 점은 예술형식의 본질 충실, 사회적 요소 존중, 지식제공, 다른 대체 소비 활동들과의 경쟁에서 밀리지 않아야 한다는 점이다(Njordur Sigurjonsson, 2010).

책임성 제고를 위해 주민 평등 이용의 확보, 시설효용의 최대화, 관리경비의 감축, 안정적으로 관리하는 방식으로 책임운영의 묘를 살리고 있다. 이로서 공평성, 유효성, 경제성, 안정성이 실현되는 것인데, 공공 문화예술시설의 기본적인 사명과 성격상 당연한 것이다. 그러나 자칫 잘못하면 경영에서 경제성(cost down), 효율성(performance up)이라는 가치기준만 찾고 시설의 사명인 공공성이 후퇴할 수도 있다.

일본은 지정관리자제도를 도입(2008)하여 행정중심의 문화시설 건립·서비스를 반성하고 공공성을 강화하며, 문화재단 등에게 관리 위탁방식을 취해 왔던 공공문화시설의 관리방식을 변화시켰다. 공공문화시설의 설치이념, 정책목표, 구체적인 사업 본연의 자세, 그 실행 시스템을 다시 정립하여 추진하는 것이다. 그 결과 주민 서비스 향상, 경비절감, 시설이용 촉진, 문화예술 진흥, 운용효율 개선, 관리운영 체계의 효율화를 이뤘다고 평가받는다. 그럼에도 아직 문화정책연계 부족, 시설 미션의 애매성, 비용효과 불균형이 여전히 문제라고 지적받는다(井口貢, 2011).

(3) 경영거버넌스

문화시설의 역할을 충실히 하려면 해당 시설을 중심으로 다양한 협력체계를 구축해야 한다. 특히 시설, 단체, 관객을 유기적으로 연결시켜 지속 발전해야 한다.

① 예술가 집단과 연결

문화시설은 예술가 집단과 밀접한 관계를 갖는다. 시설이 아무리 훌륭해도 시설을 활용할 예술가, 전문직원, 제작·공연단체가 없으면 '텅 빈 상자'에 불과하다. 한편, 예술단체도 활동거점 시설이 없으면 그 활동기반은 매우 취약하다. 결국, 공공문화시설과 단체는 서로를 기반으로 삼고 이를 어떻게 활성화할 것인가가 중요하다.[24]

공공문화시설과 예술가 집단은 시민문화의 발달, 지역문화의 향상, 예술가의 육성과 같은 공공목적으로 지원을 받는 조직화된 활동주체이다. 결국 문화시설과 예술가집단은 어떤 식으로든 결합해야 한다. 예를 들면, 음악시설은 연주단체와 연계하여 지역의 음악수준 향상을 위해 다양한 프로그램을 수행하는 플랫폼으로 활동한다. 이것은 공연을 매개로 하여 문화시설이나 연주단체 모두에게 효율적이다. 그러나 연극의 경우에는 극단자체가 예술창조단체인 경우 그리 간단하지는 않다. 그렇지만 기본은 같기 때문에 유럽이나 미국의 연극이 공공시설화 되는 경위를 살펴보면서 발전방향을 추론할 수 있다.25

한편, 지역의 문화예술 시설이 커뮤니티 육성을 중심으로 협동하는 것을 생각해 볼 수 있다. 이 경우는 지역에 요구되는 문화예술발전을 위해 문화시설의 이상형을 확립하고 그 이념을 실현하기 위해 필요한 인력·재정·시설의 결합체를 만들어 운영한다.26

생각하건대, 공공문화시설이 지역사회에서 활동하기 위해서는 우선 실현해야 할 목표와 비전을 확실히 하고 그 목표를 실현하기 위해 최적의 경영방식을 선택하지 않으면 안 된다.

② 상주단체와의 협력

문화시설들은 전문예술가들이 항상 머물면서 창작활동에 전념하고 창작역량을 높이도록 상주단체를 두는 경우가 있다. 이 취지는 예술인은 경제적 안정과 창작공간의 상시 활용이 가능하며, 문화시설은 안정적인 공연이나 문

---

24 유럽이나 미국의 공공문화시설은 원래 예술조직으로서 형성되었다. 유럽 오케스트라는 궁중이나 교회에서 활동하는 연주가들을 연주장소에 불러 모아 조직하면서 탄생되었다. 문화시설은 음악가들을 궁정의 봉사자로부터 시민사회 봉사자로 바꾸기 위한 '장치'로서 존재했던 것이다. 연극은 이와 달리 순회공연단으로 활동하다가 근대에 들어서 제도화되었다. 현대사회에서 실험연극이 제도화되어 공공극장이 된 예도 많다. 미국의 지역극장은 1950~60년대에 지역 무대예술 육성과 문화생활을 목적으로 포드재단이 지원 설립한 것이다. 이는 그때까지 도시를 중심으로 활동한 극단이 영화나 TV 출연으로 재정기반이 약해져 재편성되는 과정이었다.

25 유럽의 고전적인 공공문화시설은 경영난 때문에 해체위기에 놓여 있는 독립극단을 유치해서 계약하고 공공 제도화했다. 그러나 이때는 단체결성의 목적이라고 할 수 있는 '실현해야 할 가치'를 추구해야 한다는 조건이 붙는다. 극단에 가치전환을 위한 강력한 리더십이 생겨나지 않는 한 공공화가 간단히 실현될 수 있는 것은 아니었다.

26 미국의 지역극장은 레지던스 시어터 형태로 형성되었다. 일본은 전속 극단 필요 여부에 관계없이 어떤 공공문화시설을 구성하느냐에 따라 좌우된다. 이 때문에 지금 주요 선진국들은 예술과 사회의 만남을 주선하는 아트매니저를 중시하며 이에 대한 논의를 중시하고 있다.

화교육을 펼쳐 시설활용도를 높이려는 것이다. 문화시설의 운영 활성화 방안
으로 많은 나라가 활용하고 있다. 우리나라에서도 대형 국공립공연장은 물론
지역 문화예술시설에 적극 도입·활용하고 있다.

주요 문화시설들은 단체와 컨소시엄을 맺고 파트너십으로 운영한다. 문화
시설은 단체에게 대관 우선권과 비용면제, 사무실과 연습실 제공, 작품 공동
제작의 기회를 제공한다. 한편, 단체는 시설에 대하여 일정한 횟수 이상의 공
연이나 교육기회를 마련해 준다. 이로서 주민의 문화예술 활동기회 증진, 관
객개발, 예술창조역량 제고, 시설 운영 안정화, 문화시설의 전략적 포지셔닝
구축을 기대하고 있다(한국문화예술위원회, 2012: 경기문화재단, 2011).

이러한 상호협력 추진 결과에 대해서는 일정한 기준에 맞춰 평가를 하고
지속유지 여부를 결정한다. 이때 중점 두는 평가 사항은 사업목표와 세부사업
의 적합성, 사업실행 계획과 인적·물적 자원 준비, 사업의지, 협력 리더십 발
휘, 사업 프로그램의 질적인 수준과 마케팅, 파트너십 유지노력, 문화적·사업
적 성과달성 정도, 만족도 수준이다.

③ 종교시설의 문화적 활용

종교는 기본적으로 공공성과 공익을 우선으로 교화하는 문화활동이다. 특
히 종교활동은 역사문화의 보전과 관련된 절, 근대예술의 산실인 기독교, 우
리 정신문화의 뿌리인 향교가 중심체다. 종교단체는 이 같은 사회적 역할에
부응하는 사회문화적 실천의 장이다. 또한 지역사회와 밀접한 관계 또는 청소
년대상의 미래를 창조하는 데도 역할을 한다. 특히, 전통문화의 생활화, 청소
년대상 활동, 창의성을 키우는 활동에도 기여한다. 그 밖에도 현대 지역사회
에서 중요한 NPO협동을 이끌어가는 동원력을 갖고 있다. 이런 관점에서 종교
시설은 사회문화적인 공존(interdependent), 공생(inter-being)의 긍정적인 문화
활동 공간으로서 손색이 없다.

또한 문화예술 측면에서 종교시설은 영화, 연극, 음악, 불교미술, 예술축
제를 바탕으로 문화예술 활성화의 한 축을 담당한다. 또한 수양과 선에 의한
자기개발과 창의력 개발에도 기여한다. 종교시설이 갖는 '장소적 힘'은 일상생
활에서 새로운 문화적 의미가 탄생되고, 경관이 갖는 수려함에 힘입어 문화관

광 자원으로도 인기가 있다. '장소의 힘에서 의미의 탄생'을 이끌어 내는 활동 때문에 자연스럽게 사람과 사람사이의 교감이 이루어져 사회적 자본을 구축한다. 또는, 사회적 약자에 대한 깊은 교감으로 사회윤리의 교범이 되는 시설이다. 특히 사회참가나 현실참가 또는 행동하는 종교활동이 최근에 사회적으로 각광받으면서 종교시설은 더 폭넓은 문화적 활동을 지속한다.

이처럼 '문화창조 거점으로서의 정신적 장소의 힘'을 활용하는 종교시설은 역사·사회·문화적 콘텐츠로 개발하여 활용하는 전략으로 지속 개발해야 한다.27

(4) 경영평가

문화시설은 앞에서 말했듯이 문화정책을 실천하는 장이다. 또한, 문화예술 계승, 창조환경 조성, 고유 문화자원 집적, 문화예술 교류, 시민문화활동 전개, 시민이나 전문가 네트워크 구축, 창조적 전문인력뱅크 역할을 한다. 이러한 역할을 위한 미션, 비전, 목적과 목표 등 경영활동에 대하여 정기적으로 평가하고 있다.

경영평가는 주로 문화시설의 운영과 활동내용에 대해 이뤄진다. 평가 대상이 되는 시설은 문화예술회관, 공공미술관, 국공립 도서관 등이다. 평가하는 내용은 역할 충실, 현실적 주민수요 충족, 경비나 요금의 적절, 주민 만족과 같이 다각도로 이루어진다. 문화시설에 공통된 문제는 규모가 큰 시설들의 유지관리비용, 인건비지출 등이 대부분인데 시설·입장수입의 적정화, 문화시설 관련 전문스탭을 배치 또는 확보, 인재육성, 전문성 등을 평가한다. 이 같은 평가결과는 새로운 운영계획 수립이나 경영의 안정화를 위해 피드백된다.

---

27 유학교육 시설인 향교는 조선시대 지역문화교육 기관으로서 우리 사회문화 정체성에 큰 역할을 해왔다(이홍재, 2022). 특별히 사회교육 기관화, 특화프로그램 운영, 유학행사의 이벤트화, 시설의 관광자원화에 역사적 의미가 있다. 특화 프로그램으로는 예절교육, 동양고전교육, 다양한 형태의 서당교육, 유교문화 특별강좌가 있다. 또한 이벤트화 대상에는 관례(성년식), 전통혼례나 수연(壽宴), 백일장, 향교석전례 행사, 강학례(講學禮) 행사, 향례(享禮) 행사, 선비문화제를 활용할 수 있다. 이를 활용한 프로그램으로 개발가능한 것은 종합 유교교육의 연계, 어린이 교육, 공직자 대상의 충효교실, 유교계승을 위한 심층전문교육, 시조창 교육을 위한 학교, 현대적 서당교육, 지역인물과 사상계승을 위한 전문 학술대회, 청년 대상의 성년식, 향례 소재의 축제 개발, 강학례 소재의 축제 개발, 전통혼례나 수연행사 개발, 체험을 소재로 한 관광자원화, 시설을 소재로 한 관광자원화가 이미 잘 이뤄지고 있거나 앞으로 추진할 수 있다.

① 평가 요소

평가는 문화시설이 종합적인 문화정책 안에서 어떻게 자리하고 목적과 사명을 실현하는가를 점검하는 것이다. 주로 이용률, 입장률, 수지균형을 기준으로 평가하고 수치화하여 알기 쉽고 비교 가능하게 제시한다. 시설이용률은 이용비율을 나타내는데, 목적과 사명에 맞게 이용되고 있는가는 성과가 나타나지 않는다. 다시 말하면, 무엇 때문에 이용되고, 실제로 어떻게 이용되는가에 대한 정성적 평가는 어렵다.

입장률 평가는 시설활용도 측면에서 중요한데, 입장률을 높이기 위한 전략지표로서도 의미가 있다. 이와 관련하여 이용률, 입장자수, 사업의 참가자수를 활용한다(허은영, 2010). 보다 더 구체적으로는 이에 대한 전문가의 평가, 입장률, 입장자의 만족도를 가지고 평가한다. 즉, 이용률과 입장률을 평가지표의 기본으로 하고 있지만, 공급과 수요의 정량적 지표뿐만 아니라, 다양한 평가 주체에 의한 정성적 지표를 사용하여 평가한다.[28]

수지균형이란 수입과 지출의 비교인데, 경영 측면의 성과로서 특히 문화시설의 관리운영에 있어서 예산과목은 여러 갈래에 걸쳐 있어서 개개의 지출과 수입 과목이 전부 적용되기는 어렵다. 따라서 수지균형만을 가지고 어떤 예산과목은 효율적이며, 어떻게 개선할 수 있을지를 파악하기는 쉽지 않다.[29]

② 평가 유의 사항

문화시설 경영평가 때 평가의 이념, 전략은 중요하다. 또한 평가에서 주의해야 할 사항이 있다. 기본적으로는 대개 종합 경영성과 항목으로서 달성도, 효율성, 필요성, 형평성을 평가한다. 여기에서 달성도는 이용률, 효율성은 사업

---

28 평가지표 수가 몇 개인가 하는 점도 평가의 질을 높이는 데 중요하다. 대개 가급적 많은 지표를 계량적으로 측정하려 한다. 일본의 문화시설 평가는 기본적인 항목을 최소한도로 선정하여 비교하여 평가한다. 대개 이용률을 지표로 사용하는데 이는 연간 이용 가능 일수에 대한 이용 일수의 비율을 말한다. 또는 입장률로서 시설 정원수에 대한 입장자수의 비율을 쓴다.

29 일찍이 국립중앙미술관 무료입장을 실시한 스웨덴(2005)은 관람객수가 증가했고, 관람객 평균 지출은 감소했으나 기념품 매출은 증가했었다. 대부분의 다른 미술관이 이에 동참했으나 조직 변화, 추가적인 운영비용 증가, 정부예산 의존도 증가, 서비스 감소 때문에 유료화에 대한 논란이 다시 이는 등 어떤 관점으로 평가하느냐에 따른 정책혼란을 가져온 바가 있다(Katja Lindqvist, 2007). 실험적으로 도입했던 우리나라는 중단했는데, 인내심을 가지고 다각적으로 지속운영해 보지 않은 아쉬움이 남는다.

비 대비 위탁비 비율, 필요성은 운영방침과 사회적 역할, 공평성은 사용료와 수익자부담 방식을 항목으로 선정하여 평가한다. 한편, 문화사업의 달성도는 입장률, 효율성에 관한 보조금액, 필요성에 관한 사업방침과 주민의 요구, 공평성에 관한 홍보도 아울러 평가한다. 공공문화시설 운영주체가 자발적으로, 목적과 사명을 명확하게 하면서 정확하고 확실한 평가방법을 찾아야 한다.[30]

또한, 문화시설 자체뿐만 아니라 사회적 파급영향도 평가해야 한다. 다시 말하면, 직접적인 수요공급뿐만 아니라 설비, 관리운영, 사업의 다양한 파급효과도 성과로 보고 평가하는 것이 바람직하다.[31] 나아가, 경영목적과 비영리목적, 지역 내 이용자와 지역외의 이용자, 문화예술 이용과 그 이외의 이용 등 이용된 방법을 분석하고, 이용 비율을 검증할 수 있어야 한다. 또한 입장자에 대해서도 개개 사업별로 성별·연령·소재지별로 경향이 다르므로 잘 평가하여 수요 공급관계를 상세하게 검증할 수 있어야 한다. 이러한 이용자와 입장자의 만족도 파악은 정량적 평가보다는 정성적인 평가도 병행하여 이용자 동향을 예측하는 데이터로 활용해야 한다.

③ 평가의 형식화 방지

4차산업혁명 기술이 예술경영에 활용되는 전환기를 거치면서 경영데이터 정보의 활용이 매우 중요해졌다. 문화예술 시설이나 경영 평가는 이같은 데이터자본으로서 경영개선에 결정적인 빅데이터로 활용되도록 만들어야 한다. 실제로 평가는 경영개선에 기여했고, 컨설팅 효과가 높아지는 등 긍정적인 기여가 많아졌다. 그런데 어느덧 '평가제도 피로감'이나, '평가의 형식화'로 빠져드는 느낌이 든다. 이는 평가결과를 인센티브 성과로 활용하여 부담이 되기 때

---

30 시설평가에 창조적 경영개념을 적용하기 위해 문화시설을 평가한다. 정책평가는 주로 정책에 관심을 갖는 데 비해 관리평가는 집행조직의 효율화에 관심을 둔다. 이때 문화시설을 공공기능 수행의 경영체로 보고 민간 경영원리를 적용하려는 것이다. 구체적으로는, 실적을 파악하고, 경영효율 향상이나 대민서비스 만족도를 높이는지 파악한다. 의회는 이를 행정통제 수단으로서 쓴다. 이 같은 신관리주의관점은 딱히 평가만이 아니라 정책형성에 참가, 세원·인력·정보 같은 자원을 효과적으로 활용해서 문화정책 실현을 위한 경영전략 개발에 사용한 것으로 본다.

31 예를 들어 지역에서 문화활동 단체 수, 참가자 수, 활동 빈도수가 어떻게 변화하고 있는가를 볼 수 있다. 또한 학교교육, 생애학습, 커뮤니티, 국제교류, 자원봉사 활동이라는 측면에서도 같은 변화를 발견할 수 있다. 더구나 문화관광과 같은 서비스업 분야에까지 미치는 경제파급효과도 평가할 수 있다.

문인데, 평가형식화를 가져오는 요인의 하나로 굳어지고 있다.

평가에 대한 과도한 기대와 평가과정에서 내부평가의 부풀림, 자료의 신뢰성과 질문지의 중앙집중화에 주의해야 한다. 이는 평가 성과목표치를 일부러 낮게 설정하고(톱니효과, ratchet effect), 근시안적인 목표를 제시하며(myopia), 측정하기 쉽고 달성하기 쉬운 목표를 중심으로 일하기(터널현상, tunnel effect) 때문이다. 특히, 비용과 효과에 대한 평가가 애매하다. 문화예술성, 재정건전성, 공간활용성에 대한 평가가 형식화되면서 맹목적인 비용 절감과 기능 쇠퇴에 대한 회계적 기준으로 평가되고 있다(이흥재, 2006).

이러한 만성적 피로 누적을 털어내고, 형식화의 악순환을 끊고, 형식화 요인을 극복해 목표달성에 도움이 되도록 평가항목을 재점검해야 한다. 창작, 보급, 생활문화복지와 같은 문화시설 고유의 미션은 기관의 방향이자 직원들의 업무자부심이므로 이를 잘 정립해야 한다. 따라서 단기성과 중심보다는 미션이 명확하고 미션기반으로 운영되는지 평가해야 한다. 또한 평가를 위한 평가보다 는 업무향상에 실제 도움되도록 평가해야 한다. 나아가 기관 구성원들이 자체평가 과정에서 상호 커뮤니케이션을 하고, 결과로 나타난 문제점을 시정해야 한다. 끝으로, 지자체는 평가결과를 시설경영 개입이나 대표책임 추궁 명분으로 악용하지 않아야 한다.

Chapter 7

지역문화의 창조와 발전

1. 지역문화자원의 창조경영

(1) 자원기반 지역창조

지역의 문화자원이란 지역이 갖고 있는 유형무형의 정신적 활동의 산물로서 사회적으로 운용 가능한 것을 말한다. 이를 넓게 보면, 특정 지역사회에서 문화를 재생산하는 문화 환경시스템을 일컫는다.

지역의 문화자원을 학문적으로 접근하면 문화자본과 경제학, 또는 사회학적 관점과 서로 연결된다. 이 점에서 유무형의 문화재나 문화활동 성과를 마을 만들기나 문화관광에 활용하기도 한다.

문화자원을 바탕으로 이뤄지는 각종 '제도화된 인적·조직적 네트워크'는 지역문화를 구성하는 환경시스템이다. 생활양식, 전통예능과 같은 지역문화자원은 축제나 예술행사로 전승되면서 그 지역사회 활동의 기축으로 작용해온 것이다. 이러한 문화자원은 지역문화적 가치를 갖고 부가가치를 높이는 데 기여할 수 있도록 문화시스템적 관점에서 중요하게 다룬다. 이 같은 문화자원들은 개별적으로 존재하기보다는 창조적으로 상호연관을 지어 지역사회 전체 구조에서 지역 통합적인 관점으로 문화정책에 연결된다(井口貢, 2011).[1] 주로 박물관, 공연장, 공연시설, 미술관, 예술거리, 예술공원, 시민운동, 축제, 퍼레이드, 페스티벌, 문화유산, 전통문화, 관광, 문화프로젝트 등이 주요자원으로써 매우 폭넓게 활용된다(Carl Grodach, Anastasia Loukaitou-sideris, 2007).[2]

지역 문화자원은 또한 지역 내 전문인력과 연결하면서 다양한 사회문화 활동으로 전개된다. 예를 들면 생활문화, 복지, 산업, 문화 종사자들을 횡적으로 연결시키는 지역정책을 추진하면서 창조성 기반을 구축하여 문화경제적인 가치창조활동을 활발하게 추진한다(富本眞理子, 2009).

이와 같은 창조성 기반 가치창조 활동은 계획, 제도, 사회운동으로 전개되면서 지역사회 속의 주민 문화의식을 새롭게 가다듬는다. 뿐만 아니라 문화경제적 활동을 지속하면서 지역사회의 문화자본(cultural capital)을 구축하게 된다. 이는 경제적 자본과는 달리, 사람과 사람 또는 사람과 장소와의 상호관계에 의해 생겨나는 지역문화자본을 축적하는 순환활동으로, 특히 지역사회에서 직접적인 효과를 낸다(이홍재, 2013).

이러한 문화자본의 축적은 최근에 중시되고 있는데, 주민이 주체적으로 참여하는 문화정책으로 전개하면서 지역의 사회적 자본을 강화하고 의미 있는 소프트기반을 정비한다. 이로서 해당 지역은 단지 문화자본 소비뿐만 아니라, 개성 있는 클러스터로 구축되며 재투자가 이뤄지는 등 지역활성화로 이어진다(井口貢, 2011).

창조적 지역문화경영

문화자원 가운데 특히 예술적 성과를 사회에 연결시켜 사회적으로 운용하는 것을 문화경영이라고 부를 수 있겠다. 이는 예술경영보다는 광범위한 것

---

1 예를 들어 연극을 소재로 활용하여 지역문화 발전을 꾀하고, 전통가옥을 관광자원으로 활용하며, 이를 추진하는 과정에서 사회자본을 정비하고, 문화관광으로 국제적인 지명도를 높이는데 기여할 수 있다.

2 성공한 사례로는 뉴저지 공연예술센터, 빌바오 구겐하임미술관, 샌프란시스코 에바뷰에나센터, 온타리오 아트갤러리, 더블린 템플바, 댈러스 예술지구, 볼티모어 아트스케이프, 뉴올리언즈 재즈페스티벌, 시카고 필드박물관, 뉴욕 링컨센터, 로스앤젤리스 음악센터, 새너제이 기술혁신 박물관, 뉴욕 소호, 시카고 워커공원, 샌프란시스코 소마, 로스앤젤리스 반스달예술공원, 시카고 리틀블랙펄워크숍, 세인트루이스 루이스앤락클락축제, 새너제이 게이프라이드퍼레이드, 오클랜드 아트앤소울페스티벌을 들 수 있다(Carl Grodach, Anastasia Loukaitou- sideris, 2007).

으로서 상위개념으로 쓰인다(Deborah Stevenson et al, 2010).

이를 지역에 적용한 것이 지역문화경영 개념이다. 이 전략은 글로벌화, 산업구조 고도화, 도시재생, 커뮤니티, 복지정책, 문화정책의 역진성 해소 등 지역의 다양한 수요에 따른 것이다. 다양한 환경변화에 맞춰 생겨난 정책들과 달리 지역의 인적자본, 문화적 자본을 바탕으로 사회적 자본(social capital)을 키운다는 점에서 보다 적극적인 지역경영 개념이다. 이 같은 접근은 지역문화 정책과 협동적 공진화 전략으로 추진하면서 지역의 문화활성화와 지역경영의 활성화를 동시에 거둘 수 있을 것으로 기대된다(이흥재, 2013).

최근 지역경제가 어려워져 문화를 바탕으로 한 산업경제가 마치 '재정혼란의 구세주'처럼 등장하여 창조성자체 보다 부가가치에 중점을 두고 논의된다. 창조성이 지역경제를 활성화시키는 것은 사실이나 정치성, 위험성이 내재되어 있다. 따라서 혁신을 이루는 지역경영에 적용할 때는 신중하게 접근할 필요가 있다(Nick Wilson, 2010). 오히려 창조성의 공동사고, 대화, 노력의 공유와 같은 사회적 측면을 더 강조하는 것이 지역에서는 바람직하다. 그리하여 개인의 창조성을 실현시키는 지역사회적 조건을 갖춰 개인들 사이에서 활발히 작용하도록 하는 것이 바람직하다. 이 같은 지역사회 안에서 창조성의 집단적 관계성을 바탕으로 한 문화경영에 지역문화자원 활용의 가능성이 크다고 본다.[3]

(2) 문화예술 육성

지역은 그동안 문화정책에서 기본적인 전통문화는 물론 다양한 예술양식의 발전에 힘써왔다. 이는 어느 나라에서나 지역단위 문화정책이 추구하는 기본 역할이다.[4] 이를 바탕으로 지역선도예술(leading art)을 마련하고 있다.

먼저, 전승과 발전을 위해 어떠한 사업을 주로 추진해야 하는가? 우선 지역의 고유한 문화유산을 보호해야 한다. 매장문화재나 역사적 건조물의 파손

---

3 사회적 창조성을 지역 안에서 발전시키기 위해서는 창조성과의 관계 파악, 공동 창조와 나눔, 전문지식, 사회경제적인 잠재 영향 파악 등이 중요하다(Nick Wilson, 2010).

4 NEA도 지원목표 가운데 하나로 국가 문화유산 보존을 강조하고 있다. 이를 위해 중요 예술작품이나 문화유물, 예술 수집품을 보존하거나 기록해 둔다. 또한, 미국의 정체성을 이루는 수많은 문화전통을 반영하는 예술적 표현, 관련 예술가들을 지원·장려·소개한다.

과 도난을 막고 전통적인 민속행사를 보존하며, 특히 인구과소지역의 국보나 주요 문화재에 대한 방재 대책을 강화해야 한다. 또한, 문화유산 교류를 활성화해야 한다. 우선 문화유산의 국제교류는 물론 남북 간 교류, 지역 간 교류에도 힘써야 한다.

또한, 지역에 전해 내려오는 전통문화를 창조적으로 재발견해야 한다. 지역의 전통문화, 역사적 건물, 사적, 전통공예 등이 갖는 가치를 적극 발견하고 활용하여 지역문화정체성 찾기로 추진해야 한다. 이를 위해 근대화과정에서 역사적 의미가 큰 근대문화유산을 조사하여 기존 문화재보호 관련 제도의 일부로 다뤄 일관성 있게 관리해야 할 것이다. 이러한 정책은 국토개발, 기술혁신, 지능정보화, 생활양식의 변화, 지역마케팅 전략 차원에 맞춰 진행해야 할 것이다.

이러한 사업을 추진할 때 대규모 시설의 건립주체와 지역문화유산 보존 사이에 정책적 마찰이 생긴다. 이때 문화보존을 최우선에 두고 정책을 추진하도록 유의해야 한다. 또한 산업단지 등에 별도 시설을 건립할 때도 신규시설에 대한 문화영향평가를 엄격히 해야 할 것이다.

또한 문화자원의 데이터를 자본화하고 아카이브를 구축하며 우수한 전통문화상품을 현대적인 감각으로 만들고 있다. 아울러, 디지털 시대에 걸맞게 우리문화의 원형을 정보매체를 통해 디지털화하여 서비스함으로써 지역문화의 산업화·국제화에도 도움이 되게 해야 할 것이다.

리딩아트 육성

지역 문화예술정책은 전통보전 못지않게 지역을 이끌어 갈 새로운 리딩아트 육성에 힘을 쏟아야 한다. 이 활동은 지역의 문화적 정체성을 이어가면서 동시에 새로운 미래를 이끌어 가는 지역원동력으로서 여러 가지 파생효과를 가져온다. 지역은 어떤 문화콘텐츠를, 어떻게 육성해서, 어떤 효과를 거둬야 하는가?

우선, 지역 정체성을 살릴 수 있는 문화예술을 집중 육성하여 브랜드화하면서 지역을 마케팅할 수 있다. 관련 프로그램을 지속적으로 전달함으로써 구심적 커뮤니케이션 효과를 얻는다. 이 같은 지역홍보를 바탕으로 지역상품의 홍보와 지역 활성화에 기여한다. 또한 주민들이 체험하기 어려운 문화예술을 소개하여 주민들의 사회교육 효과를 거둔다. 지역에서 문화행사를 펼치면 주민들이 관심을 갖고 지역문화에 대해 애정을 갖는데, 이는 비가시적인 효과로 보이지만 실제로는 반응이 대단한 것을 알 수 있다. 특히, 청소년들을 위한 문화행사의 교육적 효과는 매우 크다.[5]

(3) 맞춤프로젝트 경영

지역의 문화프로젝트나 문화행사는 지역가치에 부가되는 공공자산이다. 특히, 문화행사를 대표하는 축제는 짧은 기간에 지역의 모든 것을 압축적으로 보여줄 수 있어서 문화정책적 역할을 기대할 수 있다. 지역축제는 문화, 경제, 사회, 교육 측면에서 크게 기여한다. 지역문화콘텐츠 바탕의 축제는 경제적인 측면에서는 지역의 위신을 대내외에 세워주고, 주변 비즈니스를 유발시키며, 실질적 이점을 남겨 주는 창조관광(creative tourism)자원으로 활용된다.

① 지역 가치 부가

또한 문화적으로는 후손들에게 유산으로 남고 다른 문화예술 발달에도 영향을 미친다. 그 밖에 각종 행사 기획력의 증대, 무대기술의 발달은 물론 지역 문화콘텐츠산업으로 활용된다. 지역주민들이 참여하여 일상생활과는 다른 광범위한 체험기회를 맛보며 예술과 교감하고, 참여자들에게는 기쁨을 증대시켜 주민들의 삶의 질을 높여준다. 특히 청소년들에게 예술 감상 능력과 감수성 훈련기회를 주는 교육에 공헌한다. 사회적으로는 지역이미지를 높이며, 관련 인프라를 조성하거나, 지역계획과도 연계하면서 시설을 확충하게 된다.

---

5 이를 위해 지역 문화자원을 활용해 행사를 열면서 필요한 정보를 수집·축적한다. 이 같은 조사연구는 행사의 성격과 내용에 따라 새로운 기술적인 정보를 축적하고 전달할 기회를 갖는다. 유사지역에 관한 정보를 수집하고, 국제적인 활동으로 연결하여, 글로벌시대의 문화, 산업, 기술 교류수단으로 추진하여 다양한 문화교류 효과를 이룰 수 있다.

표 7-1 │ 문화행사의 지역 가치 부가

	긍정적 효과	문제 유발
경제적 측면	• 지역소득 증가 • 고용창출 • 지역 활성화의 계기	• 관광유치 실패하면 경제 손실 • 비용의 대체기회 상실 • 기간 중 물가에 영향
관광 측면	• 관광목적지로서의 지명도 상승 • 숙박시설과 관광매력의 증대	• 시설운영 실수, 바가지가격 형성시 나쁜 이미지
물리, 환경적 측면	• 신규 시설 증가 • 지역 인프라 개선 • 문화유산 보전	• 생태계 파괴 • 유산 파괴 • 교통 혼잡
사회 문화적 측면	• 지역문화의 정체성 • 관련 지역이익의 지속적 증가 기회 • 관련 사회문화 활동의 증가 • 지역의 가치관과 전통의 강화	• 개인 활동의 상업화 • 관광중심의 행사로 변질 우려 • 지역사회의 혼란
사회 심리적 측면	• 지역 자긍심과 공동체 정신 증가 • 외부지역의 평가에 예민해짐	• 주민과 관광객간의 갈등 • 문화적 충격
정치 행정적 측면	• 지역의 국제화와 지역 간 교류 기회 • 문화행사 기획능력 향상	• 지역정치에 악용

② 문화행사의 경영

문화행사는 목적과 유형에 따라 매우 다양하지만 대개 운영주체가 다양하거나, 미션이 애매할 수 있으나(久木元拓, 2009), 문화예술 중심으로 품격 있게 경영할 수 있다. 가장 흔히 개최하는 지역특산품 축제에도 문화이벤트를 가미함으로써 특산품 브랜드화와 판로 확대는 물론 다양한 문화향유 기회 제공에 기여한다. 또한 지역자원을 활용한 축제는 연관 기업의 참여로 산업·업종끼리 교류 기회를 마련하며, '지역밀착형 관광'산업 발전은 물론 관광지만들기 사업에 계기를 마련해 준다. 나아가 지역의 이미지를 살려 지역 마케팅 효과를 거둔다. 그 밖에도 행사주최와 관련한 건설비, 운용비, 공공사업비 지출 같은 직접적인 소득효과도 발생한다. 참가자들의 입장료, 관람료, 음식비, 숙박비, 교통비, 현지 판매를 통한 매출도 지역경제에 적지 않은 소득을 가져다 준다.[6]

이러한 관점에서 지역문화 행사는 각종 경영전략을 적절히 구사하고 지역 특화된 문화사업으로 추진해야 한다. 관련 단체의 네트워크에 의한 문화협동적 참여도 유도해야 한다. 또한 집행소요 예산의 자립구조를 만들어야 하며, 이를 위해 수익사업을 추가하고 기념품을 개발하여 상품화하며, 다양한 형태의 입장권을 발매하여 활용한다.

표 7-2 | 문화행사 고려 요소

	고려 요소
개 념	명칭, 테마, 기본 개념
시 기	시기, 예상 참여자 수, 장소, 주최
조 직	후원, 협찬, 협력, 조직
장 소	개요, 설계, 전체구성, 가로이미지, 동선, 설비, 가설물, 행렬의 진행로, 야경연출
전 시	개요, 설계, 실내구성, 영상, 전시물의 주제, 특수장치, 기기
행 사	개요, 구상, 시각매체, 내용, 출연자, 스텝, 연출구성, 미술, 장식, 음악, 조명, 영상계획, 가로장치물, 관객시설, 특수기기
홍 보	개요, 전략, 용품제작, 대중광고, 인쇄물, 옥외광고, 언론매체, 관련행사, 동원대책, 캠페인, 교통수송
운 영	정보, 명령지휘체계, 계통조직도, 임원진 확보, 출연진의 계약, 발주 계약, 저작권 법률, 교육프로그램, 오리엔테이션
예 산	수입내용, 지출내용, 관리형식, 출판재료

(4) 전환기 지역문화 정책

지역의 문화는 인구, 기술, 환경의 영향을 받아 출렁이며 파도치는 일이 많았다. 인구감소, 고령화와 더불어 코로나19 충격도 지역에서는 쓰나미로 바뀐다. 기술변화와 함께 사회문화적 전환기를 거치며 지역사회의 문화정책 기

---

6 문화행사의 경제파급 효과를 단순히 소득이나 고용을 창출한다는 관점보다 예술의 공공재 성격과 함께 논의하면 더 많은 의미를 찾을 수 있다. 축제는 이를 보조하는 정부·기업후원자들이 확실히 이익을 얻는다는 확신을 주고, 예술과 지역경제 사이에 돈이 어떻게 흐르는지 정보를 주고, 예술이 경제와 지역사회의 세수 기반을 강화하는 점을 설명한다(이흥재, 2002).

조가 바뀌고 있다. 지역 문화자원의 계발·창조·순환으로 사회경제 또는 공공가치를 창출하는 데에 비중을 늘리고 있다. 이들을 위해서 횡단 종합적인 문화예술활동을 추진하고, 문화예술단체의 문화전략도 고도화하고 있다.

이에 따라 지역의 문화자원, 인력, 기술융합에 중점을 두며 지역활성화를 이끌어가도록 감축관리 지역재생, 다양한 지원 플랫폼을 구축한다. 나아가 전략적 문화흐름을 체계화하여 국제, 쌍방향, 젊은예술가 소통, 콘텐츠 브랜드화 전략을 개발하고 있다.

지역문화정책 추진기반으로 '모두를 위한 모두의 문화활동', 다원적·지속적인 펀딩 시스템 구축, 융합가능한 문화행정 연계를 정책수단으로 우선시하고 있다. 전환기 정책수요로 주목을 받는 사회정책의 문화정책적 보완(형평, 복지, 배려), 소비자와 생산자의 공진화, 비정규직 보호, 규제의 새로운 접근을 추가로 보완하고 있다. 이를 위해 정부 역할도 중심에 서서 주도하던 것은 과감하게 벗어나 '정부활성자' 개념으로 접근하며, 민간의 창의력과 어떤 방식으로든 접목해야 한다.

전환기 대응전략은 문화적 동원을 늘려 유산과 지식에 대한 접근 가능성, 문화부분의 경제적 재정적 지속가능성 모색을 증가해야 한다. 아울러. 모니터링, 영향데이터 분석, 문화권의 보호 증진, 지속가능한 개발을 위한 협력 연대, 새로운 충동, 미래의 문화활동을 상상하는 일도 새롭게 추가한다.

코로나19 집단감염병 쇼크를 거친 우리는 이제 '건강문화도시'에 대한 관심, 건강한 도시와 지역사회 만들기에 정책적 배려를 늘려야 한다. 지역사회의 보건 시스템의 문화적 약점을 평가 보완하고, '생명공동체 도시문화정책'으로 질병 위험을 최소화한다. 이를 위해 문화서비스 접근 전략으로 지역사회 스트레스 절감, 취약계층 예방 매커니즘, 도시 기후변화 대응, 사회단체 간 갈등조절, 도시문화와 자연생태계 접목정책을 전개한다. 시민들의 신체적 힐빙(다이어트, 영양위생, 운동, 신체활동)과 정신적 힐빙(정서적 사회환경적), 커뮤니티의 건강성을 확보하는 방향으로 나아가야 한다. 문화시설이나 단체들도 힐빙 시민문화 전략의 압축적 전개, 문화에너지 이니셔티브를 모색하고 구축하는 창의적 예술경영 방법을 모색해야 한다. 사회적 거리두기로 예술가와 청중 모두에게 추가비용이 들어갔으나, 이제는 문화예술 가치 재점검 후, 저가로 인적 연결가능한 창의적인 방법을 모색해야 한다.

지역주민 대상의 문화공동체 활동으로 건강한 사회문화 변화를 주도하는 일은 사회시스템 실패나 성공에 대한 통찰력 부족을 보완하는 접근으로 나아가야 한다. 예술이 건강하고 통합적인 지역사회를 만드는 데 기여하며, 시민들의 힐빙에 긍정적인 영향을 주는 문화공동체 활동을 늘려야 한다. 문화는 사회의 접착제로서 공동체를 하나로 묶어내고 끊임없이 진화하여 사회변화 이끌어 낸다. 따라서 이해관계자가 보다 더 탄력적이고 포용적인 세상을 만드는 방법에 대하여 공감하고, 창의적으로 생각하도록 문화활동과 교육에 참여시켜야 한다. 예술은 공감을 교육하고 만들며, 공감은 사회를 변화시키는 도화선이 되도록 해야 한다.

2. 문화도시와 문화마케팅

(1) 문화도시

문화도시 시스템을 갖추는 것은 대도시 자치단체가 열망하는 바람직한 모습이다. 도시는 원래 여러 사람이 살고(다양성), 각 개성이 존중되고(독립성), 여러 형태로 생활하고(분산성), 같은 공간에서 커뮤니케이션을 이루어 가는(집약성), 애매성에 대한 이해 폭이 넓은(관용성) 삶들이 모여진 곳이다(久木元拓, 2009). 이러한 도시에서 인간의 자유로운 창조활동을 바탕으로 문화와 산업에서 창조적·혁신적이며 유연한 사회경제 시스템을 갖춘 도시를 지향한다.

문화도시의 논리는 문화예술 활동이 갖는 창의성에 착안해서 출발한다. 다시 말하면, 개인의 창조성 발현을 지역사회로 확산시켜 발전시키는 것이다. 이를 위해서는 도시환경의 창조여건을 준비해야 한다. 우선 자유롭게 창조적으로 문화활동을 하고, 문화인프라를 충실하게 갖추며, 혁신을 통해 발전적인 산업을 키워야 한다. 또한, 해결 곤란한 도시문제에 대응하는 창조적 문제해결능력을 키우고, 그에 부가해서 기존 시스템을 바꾸는 활동이다. 이러한 창조성의 논리를 '문화적 개체화의 단위'인 도시에 적용하여 새롭게 가꾸는 것이다.

이렇게 해서 만들어진 문화도시는 점차 문화적으로 축적·전달·교류되며 창조적인 부가기능을 갖는다. 산업경제적으로는 '돈이 최고'였던 도시가 '사람의 창조성을 높이 사는' 시스템으로 바뀌는 것이다. 나아가 사회적으로는 문화를 통해 사회를 고도화시키고, 풍부한 문화예술 활동에 충실한 지역으로 만들며, 인간적 감성이 풍부한 안식처로 도시사회를 바꿔가는 것이다.[7]

문화도시 정책은 그동안 중앙정부가 주도하면서 지역을 문화적인 도시로 만들어 가려는 목적을 지녔다. 여기에 정치적 입김이 끼어들면서 지속적이고 철학있는 도시정책으로 이어지지 못한 아쉬움이 크다. 지역이 스스로 만들고 부족한 것을 채워나가기보다는 중앙정부 지원을 받아 지역경쟁력을 키워나가는 경쟁으로 나가고 있다. [8]

① 문화도시의 경쟁력

문화도시를 지향하는 관점에서는 우선 도시가 새롭게 혁신(dynamic innovation)되고, 문화예술과 기술을 다양하게 융합시켜, 도시 안에서 창조적으로 활동하는 직업이 늘어나기를 기대한다.

연구자들은 각기 조금씩 다른 관점에서 문화도시 경쟁력의 원천을 찾고 있다. 제이콥스(Jacobs, 1984)는 도시의 자생적 발전과 혁신, 대응력을 바탕으로 경제적 자기조절력이 중요하다고 본다. 랜드리(Landry, 2005)는 문화예술의 창조적 잠재력을 바탕으로 도시가 고유한 창조환경을 갖춰야 한다고 하는 관점을 강조한다. 플로리다(Florida)는 창조집단층(creative class)이 활동하기 알맞은 환경을 갖추고 다양성이 보장되는 도시를 만들어간다고 하면서 창조계급층의 역할을 중요시 하고 있다. 그런데 창조계급에 대한 지나친 강조는 지나치게 정치적 관점에서 논의하다 보니 다른 관점에서 비판을 받고 있다(Jim McGuian, 2009). 사사키 마사유키(佐々木雅幸)는 문화예술을 바탕으로 창조적인 시민활동과 산업에 바탕을 둔 세계적 역량을 갖춘 도시를 중요시한다.

---

7 이탈리아의 볼로냐, 일본의 가나자와의 도시계획은 대부분 '창조도시론'에 바탕을 두고 추진되고 있다. 이 같은 창조도시론의 논리는 러스킨의 예술경제학, 모리스의 예술공예운동론, 루이스 멈포드의 '도시의 문화'에 바탕을 둔 것으로 본다.
8 문화부의 문화도시 정책은 여러 목적으로 추진되어 왔다. 예를 들어 지역거점 도시 조성, 동아시아 문화도시, 문화 특화지역 조성, 문화적 도시재생, 법정 문화도시 조성과 같은 정책으로 바뀌면서 정치적 성향으로 일관성 없이 이뤄졌다.

플로리다는 창조성이 도시경제발전에 요소임을 주장하고 창조경제(creative economy)개념을 쓴다. 이 개념의 키워드는 '문화산업'과 '창조산업'이다. 여기서 문화산업은 고용, 경제성장, 도시정체성을 위하여 문화와 산업을 고려해야 한다고 말한다. 또한 창조산업은 문화산업의 일부분으로서 "재화와 용역이 예술과 창조적 생산의 필수요소를 담고 있어야 하며 건축, 광고와 같은 활동을 포함하는 경제사회발전의 중요 요소의 하나"라고 정의되고 있다. 이에 대해 산업화에 의해 도시가 발전되었고 결과적으로 이를 문화도시라는 이름으로 부를 뿐이라는 비판도 있다(Jim McGuian, 2009).

문화도시를 추진하는 도시들은 우선 창조리더의 활동 여건을 갖추고, 관련된 일자리를 만들고, 도시의 내재적 특징을 살려 도시발전의 축으로 삼는 지역문화발전 전략으로 받아들이는 것이 바람직하다. 문화도시 논의 들은 이러한 맥락에서 인접 분야와 융합 확장되고 있다고 보아야 한다.

② 경쟁력 있는 문화도시 전략

문화개발을 위한 도시개발을 어떻게 수립·운영할 것인지에 대한 전략적인 접근 논의에서 기업가형(entrepreneural), 창조계급형(creative class), 진보형(progressive) 유형으로 나눠 목적, 프로젝트나 프로그램의 종류, 지리적 주안점, 대상층을 구분한다(Carl Grodach, Anastasia Loukaitou- sideris, 2007). 여기에서 기업가형은 이미지를 통한 경제성장을 위해 문화프로젝트와 이벤트를 주력으로 하며 시내 중요지역에 초점을 두고 관광객이나 부유층을 대상으로 펼친다. 창조계급 전략은 삶의 질과 편의시설을 통한 성장을 목표로 예술과 엔터테인먼트를 바탕으로 중심도시 또는 역사문화도시에서 이뤄지는 실거주자 대상의 전략으로 유효하다. 진보적 전략은 예술교육과 지방문화발전을 목적으로 예술센터나 교육프로그램을 개발하며, 빈민지역의 서비스가 충분하지 못한 층을 대상으로 펼치는 전략이다. 각각의 전략에 대해서는 경제몰입 정도, 문화가치의 존중 여부, 대상층의 차이에 대한 논리 또는 구조적 한계가 엄연히 존재하므로 신중하게 접근할 필요가 있다.

결국, 문화도시가 경쟁력 있는 도시문화 전략을 추진하려면 문화도시에 알맞는 전제조건을 충족하여 체계적으로 진행해야 한다. 무엇을 고려해야 할까?

우선, 문화도시 시스템을 갖춰야 한다. 예술가와 과학자가 자유롭게 활동을 하고, 근로자나 문화예술직 종사자들이 자기 능력껏 유연하게 일하며, 자기혁신능력을 키우도록 시스템을 갖춰야 한다.

이를 위해, 관련 문화 인프라를 만들고 적극 활용해야 한다. 예를 들면, 과학과 예술의 창조성을 지탱하는 대학이나 연구기관, 공연장, 도서관 같은 문화시설을 정비해야 한다.[9] 보다 중요한 것은 문화 관련 중소기업을 활성화하고, 신규 창업을 쉽게 할 수 있도록 하고, 비영리단체들을 활성화하여 '창조의 마당'을 풍부하게 만들어야 할 것이다. 이와 관련해서 문화도시의 '창조적 여가공간'을 중시하고 있다. 음식, 음악, 전시, 서점, 극장 들이 모여있는 문화공간으로서 시민이 직접 참가하여 더불어 실험하는 창조공간으로 제공하는 것이다. 이는 시민들이 스스로 커뮤니티 활동을 할 수 있는 감각적인 공간으로 제공되는 곳이다. 이는 이른바 올덴버그(Ray Oldenburg)가 말하는 직장과 가정이 아닌 새로운 시간과 에너지를 쓰는 '제3의 공간(the great good place)'의 영혼 마사지 역할을 해주게 된다(川上敏寬, 2009).

이어서 창조성의 내재화를 이루고 이를 지역사회에 확산시켜야 한다. 이를 위해서는 창조성의 지역사회 확산을 이끌어갈 창조리더가 많아야 하므로, 창조적인 리더와 창조를 이끌어가는 리더(creative leader)를 배출해야 한다. 또한 창조를 좋아하는 시민(crephiliian)들이 많아야 한다. 그래야 시민들에게 내재화된 창조성을 매개로 문화적인 융합·융화·융통이 활발해지는 지역사회로 나아간다.

나아가, 문화 예술 서비스를 시민들에게 적극 제공한다. 즉, 문화산업을 포함한 창조산업의 발전을 끊임없이 자극하고, 문화의 생산과 소비의 균형 발전을 유지하도록 관련 서비스를 활발히 제공한다.

또한, 주민의 다양한 창조활동을 보장하는 행정 시스템과 주민참여 기회를 확대한다. 이를 위해 당연히 행정담당자와 의회 의원들이 문화적 자치능력

---

9 도시의 창조성은 경제, 문화, 조직 분야에서 창조적 문제해결과 연쇄반응을 일으키며, 기존 시스템을 변화시키는 유동성 자극을 중요하게 본다. 창조적 문제해결에 영향을 미치는 요소는 사람, 창조적 기술, 환경(정보와 커뮤니케이션 시스템, 문화와 예술의 다양성, 교육시스템, 자극적 환경, 사회적 안전)을 들 수 있다. 이런 점에서 문화인프라는 도시경제의 일부로서 시민의 창조적 사고와 행동이 넘치는 샘터 역할을 한다.

과 정책능력을 갖추도록 한다. 이를 위해서는 신설 문화단체나 조직에 창조도
시 연구기능 강화, 문화환경 조성, 공공시설의 문화화 등을 추진할 수 있어야
한다. 이와 관련하여 환경과 조화로운 '아름다운 도시'로 경관을 아름답게 꾸
미도록 도시환경계획을 철저히 문화적으로 구성한다.

지역 고유의 문화적 자산을 활용하여 도시브랜드를 창출하고, 지역사회·
경제 활성화를 모색하는 '문화도시'에 대한 세계적 관심이 지속되고 있다.
1990년대 후반부터 중앙정부 또는 지자체를 중심으로 문화도시 전략이 광범
위하게 논의, 추진되기 시작한 것이다. 더구나 최근 문화부는 문화도시만들기
정책을 주도하여 지역도시들을 문화적으로 재개발하도록 유도하는 지원정책
을 펼치고 있다. 전국 지자체들은 재정확보 전략을 겸해서 지역문화도시에 선
정되기 위해 노력하는 성과를 거두었으나, 중앙정부 주도의 하향식 시범도시
사업 수준에 머물고 있다.[10]

(2) 문화마을 만들기

문화마을 만들기는 지역 창조를 위한 문화정책에 있어서 기본적인 사업
이다.[11] 특히 역사문화 마을만들기는 역사문화 자원을 활용하여 문화적인 마
을을 만들고 주민들의 삶의 질을 높이도록 하는 활동이다.[12]

그렇다면 어떠한 자원을 바탕으로 어떤 기준에서 이를 만들 것인가? 우

---

10 문화적 기반과 역량을 갖춘 도시를 대상으로 장기적 관점에서 문화를 통한 지역발전계획 전
   반에 종합적·체계적 지원을 위해 법정 문화도시 사업을 추진했다. 중장기적 관점에서 "문화
   를 통한 지속가능한 지역발전과 지역주민의 문화적 삶 확산"이라는 정책 비전, 도시 고유의
   문화 환경 기획, 단계적 실현을 추진하는 지역특화 사업모델로 발전시키는 전략이다. 문화도
   시조성계획 수립때 조성 기본 방향, 지정 분야별 특성화 계획, 프로그램 개발 사항, 필요재원
   의 조달, 문화환경과 자원 현황, 조직 추진체계, 전문인력 운용과 양성을 마련하도록 한다.
   이를 위해 문화도시 지정 심의·평가를 위해 문화도시심의위원회를 운영하고, 민관 협력으로
   환경진단, 평가, 컨설팅을 지원한다.
11 문화마을을 만들기 위해 문화벨트를 조성하고 생태 문화환경을 만든다. 문화벨트는 지역 내
   문화시설을 모아서 연결하거나 광역으로 선형화하는 것이다. 이 밖에도 문화의 거리, 관광특
   구, 관광권역, 문화관광 거점, 시범 문화마을, 문화지구도 만든다.
12 역사문화마을 만들기에서는 몇몇 콘텐츠를 활용한다. 자연을 이용한 역사적 건축물(하천·수
   로), 거리와 연결된 시설(거리, 골목 시설), 근대이전의 공공건물(종교시설, 성터)이다. 또한,
   근대 이후 공공건물(행정관청, 교육시설, 대중이용 건물, 교통시설, 산업시설), 마을이나 민가
   (역사적 마을, 사찰, 민가, 농어촌 마을, 근대건물), 전설·생가·명소(지역이름 관련 전설, 기타
   전설의 공간, 역사적 장소, 생가, 명소), 유적(이미 알려진 유적, 발굴되지 않은 유적)들이다.

선 지역의 개성을 최대한 살리고, 창조성을 살리며, 문화적인 이미지를 구축하도록 자원을 선택하고 창조적으로 구성해야 한다. 이를 위해 정보인프라를 구축하여 지역의 문화정보를 발굴·공개하며, 소멸위기에 있는 지역의 역사를 정확히 기록하여 지역내외의 주민들이 공유하도록 한다. 한편, 지역의 문화원형을 최대한 발굴·공개하며, 향토사와 마을단위의 마을역사를 기록하여 최근의 지역정보화 사업에 접목시킨다. 이런 기초 활동을 바탕으로 주민의 공감대, 참여여건이 이뤄진다.

　이러한 사업은 누가 추진할 것인가? 가급적 민간주도의 자주적인 협의회·NPO가 중심이 되고 상공회의소·농협·시군 등이 참여하여 주민 자율적으로 추진하는 것이 바람직하다.[13] 이러한 사업에서 중요한 점은 지역 문화협동으로 추진하는 것이다. 우선 문화단체들이 적극 나서서 하드웨어와 소프트웨어에 대한 사업을 추진해야 한다.[14] 뿐만 아니라 이 사업은 관련 다른 정책과 일관성을 유지하고, 역사적 거리를 자원으로 활용하기 위해 지역개발 정책이나 중앙정부 정책과 맞아 떨어져야 한다.[15]

네트워크화로 공진화

　역사문화자원을 바탕으로 지역을 활성화하기 위해서는 우선 실현가능성이 높은 주제를 지역사회 내에서 개발하고 지속적으로 확충해야 한다. 또한 적극적인 의미를 부여하고, 공동체적 애정을 가지도록 해야 한다. 주제는 당해 지역의 고유성과 독창성을 융합하고, 이를 지역의 '상표자산'으로 활용할

---

13 지역의 비영리단체 가운데 특히 필요한 분야는 건축, 도시계획, 고고학, 문화유산 보호에 관심 있는 각 단체들과 학술단체다. 이들은 회의를 개최하거나, 나름대로의 기준으로 사업을 평가함으로써 지역사회에 기여할 수 있다.

14 하드웨어사업은 공동디자인을 통한 역사거리 안내표시(로고, 심볼 마크, 디자인매뉴얼 제작, 안내표시 정비), 역사문화의 지역조성, 자연환경·역사적 경관·역사적 건물의 보존과 활용, 역사문화거리에 알맞는 건물 건립, 역사문화거리의 명소 만들기 등이다. 소프트웨어는 이벤트·캠페인, 홍보, 역사문화거리 안내센터, 새 축제개발, 주변환경 정비, 교류활동이다.

15 예를 들면, 계획과 다른 분야간 협조, 토지이용 정비, 도로정비, 관광사업 계획, 보존대상 구분, 건물 높이·색채·양식 제한, 문화유산 보호·수리이다. 추진할 때 문화협동이 필요한데, 자치단체는 도로 인프라 정비, 보존지구 내 오염원 이전, 전통적인 집 보존, 문화유산 보존과 복원, 관광시설 건설을 추진한다. 민간단체들은 감시활동을 하며, 대규모 프로젝트는 민관계획협의에서 추진한다. 지역주민이 서로 합의 형성방식으로 협의회를 개최하여 자발적으로 참여해야 한다.

만큼 지역 상징성이 큰 것이어야 한다. 다른 지역과 비슷한 문화자원이나 차별 없는 문화행사로 관심을 끌기는 어렵다. 보다 개성 있게 꾸미고, 차별화시켜 상표자산화를 추진해야 한다.

지역의 문화자원은 가급적 다른 문화자원과 결합시켜 시너지효과를 내야 한다. 역동적인 것과 정태적인 것, 원형과 변형, 국내외 비교가 가능한 것, 전통적인 것을 현대적으로 결합하는 등 다양한 결합으로 공진화 효과를 극대화시켜야 한다.

이러한 사업의 추진에 있어서는 추진 주체 간의 역할분담과 문화협동 네트워크가 중요하다. 이런 맥락에서 마을만들기 사업에서 중요한 점으로 참여, 절차존중, 집단지성의 활용, 관용을 들 수 있다. 이점은 단지 계획뿐만 아니라 집행과 평가과정에서도 중요한 요소로 꼽고 있다(久木元拓, 2009).

사업 재정동원과 추진은 중장기적 관점에서 추진하고, 주민들의 참여와 애착을 이끌기 위해 주민단체의 자발적인 노력으로 해야 한다. 규모가 큰 사업은 민·관협동체를 구성하여 민간의 활력을 활용해야 한다. 주요 국가들이 역사문화마을 만들기에 성공한 배경은 바로 이 같은 협동적·자발적 참여로 사업을 추진한 데 있다.[16]

(3) 지역브랜딩, 장소마케팅

지역브랜딩과 마케팅은 지역문화 콘텐츠를 다양하게 접목시켜 부가가치를 높이는 전략이다. 콘텐츠를 발굴하여 구체화하면서, 이를 스토리텔링이나 재미요소를 가미시키는 등 예술적으로 재창조한다. 이를 지역에 유리하게 상징화하거나 이미지 아이콘화하고, 슬로건이나 로고로 만들어 지역문화 브랜드로 창출한다.

지역에서 보편적으로 문화자산인 문화행사, 축제, 시설을 활용하여 브랜

16 영국은 역사문화전통 바탕의 좋은 건물을 보존활용하려고 '시빅 트러스트'를 구성하고 환경과 잘 어울리는 등록건축물에 대해 시상도 하는데, 이는 '지역발전협의회'가 주민 자발적으로 추진한다. 이탈리아는 도시중심으로 문화역사마을 가꾸기를 활발히 추진(1970년대부터)해서, 볼로냐의 상 레오나르도지구, 솔페리노지구가 잘 알려져 있다. 중국은 역사문화도시제도(1982)와 도시계획 조례로 추진하는데, 역사상 저명도시, 민족문화 가치가 큰 도시, 정치경제 면에서 지명도가 높은 도시의 역사문화자원을 활용한다. 일본은 문화역사적 자원을 활용해 고향창생 운동을 범국가적으로 추진(1980년대 말)하였고, 이제는 지역활성화로 자연스럽게 전환되었다.

드로 만들어 가는 것이 최근에 큰 성과를 거두고 있다. 그러나 지역이 메가이벤트 유치에 조급해하거나, 지나치게 트렌드와 유행에 민감하며, 과다공급 등으로 지역문화의 정체성이나 문화예술 발전에 지장을 주는 것을 막아야 한다(류정아, 2012).

① 축제·행사로 마케팅

최근에 문화예술을 활용하여 지역을 경영하는 전략의 하나로 지역마케팅에 주목하는 자치단체들이 늘고 있다. 그런데 여기에는 문화의 지역경제적 효과를 의식한 전략의 성격이 강하다.[17] 문화이미지를 지역상품과 연계하여 축제화하거나 지역의 문화시설 자체만으로도 지역이미지를 강화·변화·창출하여 마케팅 효과를 거두려는 것이다.

문화자원 활용 축제는 마케팅 수단으로서 급격히 늘어나면서 질적 측면에서 비판이 일고 있다. 단발적이며 지속적인 발전으로 이어지지 못하고, 지역에 어떤 효과를 가져오는지 의문시되며, 행사를 위한 행사에 그치고, 축제실시 자체가 자치단체에 부담이 되는 경우가 많다는 것이다. 또한 단체장의 사람 모으기 행사, 전시성 행사, 담당자와 주민에게 부담만 주는 행사도 많다. 그런데 생각해보면, 지역문화예술 행사만을 지역 활성화와 연결시키기는 쉽지 않다. 지역조직의 한계를 넘어 새로운 관계를 만들기가 어렵고, 지역적 한계를 넘어 지역 간 교류를 만들기도 어려움과 과제가 있다. 축제들은 지금 수준을 향상시키려고 구조조정 중이며, 적자생존의 법칙에 따라 일부는 도태되고 경쟁력 있는 우수축제를 중심으로 발전할 것이다.

또한 지역문화행사에 새롭게 의미를 부여하고, 미래지향적인 '새로운 지역 만들기'로 발전시키는 사례도 많다. 지역재생의 전망과 가능성을 문화예술행사를 통해 마케팅하고 실현하거나 새롭게 창조하도록 구성해야 한다. 이로서 지역에 보다 많은 새로운 경험, 발전, 조직, 창조기회를 마련하게 된다. 행

---

17 지역경제 활성화의 문화적 목표는 기업이나 개인에게 주는 매력, 지역기능 활성화를 유도에 있다. 구체적으로는 지역 이미지 변화, 새로운 비즈니스를 위한 시장 형성, 새로운 개인투자 촉진, 지역 자긍심과 정신을 살려 지역의 건강과 활력을 보존, 관광산업이나 비즈니스의 개발계획을 유도하는 데 있다. 특히 예술행사 동안 예술소비 행동을 일으키고, 이미지 제고 효과를 기대한다.

사축제도 단순히 기존 행사뿐만 아니라 변화, 여러 경험, 지역 개성을 살린 인물, 어려움의 극복사례 등 다양하게 시도해야 한다.

어떠한 방향과 방법으로 마케팅을 할까? 새로운 표현방법을 적극 모색하고, 주민의 수요를 파악하여 자발적인 동참을 유도하며, 일방적 전달이 아닌 기업·지역·주민들이 함께 참여하는 마당이 되어야 한다. 이를 위하여 최적의 정보 제공, 정보원 활용, 인적·물적 수단을 동원해야 한다. 이로서 문화소비자들의 참가·체험의 기쁨을 맛보게 해야 한다.[18] 반관반민적인 문화행사가 많은데 정책 네트워크(policy network)를 잘 구축·유지하고, 점차 민간 주체화로 나아가는 문화행사가 지역에 꽃 피워야 한다.[19]

마케팅 효과와 좀 다른 차원에서 문화행사를 장소마케팅(place marketing)으로 활용하고, 관광자원화 할 필요가 있다. 이는 일반 자연관광이나 예술관광보다 유발효과가 직접적이고 지속성을 갖는다.[20] 최근에 들어 지역의 행사 소재를 다양화하고 문화자원들을 소재로 활용하는 등 창조문화행사의 개성이 나타나고 있다.[21]

그러나 지역마케팅 효과를 높이기 위해서는 행사와 관광을 연결시키고 숙박시설, 고용, 훈련, 상품과 서비스, 교통, 사회적 지출, 지역사회 인프라 구축, 레크리에이션과 문화, 환경을 개선해야 한다. 문화행사가 결과적으로 지역의 사회적 자본을 구축한다고 보는 주민들의 인식 공유도 중요하다.[22]

---

18 우선, 자발적 목적에 알맞는 복합적 행사전략을 마련해야 한다. 유행만 따르지 말고 특성화하며, 대형화·정형화를 피하고, 행사수에 집착하지 말아야 한다. 가급적 기본구상, 타이틀, 컨셉, 테마를 새롭게 선정하고, 내용도 전통적·복고적인 것 외에 현대적 감각을 살려 개발해야 한다.

19 축제를 추진위원회를 구성 주민들이 이끌어 가는 경우도 많다. 또한 지역문화행사를 공휴일로 하거나, 주민참여 잔치분위기로 꾸미고 일정 수준에 오르면 관의 입김에서 완전히 벗어나 주민단체가 주도하도록 해야 한다.

20 관광축제는 지속가능한 성장전략 연계, 저배출형 환경보전, 새 관광 개발의 길잡이로 작용한다. 관광축제는 종교적 축제, 문화적 축제(카니발축제, 역사적 기념축제), 상업적 축제, 스포츠 축제로 다양하게 개최한다. 한편, 문화관광은 예술관광과 민속관광을 모두 아우를 수 있다.

21 관광자원화가 가능한 지역의 민속축제는 전통 의례적 축제(계절, 음악, 연중의식), 수확과 음식물(야채, 동물, 요리), 특별활동 축제(음악, 지역의 전통, 콘테스트, 기념), 민속예술을 포괄하는 융합축제, 창조관광 형태로 이루어진다.

22 주민들은 지역축제가 대개 지역의 이미지 상승, 관광객의 증가, 경제적 편익(고용증가, 비즈니스 증가), 문화시설의 건설, 행정과 주민의 통합, 인적 교류, 지역의 흥분과 붐을 조성한다고 인식하고 있다.

② 문화시설로 마케팅

문화시설은 지역문화의 고유한 가치를 보전하고, 이미지를 만들며, 지역 내외에 소통하는 지역가치를 지닌다. 이러한 문화시설은 지역의 상징물이나 문화예술발전의 거점이 된다.

문화시설은 경제적인 측면에서 기업 활동에 활력을 주고, 신규투자에 대하여 신뢰를 주고, 일자리를 창출하며, 자치단체의 수입을 늘려준다. 주민들의 입장에서는 거주 주민들에게 자부심을 주며, 인구유입 효과를 가져 온다. 지역계획 측면에서는 지역의 재생이나 창조도시화를 담보하고 지역이미지를 바꾼다. 문화적으로는 문화환경의 개선, 관광자원화, 문화예술단체 활동의 근거지, 사회교육 공간으로 이용된다.

문화시설을 활용해 지역마케팅을 펼치는 것은 아직 비교적 새로운 개념인데 이를 어떻게 추진해야 하는가? 우선 시설을 설립·운용하는 데 있어서 개념을 명확히 하여 지역이미지와 연결해야 한다. 아울러 단순히 디자인만으로도 가능하지만, 실제 운영에서 의도하는 목표와 기대효과를 조화시켜야 한다. 문화시설을 활용한 지역마케팅은 결과적으로 지역창조에 연결되어, 창조도시화를 촉진 시킨다. 이런 점에서 마케팅론에서 흔히 논의하는 마케팅방법과는 다른 접근이 필요하다고 본다.[23] 문화시설을 활용해 지역마케팅에 성공한 사례를 보면 내부적 수요에 의해 추진한 것도 있고, 도시재생 전략의 하나로 문화시설을 만들어 효과를 거둔 경우도 있다. 또한 의도적으로 지역이미지를 지역판촉에 이용하기 위해 남은 땅에 잘 디자인된 시설을 만드는 경우는 지역특성에 맞게 선별적으로 전략을 구상해야 할 것이다.[24]

---

23 마케팅론에서는 시장분석(시장기회 분석, 목표시장 선정), 목표와 계획수립, 마케팅 수단의 결합·활용, 결과에 대한 평가와 피드백에 역점을 두고 있다. 이는 상품을 소비자에게 판매하기 위한 것이다. 그러나 시설을 통한 지역마케팅은 지역창조로 연결시키기 위한 중간전략이라고 볼 수 있으므로 마케팅이라는 말을 조심스럽게 사용해야 할 것이다.

24 도시활성화와 관광증진을 위해 문화시설을 마련한 시드니 오페라하우스, 스페인 빌바오의 구겐하임미술관, 일본 미토예술관, 뉴캐슬의 발틱미술센터·세이지음악센터, 런던의 바비칸센터 등이 성공적으로 자리매김했다. 그 밖에도 마이어스코프(John Myerscough)가 문화경제학적 분석을 통해 성공사례로 제시한 바 있는 그래스고우, 역사전통문화를 발전적으로 계승하여 도시활성화에 성공한 이탈리아의 볼로냐 등은 바로 이 전략에 힘입은 것이다(이흥재, 2002).

3. 문화콘텐츠 기반 지역창발

(1) 콘텐츠 발굴, 스토리텔링

최근 문화경제가 대두되면서 '문화자원의 산업화'와 '지역산업의 문화화'를 병행하는 문화콘텐츠산업 정책이 지역에서 관심을 끌고 있다. 이는 앞에서 말하는 것처럼 지역의 고유 문화자원을 바탕으로 추진되지만, 지역에 고유한 자원이 없어도 문화자원을 발굴하는 방식으로 추진되기도 한다.[25] 이러한 콘텐츠는 무엇보다도 지역브랜드 가치를 지니며 지역경쟁력의 원천이고, 스토리화하여 지역문화 가치의 상징으로서 부가가치를 창출하는 원동력이 된다.

지역의 문화콘텐츠는 지리적 특성과 산업적 특성을 지닌다. 지역론적 입장에서 보면 특정 지역에서 자연발생적인 전통산업의 집산지를 이루고, 동일 업종의 기업이 한 곳에 집중하며, 생산이나 판매가 사회적 분업체계를 이루는 지역으로 발전되며, 지역 특산품이나 문화상품이 지역 안에 몰려드는 것을 알 수 있다. 한편, 산업론적 관점에서 보면 지역자본 기반의 중소기업군이 모여들거나, 지역에서 산출되는 물질을 주원료로 하거나, 자본·기술·노동력을 활용하여 타 지역 원재료를 사용하여 제품을 생산한다. 이는 전통특산물을 원료로 지역 기업들이 특성 있는 상품을 생산하는 좁은 의미의 문화산업을 가리킨다. 이렇게 보면 지역 문화콘텐츠산업은 판매력이 약하고, 기술자가 부족하며, 종사자의 고령화, 업자 간 경쟁과다, 산지 간의 경쟁같은 문제점을 안고 있어 집적효과를 기대한다.[26] 그렇다면 지역은 이러한 문화콘텐츠산업을 통해 어떠

---

25 지역의 문화자원을 활용한 산업화에 지방정부들이 관심을 갖는 것은 지방시대의 지역경영 다양화, 산업의 탈공업화, 서비스산업화 추세에 따른 것이다. 지역들은 다양한 종류, 수준, 규모로 문화콘텐츠 산업을 추진하고 있다. 그 결과 지방화와 동시에 국제화로 관광산업을 연계하고, 다양한 사업변화에 직간접적으로 영향을 주며, 지역경영 비즈니스의 일환으로 지역의 전통문화산업 상품을 가지고 관광산업과 특산품 판매 전략으로 활용한다.

26 넓은 의미에서 문화콘텐츠산업은 집적효과가 두드러지는데 중소규모 사업의 집적, 네트워크의 집적 유지, 집적에 의한 외부경제를 충족시키는 특징이 있다. 특히, 도시지역에서 '집적의 경제'와 고도 전문적 기술 등 전문생산 요소를 공동 사용하며, 구매자 집적, 전문인력 집중 같은 이점을 활용할 수 있다. 이 점은 순수예술의 경우도 마찬가지이지만 문화콘텐츠산업의 경우는 이익집적이 크기 때문에 지역에서 그 정도가 더 크다.

한 비전을 갖게 되는가?

우선, 경제발전 패러다임의 변화에 맞게 지능정보사회에서 전통산업과 문화콘텐츠 산업을 결합하여 비용을 절감하고 외부효과를 창출한다. 따라서 문화콘텐츠산업을 고부가가치화하고, 생산성을 증대하여 지역사회전반의 효율성을 높일 것이다. 또한, 지방화와 함께 사회적 다원화를 맞아서 지역특성을 감안하여 소규모 기업이 기동성 있게 적응하고, 협동작업으로 '규모경제의 이점'을 얻을 수 있다. 그러므로 지방에서 지역 연고가 있는 산업, 1인기업과 같은 중소문화벤처기업, 문화관련 협동조합을 활발히 창업할 수 있다. 북유럽이나 스칸디나비아에서도 창조경제를 활성화하는 데 있어서 창의성과 경험을 바탕으로 지역단위의 협력을 소중하게 다룬다(Dominic Power, 2009). 나아가, '지속발전 가능한 산업'인 문화콘텐츠산업을 끌어들여 온다. 문화콘텐츠산업은 자원을 대량 소비하거나 폐기물을 대량 배출하는 산업이 아니다. 따라서 자원절약적·환경부담 경감적 산업으로 정보와 기술에 바탕을 둔 기술혁신으로 발전한다.

특성화, 스토리텔링 전략

이러한 점에서 지역은 산업적 특성과 지리적 특성을 모두 감안하여 문화콘텐츠산업 발전정책을 마련해야 할 것이다. 그렇다면 구체적으로 어떻게 해야 문화콘텐츠산업을 발전시킬 수 있을까? 이를 위해 우선 문화콘텐츠산업 거버넌스를 구축해야 한다. 문화콘텐츠산업은 관련 투자의 사회적 수익률이 막대하지만 민간부문에만 맡겨 둔다면 과소투자가 우려된다. 또한 이를 방치할 경우에는 문화콘텐츠산업 발전기반이 구축되지 않을 것이다. 문화콘텐츠산업과 같은 큰 정책(grand policy)은 국가, 지방자치단체, 민간기업들이 거버넌스를 구축하여 적극적으로 추진해야 한다. 뿐만 아니라, 지역 내 대학 등과 같은 유관단체의 참여를 유도해야 한다. 이와 관련하여 기술·재원·인력이 필요한 문화콘텐츠산업에 대하여 기업이 상품개발을, 지방자치단체가 인프라를 지원하도록 소요 재원을 체계적으로 마련하고 중앙의 매칭요구에 적극 대응해야 한다.

한편, 문화콘텐츠산업은 고도의 전문 기술과 인력에 크게 의존하므로 전문인력을 보유·자급하거나 양성해야 한다.[27] 특히, 인력유입, 젊은 숙련인구

확보, 융합인재 확보, 인력양성 프로그램에 유의해야 한다. 기술적인 문제 가운데 실용성, 디자인, 전통기술 발굴, 융합기술 부족 등이 문제인데, 이는 지방에 입지하는 산업체에게는 다른 어느 요소보다 더 부담이 된다. 개발업체가 영세할 경우 투자부담 때문에 개발여건은 상대적으로 더욱 취약해진다. 따라서 무모한 개발투자를 억제하고 업체간 자본·연구개발 협력을 꾀해야 한다.

또한, 지역 내 관련 산업은 문화콘텐츠산업 발전에 필요한 인프라로 간주하여 소중하게 활용해야 한다. 지역 문화콘텐츠산업은 지역의 주요 기반산업, 수출산업, 관광산업, 제조업 등과 서로 영향을 주고받는다. 따라서 지역의 인프라는 지역 문화콘텐츠와 스토리텔링산업의 수요를 창출하는 핵심 원천요소이며, 문화콘텐츠산업의 사회적 순환을 원활히 한다고 볼 수 있다.[28] 이를 위해 지역문화콘텐츠산업 전반적인 제도, 정보시스템, 관련 조직, 시설 등 물적 기반을 정비하여 네트워크를 형성하는 데 중점을 두어야 할 것이다. 문화콘텐츠산업은 생산·유통을 바탕으로 글로벌시장을 겨냥하도록 역량을 결집시켜야 한다. 또한 지역 특성에 맞는 창업촉진 시스템을 갖추고 외국인 투자, 중소벤처기업 창업에 지장을 주지 않아야 한다.

끝으로, 유통과 시장개척을 위해 국제경쟁력에 관련된 법적 장치, 마케팅과 프로모션 등에 관련된 기반을 갖출 필요가 있다.[29] 소비층 확대, 내수 확대,

---

27 예를 들어, 영화산업 발전을 위한 영상단지 조성 때는 영화제작 전문가, 종사자(제작자, 감독, 분장, 무대장치, 음악, 촬영)가 함께 입지해야 한다. 물론 영화 후반작업을 중심 목표로 할 경우라면 그 정도가 좀 약해도 좋을 것이다. 또한, 실제로 상품을 개발하는 데는 개인 차원을 뛰어넘어 전문가들의 협동적 노력이 절대 필요하다. 예를 들어, 게임에는 그래픽 디자인 기술 못지않게 해당 관련 게임 분야의 전문가(항공기 조종사, 군사전략전문가, 건축가)들의 참여가 필요하다. 이들 없이 단순히 프로그래머들만 참가하면 당연히 게임소프트웨어의 수준은 낮을 수밖에 없다.

28 수원 팔달문시장은 지역역사를 스토리텔링하여 성공한 사례이다. 이 시장에는 품질 좋은 의류가 많았는데 아울렛, 백화점이 생기고 상권이 쇠락해지며 도심 전체가 활기를 잃었다. 극복을 위해 수원의 상징인 팔달문시장과 건너편 화성행궁 문화유산을 문화관광클러스터로 이어 전략적으로 접근했다. 팔달문시장 조성에 애쓴 정조임금 이야기를 스토리화 하면서 상인들과 주민이 흥미를 갖게 되었다. 이어 오디오 드라마 제작, CD 배포, 이야기 패널 설치, 조형물을 만들었고, '불취무귀(不醉無歸)라는 건배사도 만들었다. 그 밖에도 조형물 설치, 박물관 건립, 애니메이션 제작, 크레이인형을 제작하고 홍보에 활용했다. 이렇게 만든 시장 콘텐츠들을 활용해 대중적 소구력이 있는 '왕이 만든 시장'이라는 콘셉트의 스토리를 일관성 있게 활용해 성공했다.

29 그동안 문화콘텐츠 유통은 개발사, 제작사, 유통 도소매상, 소비자까지 여러 단계를 거쳐야 하므로 소비자 실질가격만 높게 책정되고 차익의 분산으로 실제 이윤은 적었다. 이러한 상황

온라인시장 확충, 상품인증 시스템화 등이 시급하다.

(2) 문화콘텐츠 산업클러스터

문화콘텐츠산업은 지역의 매력을 살리고, 개성 있게 가꾸고, 지역경제를 활성화하며, 지역문화를 창조적으로 일깨운다. 이로써 독자적인 커뮤니티와 정체성을 확보할 수 있고, 지역이 정치경제나 문화의 중심지로 발전하며, 주민이나 단체들의 문화활동을 도울 수 있다.

① 클러스터 육성

지역이 비교우위 있는 부문을 콘텐츠로 활용하는 전략이 효율적이다. 예를 들어, 고유한 전통문화를 활용하거나, 문화 경쟁력을 높이기 위한 인프라를 조성하여 문화콘텐츠 산업으로 육성하여 발전시킬 수 있을 것이다. 이런 관점에서 지역이 그 역사, 자연생태, 문화, 인재와 같은 지역자원을 창의적으로 활용하여 특화지역으로 재창조할 수 있다.

이런 활동은 같은 맥락에서 연관성 있는 사업을 함께 추진해야 효율적이다.[30] 아울러 지역의 문화콘텐츠산업 자원을 관광자원과 생산자원으로 연계시키고, 문화상품 경쟁력을 강화하며, 지역문화를 외부와 교류하면서 발전시키는 기회로 삼아야 한다.

이러한 문화콘텐츠산업 클러스터는 나름대로 많은 장점이 있다.[31] 더 나아가면 소규모 기업간 연결망에 의해 특화하거나 하청을 하는 데 유리하다. 또한, 집중생산·집단경영 형태로 운영하므로 아이디어, 기술혁신, 공동체 의식, 기업간 거래 속도가 향상된다. 더구나 제품의 질, 설계기술, 혁신을 위한

에서 지역 문화콘텐츠산업체가 생산뿐만 아니라 유통까지 해결할 능력을 보유하기는 사실상 쉽지 않다. 그러나 웹 3.0과 글로벌 인터넷시장을 활용해서 이제는 지역이 큰 불편없이 활동할 수 있게 되었다.

30 예를 들어, 영화산업의 경우는 영화관련 하드웨어와 테마파크, 영화제, 영상지원센터, 영화촬영지, 영화작업 시설 등을 종합적으로 추진하는 것이 바람직하다.

31 문화콘텐츠산업클러스터는 지역경제에서 산업장려지구(enterprise zone) 개념과 비슷하고, 민간의 사업에 규제나 간섭없이 도와주는 혜택을 덧붙여 준다. 따라서 민간기업 또는 지역경제에 육성할 필요가 있는 사업에 초점을 두고, 1인기업이나 중소기업을 유치하여 활용할 경우 유리하다. 이탈리아의 협동조합 형태의 전통문화콘텐츠산업단지로 유명한 '제3이탈리아산업지구'는 이런 점에서 첨단산업만이 아닌 전통산업들도 어떻게 조직화하여 운영하느냐에 따라 지역경제 활성화에 도움이 될 수도 있음을 보여주는 사례이다.

상호간 경쟁과 협력에도 도움이 된다.

② 전략적 추진

지역문화클러스터 중심의 문화사업을 운영해 온 경험도 이제 오래되었다. 현재와 같은 전환기에서 지난 성과를 일단 평가할 필요가 있다(한국콘텐츠진흥원, 2011). 우리나라의 지역문화클러스터 정책은 지역 행정권역별로 활동 근거를 삼고 오랫동안 유지되고 있다. 그러나 최근에 지방분권화와 문화산업화에 따른 지역수요가 늘다보니 지역의 문화적 특수성 반영이 미흡하고, 문화자원들을 효율적으로 활용하지 못한 채 사장시키는 경우가 많았다. 문화콘텐츠 활용 소재로서 가치가 높은 지역의 전통문화, 신화, 역사유적 등을 콘텐츠화·산업화·관광자원화할 수 있어야 한다. 더구나 이런 활동은 행정권이 아닌 문화권 단위로 활동하는 것이 더 효율적이다.

또한, 국가차원의 예산과 중장기적 운영이 필요한 사업은 관련 기관 간 유기적 협력네트워크를 통해 중앙정부에서 추진해야 한다. 한편, 기업지원이나 인력양성 등 지역밀착형 사업은 지역주관으로 추진하도록 명확하게 역할을 분담해야 한다.[32]

그리고, 기업지원과 인력양성을 계속해야 한다. 공공차원의 인프라 구축에 치중하다 보니 소프트웨어 확충이 부족한 실정이다. 특히 영세한 기업들, 낙후된 유통체계, 열악한 투자환경 등이 문제이다. 또한 자체 제작의 생산성이 낮아 독립적 기반이 취약하고, 재정 한계 때문에 자립경영이 어려운 실정이다.

나아가 콘텐츠, 예술, 공예, 스토리텔링 등 활용가치가 높은 창조적 콘텐츠의 양산을 위해서는 창작과 아이디어 구현에 대한 실질적인 교육이 이루어져야 할 것이다. 또한, 비즈니스 지식(기획, 마케팅, 재무 등)을 갖춘 콘텐츠 창작인력을 양성하고 산학연계로 기업맞춤 인력을 양성해야 한다.

지역의 문화콘텐츠산업클러스터는 대개 고부가가치산업에 치중하고 있다. 이는 유통상의 이점과 시장성을 감안한 것으로 보인다. 장래성이 있을 것으로

---

32 이와 관련하여 광역단위의 클러스터 연계활용 방안을 강구해야 한다. 공동연계사업의 기획과 집행을 위한 추진조직의 구성, 지원사업의 모니터링과 평가 체계구축으로 협동적 네트워크를 충분히 활용해야 한다. 나아가 이를 바탕으로 관광·소비와의 연계하며, 소비와 문화관광이 함께 어울어지는 복합클러스터로 발전해야 한다.

예상되어 인기가 있는 영상산업에는 자치단체의 중복투자가 이어지고 있다.[33] 이러한 문제점을 해결하기 위해서는 문화콘텐츠산업 발전 계획을 수립하여 단계적인 준비와 장기비전을 가지고 추진해야 한다.[34]

(3) 소셜 거버넌스

소셜 거버넌스는 문화공유정부(culture sharing government)가 서로 돕는 횡단협력모형으로 다양한 사회문제를 함께 인식하고 시동하는 분야를 넓혀서 공진화의 길로 나아가는 새로운 방식이다. 특히 관련 정보의 공유와 종합적 시각에서 문화정책을 추진하는 것이 중요하다(이흥재, 2018). 담당 역할은 다르지만 최종 반응책임은 함께 진다는 관점에서의 문화협동과도 같다. 최근에는 대부분의 문화정책에서 상호 공진화를 위해 참여 주체들이 거버넌스를 이루도록 노력하고 있다.

문화콘텐츠산업도 여러 부처와 관련법에 연결되어 있다. 클러스터에 관련해서 부처간 유기적 협조체계를 갖추지 못하거나, 기업의 입장을 고려하지 못한 채 공급계획을 수립하는 경우에는 효율성이 떨어진다. 지역의 입장에서도 서로 경쟁적으로 개발하여 사업의 부실화를 가져오거나, 국가재정에 부담을 주는 경우도 있다. 특히, 중앙정부로부터 당연히 지원받을 것으로 기대하여 지원가능 여부가 막연한 상태에서 추진하는 곳들이 적지 않다. 문화콘텐츠산업에 대한 소셜 거버넌스를 구축하여 지역 전체 관점에서 효율적으로 추진하는 것이 무엇보다 바람직하다.

① 기업의 참여 유도[35]

문화콘텐츠산업은 궁극적으로 기업이 나서서 추진해야 한다. 따라서 기업

---

33 부산, 부천, 전주 등은 영상을 활용한 지역발전 전략을 추진했다. 국내외 시장규모 대비 적정 여부를 검토하고, 차별화·특성화 전략으로 추진하며, 시장수요와 기술수준, 재정여건을 감안하여 더 특화 육성해야 한다.

34 재정투자는 유행이나 자치단체장의 리더십에 따라 즉흥적으로 진행하면 안 된다. 문화콘텐츠산업은 일회성 투자로 완결될 수 없으므로 다른 부문과 연계해서 계속되어야 한다. 또한 반드시 조례를 제정하여 지속적으로 이어가야 하고, 추진 재원을 안정적으로 확보해야 한다. 이때에는 당연히 지방자치단체의 재정자립도나 관련 사업의 우선순위를 감안해야 한다.

35 이흥재(2005)를 바탕으로 정리.

참여의 소셜 거버넌스를 구축하는 것이 실질적인 사업전개와 일거리창출에 결정적으로 도움이 된다. 특히 4차산업혁명 기술활용에 재빨리 대응할 수 있는 지역의 중소중견기업이 문화콘텐츠사업에 참여하는 데는 비교우위가 있다(이홍재, 2017).

그러나 지역에서 일반적으로 문화콘텐츠산업에 참여하는 기업, 대부분의 중소기업은 여러 가지 어려움을 겪는다. 문화콘텐츠산업은 성공하면 큰 수익을 올리지만 반면에 리스크가 크다는 특징을 갖는다. 그런데 문화콘텐츠산업에 대한 정부 기술개발 지원시책은 그리 많지 않다. 투입요소 면에서 보면 각종 투융자와 국가차원의 연구개발정도에 불과하고, 기술관련 시장의 활성화를 위한 정부구매도 없다. 간접자본 조성을 위한 연구인력 양성은 세계적으로 유례가 없을 정도로 국가가 직접 관리하여 각 분야별로 성과를 거두고 있다.

이러한 여건에서 지역 기업이 문화콘텐츠산업의 경영성과를 극대화하기 위해서는 R&D, 창업, 시장진입의 어려움을 극복해야 한다.[36]

② 자치단체와 중앙정부

문화콘텐츠산업 정책 주체인 중앙정부와 지방자치단체가 긴밀하게 협력을 유지하며 전개해야 한다. 우선 문화콘텐츠산업 발전을 위해 중앙정부는 첨단 기술개발, 조사연구, 창의적인 전문인력 양성, 복합단지를 조성하고 있다. 이 같은 첨단문화콘텐츠산업 클러스터는 중앙과 지역 간 역할분담을 통해 이뤄져야 한다.

특히 중앙정부는 국토의 균형개발, 지역특성 고려, 중복투자 억제 등을 고려하며 지원정책을 펼쳐야 한다. 이는 자치단체가 자율적으로 추진하는 것이 원칙이겠지만, 시장규모나 현황을 볼 때 자치단체의 일관성 결여, 과잉공급 또는 과욕이 우려될 경우는 중앙정부의 방침과 연계 또는 일관성을 유지해야 한다.[37] 그러나 현실적으로 이것은 지역기술 기반조성 사업에서 중앙부처

---

36 지역기업은 경영주체와 경영환경의 특성을 고려해서 문화콘텐츠산업 관련 기업이 핵심 경쟁력을 갖고 기업가치 창출에 요체가 되기 위한 전략을 갖춰야 한다. 이러한 관점에서 우선 기술개발, 상품생산, 수익모델 개발, 마케팅 차별화에 중점을 두고 지역기업들이 경영현장에서 적용할 수 있는 모델을 개발해야 한다.

37 캐나다 연방차원의 정책은 지방정부와 시정부까지 연결하여 실행한다. 특히, 대부분의 지원기준들을 통일함으로써 효율성을 높인다. 캐나다의 문화콘텐츠산업은 혁신·투자를 통한 고용창

간 조정의 실효성이 미흡하고, 기반조성과 운영에서 자치단체의 참여가 부족
하여 해당 지역에서 종합화·체계화되기가 쉽지 않다.

또한, 지원부처 사이에 업무조정과 협력을 이뤄야 한다. 지방자치단체는
문화콘텐츠산업을 추진하면서 가급적 중앙정부의 여러 부처로부터 지원을 받
으려는 욕심에서 관련 부문별로 여러 부처에 걸쳐서 추진하는 경우가 적지 않
다. 이는 중앙정부 차원의 문화콘텐츠산업 진흥 주무부처가 분산된 데 따른
불가피한 생존전략이라고 볼 수 있다.

결국 지역의 문화콘텐츠산업 정책은 어떠한 지역경영 이념에 기초해서
추진하며, 어떻게 정책목표 사이의 조화를 도모할 것인가가 매우 중요하다.
따라서 지역 문화콘텐츠산업 경영의 이념을 우선적으로 확립하고, 그 위에서
지역의 발전이나 지역진흥을 꾀하는 판단이 필요하다. 첨단기술을 요하는 문
화콘텐츠산업의 경우에는 고부가가치에 대한 기대만으로 지역에 무모한 투자
를 하는 위험은 피하고 신중하게 접근 평가하는 것이 바람직하다.[38]

출을 목표로 한다. 연방정부는 자국 문화 보호·육성중심의 관점에서, 지방정부는 시나 자기
지역의 경제발전을 꾀하는 산업적 시각에서 문화콘텐츠산업을 육성한다. 이런 점에서 중앙-
지방 간의 협의방식을 마련한 점은 다른 나라에 참조가 될 것이다.

38 지역이 문화콘텐츠산업클러스터를 추진하는데 마케팅력은 미흡하고 이 부문의 전문가를 자체보
유하기도 어렵다. 더구나 연구개발, 육성지원, 유통 판매, 정보제공, 국내외 홍보 등도 자립적으
로 추진할 만한 여건이 못 된다. 또한 지역문화콘텐츠산업에 필요한 기술개발을 위해 이미 조
성된 지역기술기반에 대해서는 연계운영 또는 집적화해야 한다. 새로 조성되는 지역기술기반이
라면 이에 대해서는 공동조직·공동운영해야 리스크를 줄일 수 있다. 다시 말하면 관할 구역 내
에서 기술을 개발하고, 관련 기술확산을 촉진하기 위하여 국가 또는 지방자치단체가 인력·정
보·연구시설 같은 기반환경을 만들어야 한다.

Chapter 8

문화콘텐츠의 육성과 산업화

1. 문화콘텐츠의 가치융합

(1) 문화콘텐츠 융합의 힘

최근에 문화콘텐츠라는 말을 많이 쓰고 있는데 그 뜻은 매우 복합적이다. 또한 다른 말과 섞이면서 여러 가지 요소와 기능을 나타내는 데 쓰인다.[1] 이러한 문화콘텐츠는 또 다른 콘텐츠·기술·정책과 융합하면서 문화, 사회와 산업측면에 여러 가지 가치와 새로운 힘을 덧붙인다.[2]

문화콘텐츠는 다른 콘텐츠 또는 부문과 접목하여 산업화하면서 문화콘텐츠산업, 교육산업, 정보산업으로 발전한다. 다시 말하면, 문화콘텐츠는 다른 콘텐츠와 융합하여 공진화하게 되는 것이다. 예술의 산업화는 뉴미디어의 출

---

1 콘텐츠 가운데서도 문화콘텐츠(출판, 영화, 애니메이션, 게임, 음반 등)는 디지털 관련 콘텐츠 가운데에서 70%나 차지하고 있다. '디지털문화콘텐츠'란 문화적 요소가 체화되어 경제적 부가가치를 창출하는 콘텐츠를 말한다. 또한, '멀티미디어콘텐츠'한 부호·문자·음성·음향·영상에 관련된 미디어를 유기적으로 결합시켜 새로운 표현·저장기능을 갖게 한 콘텐츠를 말한다.

2 콘텐츠의 사회학은 이흥재(2012) 6장, 콘텐츠와 기술융합에 대해서는 이흥재(2011, 2017)를 참조.

현과 더불어 새로운 창작형식의 탄생과 공진화를 이끈다. 특히 새로운 형태로 표현하는 실험과 하이브리드예술(hybrid art)을 만들어 낸다. 이와 같은 이종결합적 예술창작은 예술가들과 소비자들에게 새로운 도전과 참여기회를 제공한다. 다시 말하면 콘텐츠끼리 융합하면서 개별 예술경계를 넘나들고, 예술인이 어느 한 예술영역 밖에 존재하거나, 다른 영역에서 다가와 영향을 줄 수도 있다.[3]

또한 문화콘텐츠는 다른 산업들과 더불어 어울리면서 새로운 가치를 부여하고 새로운 형태로 발전하여 생태계의 큰 변화를 가져온다(이흥재, 2011). 예를 들면 교육적 자료로써 교육콘텐츠, 기술 발달에 맞춘 과학콘텐츠, 첨단산업(항공우주산업, 군수산업, 생명공학산업, 건축 산업)과 어우러지면서 산업콘텐츠, 엔터테인먼트 요소를 결합한 엔터테인먼트 콘텐츠로 변신한다. 최근 전통문화산업이 융복합 환경에 맞춰 활성화되어 전통문화산업의 시장도 활성화되고 있다(이상열, 2012). 이렇듯 사회발전을 반영한 다양한 콘텐츠들과 결합하여 새로운 산업을 이루는 것이다.

이와 같은 콘텐츠의 융합과 산업화는 서로 다른 부분의 성장과 쇠퇴에 파급영향을 미친다. 이는 경쟁력이 떨어지는 산업은 줄이고 경쟁력 있는 것을 늘리는 자본주의 시장경제 현상 때문이다. 최근 여러 나라들이 문화콘텐츠산업을 키우려하는 것은 자기네 콘텐츠와 관련하여 경쟁력을 키울 수 있다고 생각하기 때문이다. 예를 들면, 경제계획을 수립하면서도 커뮤니케이션산업 발전계획을 세우는 프랑스는 문화콘텐츠 관련 산업을 부가하여 제시한다.[4]

다시 말하면, 문화콘텐츠를 다른 콘텐츠와 융합하고 산업화할 경우에는 국가 총생산에 기여하고, 여러 부문에서 정보혁명을 이끌어가며, 지역개발에서도 큰 역할을 한다. 뿐만 아니라, 문화상품과 서비스의 글로벌거래를 이끌어가고, 문화 자체의 개발에 다양하게 공헌한다.[5]

---

3 "New Media Arts Fund" http://www.ozco.gov.au/grants/nma/index.htm

4 문화콘텐츠 산업에는 포괄적인 문화예술을 포함한다. 특히 복제, 엔터테인먼트 성격이 강한 영화, 음반, 비디오, 애니메이션, 출판, 게임소프트웨어, 방송을 포함한다. 또한, 문화예술진흥정책에서 강조되는 공연, 미술품, 문화재관련은 물론 광고, 패션, 골동품도 포함한다. 나아가 최근 비약적으로 발전한 4차산업혁명 기술이나 웹 3.0 기술, 방송 관련 사항으로서 방송프로그램 관련, 멀티미디어 콘텐츠산업도 문화콘텐츠산업에 포함한다.

5 Throsby, On Cultural Policy: Where we've been and where we're gone, 문화정책국제심포지움,

① 디지털기술과의 융합

문화콘텐츠는 디지털 또는 정보환경과 융합하여 새로운 산업화를 촉진시
킨다. 문화콘텐츠산업은 20세기 전반에는 영화를, 중반에는 텔레비전을, 말기
에는 드디어 디지털 영상을 꽃피웠다. 그런 점에서 우리가 흔히 말하는 문화
콘텐츠산업 혁명은 기술발달이 가져다 준 '다양한 표현방법의 혁명'이라고 해
도 지나친 말이 아니다.6 최근에 혁명적으로 진화된 스마트폰, SNS 활용, ICT
융합, 빅데이터, NFT, 웹 3.0, 인공지능기술 등이 콘텐츠와 문화생활을 심화시
키며 확산되고 있다.7 문화예술의 사회적 역량(social competence)의 지속 업그
레이드와 재편은 이제 문화콘텐츠를 중심으로 이뤄지고 있다. 이 같은 끊임없
는 실험과 창작터치에서 종래의 예술경영과 문화정책의 지평도 흔들리고 있
다.8

그런데 디지털콘텐츠산업화에서 더 중요한 것은 디지털 혁명이 표현 혁
명 뿐만 아니라, 제작·유통·이용에도 큰 영향을 미쳤다는 점이다. 이제까지
영상소재는 미디어나 하드에 의해서 한정되어 왔던 것이 사실이었다. 그런데
디지털은 하드의 제약으로부터 소재를 분리시키는 획기적인 변화를 가져왔다.
이에 대하여 누구나 공감하며, 앞으로도 더 큰 혁신과 발전을 기대하고 있다.9

일반적으로 미디어산업은 성숙기에 들어와 대규모로 확대되기에 이르렀
으나, 개개의 수주작업이나 소프트단가는 낮아졌다. 그 같은 산업변화와 함께
제작되는 소프트 내용도 다양하게 변하고 있다. 오늘날 '영상의 세기'가 표현

도쿄 타치바나여자대학, 2001. 12.

6 이런 발달을 기술 측면에서만 보면 영화는 사진기술의 연장이다. TV는 전기통신, 라디오에 화
상이 부착된 것이다. 그 밖에도 일러스트레이션, 애니메이션, 화상기술 발전으로 다양한 표현
방법이 비약적으로 발전되어 문화콘텐츠산업를 발달시키고 있다.

7 이런 기술 발전을 바탕으로 영화, 텔레비전 방송, 비디오 소프트, PC게임 산업이 발전되었고,
그 결과 오늘날 영상소프트산업이 발전했다. 인쇄매체나 음악보다는 10~20여 년 더 늦은 영
상 미디어예술(media art)의 디지털화도 부분적으로는 CG 이용으로부터 디지털화를 맞게 되었
다고 말할 수 있다.

8 스마트기술의 문화생태계에 대해서는 이흥재(2012) 7장 참조.

9 문화콘텐츠산업 가운데 영상소프트산업은 각각의 미디어적 특성을 활용해서 새로운 비즈니스
모델을 형성하였다. 극영화＝흥행, 텔레비전 방송＝유료광고라고 해도 과언이 아니다. 한편,
패키지소프트(비디오, 게임소프트), 수주소프트(단편영상, 텔레비전 CM) 등 각각의 비즈니스
모델이 이런 방식으로 형성되었다.

하는 것은 기록, 드라마 엔터테인먼트, 분석수단, 정보전달 등이었다. 이렇듯 영상소프트는 하이테크기술에 의지하여 획기적인 것과 매우 일상적인 정보소프트로 양극화된 것이라고 볼 수 있다.

② 스마트기술과의 융합

스마트기술을 활용하는 스마트콘텐츠란 "스마트기기의 다양한 기능을 활용하여 사용자에게 편익을 주기 위해 스마트기기에 적합하도록 만들어진 콘텐츠"이다. 이에 알맞는 스마트콘텐츠는 현재는 애플 iOS와 구글 안드로이드 플랫폼을 기반으로 개발된 어플리케이션 형태의 콘텐츠들이 주류를 이루고 있다.

스마트콘텐츠 시장은 스마트폰을 포함하여 태블릿PC와 스마트TV 등 화면크기가 다양화되고 휴대편의가 활성화될 것이므로 시장규모는 급증할 것으로 보인다. 시장조사 전문기관의 자료에 따르면 스마트콘텐츠 글로벌 시장은 계속 고도성장할 것으로 예측한다(한국콘텐츠진흥원, 2012).

스마트콘텐츠의 생산과 소비활동은 다양하고 활발하게 발전한다. 생산자들은 콘텐츠를 무료 또는 유료로 구성하면서 판매 수익모델을 만들고 있다. 개발플랫폼은 대개 애플과 안드로이드를 동시에 이용한다. 이러한 바탕에서 생산자는 새 비즈니스모델을 찾고, 스마트콘텐츠의 기능을 개선하며, 추가적인 플랫폼을 확대하는 데 주력할 것이다. 한편, 이용자들은 스마트기기 화면의 다변화, 고성능화에 따라 콘텐츠수요를 늘릴 것이다.

이같은 환경변화를 반영하여 스마트콘텐츠 정책도 지원육성 측면에서 변할 것이다. 생산 측면에서는 생산업자의 경쟁력 강화를 위해 정책·제도적 지원, 통합적 지원제공 서비스 인프라를 구축하는 데에 중점을 두게 된다. 주로 자금조달, 콘텐츠 소싱, 전문인력 확보에 주력하게 된다. 이를 위해서는 정부, 지자체, 단체와 민간차원에서 교육, 인력확보 채널 제공, 기술 제공이 이루어져야 한다.[10]

---

10 예를 들면, 콘텐츠 관련 부처와 단체가 지원하는 무선인터넷 활성화 계획, 방송통신 콘텐츠 산업 경쟁력 강화대책, 방송통신 인터넷 분야 규제개선 추진, 글로벌 모바일 강국 실현을 위한 모바일산업 발전, 앱창작터 지정과 운영, 모바일 1인 창업기업 육성, 글로벌 앱지원센터 운영들이다.

③ 정책과의 융합

문화콘텐츠는 기술 못지않게 국가정책과 결합하면서 그 힘이 놀랍게 커져가고 있다. 문화콘텐츠 환경 여건이 매우 열악하던 우리나라가 정책결합으로 성공하는 대표 사례가 늘어나고 있다. 아직은 낮은 수준이지만 발전 잠재력이나 성장속도면에서 가능성이 높은 것으로 평가할 수 있다.

우리나라 문화콘텐츠 산업은 정책지원 기회가 많은 편이다. 아직 초기 발전 단계다 보니 외국상품 점유율이 높은 편이지만 점차 개선되고 있다. 문화콘텐츠 진흥정책 주체인 문화부는 지원과 투자를 적극화하고 있다. 뿐만 아니라, 부문별 지원센터나 인력양성기관을 마련하고, 각종 해외진출을 위한 기회를 확대하여 기업이 활동하기 편하게 이끌어 주고 있다. 우리나라는 풍부한 문화유산과 문화자원으로 문화국가 이미지를 창출하고, 문화콘텐츠산업 자원으로 활용할 수 있다는 점에서도 가능성이 밝다.11

이러한 문화콘텐츠산업은 정책과 결합하면서 정책이념으로서의 사회적 효율성을 어떻게 달성할 것인가? 문화콘텐츠산업 분야는 효율성 원리가 직접적으로 적용되는 부분이다. 여기에서 효율성은 산업경제적 효율성 못지않게 사회적 효율성도 중요한데, 특히 문화콘텐츠산업이 거대화되면서 투자의 경제적·사회적 효율성이 함께 주목받는다. 앞으로 미디어의 발달에 따라 소프트와 방송에서 영향력은 더욱 커질 것이므로 이러한 변화는 매우 긍정적이다. 따라서 이제는 사회를 이끌어 가는 중요 영향요인으로서 효율성을 점검해야 할 것이다. 그 가운데 문화예술의 고유가치가 경제적 가치와 조화를 이루도록 꾀하고, 기초예술과 문화콘텐츠 자체의 투자에 대한 효율성을 점검하는 것이 우선 중요하다.

아울러 각종 디지털기술 발전과 이에 따른 사회적 효율성에 대하여 검토해야 한다. 이런 기술발전은 창조활동에 새로운 가능성을 가져왔다. 즉, 문화예술의 유통, 작곡이나 그래픽의 차원을 높였다. 더구나 전문가들만이 아닌

---

11 그러나 콘텐츠가 취약하며, 전문인력과 기술수준이 낮고, 유통비용이 많이 들며, 관련 환경과 제도가 미비한 실정이다. 이런 점에서 문화콘텐츠산업 발전 가능성 있는 부문을 집중적으로 우선 지원하여 일정 수준에 올려놓는 전략이 필요하다. 따라서 문화콘텐츠산업이 산업경쟁력을 가질 수 있도록 기반을 우선 구축해 주는 것이 현재 상황에서는 바람직한 정책 방향이다.

일반인들도 활용하고 있다. 컴퓨터와 통신네트워크를 바탕으로 사람들의 관점과 정보량이 비약적으로 확대·심화됨에 따라 혹시 문화예술 고유가치의 변질을 초래하지 않을까 하는 우려도 많다. 특히, 미디어가 소수 기업의 손에 휘둘릴 수 있어 불안하다. 그러나 SNS나 웹 3.0 고도화로 미디어 과점의 폐해를 중화시킬 수도 있어 사회적 효율을 부정적으로만 평가할 것은 아니라고 본다.

(2) 기술수요 부응 콘텐츠 정책 협력

우리사회는 정보화사회, 정보사회, 고도정보사회, 디지털사회를 거쳐 지능정보사회로 접어들면서 더욱 다변화되고 있다. 콘텐츠 생산과 유통에 관련된 기술도 폭넓게 발달되면서 문화정책에서 콘텐츠기술 협력이 중요해지고 있다.

최근에 인공지능은 자율판단은 물론 자동처치까지 가능하게 발달한다. 인간과 인공지능 사이에서 우려하던 갈등을 넘어서 인공지능이 폭주하고 앞으로 여러 분야에 접목이 늘어 날 것이다. 문화예술창작에서도 가상현실 기술 접목이 많아지고 있다.

코로나19 집단감염 때문에 현실 전시공간이 폐쇄되자 ARVR콘텐츠가 많이 개발되어 몰입감 높은 가상현실을 즐기게 되었다. 사회 여러 활동에서 인공지능과 디지털트윈 기술이 발달되어 컴퓨터에 현실과 사물의 쌍둥이 모델을 만들어 응용하고 있다. 현실에서 발생할 수 있는 상황을 시뮬레이션하고 현실을 디지털세계로 복제하며 진단 처방이 가능해졌다.

소비자들이 코로나19 집단감염으로 불안하고 답답한 현실을 넘어 디지털세계에 의존하게 되자, 문화콘텐츠 기획자들이 소비자 필요에 맞춰 생산하는 데 익숙해졌다. 결국, 훌륭한 소비가 좋은 창작으로 연결되는 공진화 생태계를 갖춰가게 된 것이다.

글로벌 규모로 이런 활동이 이뤄지자 콘텐츠 글로벌 유통에서 신뢰관계가 중요해졌다. 과학자를 비롯한 문화산업활동 기업 사이에 국제협력이 필수적으로 이뤄져야 하며 글로벌 연대를 위한 새 리더십이 요구되는 상황에 이르게 되었다.

실감 중계 서비스 기술이 보편적으로 늘어나면서 드론기반, GIS구축, 3D 영상을 실생활에 활용하면서 콘텐츠 생산에 적용되었다. 인간생활에 필요한 지리정보시스템을 컴퓨터데이터로 변환하여 효율적으로 사용하는 GIS시스템으로 3D서비스를 제공하여 생활 가까이에서 활용하는 것이다.

그 밖에도 건강한 콘텐츠 생태계에 영향을 미치는 기술도 등장하여 인공지능 윤리, 딥페이크 탐지, 디지털트윈, 인간증강, 협동로봇, 화상회의 개발로 콘텐츠산업 고도화에 적용되고 있다.

이제 예술콘텐츠, 인문콘텐츠를 다양하게 활용하는 것이 일반화되고 있다. 문화예술은 다른 콘텐츠와 만나 산업으로 발전할 여지가 많다. 예술·정책·이념과의 관계에서 무슨 일이 생기며 기초예술, 문화발전, 인본주의와 더불어 어떻게 발전할 수 있을까?

① 문화예술과 콘텐츠산업의 공진화

문화콘텐츠산업은 기초예술과 함께 발전한다. 최근 문화콘텐츠의 산업화에 관심이 집중되면서 상대적으로 기초예술이 소홀히 취급되는 것처럼 보인다. 그러나 이 두 영역을 통합적으로 발전시켜야 한다는 것은 문화정책에서 당연하다.

문화콘텐츠 산업정책과 예술정책을 분리하고, 지원정책도 분리해야 하는가에 대한 논의가 많다.[12] 문화콘텐츠 산업이나 예술지원 정책은 서로 각자에 대하여 기초가 되는 하부산업을 이룬다. 따라서 서로 분리하기보다는 통합적으로 접근하는 것이 자연스럽다. 문화콘텐츠산업은 정부기구와 민간기구의 합작 형태로 이루어지는 데 비해, 예술지원정책은 공공주도나 지원으로 이루어진다. 이 같은 지원정책의 핵심은 재정동원을 통한 지원과 세제혜택(tax credit)에 있다. 정부의 이러한 정책은 지방정부에까지 체계적으로 연계 실행되며, 특히 대부분의 지원기준들을 통일함으로써 효율성을 높이고 있다.

문화콘텐츠산업에 대한 지원은 자국의 문화콘텐츠를 기반으로 하는 산업

---

12 캐나다는 문화예술과 문화콘텐츠산업을 분리하여 정책적으로 빠르게 문화콘텐츠산업사회로 발전하고 있다. 특히 역사와 문화유산에 대해 철저히 이해하고, 문화상품과 서비스의 생산을 촉진하고 배급하는 데 주력한다. 특히 전통적인 경제에서 지식기반 경제로 넘어가면서 정책을 많이 개발하고 있다.

육성을 위해 단순히 예술뿐만 아니라 역사인문콘텐츠까지 고려한다. 중앙정부는 자국의 문화 정체성을 보호·육성하려는 관점에서, 지방자치단체는 지역 경제발전을 꾀할 수 있는 산업적 시각으로 문화콘텐츠산업 공진화 정책을 펼쳐 경쟁력의 원천으로 삼고 있다.[13]

이러한 맥락에서 콘텐츠 가운데서 특히 예술분야의 대본, 음악작품, 악보 같은 예술작품에 대하여 싱가폴에서는 예술콘텐츠(arts contents)라고 부른다. 그리고 이를 예술위원회의 전략적 활동사업에 포함하고 있다. 위원회에서는 콘텐츠 우수성와 혁신성 촉진, 예술콘텐츠 산업의 담당자 확대, 예술작품의 발표 기회를 지원한다. 한편, 예술부문 콘텐츠의 범위와 관련하여 일본은 영상, 음악·음성, 게임, 도서·신문·영상텍스트 등 4개 분야를 콘텐츠라고 보고 있다. 그러나 공연작품 등은 포함하지 않는 것이 싱가폴과 다른 특징이다(伊志領繪里子, 2010, 47).

문학, 역사, 철학에 기반을 둔 인문학적 상상력과 소양에 바탕을 두고 발전되는 인문콘텐츠는 날로 중요해지고 있다. 모든 콘텐츠는 인문콘텐츠에 포함된다고 할 정도로 넓은 범위이다. 또한 창의성이 더 풍부하고 생명력이 길며, 교육용으로 활용된다. 더구나 창작자가 스스로 뜻있다고 생각하면 소비자 반응에 관계없이 깊게 다룬다는 점에서 다른 콘텐츠보다 비교우위를 갖는다(이흥재, 2012).

② 문화예술발전과 공진화

문화콘텐츠산업은 문화예술의 '창조적인 표현산업'이다. 문화예술 자산을 활용하여 창조적으로 다시 표현한 '지적 가공산업'이다. 이런 의미에서 문화콘텐츠산업은 순수예술이나 문화원형에 기술을 가미한 새로운 개념의 문화활동과 다르지 않다고 생각한다. 이런 뜻에서 영국에서는 창조산업(creative in-

---

13 공진화와 관련해 영국은 다음에 주력한다. ① 예술, 문화산업, 창조적 재능은 영국 국민의 공동체 의식과 국가적 정체성, 국민적 자긍심, 국민의 문명화에 크게 기여한다 ② 다른 고용증진 방안보다도 싼 비용으로 직업을 창출하여 고용효과가 크며 경제적 부가가치가 높다 ③ 문화예술은 기업의 투자와 소비생활을 촉진하여 지역사회 발전과 정체성 확립에 기초가 된다. 주요 국가에서 문화산업은 '개인의 창의성, 기술, 재능에 기초하면서 지적재산의 창출·이용을 통해 경제성장과 고용창출에 잠재가능성을 가진 활동'으로써 공진화에 크게 기여하는 방향으로 활용한다.

dustry)이라는 말을 쓰고 있다.¹⁴ 창조산업은 매우 폭넓은 규정으로써 문화산업 또는 엔터테인먼트 산업 외에도 골동품, 수공예, 광고, 건축 등을 모두 포함한다.

이런 점에서 문화콘텐츠산업은 문화예술 발전의 기회이자 다른 한편으로는 문화정체성의 현이다. 그런데 문화콘텐츠산업은 과연 자국 문화의 정체성을 해치는가? 이 문제는 문화자산의 국제공유와 미디어기술의 보급 때문에 더욱 실질적 문제로 대두된다. 우선 문화자산을 산업화하면 문화자산이 국제적으로 공유되는데, 이에 따라 무한시장이 확대된다는 점이 기회론의 근거가 된다. 소프트화시대에서는 무형자산을 소중한 자산개념으로 확장하고 있다. 이러한 움직임에 따라 문화콘텐츠산업에 관련된 지적 자산은 당연히 국제적 자산으로서 지적인 사회자본으로 인류가 공유하기에 이른다. 또한 비약적으로 발전하는 뉴미디어가 외국에서 생산된 프로그램의 운송수단에 불과하다면, 약소국들은 문화정체성의 위험에 휘말린다는 기술결정론적인 입장이 위기론을 뒷받침하고 있다.¹⁵

이런 점에서 보면 문화콘텐츠 산업을 육성하여 시장을 넓히되 문화적 정체성을 보호하는 방어 정책을 병행해야 하는 이중성이 불가피하다. 특히 영상산업에서는 이러한 장치가 매우 중요하다. 새로운 방송통신 기술발달로 글로벌화가 고도화되고 각국 문화환경은 다양해지면서 문화콘텐츠 교류로 문화영토와 경계가 허물어지고 있기 때문이다. 아울러 문화콘텐츠 산업화에 앞선 선진국들은 판매시장을 전 세계로 넓히는 데 비해, 소비국들은 자국문화의 정체성 침해로 큰 피해를 당하는 '힘의 논리'가 작용하고 있다. 이와 관련하여 각

---

14 영국이 특별히 창조산업이라는 말을 쓰는 배경이 있다. 하나는 문화콘텐츠산업 활성화 정책의 필요성에 대한 통절한 인식이다. 이는 ① 예술과 문화(산업), 창조적 재능은 영국 국민의 공동체 의식과 국가적 정체성, 국민적 자긍심, 국민의 문명화에 크게 기여 ② 여타의 고용증진방안보다도 저렴한 비용으로 직업을 창출하는 고용효과가 크고 경제적 부가가치가 높다 ③ 문화 예술은 기업의 투자와 소비생활을 촉진하여 지역사회의 발전과 정체성의 확립에 기초가 된다는 것이다. 또 하나는 문화콘텐츠산업의 개념과 범위를 과감하게 확충시킨 다는 전략이다. 아이디어와 창의성에 바탕을 둔 산업으로 삶의 질을 향상시키는 한편 고부가가치를 창출하는 모든 산업으로 개발하려는 것이다.

15 이 때문에 프랑스는 방송을 문화정체성 확보의 핵심 분야로 간주하고 방송산업이 다른 문화콘텐츠산업 발전의 기반이 되도록 육성한다. 이를 위해 방송사업자 매출의 일부를 영화나 영상물 제작에 투자하도록 의무화한다.

국은 문화콘텐츠산업 관련 국제통상 협력, 외국인 투자제한에 관한 법적인 조치를 마련하고 있다. 이에 따라 각국 문화정책은 당연히 국가의 문화정체성 유지와 문화다양성 협약의 실천 등을 국가의 중요 과제로 삼지 않을 수 없다. 더 나아가 자국 문화콘텐츠의 확산을 위해 역설적으로 문화콘텐츠산업화를 정책적으로 추진하는 경우도 있다.[16]

이러한 각국의 정책이 국제적으로 대립을 일으켜 마찰의 소지가 되는 것도 불사하는 이른바 '문화전쟁'이 심해지는 이유도 바로 여기에 있다. 특히 영상소프트를 문화적 재화로 보는 데 대한 인식차이가 상당히 뿌리 깊다.[17]

(3) 문화콘텐츠의 사회학

문화콘텐츠의 산업적 생산과 유통은 돈벌이에 치중하는 나머지 순수문화예술이 갖는 인본주의 성향을 황폐화시키는 주범인 양 매도되는 경우가 있다. 그러나 문화콘텐츠산업은 오히려 인본주의적 성향을 물씬 풍기는 문화정책 대상이다. 이른바 영국의 창조산업도 '개인의 창의성·기술·재능을 이용'해 지적재산권을 만들고 이를 상업적으로 활용함으로써 경제적 부가가치와 고용창출을 가져오는 모든 산업 활동이라고 정의하고 있다. 인간의 창조적 측면을 높이 산 정책으로 평가받고 있지 않은가.

따져보면, 문화콘텐츠산업은 문화를 소재로 한 상품을 제공함으로써 소비자인 국민들의 문화욕구를 보다 현실적으로 충족시키게 된다. 따라서 단순한 산업 활동을 넘어서 생산·유통과정에서 문화향유 기회를 확대하고 결과적으로 문화민주주의에 기여하게 된다.

---

16 다시 말하면, 문화예술을 키워 글로벌화 하는 수단으로써 문화콘텐츠의 산업적 육성정책을 근간으로 삼는다. 프랑스 문화정책 기조는 이 점이 특징이 있다. 프랑스는 고유한 자국 문화로 세계적 우위를 유지하기 위해 영상산업을 적극 지원·육성한다. 이를 위해 프랑스 정부는 보조금 교부, 투자환경 정비, 인재 육성, 영상도서관 확충 등 영상소프트웨어산업이나 다양한 소프트웨어 진흥정책에 깊이 개입한다.
17 GATT 우르과이 라운드에서 서비스분야의 자유화 문제로 주요 국가들의 영상소프트 진흥정책이 쟁점이 되었다. 비관세 장벽으로 비난받는 미국에 대해, 미국 이외의 주요 나라들은 영상소프트는 문화적 재화이므로, GATT의 논의에 맞지 않는다고 주장하는 등 정책기조에 대한 인식차이를 보여주고 있다.

① 인본주의와 공진화

문화콘텐츠산업은 일자리 창출 효과가 매우 높고 문화성과 창의성을 활용하여 다른 산업보다 높은 부가가치를 창출한다. 그럼에도 불구하고 문화콘텐츠산업은 많은 자본이 필요하고, 자본주의적 형식의 노동조직을 바탕으로 발전한다. 문화콘텐츠산업은 창조자를 노동자로, 문화예술을 문화적 생산품으로 변화시킨다. 뿐만 아니라 자원소모가 적고, 자연환경을 파괴하지 않는 오염물질 저배출 산업으로서 인간의 생활환경과 문화사이의 공생·공진을 담보한다.

문화콘텐츠산업을 체계적으로 추진하는 나라 가운데서 캐나다 같은 경우는 특히 인본주의적 관점을 강조하고 있다. 캐나다는 복수 문화정체성 시대의 문화가치 실현을 목표로 하여 문화콘텐츠산업을 본격 추진하고 있다. 하나의 국가로서 성장하는 동안 계속적으로 통일과 다양성 사이에서 갈등을 겪어왔던 캐나다는 아시아권에서 들어온 무수한 이민자들 때문에 인구는 더욱 다민족화되었다. 이러한 변화 속에서 국민들은 연방정부가 공익을 책임지고 인본주의적 관점에서 미래 세대를 위한 계획을 세우기를 바란다. 이러한 국민들의 바람에 따라 정부는 이에 대한 합의를 형성하고, 전지구적인 경향과 캐나다의 이해를 연결지어 정보화 사회에 필수적인 사회적·경제적 구도를 세우고 유지하는 데 노력한다.[18]

② 문화콘텐츠의 사회학

콘텐츠는 산업경제적인 부가가치 못지않게 사회문화적으로 고유가치와 소통가치를 갖고 있다. 그래서 최종 소비자의 관점에서 이해하고, 향유 확대 서비스와 리터러시를 꾀하는 '콘텐츠의 사회학'적 접근을 소중하게 다뤄야 한다. 콘텐츠야말로 인간의 창조성을 바탕으로 하는 창작활동의 최종 산물로서 상징적·기호적 의미가 체화된 문화예술의 사회적 결정체이기 때문이다(이흥재, 2010).

실제 콘텐츠 소비자의 사회문화적 특성을 보면 도서, 방송콘텐츠, 음악,

---

18 Canadian Film or Video Production Tax Credit.
   http://www.pch.gc.ca/culture/cult_ind/cavco-bcpac/fv-produc-e.htm

영화 들은 시장점유율이 높다. 한편 게임, 만화, 애니메이션과 같이 이용률이 낮은 콘텐츠는 소비자 특성에 따라 차이가 큰 것으로 나타나고 있다. 이러한 효용가치 차별화에 따라 최근 각종 콘텐츠에 적용되는 기술은 '문화의 적'으로 취급되는 경우가 있다. 문화기술(CT)이 글로벌 '상상 공동체'를 만들어가며 '미국화'나 문화제국주의화로 치닫게 되고, 문화다양성을 손상시킨다고 보는 것이다. 나아가 멀리 떨어진 사람들을 동일 문화권으로 인식하게 되면서 국가문화정책의 정체성 위기를 심각히 받아들이게 되고 문화보호 정책에 대한 수요가 커질 수밖에 없다(Harvey Feigenbaum, 2004).

문화콘텐츠산업은 사람들이 갖는 놀이본능을 충족시켜주고, 문화소비 한계자(시간, 비용, 경험 부족자)들에게 더 쉽게 선택하고 즐길 수 있는 문을 열어준다. 이에 따라 문화콘텐츠에 대한 사회문화적 정책의 초점은 우선 콘텐츠 향유와 복지적 문화소비의 향상에 도움이 되도록 공공서비스로서 생활문화 복지와 문화향유권을 높이도록 추진해야 한다. 또한 콘텐츠향유 행태를 바람직한 방향으로 변화시키도록 미디어환경과 이용자 행태를 개선하며, SNS에서 콘텐츠를 편하게 이용하도록 해야 한다. 아울러 콘텐츠 이용과 콘텐츠 수요의 창출을 위해 모바일중심의 콘텐츠 소비환경 변화의 수용, 콘텐츠 소비 트렌드에 맞는 공급이 이루어져야 한다.

이러한 관점에서 보면 콘텐츠의 이용능력 향상을 위한 향유교육 확대, 콘텐츠 리터러시 강화, 제작교육 지원을 정책적으로 지속해야 한다. 콘텐츠 이용자들에게 이용만족도를 높여주기 위해서도 콘텐츠 평가시스템의 도입, 향유자의 긍정적 행태 활성화, 데이터베이스 구축 시스템을 도입해야 한다. 아울러 이용환경을 개선하기 위해 콘텐츠 체험공간 확대, 공공 콘텐츠 활성화, 이용자 보호 정책 강화 등을 제도화해야 한다.[19]

19 영국은 콘텐츠 향유와 관련하여 창조교육을 위해 정책 홍보, 교육, 접근성 개선 정책을 조정한다. 프랑스도 디지털 네트워크의 접근보장과 소외계층의 디지털 이용과 접근성 보장을 강조한다. 일본은 콘텐츠의 국제적 경쟁력 확보와 관광수요 증대, 지역경제의 활성화, 연관산업 발전에 기여하도록 콘텐츠산업의 기반조성과 필요한 정책지원, 행정기관의 역할, 콘텐츠 인재육성과 자금조달, 권리침해, 공정경쟁을 추진한다. 우리나라도 콘텐츠 강화를 핵심으로 하는 성장전략 추진과 해외 우수인재 중심의 콘텐츠 거점을 형성해 콘텐츠의 디지털화·네트워크화를 추진한다.

2. 지능정보 시대 문화콘텐츠의 육성과 유통

(1) 디지털 정보기반 콘텐츠 제작

우리사회의 산업구조, 고용구조, 사회문화환경이 급변하면서 4차산업혁명 기술이 이를 부채질 하는 가운데 이제는 지능정보사회화로 나아가고 있다. 콘텐츠를 유통하는데 관련 기술이 지능화하면서 콘텐츠산업 구조가 바뀌고 있다. 지능정보기술을 활용한 ICT융합 활동으로 고부가가치를 창출하는 산업으로 자리잡고 있다.

콘텐츠산업에서 특히 새로운 가치를 창출하고 글로벌경쟁력을 확보하기 위해 지능정보기술을 확보하고 관련 산업과 융합하여 육성하며, 문화소비자들에게 품격있는 서비스를 하도록 해야 한다. 구체적으로 인공지능기술, 데이터 활용, 타 분야 기술들과의 융합으로 적용대상이 점차 늘어나는 추세이다. 결국 콘텐츠 유통 플랫폼과 생태계 전반에 걸쳐 경쟁방식이 바뀐 것이다. 이에 따라 소비자의 문화향유, 문화콘텐츠 분야 일자리와 일거리, 관련 산업 전반에 걸쳐 긍정적이 효과가 발생하게 된다.

디지털 기술과 접목한 디지털콘텐츠의 발달은 눈부신데 어디까지 발전할지 예측조차 쉽지 않은 상황이다. 우선 디지털 콘텐츠 자체를 몇 가지 유형으로 나눠볼 수 있겠다. 예술의 형식이 진화하면서 공유가능한 디지털예술, 가치화된 무형의 예술이 타나났다. 예술지식 활용과 생태계 변화에 따라 예술정보와 지식을 공유하는 콘텐츠가 늘어났다. 또한 기술융합 예술발달에 따라서 디지털 온라인 예술 경험콘텐츠, 로케이션 기반 경험콘텐츠가 발달되고 있다. 콘텐츠들이 이처럼 공유가능한 방식으로 개발되고 플랫폼에서 유통되는 점에 주목해야 한다.

우리나라의 문화콘텐츠 산업은 어느 수준에 와 있으며, 어떤 문제점이 있는가? 우선 제작 측면에서 보면, 문화콘텐츠산업은 고도의 기술집약적 산업인데,[20] 우리는 아직 콘텐츠와 기술력이 취약한 편이다. 영상산업의 꽃인 영화영

---

20 최근 신기술과 멀티미디어 기술 발달로 디지털화, 컨버전스화로 다양하게 변하며 나날이 기술

상은 제작자본이 영세하고 투자비용 회수가 불투명해서 자체기획이나 제작물이 적다. 게임산업의 경우에는 기기는 물론 프로그램도 아직 외국제품으로 채워지고, 아이디어나 기술을 바탕으로 한 상품성이 취약하다. 음악산업은 제작음반의 장르별, 소비 연령별 편중으로 상품이 다양하지 못한 데다 SNS소용돌이마저 더해져 발전에 걸림돌이 되는 실정이다. 출판산업은 전문적인 기획이나 편집에 따른 출판이 미흡하고, 학습참고서나 아동도서의 비율만 지나치게 높은 편이다.

기술개발을 위해 어떻게 해야 할까? 지능정보화 진행에 따라서 대중문화콘텐츠 산업기술이 많이 고도화되는 추세이다.[21] 그러나 전문 개발업체들이 영세하여 투자 부담이 크고, 개발 투자비가 단기간 안에 회수되기 어려워 개발 리스크가 커지는 등 악순환이 이어지고 있다. 더구나 문화콘텐츠산업 업체 간 연구개발 협력도 미흡한 실정이다. 특히, 제작기술에서는 그래픽, 가상현실, 특수 음향효과 등이 취약하여 대책이 절실하다.

(2) 창의적 기획

다른 산업들에 비해 문화콘텐츠산업은 기술집약적이면서 동시에 인력집약적 특징을 지니므로 무엇보다 창의적 기획력이 중요하다(Dominic Power, 2009). 그런데 이는 자기완결성이 강한 문화산업의 특성상 기획인력의 문제에 연결된다. 예를 들면, 애니메이션에서는 창작 위주의 제작 체계를 갖추기 위해 흥미 있는 콘텐츠를 만들 수 있는 전문기획이 필요하다. 게임에서도 기획 전문능력이나 제작 기술이 절실하다. 만화가와 시나리오 전문작가의 절대 부족으로 애니메이션과 영화 부문에서도 기획전문 인력의 부족현상이 심각하게

력이 향상된다. 이처럼 콘텐츠를 더욱 다양하게 생산·표현하는데 힘입어 문화콘텐츠산업이 강력한 멀티미디어그룹으로 커간다. 콘텐츠를 계속 공급받을 DB, 저작권, 정보원을 확보하기 위하여 문화전쟁을 치르고 있다. 이제 다국적 기업들은 기술력과 재정확보를 통해 더 강력해지고 있다.

21 호주 문화부는 문화와 정보화를 함께 다루면서 지능정보사회의 문화정책을 펼친다. 또 호주예술위원회는 급변하는 정보화와 문화영역에 대한 전략을 개발하며, 규제, 기금, 인센티브 등을 전문적으로 지원한다. 주로 통신, 정보기술, 디지털방송, 텔레커뮤니케이션, 방송과 영화, 정보와 커뮤니케이션 산업의 발전, 공연과 시각예술, 지적재산권, 정보경제학 부분, 정부 온라인 부분, 예술과 문화유산에 대한 정책을 개발하고 있다.

나타나고 있다.

이러한 취약점이 있지만 우리 문화콘텐츠산업이 국제경쟁력을 확보할 잠재력과 가능성은 많다. 우선, 역사문화 콘텐츠와 문화자산이 풍부하여 기획소재로 활용할 수 있다. 문화콘텐츠산업은 문화적 자원의 총체적인 표현이므로 풍부한 문화적 자원과 전통문화 원형콘텐츠를 현대적 감각으로 재창조함으로써 세계 시장에서 관심을 끌 수 있다. 다만 전통문화산업은 가치사슬 영역에서 제조에 인력이 집중되어 있고, 기획이나 마케팅에는 취약하다. 따라서 상품 실용성이 낮고 가격이 높으며, 다양하지 못한 문제를 보완해야 한다. 농경정착 역사에 바탕을 둔 아시아 전통문화 콘텐츠에 대해 서구의 관심이 많다. 이를 문화산업의 자원으로 활용하여 산업화와 국가 이미지로 새롭게 창출할 수 있다.22

또한 기획전문 능력은 약하지만 그동안 축적한 기획노하우가 풍부하다는 점에서 가능성을 찾을 수 있다. 우리나라 애니메이션은 우수한 기초인력을 다수 확보하여 축적하고, 특정 장르에서 기획노하우를 가지고 있다. 게임산업은 개인 완결성이 강하며 다수의 잠재적 기획전문 기술인력을 활용할 수 있으므로 새로운 기술과 자본을 결합하면 희망이 있다.

기획력을 키우기 위해 우선 기획역량 향상여건을 개선해야 한다. 개인의 창의력을 제고하고, 전문인력을 양성하기 위해 초중등 공교육 프로그램을 개혁해야 한다. 또한 문화공공기관의 창의력 향상 교육을 강화하고 저작권을 강화하여 개인의 창의력을 키워야 한다. 또한 문화예술 창작 활동 여건을 조성하고 사회적 인식을 높이며 산학 연계교육 강화, 영상전문인력 조기양성(해외 전문인력 유치, 투자마케팅 전문인력, 벤처영상트레이닝센터)체계 구축 등에 힘을 모아야 할 것이다.23

---

22 영국은 문화적 전통 측면에서는 세계적인 자부심을 갖는다. 그러면서도 문화콘텐츠산업에서 뒤지는 데에 문제의식을 가지고 창조산업이라는 개념으로 문화콘텐츠산업 진흥책을 수립했다. 바로 이 같은 문화적 자원을 사용한 문화콘텐츠산업 발전의 가능성을 주목한 것이다.
23 문화콘텐츠는 인접 학문과 밀접한 관계가 있다. 문화를 소재로 한 경제행위로서 소득 창출, 일자리 창출, 집적의 경제, 유통경제 같은 경제원리를 배경으로 발달한다. 사회정책 측면에서 지역의 문화적 정체성, 문화콘텐츠산업의 사회적 영향, 문화민주주의화는 사회현상과 함께 보아야 한다. 산업정책적 관점에서는 산업조직, 산업정책, 국제통상산업, 산업발전과도 함께 다루어야 한다. 아울러 정보기술, CIT산업, 인터넷 발달 추이에 따른 새로운 유통시스템, 통신망,

영상산업도 기획·창작력을 키우기 위해서 시설과 제도적 기반의 구축, 애니메이션 아카데미운영, 기획 제작비 지원, 해외진출 지원이 필요하다. 또한 전통문화를 활용한 문화상품 개발을 국가 이미지와 관련하여 적극 육성하고, 창의성과 상품성을 개발하면서 기획력을 보완하여 중점 지원해야 한다.

이와 같은 개인의 창의력 강화와 문화콘텐츠산업 기반 강화는 공생관계에 놓여있다. 문화콘텐츠산업 기반을 강화하는 것은 바로 개인의 창의력 강화를 위해 공급기반을 강화하고 효율성을 향상시키는 것으로 연결된다. 이로써 개인의 창의력·잠재력을 발휘하여 문화콘텐츠산업 시장의 기반강화 확대를 가져오고 결국 창의력을 바탕으로 문화콘텐츠산업이 지속발전 가능하다.

문화콘텐츠산업 정책연구와 관련하여 관련 업계 단체나 협회를 활용하여 문화콘텐츠 기술동향, 트렌드, 자료, 데이터를 구축하고 정책효과를 분석해야 한다. 각 문화콘텐츠산업 연구는 개별적으로 진행되는 것이 아니라, 관련 산업과 연계하여 추진되어 현장 적실성을 높이는 방향으로 이루어져야 한다.

(3) 발굴·육성

문화콘텐츠는 지능정보사회의 기반자원으로써 지능정보사회를 진전시키는 뜀틀이 될 것이다. 이러한 콘텐츠는 시장에 새로운 상품과 서비스를 가져온다. 최근 쌍방향 디지털미디어를 사용하면서 기업들이 이에 적극 뛰어들게 되었다. 이러한 상황은 디지털콘텐츠와 서비스 기회를 개발하려고 생겨난 소규모 혁신지향 기업들에게는 큰 기회이다. 또한 IT, 소프트웨어 개발, 방송, 출판, 오락, 통신사업, 교육학습, 그래픽디자인과 결합되었던 대기업들도 마찬가지이다. 여기에서 새로운 공급 고리(supply chains)가 생기고 새로운 형태의 파트너십이 만들어진다. 문화콘텐츠를 육성하기 위해서는 몇 가지 구체적인 전략이 필요하다.

우선 전통문화자원과 콘텐츠를 육성해야 한다. 그동안 전통문화를 현대화하기위해 우리 문화원형을 발굴하며 창의적으로 육성하고 이를 위해 디지털아카이브를 구축했다(주진오, 2012; 이용관 2012).[24] 이 같은 문화콘텐츠 수요를 늘

정보통신산업과 문화콘텐츠산업의 관계를 주목해야 한다.

24 문화원형 디지털사업은 순수예술이나 인문학 가운데서 전통문화를 대상으로 테마별로 디지털콘텐츠화하여 창작소재로 제공한 사업이다. 발굴된 자원은 전통문화, 문화예술, 생활양식, 이야기같은 문화원형 창작콘텐츠를 캐릭터, 게임, 영화, 에듀테인먼트, 음악, 만화, 공연, 방송, 애

리고 창의력의 저변을 확대하기 위해 학생과 일반 국민들을 대상으로 한 문화콘텐츠 관련 체험교육을 확산한다. 이 같은 전통문화산업 기반의 문화콘텐츠 융합은 국가의 산업경쟁력을 강화하고 발전기반을 조성한다.

아울러 문화콘텐츠를 주도적으로 이끌어갈 기업을 적극적으로 육성·보호·지원하는 정책을 펼쳐야 한다. 국제시장에서 성공 가능성 있는 전략적인 벤처 문화상품을 개발하여 고부가가치 산업으로 집중 육성하는 것은 당연히 기업이 담당한다. 문화벤처라는 개념으로 문화콘텐츠 제작기업 중 가능성이 큰 기업과 정부가 거버넌스 개념의 협동적 창조활동을 펼쳐야 한다. 이를 위해서는 문화기업에게 벤처기업과 같은 제도적 혜택을 제공해야 한다.

또한 이러한 역할수행 기회를 보장하기 위해서 전략산업과 파트너십을 유지해야 한다. 아울러 산업계의 요구를 충분히 반영할 수 있도록 관련 부처들과도 긴밀하게 협조해야 한다. 특히, 정부가 직접 나서서 지능정보기술을 개발지원하는 데 노력해야 한다. 정부는 가장 큰 정보생산자이므로 보다 널리 쉽게 정보를 개발할 수 있다. 많은 정보들이 정부저작권(crown copyright)에 의해 보호되고 있으며, 정부저작권 체제를 융통성 있게 활용하는 계획적 추진은 문화콘텐츠의 육성에 크게 기여한다.

나아가, 정부는 지역에 특화된 첨단 문화콘텐츠 클러스터를 활성화하여 지역의 새로운 창조비즈니스(creative business)로 육성하도록 실질적으로 지원해야 한다(Dominic Power, 2009). 이와 관련하여 지역의 공공기관과 민간이 광범위하게 참여하여 지역의 디지털아카이브를 구축하고, 지역문화 원형을 콘텐츠화하도록 지원해야 한다.

끝으로, 문화콘텐츠 개발인재와 전문능력을 키워 산업화시스템의 경쟁력을 강화한다. 구체적으로는 도서출판산업을 활성화하고, 번역사업을 체계화한다. 또한 콘텐츠 수출에 대한 지원도 강화하고, 산학연 협력을 이루며, 인디·아마추어 문화활동을 적극 장려하는 정책을 펼친다. 예술과 인문학에 대한 지원, 영상 교육, 영상 제작 교육 등 조기 영상교육도 이러한 관점에서 실시해야 한다.

니메이션 같은 다양한 문화산업에 활용한다. 2002~2010년까지 원형 콘텐츠를 발굴하여 문화콘텐츠닷컴(www.culturecontent.com)에서 서비스하고 있다.

(4) 유통 활성화

인공정보사회의 주요 특징 중 하나는 국경을 넘는 상품이동이 쉽다는 점이다. 이 때문에 경제에서 콘텐츠 생산품 자체보다 관련 산업이 차지하는 수출입 비중이 더 높다. 문화상품의 국제경쟁력 강화를 위해 이와 같은 유통에 각국이 다양한 정책으로 대응하고, 자유무역과 국제경쟁력을 저해하는 법적 장치를 제거하고 있다. 뿐만 아니라 정책적으로 문화상품의 시장력을 확보하기 위해 마케팅과 프로모션에도 각별히 관심을 기울이고 있다. '문화영토'를 뛰어넘는 문화콘텐츠 산업의 유통 활성화를 위해 다음과 같은 특징을 잘 활용해야 한다.

우선, 문화콘텐츠산업은 생산 과정에서 재생산기술의 대량 적용이 이뤄진다. 그 결과 발달된 복제 재생기술에 의해 유통되는 영화, 텔레비전, 라디오, 음악, 출판 등은 생산 초기비용이 막대함에도 불구하고 재생산비용은 매우 저렴하다.

또한, 유통과정에서 줄줄이효과(window effect)가 높다. 줄줄이효과란 한번 생산된 문화콘텐츠가 기술변화를 거쳐 새롭게 생산·활용되면서 또 다른 수요(창구)가 계속 줄지어 창출되어 추가적으로 이익이 생기는 것을 말한다. 예를 들어, 어떤 만화 한 편이 애니메이션, 게임, 캐릭터, 뮤지컬로 생산되면서 지속적인 이익창출원이 되는 현상이다. 이는 또한 네트워크 효과가 커서 새로운 미디어 콘텐츠와 접목되면서 새로운 이익원을 창출하게 된다.

아울러, 산업의 집적성(集積性)이 강하다. 이로써 문화콘텐츠산업 관련 기업들이 한 곳에 모여 자리잡고 있을 때 특정 종류의 기업에서 발생하는 단위비용이 절감되기 때문에 더 많은 활동을 끌어들인다. 예를 들어, TV프로그램제작, 영화제작, 공연산업, 출판산업은 한 곳에 모여 생산활동을 하면서 경비를 절감하는 효과를 보게 된다.

그리하여 문화콘텐츠산업은 글로벌시장에 직접적으로 큰 영향을 미친다. 문화콘텐츠산업의 기술, 투자, 시장은 전 세계를 무대로 하고 있다. 문화콘텐츠산업 정책적인 측면에서 볼 때 내수시장 규모가 적은 국가에게는 이것이 장점이지만 단점도 될 수도 있다. 이와 관련하여 특히, 콘텐츠 전달 매체의 디지

털화가 급속히 진행됨에 따라 문화콘텐츠산업 제작시에 국제적인 협력을 통한 제작도 가능하기 때문이다.[25]

전략적 전개

그렇다면 이러한 특징을 갖는 유통정책은 어떻게 전개해야 하는가?

본격화되고 있는 지식정보화의 흐름에 맞춰 산업 환경은 급변한다. 웹 3.0의 영향으로 문화콘텐츠산업들이 하나의 기술과 매체로 획기적인 변화를 맞는다. 그 결과 정보와 콘텐츠의 신속 정확한 전달과 소비자의 요구에 맞는 다양한 형태의 소프트웨어·정보·서비스 제공이 필요하게 된다. 뿐만 아니라 최근 확대되는 전자상거래는 무선통신에 의한 모바일화의 확산과 더불어 문화콘텐츠산업의 변화에도 크게 영향을 미쳐 소위 M-commerce 시장으로 커지고 있다. 이에 따라 유통구조도 새롭게 구축되어 광범위하고 신속한 전달, 응용 서비스, 상품공급, 수요행태도 크게 변할 것이다.

이러한 정책변화는 장르별로 어떤 결과를 가져올 것인가? CIT융합이 거세게 몰아치는 상황에서 방송미디어와 게임은 큰 변화가 예상되며, 디지털 배급구조가 정착되지 못한 영화와 음반도 곧 변화의 중심에 놓일 것이다. 그러나 DMB, 급증하는 인터넷 방송, 영상기술 능력의 미비와 낮은 인지도, 제작비나 네트워크의 열세 등이 비즈니스 모델에 어떤 영향을 미칠지 아직은 좀 더 지켜봐야 할 것이다(이흥재, 2011).

이러한 점들을 감안한다면 웹 3.0 상거래 추세에 맞춰 산업구조를 재편하지 않으면 안 될 것이다. 인터넷 상거래는 물류비와 유통 거래비를 절감할 수 있어 가격을 떨어트리고 결국 소비를 전반적으로 촉진하게 된다. 기업과 기업, 기업과 소비자 사이에 이루어지는 전자상거래 시장의 규모는 급속히 확대되고 있어 문화산업비즈니스에서 매우 중요시 된다. 국내의 전자상거래 시장 규모도 매우 급속히 커지고 있다. 앞으로도 더욱 확산되고 이러한 유통망을 통해 전달되는 문화상품은 그 범위가 매우 넓어질 것이다. 또한 급격히 진행되는 유비쿼터스 환경에서 문화콘텐츠 상품은 직장, 여행, 오락, 교육에서 공급과

---

25 다국적 영상물 제작기업은 다른 나라와 협력하여 공동으로 기획·제작함으로써 제작물의 국제적인 배급망과 소비통로를 확보하여 소비시장을 넓혀간다. 이러한 추세는 정보화, 글로벌화의 물결에 따라서 갈수록 심해질 것으로 보인다.

수요 행태에도 변화를 가져온다.

3. 문화콘텐츠의 융합산업화

(1) 웹 3.0 융합콘텐츠 생태계

문화콘텐츠 산업에 있어서 최근 블록체인 기술아래 웹 3.0, 대체불가토큰(NFT), 돈버는 기업(P2E), 지식재산, 암호화폐 등이 직간접적으로 연관되어 다양하게 활용되는 추세이다. 모든 콘텐츠가 중앙 집중화되어 검색, 소통되는 것을 뛰어넘어 이제는 분산화, 탈통제, 보안문제 해결을 가능하게 하는 웹 3.0이 콘텐츠산업에 적용되는 변화가 일게 된 것이다. 블록체인 기술을 바탕으로 네트워크의 개인화가 가능해 지면서 콘텐츠 생산과 소비에서 빛을 보게 되는 것이다.

창작자와 소비자가 곧바로 연결되면서 직접교류가 이뤄지는 공진화 기반이 생기는 것이다. 이에 따라 수익이 대폭 증가되어 수익구조에 따른 다양한 서비스가 이뤄질 수 있게 된다. 문학, 영상, 오디오에서 다양한 플랫폼사업 활동이 일어나게 된다. 자신의 콘텐츠를 가지고 자신만의 생태계를 만들어 커뮤니티로 구축하며 리더십을 발휘하기 쉽게 바뀌는 전략이 가능하다.

돌이켜 보면, 영국이 창조산업을 성장동력으로 간주하여 초기에 성공했던 배경은 문화예술상품, 기술혁신, 비즈니스기술의 융합에 있다고 본다. 특히 창조적 관행과 기술융합은 중요하므로 차세대 교육자와 학생은 물론 앞으로 모든 산업종사자들이 마스터할 것을 제안하였었다. 뿐만 아니라 학교 교과목에도 융합을 도입하여 새로운 플랫폼과 콘텐츠를 만들었다.

콘텐츠 생산·유통과정에서 다양한 융합현상이 생기고 이것이 콘텐츠산업의 성장동력이 된 것은 확실하다. 특히 디바이스, 네트워크, 미디어, 서비스, 산업 등 모든 분야에서 폭넓게 일어나는 융합이 콘텐츠를 보는 새로운 관점을 제시한다. 문화적 표현, 기술적 수단, 사업적 구조가 결합되다보니 콘텐츠 생태계 전반의 혁신으로 연결되고 있다.

융합은 콘텐츠의 가치를 변화시킨다. 재화가치를 새롭게 만들고, 내재가치를 확장시키며, 시장가치를 높여 경쟁력을 향상시킨다. 이에 따라 콘텐츠의 존립, 대응방식, 가치사슬은 물론 콘텐츠 생태계의 구성인자들의 개념이나 역할도 기존과는 다르게 나타난다. 고객은 공동창조자(co-creator)이자 프로슈머(prosumer)로, 가치사슬은 가치네트워크로, 제품가치는 네트워크가치로 바뀐다. 단순한 협력과 경쟁은 복잡한 협력적 경쟁(co-competition)과 공진화(co-evolution)로, 개별기업 전략은 전체적인 가치생태계(value ecology)를 고려한 전략으로 바뀌고 있다(이흥재. 2011).

이에 따라서 콘텐츠 정책도 융합과 관련하여 여러 부분에서 혁신되고 있다. 우선 IT와 CT가 밀착 발전한 기술혁신 정책, 융합콘텐츠 시장의 가치사슬 활성화 정책, 소비자중심의 사회문화정책을 함께 불러일으킨다. 따라서 보다 장기적 관점에서 융합형 생태계를 활성화하는 정책은 더없이 중요하다. 이를 위해 정부는 이해당사자 사이의 공진화 네트워크를 구축하고, 생태계 관리체계를 구축하며, 시장실패의 보완조절이라는 큰 틀을 관리해야 한다. 무엇보다도 콘텐츠 생태계 거버넌스를 구축하고, 생태계 활성자로의 전환, 기업간 연계와 협력을 정책적으로 추진하는 데 우선해야 한다.[26]

따라서 콘텐츠산업 발전을 위해서는 장기적으로 콘텐츠(C)-플랫폼(P)-네트워크(N)-디바이스(D) 가치사슬을 총괄하는 생태계 구축으로 나아가야 한다. 이런 가치사슬 연계는 비즈니스로 성공한 사례도 있지만 실패한 경우도 적지 않으므로 신중하게 접근해야 한다. 결국 생태계는 콘텐츠와 IT산업을 묶는 정책전환이 필요하다. 이러한 ICT생태계가 성공적으로 추진되기 위해서는 창조적 자산을 극대화할 수 있도록 문화예술과 저작권 중심의 콘텐츠산업 정책을 바탕에 깔고 있어야 한다. 또한, 인력양성, 금융투자, 산업지원(컨설팅) 등 기능적 요소를 정책으로 상호 연결해서 추진해야 한다. 아울러 기술적인 문제로서 ICT융합에 알맞게 콘텐츠, 플랫폼, 네트워크 간의 연계를 고려해야 한다. 그리고 정책 효율성을 높이기 위해 방송통신콘텐츠, 문화콘텐츠, 디지털콘텐츠 영역의 통합 내지 규제 시스템을 새롭게 정비해야 한다(한국콘텐츠진흥원, 2012).

---

26 이에 관련된 구체적인 전략들은 이흥재(2011) 참조.

(2) 창조활동의 문화사업

문화사업은 당초에 문화예술이 상업적으로 연결되거나 대규모 미디어와 결합한 것을 뜻하는 말로 쓰였다. 그 뒤 점차 명확해져서 문화콘텐츠를 기반으로 하여 창조성, 지적 재산권, 상징적 의미, 사용가치, 생산방식과 같은 다섯 가지 측면에서 기존 산업과 확연히 다른 뜻으로 사용되었다(Susan Galloway, Stewart Dunlop, 2007). 1990년대 후반부터 사용된 창조사업에서는 창조력을 바탕으로 사회정책과 통합되면서 의도적으로 문화산업과의 차이를 강조하고 있다. 이런 점에서 문화산업과 창조산업을 구분하는 것은 이론적, 산업적, 정책적으로 의미가 있다(Mark Banks, Justin O'Connor, 2009).

창조사업과 문화산업에 대한 경제적 기여 그리고 국제적 보편성을 감안하여 UNCTAD(2008)는 창조활동 유산, 예술, 미디어, 창조물로 나누고 다음과 같이 상세히 분류했다(노준석 외, 2013).

표 8-1 | 창조활동의 문화사업

유산(Heritage)	전통문화 표현	공예예술, 축제, 기념행사
	문화유적지	고고학유적지, 박물관, 도서관, 전시장
예술(Arts)	시각예술	그림, 조각, 사진, 골동품
	공연예술	라이브음악, 극장, 댄스, 오페라, 서커스, 인형극
미디어(Media)	출판 인쇄매체	서적, 언론, 기타 출판물
	시청각	영화, 텔레비전, 라디오, 기타 방송
기능적 창조물 (Functional Creatives)	디자인	인테리어, 그래픽, 패션, 보석, 장난감
	뉴미디어	소프트웨어, 비디오게임, 디지털창조콘텐츠
	창조서비스	건축, 광고, 문화, 여가, 창의적인 R&D, 디지털, 기타 관련 창조적 서비스

출처: UNCTAD. Creative Economy Report. 2008(노준석 외. 2013).

이러한 개념논란과 변화를 거치면서 콘텐츠 기반의 문화사업은 경제성장을 이끌어갈 새로운 동력원이 될 것으로 희망하는 가운데 창조산업이라는 이름으로 부르기도 한다. 뿐만 아니라, 영국에서 "경제성장을 이룰 특수부문 (special sector)"이라 불리며 성장모형(growth model)으로서 관심을 끌었다. 그러나 경기침체에 따라 영국과 미국에서 창의인력의 고용규모가 감소되면서 성장모형에 대한 장애(creative block)가 나타나기에 이르렀다.27

그렇지만 우리나라에서 콘텐츠산업의 고용인력이 정체되거나 감소추세를 보이고 있음에도 불구하고 여전히 고용 효과에 기대를 걸고 있다. 왜냐하면, 콘텐츠산업 전체로 보면 고용 성장이 정체 중이지만 세부 장르별로는 편차를 보여 성장추세인 경우도 있기 때문이다. 콘텐츠산업의 고용탄성치(고용증가율/ 실질 국내총생산(GDP) 증가율, 성장에 따른 고용창출 능력)를 비교해 보면 제조업에 비해서는 높고, 전체 서비스업보다는 낮다. 그렇지만 성장형 콘텐츠 장르의 경우에는 고용여력이 높은 것으로 나타나고 있다.

이러한 관점에서 볼 때 앞으로 콘텐츠산업 발전과 일자리 확충을 위해서는 보다 경쟁력 있는 장르별로 특화된 정책을 세우고, 창의노동의 질을 제고하여 '좋은 일거리'(decent work)로 만들어야 한다. 특히, 고학력 청년실업을 해소하고, 소규모나 중견기업의 육성이 중요하다(한국콘텐츠진흥원, 2012).

문화기반 산업, 콘텐츠 기반 창조산업은 '경제를 위한 또는 문화를 위한 효율'로 발전하면서 경제 정치적인 성공을 거둔바 있다. 그리고 적어도 '문화예술이 경제 성장에 중요한 요소'라는 인식은 늘어난 셈이다. 그러나 창조산업 그 이후의 논의들은 '도구적인 위험', '예술-산업관계에서 나타난 특수한 사례', '사회적 네트워크 시장', '지식기반활동 속으로 문화예술이 사라짐' '산업조각보 모음' 등으로 표현되듯이 많은 가능성과 한계를 함께 보여주는 논의들이 겹치고 있다(Mark Banks, Justin O'Connor, 2009).

(3) 성장모형 찾기

문화콘텐츠를 바탕으로 한 산업화를 향한 최적 성장모형은 현재 진행형

---

27 콘텐츠 기반의 창조경제에서 창조적 계급에 대한 도구적 영입이 오히려 기존 산업에서 냉정한 비판을 받는 부분이어서 창조경제에서 일자리 증가 가능성 문제는 민감하다. 더구나 이 분야에서 일자리의 불안정성, 불평등, 착취, 기술에 근거한 '인적 자본' 프레임워크에 대한 접근 불평등이 전통적 근로자들과 비교해서 상대적으로 크게 유리하지 않다는 점이 비판을 받는다 (Mark Banks, Justin O'Connor, 2009).

이다. 문화산업은 처음 등장할 때 기대했듯이 '문화적 산물을 새로운 경제의 제에 활용하려는' 다양한 노력으로 계속되고 있다. 문화산업에서 콘텐츠의 어느 측면을 강조하며, 어느 나라에서 어떤 개념으로 활용하는가에 다소 차이가 있다.[28]

이러한 콘텐츠의 특성을 바탕으로 해서 다양한 기업화 모형들이 모색되고 있다. 문화콘텐츠를 활용하는 1인 문화기업, 창조경제성 산업들, 협동조합 방식의 기업들이 창조산업의 특성을 살려 '창조적 노동력'을 활성화 시킬 것으로 기대한다. 왜냐하면 문화적 창조성은 다른 창조성과 차이가 있고, 단순한 지식경제자산 이상의 것이기 때문이다(Susan Galloway, Stewart Dunlop, 2007).[29]

① 1인 기업

콘텐츠산업은 창조적 아이디어로 부가가치를 높이거나 일자리를 만드는 데 매우 적절한 것으로 평가받고 있다. 이러한 속성 때문에 최근 관심을 끌고 있는 1인 창조기업의 특성과도 맞다. 1인 기업이란 "창의적인 아이디어로 지식거래와 제품, 콘텐츠, 서비스로 일자리와 경제부가가치를 창출하는 개인이나 1인 중심 조직체"를 말한다. 콘텐츠산업과 1인 기업은 유연하고 협력적인

---

28 문화콘텐츠를 활용한 산업은 다음과 같은 특징을 갖는다.

구분	중점	추진 국가
창조산업 (creative industries)	• 개인의 창의성이 생산요소로 투입하여 산출물을 생성 • 창의성 강조	영국, 호주, 홍콩, 네덜란드, UNCTAD 등
문화창조산업(culture & creative industries)	• 문화활동의 창조적 성과물을 바탕으로 산업화 • 문화적 창의성 강조	독일, 중국, 대만, EU 등
문화산업 (cultural industries)	• 공공정책으로 문화활동을 산업화 • 예술과 유산중심	프랑스, 캐나다, 브라질, UNESCO
콘텐츠산업 (content industries)	• 기술적 관점에서 산업생산에 초점 둠 • 콘텐츠, 미디어 중심	한국, 일본, OECD
저작권 산업 (copyright industries)	• 자산의 특징과 산업의 산출물을 활용 • 저작권 중심	미국, 호주, 핀란드, WIPO
미디어엔터테인먼트산업 (media entertainment industries)	• 대중문화예술 활동의 성과물을 바탕으로 산업화 • 대중문화예술 중심	미국, 인도

29 현재의 문화활동과 정책을 콘텐츠기반 문화산업 정책의 틀 안에 가두는 것은 문화정책의 목표를 잊어버린 정책이며, 문화가 제공하는 공공이익을 놓칠 뿐만 아니라 시장에 의해 확보될 수 없는 소중한 문화민주주의 가치를 확보하지 못하게 된다.

경영활동을 하고, 시장환경 변화에 신속히 대응하고 맞춤 생산이 가능하다는 점에서 서로 비슷하다. 뿐만 아니라 적은 자본으로 창업이 쉽고, 자기만족이 매우 높은 특성을 갖는다. 더구나 최근 스마트경제와 맞물려 다양한 콘텐츠시장이 형성되고, 특히 창의적 아이디어가 핵심역할을 하기 때문에 비교적 가볍게 운용될 수 있다.

그럼에도 불구하고 여전히 업무, 수익, 영업에 대한 불안이 크기 때문에 다양한 지원과 보호가 필요하다. 뿐만 아니라 정책의지를 가지고 다양한 지원제도 등을 갖춘다면, 국가 성장 동력으로 활용될 여지가 높은 미래지향적 일자리산업으로 키워갈 수 있다. 콘텐츠 분야 1인 기업을 활성화하는 정책은 우선 동종업체들끼리 클러스터를 만들어 일하면서 많은 부분을 공유하도록 하고, 특성에 맞는 맞춤지원이 도움이 되며, 기업활동에 부담이 적도록 편의성을 높여주는 제도적 개선이 필요하다(구문모, 2010; 노준석, 2009; 문화체육관광부, 2008).

② 협동조합 방식의 산업

지역의 문화산업과 연결해서 협동조합 방식의 생산활동에도 주목할 만하다. 오늘날 산업자본주의 사회에서 경제성장의 원리인 '경쟁'은 뒤로 밀려나고 '협동'의 방식이 오늘날 경제발전의 키워드가 되면서 각광받고 있다. 이런 경제환경에서 특히 지역의 문화관련 협동조합은 사기업, 자본주의, 협동조합이 '공존'하고 함께 어우러져 협력할 수 있다는 점에서 주목받는다. 더구나 누구에게나 일자리가 열려 있고, 지역사회 전반에 오랫동안 내려온 문화자원을 바탕으로 사회자본을 축적하고 다시 순환되는 구조로 만들어간다는 점이 특징이다.

성공한 사례로서 정부차원에서는 협동조합을 육성하며, 헌법상 협동조합 보호를 명시하는 제도적 기반에서 협동조합으로 기업조성과 시민의식 성장을 위해 노력하는 이탈리아를 볼 수 있다. 이탈리아의 지방정부는 세부시행 지침 마련, 민간 협동조합과 공동사업 추진, 공동서비스 위탁과 컨소시엄을 통한 공조체계를 구축하고 있다. 이탈리아 협동조합 성공의 핵심은 이러한 탄탄한 제도적 기반 위에 사회적 신뢰, 문화, 기술의 복합적 발전이 가져온 결과라고

볼 수 있을 것이다.[30]

　　문화예술 분야에서는 어린이 연극, 홍보·기획 서비스, 도서, 건축 분야 협동조합들이 생활문화의 경제활동을 펼치고 있다. 스위스의 경우도 소비자, 유통 분야의 문화협동조합이 사회책임경영(CSR)을 책임 실천하고 있다. 그러나 최근 세계 경제위기에서 더 강력한 자본력 때문에 노동자와 지역경제기반이 흔들리고 있다. 시민 스스로 참여·운영하는 기업을 통해 독립성과 자율성을 확보할 수 있게 운영하는 방식이 요구된다. 그리하여 발생하는 이윤은 다시 지역사회에 되돌려 투자함으로써 이러한 위기상황에 유연하게 대처할 수 있는 대안으로 협동조합이 적절한 것으로 거론되고 있다. UN이 정한 '세계 협동조합의 해'(2012)에 들어 우리나라에서도 새 법이 시행되어(2012. 12) 출자금 규모에 상관없이 5명 이상이 모여 협동조합을 설립하여 신고하면 된다. 문화자본이 취약한 지역에서 문화자원을 바탕으로 문화산업을 일으킬 분야에서 새롭게 검토되는 문화산업 발전전략의 하나이다.

---

30 이탈리아 북동부 에밀리아로마냐 주의 볼로냐시는 협동조합 경제 비중이 많다. 이런 방식의 경제활동 덕분에 주의 평균임금은 이탈리아 전체 평균보다 높고, 실업률도 낮은 고소득 지역에 이르게 되었다. 이탈리아에서 협동조합은 은행, 소비, 노동, 문화, 서비스 전반에 걸쳐 조직되어 경제의 중심에 서 있다.

PART 3
문화예술의
사회 확산

Chapter 9

품격있는 생활문화

1. 맞춤 문화소비

(1) 완성형 문화복지

문화생활에 영향을 미치는 환경 가운데서 생활패턴의 변화, 개인 가처분 소득의 증대, 디지털정보 통신의 고도화, 글로벌 보편화 진행이 두드러지게 변하고 있다. 물적 자원이 부족했던 개발연대(1960~80년대)에 필요했던 각종 재화와 서비스는 넘쳐나 이제는 관심이 적다. 그러나 양적 수요가 충족되고 개인의 실질 가처분소득이 늘어나자 개인들은 넉넉한 삶에 더 관심을 갖게 되었다. 이에 따라 국민들은 문화예술 활동을 즐기며 생활을 누리고 싶어 한다.

이 문제는 공공정책에서 매우 중요해졌고 다양한 접근 수단과 방식으로 추진해야 한다. 지역에 생활권 문화시설이 늘어나고, 문화예술단체가 증가하며, 프로그램을 다양하게 마련하면서 '생활 가까이에서 문화생활에 접근'할 기회를 늘린다. 아울러 이 정책은 생활문화와 문화생활이 함께 발전되도록 해야 한다. 전문가의 예술창작에 못지않게 개개인의 생활문화가 참여기회가 보편화 되어야 한다. 문화정책이란 좁게 보면 문화활동으로 이루어진 성과물(표현된

결과)을 대상으로 한다. 그러나 넓은 의미에서 문화정책은 이 같은 최종 결과에만 집착하지 않고, 이를 통해 보다 나은 삶을 추구하는 인간 자체를 대상으로 삼아야 한다. 이런 점에서 문화활동을 하는 인간이 생존하는 생활공간이나 인간적인 교류·학습·연구 등이 이뤄지는 터전도 중요한 정책 대상이다.

그러므로 지속 발전을 위해서는 문화교류의 장을 늘려야 한다. 주민들의 문화행사에 대한 욕구와 참여 증대, 중앙─지방 간 또는 지역상호간의 문화교류, 문화적 복지 향상 정책수요가 늘어 지역문화와 문화생활 변화 정책을 개발해야 한다.

① 생활문화의 정책화

나눔으로써 커지는 것이 문화의 속성이다. 글로벌 위상이 높아졌고 K컬처의 영향이 확대되어 문화교류가 양적으로 확대되고 질적으로 고도화되고 있다. 사람, 학술, 정보, 문화예술, 프로그램 교류로 유입되는 문화예술이 국내 예술소비자들에게 큰 영향을 미친다. 대중문화의 교류에 대한 인식변화, 문화 정체성 문제, 전통문화의 변질에 대한 우려도 나타나고 있다.

생활문화 확산에 따라 개인 문화소비가 문화창조 능력을 키우는 데 기여함을 깊이 새겨야 한다.[1] 이른바 문화의 '사회적 순환모델'에 의하면 문화의 창조는 '창조 → 전달 → 향유 → 평가 → 축적 → 교류 → 학습 → 창조'라고 하는 순환구조를 갖는다. 각 과정에서 창조는 문화상품의 생산·소비의 과정과 합해져서 더 새로운 창조에 크게 기여한다. 문화소비자는 문화상품이나 서비스에 대한 평가를 바탕으로 부가가치를 덧붙인다. 이른바 '의미의 확대 생산'이라고 말할 수 있다. 이처럼 문화소비자의 의미생산 능력 심화·확대 가능성은 현대 문화소비를 지원해야 하는 정책논리적 근거로 매우 중요하다.

---

1 앨빈 토플러는 〈문화의 소비자〉(1964)에서 예술과 사람들, 조류, 예술과 돈을 다루었다. 그는 문화에 대한 대중적 소비활동이 경제 자체에도 새 활력소가 된다고 효과를 강조한다. 또한 문화소비 증가로 생산이 자극을 받는다면, 이는 종래의 경제상식(소비는 저축을 감소시키고 추가생산을 위한 투자를 제한하고, 근로자들의 근면성이 떨어진다는 것)과 모순되지 않느냐는 의문도 동시에 제기했다. 토플러의 이런 문제제기로 문화소비와 경제발전에 대한 관심이 늘어났다. 결국 문화소비는 생산을 불러와 소비와 생산의 공진화가 가능하게 된다는 뜻과 맞닿는다.

② 문화협동으로 효과 제고

그동안 정부가 만든 문화발전계획들은 대개 생산자 중심의 문화생산계획이었다. 정부의 조직 편제 자체가 생산자 중심으로 구성되어 있어서 정책목표를 효율적으로 달성하려는 뜻도 있지만, 국민의 문화소비 문제가 아직 정책대상으로 떠오르지 않았기 때문이기도 하다.2 그러나 이제는 앞에서 말한 변화들에 맞춰, 문화소비자인 국민을 대상으로 '생활문화를 중심으로 하는 계획'이 필요하다. 이는 또한 다원사회 속에서 개인을 중요시하며, 개인을 만족시키는 것이 정책의 중심단위로 자리잡은 데 따라 자연스레 생겨난 추세이다. 기업이나 정부가 모두 이러한 추세에 맞춰 국민생활 수준 향상을 위한 '생활기여 정책'을 수립한다. 명실상부하게 선진사회로 가는 길목에서 국가가 나서서 정책적으로 양적·질적 성장의 조화를 이루기 위한 것이다.

또한, 개인의 문화생활이 단순히 문화소비적인 방향으로 흐르지 않고 '참여적 협동'으로 바뀌도록 가닥을 잡아야 한다. 이러한 활동은 문화예술단체들이 나서서 노력해야 한다. 단체들은 대개 문화유산 분야와 다양한 문화활동에 주력하고 있다. 이렇게 전문 분야의 공연장이나 박물관에서 운영하는 프로그램으로 그 분야의 창조적 전문가로 성장하게 된다(Jonathan Paquette, 2011). 이와 관련하여 최근 공동체 문화활동이나 아마추어 예술 애호가들이 늘어나고 있어 기업이나 문화단체의 역할이 소중하다.

(2) 인본주의 생활문화

오늘날 문화예술이 사람들의 삶에서 중요부분으로 자리잡게 되면서 '생활복지 차원의 문화정책' 기틀을 마련하는 것은 '완성형 문화정책' 과제로 자연스럽게 등장했다.3 유럽에서 시작된 전통적인 사회복지 정책은 오늘날 여러

---

2 문화소비는 감상형과 학습형으로 나눈다. 감상형 문화소비는 문학, 음악, 공연, 시각예술에 대한 감상목적의 접근이다. 생산자(공연자, 작가와 소비자(감상자, 관객)의 구별은 적어도 이론상으로는 명확하다. 그런데 이러한 감상적 소비활동에는 전문지식이 필요하며, 가격에 따라 선택 리스크가 있다. 또한, 감상활동은 그 자체로 끝나 계승·교육으로 연결되기 어렵다. 학습형 문화소비는 기술을 학습하는 문화활동을 말한다. 생산자와 소비자 구별이 불명확하며, 사전 전문지식은 필요없고, 소비리스크는 낮다. 소비자가 장래에 생산자가 될수 있고, 소비자와 생산자가 함께 발전하는 시스템으로 나아갈 수도 있다.

3 국민 문화생활이란 "개개인이 창조성을 발휘하도록 북돋으며, 개성을 신장하고, 자기계발을 도

현실문제와 부딪칠 뿐만 아니라 진정한 의미에서 삶의 질을 향상시키는 데는 많은 한계를 보인다. 인간의 삶의 방식에 대한 이런 자각이 뒷받침 되어 문화적 관점으로 삶에 접근하는 '문화생활'이 개인과 사회전체에 새로운 활력소로 샘솟는다.

경제욕구 충족과 함께 문화를 삶의 척도로 하는 '정신적 풍요로움'까지 아우르는 문화적 복지가 실현될 때 비로소 인본주의적 복지사회로 성큼 다가가게 된다. 이 같은 '완성된 복지'에 대한 수요에 따라서 문화정책은 개인의 삶을 디자인하는 데까지 정책영역을 넓히고, 수단을 개발하게 되었다. 그리하여 개개인 생활의 질을 개선하고, 자발적 문화활동을 지원하며, 쾌적한 여가생활을 누릴 수 있는 밑받침을 조성하는 것이 '완성된 문화복지 정책' 내지 전환기 문화정책의 새로운 방향이 된다.4

그런데 이제 창발성이 경쟁력이 되므로 소비적 문화복지 차원의 문화생활 정책은 이제 적극적인 '생산적 문화복지'로 바뀌어야 한다. 오늘날 문화국가가 자랑하는 위대한 자산은 국민의 상상력이다. 상상력은 발명과 경제 발전, 과학기술의 발견과 진보, 지역사회와 안정된 사회를 낳는 영양소이다. 상상력을 훈련하는 문화예술에 국민들이 보다 적극적으로 다가가 문화콘텐츠 생산인력으로 바뀌어야 한다. 문화예술 접근을 정책적으로 지원하여 여러 측면에서 우리사회에 필요한 논리·과학·기술을 풍부하게 해야 한다. 이와 같은 완성적 복지 또는 생산적 문화복지 정책에서는 문화소비, 여가활동, 문화활동 참여, 창조적 상상력 증진을 포괄적으로 다뤄야 한다.5

모하려는 자발적 활동"이다. 이 같은 자발적 활동을 자극하며, 문화향유를 위한 조건을 정비하는 것이야 말로 문화정책의 중심이다. 또한 개인적 노력만으로 어려운 곳에 공공이 보충해주고, 불균형을 시정한다. 문화정책으로 문화에 대한 국민들의 소비욕구를 스스로 충족하도록 하는 것이라는 점을 국민과 정부가 공동인식하는 것이 중요하다.

4 문화적 복지란 문화욕구 충족까지 포함하는 복지개념으로서 문화생활에 광범위하게 참여할 기회를 보장하는 문화권리 중심의 제3의 복지개념이다. 복지에 문화를 접목함으로써 문화는 생산적·예방적·완성적 복지 성격을 갖는다. 생산적 복지란 창조적 정신을 고취하고 혁신을 가능하게 하여 새로운 활력을 제공하고, 창발적 시도의 원천으로서 문화기반 국가발전을 가능하게 하는 것이다. 한편, 예방적 복지는 문화예술의 아름다움을 바탕으로 인간의 심성을 순화하여 사회병리를 극복하며 장기적으로 자연 해결하는 것이다. 완성적 복지는 물질적 욕구의 충족뿐 아니라 정신·문화적 욕구충족으로 진정한 의미의 국민복지를 완성하는 단계에 이른 것을 말한다.

5 이를 위하여 기본적으로 생활권 문화시설(대중문화 공연장, 청소년 시설, 가족 여가시설, 체육

휴먼웨어 실현의 생활문화

문화생활에 대한 관심과 여건은 개인별로 다르므로 정책의 틀 속에서 개개인의 문화향유를 획일적으로 다루기는 쉽지 않다. 이를 감안하여 유네스코에서는 일찍이 개인의 문화생활에 대한 보편적인 정책역할을 강조하였다.[6] 그핵심 내용은 사회 구성원들이 모든 영역에서 폭 넓게 문화에 접근할 수 있는문화정책 수단을 늘려야 한다는 것이다. 또한 특정 부분이나 사람들을 배제하거나, 주변부에 방치하지 않고, 문화민주주의를 지향하도록 특별히 역점을 두자는 권고이다.

문화정책은 인간 모두에게 정책 가치를 가지며, '인간 한 사람 한 사람이문화적인 존재'라는 인본주의 인식에서 출발한다. 경제여건이 좋지않아 문화활동에서 소외되거나 배제되는 것은 '모두를 위한 문화'의 이념에서 벗어난다.이와 같은 이념에 입각한 문화의 힘이야말로 국가·지역·도시에서 문화정책의정체성을 형성하는 바탕이다. 완성적 문화정책이라면 인본주의 입장에서 국민문화생활 활성화를 꾀해야 한다.

그렇다면 인본주의적 입장을 어떻게 문화정책에 적용할 수 있을까?

우선, 개인의 문화소비자 주권을 강화해야 한다. 이는 개인이 문화생활에참가하고, 문화적인 삶을 체크하고, 여가생활을 즐기는 하나의 권리로 볼 수있다. 문화소비권리의 근거는 문화가 인간의 기본욕구 가운데 하나이며, 따라서 인간 기본권으로 추구해야 한다는 데 있다. 이러한 문화생활에 대한 권리는 나아가 교육받을 권리, 과학발전에 참여할 권리, 정보공유 권리를 포함한다고 넓게 해석할 수 있다.[7] 또한, 문화소비로부터 특정 개인이 소외·배제되

공간)을 갖춰야 한다. 아울러 국민들이 보편적으로 선호하는 문화소비 활동(문화예술 활동, 공연, 전시관람, 여행)을 즐길 수 있도록 공간과 프로그램을 만들어야 한다. 이런 점에서 '문화적복지'와 '모두를 위한 문화' 또는 '문화 민주화' 정책 사이에는 미묘한 차이가 있다.

6 Action Plan on Cultural Policies of Development(Intergovernmental Conference on Cultural Policies for Development, 1988)에서 각국에 권고할 것을 채택하였다.

7 문화권은 글로벌보편성을 갖는다. 세계인권선언에서는 사회와 국가가 이러한 개인 문화권리가실현을 지원할 권리와 의무를 규정하고 있다. 한편, 유네스코 선언(1998)은 〈인권으로서의 문화적 권리에 관한 선언〉을 채택하고, 문화권리를 "인간적 가치의 창조에 대한 책임에 직접 참여함으로써 모두가 자신의 개성을 발휘할 수 있는 권리"로 규정했다. 이를 위해 구체적으로문화생활 참여 권리, 문화적 정체성 권리, 민족 문화유산 보전 권리, 국제 문화협정 권리를 실현해야 한다고 선언하였다. 헌법상 국민의 기본권은 헌법에 열거되지 아니한 이유로 경시될

지 않도록 해야 한다. 그동안 문화정책이 주로 프로 문화예술 활동을 중심으로 추진되었다면, 앞으로 문화정책은 프로와 아마추어를 모두 아울러 정책 대상으로 삼아야 한다. 아울러, 인본주의 문화정책은 휴먼웨어(human ware)를 실현하는 것이다. 이를 위해 전략으로 '모두의 참여'를 늘리는 데 중점을 둬야 한다. 따라서 시민과 문화단체의 공공문화활동을 지원하고, 참여와 기획능력을 개발해야 한다. 또한 세대·업종·직종 사이 교류를 늘리고, 시민문화단체끼리 문화네트워크를 만들어야 한다. 여러 부분에서 문화인력자원을 축적하기 위해 크리에이티브 리더나 봉사자를 키워야 한다. 또는 시민을 프로듀서, 연출가, 기술자 같은 인력자원(brain ware)으로 양성하고 활용해야 한다.

2. 문화소비와 생산의 진화

(1) 참여방식의 변화

문화예술의 수요공급은 일반 상품과는 달리 문화 고유 특성의 영향을 크게 받는다. 문화예술 생산과 소비는 각기 나름대로 발생과 발전 원인에 영향받는다. 뿐만 아니라 고유가치를 높이고 지속적으로 발전하기 위해서는 공진화되어야 한다.

이를 위해서 우선 소비자 소비능력의 증진, 소비학습 교육, 문화적 재화의 가격을 낮추는 정책을 병행해서 추진한다. 또한 공진화를 실천하기 위해 전략적으로 프로그램을 융합, 차별화하면서 서비스한다. 창작 참여증대로 투자와 소비를 늘리며, 생산과 소비로부터 배제를 금지하고 포용하는 정책을 늘리는 것이다(이흥재, 2005).

코로나19 집단감염 상황에서 청중들은 문화활동 참여방식을 바꾸고 있다. 이 과정에서 예술가, 문화기관, 문화생태계를 연결하여 미래의 문화활동에 필

수 없다. 문화권은 소극적으로는 예술창작활동 제한을 받지 않을 '자유권적 기본권'이며, 누구든지 문화생활에서 차별받지 않을 '평등권적 기본권' 성격을 가진다. 그러나 적극적으로는 인간다운 생활에 필수요소로서 문화적 삶으로 인간다운 생활을 누릴 권리로서 국가나 정부에 제도적으로 요구 가능한 '사회적 기본권'의 성격을 갖는다.

요한 문화정보의 흐름이 핵심이라는 교훈을 얻게 되었다. 전시회 전체를 온라인으로 연결하기보다 실제 작품을 설치하는 기술을 개발하거나, 글로벌 공간과 시간을 실시간 연결하는 방식으로 참여방식을 바꾼 것이다. 도서관, 박물관, 미술관 폐쇄로 문화공간의 접근성에 대한 의식 전환도 이뤄졌다.

　문화생태계는 포괄적이고, 청중이 접근 가능한 활동을 전개하는 데에 중추적 역할을 한다. 문화활동에서 중요한 포용성은 이제 사람을 특정 공간으로 끌어들이는 것만 뜻하기 보다는, 사람들이 있는 곳으로 내보내는 '찾아가는 문화활동'을 늘리는 방향으로 바뀌고 있다.

　물리적 거리 상의 제약에서 벗어나 창의적인 기회를 만들어 이제는 상상력만으로도 실현가능하게 된다. 예를 들면, 문화활동가 모두가 참여하는 참여몰입 포털에 다양한 커뮤니티를 제공하거나, 서로 연결 구축하고 지원하기 위한 의지를 갖고, 문화활동 보전을 위해서 연대감을 키우고 있다. 이로서 우선 커뮤니티를 보호할 수 있는 도구가 필요하며, 이와 관련해서 장기간 파트너십을 오래 유지하는 것이 필요하다.

　이제부터는 생활문화 활동 주체들이 스스로 자기 활동 접근 방향을 모색하고 사회적 면역력을 키워야 한다. 책임 있는 공동체로 성장하기 위해 개인과 사회가 함께 공존·공생·공진화하므로, 사회적 규범체계를 개인이 엄격하게 준수하는 여건을 스스로 마련해야 한다. 공동체주의는 전체주의와 달라서 개인자유를 묵살하며 공동체 선을 지키도록 강요하지 않는다. 그러므로 개개인은 사회의 규범과 규칙 안에서 문화적 자치권을 가지고 공동체의 일원으로 살아가는 방식을 갖춰야 한다.

① 문화예술기반 여가활동

　산업구조와 노동구조가 바뀌면서 개인 근로시간이 축소되고 여가시간은 늘어났다. 한편, 여가활동 종류나 시간배분 방법도 다양해졌다. 가족단위로 여가를 즐기고, 자연과 융합을 꾀하며, 건강에 대한 수요도 현실화되었다. 국민들의 '생활시간 사용패턴'도 변하여 근로시간·이동시간이 단축되고 자유시간은 늘어났다. 동시에 젊은 세대를 중심으로 근로관·여가관이 급격히 변함에 따라 늘어난 여가시간을 예술기반 주도적(art-based initiatives)으로 뜻있게 활용

하려는 여가활동이 실생활에서 늘고 있다. 이처럼 여가활용에 대한 태도는 소
극적인 모습에서 보다 더 적극적인 패턴으로 변한다. 또한 손 쉬운 여가활용
방법의 하나로서 관광, 체육 수요가 늘고 있다.

공공조직이나 기업에서는 이런 추세를 반영해 근무조건을 바꿔주고 있다.
개인들도 늘어난 여가시간을 바탕으로 '비용소비형 문화생활'보다 '시간소비형
문화생활'을 늘리고 있다. 따라서 이제는 국민의 다양한 '여가선택을 위한 환
경조성'을 촉진시키는 데 정책적 관심을 집중시키고 있다(윤소영, 2012).[8]

문화와 여가는 관계가 깊다. 문화생활이나 예술소비에서 여가시간이 중요한
변수가 된다. 또한 레저가 문화를 만들고 문화가 여가시간의 가치를 낳는다. 그
런 점에서 지역의 역사와 문화유산·문화자원은 여가시대의 보물창고다. 그런
데 여가활동이나 문화활동이란 본디 시간·비용 탄력성이 강한 것이 특징이다.
시간이나 돈에 여유가 있으면 문화생활에 먼저 사용하고 싶어하지만, 없으면
문화활동을 맨 먼저 줄이게 된다.[9] 문화소비에는 이 밖에도 가치관, 경험의 유
무, 프로그램·시설 접근의 용이성 등이 중요한 영향요인으로 작용한다. 자유
여가시간이 있을 경우 실제로 손쉽게 즐길 수 있는 여가생활은 휴식, 취미, 사
교 관련, 가족과 함께 등 소극적인 것들을 선택하는 것으로 나타나고 있다. 이
러한 점을 고려할 때 사람들의 문화욕구가 강해지고 여가시간이 많아진다 해
도 단기간 내에 품격있는 문화소비 증가로 즉각 이어지기는 어려울 것으로 전
망된다. 그렇지만, 문화소비를 희망자들이 많아 중장기적으로 자연스레 바뀔
것으로 내다볼 수 있다.

② 문화소비자의 사회 여건 맞춤

정책적으로는 개인의지와 더불어 사회여건이 함께 갖춰져야 문화소비가
활성화될 것이다. 물론 사회여건이 많이 바뀌어 자율결정 범위가 늘었으며,
근무시간, 가처분 소득액, 이동편리가 긍정적으로 영향을 미친다.

---

8 시간소비형 문화생활의 활성화와 관련하여 노동시간의 단축에 따른 부작용을 최소화하고 제
  도를 보완해야 한다. 노동시간을 제대로 관리하고, 일률적인 노동시간 관리가 어려운 직종에
  대해서는 재량노동제를 보급해야 한다.
9 사람들은 대개 여가시간에는 주로 휴식, 취미, 사회, 기타생활, 스포츠를 즐긴다. 그런데 평일
  에는 시간이 부족하고 주말에는 경제부담이 문제다. 따라서 정책적으로도 우선 '시간소비형 문
  화생활'에 초점을 맞추고, 경제, 시간, 프로그램, 정보를 해결해 주어야 한다.

우선, 자유시간 셀프헬프 문화생활의 자기전개력이 늘고 있다. 이에 덧붙여 소비에 대한 사회풍토나 가치관이 크게 변하고 있다. 보다 적극적인 문화생활 관점, 융통성 있는 근무시간 선택으로 다양한 커뮤니티 기반의 문화소비가 가능하도록 제도화되고 있다. 또한, 조기은퇴에 대비한 자기계발 투자, 사회학습, 취미생활, 사회체육에 대한 가치관이 중시되고 있다. 무엇보다도 여가행태가 개인 중심이 아닌 가족과 함께 하는 시간이 늘어나고, 감성과 감수성을 채워주는 문화생활을 적극 모색하고 있다(이흥재, 2012).

또한, 소득증가에 따라 개인 실질가처분소득도 늘어났다. 소득수준 향상에 따른 국민 생활욕구는 기초적 수요단계인 생존(소득, 소비), 안전, 건강을 넘어 환경적 수요인 물적 환경(자연, 거주)과 노동환경으로 연결된다. 그리고 차원 높은 수요인 교육·문화, 여가, 참가 등으로 범위가 확대된다. 이 같은 개인 실질가처분소득의 증가로 국민 개개인이 문화향유 욕구를 실제행동으로 옮기기 쉽다. 소득증대가 곧바로 문화향유 증대로 연결되기는 어렵지만, '시간소비형 문화생활'인 오락, 스포츠, 관광 못지않게 문화예술을 즐기게 될 것이다. 이 같은 '소득소비형 문화생활'의 증가유도도 사회변화에 따라 사회주도적인 정책의제로 자연히 대두되었다. 이제 전환기 고소득 시대에 걸맞은 '인생의 질 향상'에 도움이 되는 정책을 개발해야 한다.

또 하나 개인승용차 대량보급으로 이동능력이 확대되고 다양한 문화에 대한 접근을 쉽게 만든다. 개인뿐만 아니라 사회 전체적으로 문화를 받아들이고, 인간으로서의 삶을 누리는 방법에도 영향을 끼친다. 자동차와 인터넷 보급으로 시간·공간·인간의 3간을 좁혀가며 문화생활의 폭을 넓히고 있다.

또한 지능정보와 웹 3.0의 고도화로 스마트폰을 활용한 뉴미디어와 영상 엔터테인먼트 생활이 많은 비중을 차지한다. 여가활동을 보다 감각적이고 신속하게 즐기며 광범위하게 활용하고 있다. 여가문화 정책을 위해 가입자 네트워크 정비, 정보활용 수단 개발, 정보통신 융합에 따른 생활편의 제도 정비, 새 서비스개발과 적정요금 책정, 지능사회로 이행되는 데 따른 윤리 환경을 정비해야 할 것이다.

(2) 문화소비자 진화

이러한 여건 변화로 문화예술 활동·행사 참가와 소비모습은 여러 분야에 폭넓게 걸쳐 변하고 있다.[10]

문화소비자는 관객 소비자가 아닌 아마추어 문화예술 활동을 펼친다. 이른바 '생산하는 소비자'가 된다. 전문예술가보다 많은 국민들이 예술활동에 참여함으로써 예술과 사회가 만나게 되므로, '문화소비와 생산의 공진화', 문화민주화의 지름길로 달리고 있다.[11] 문화예술체험은 감각, 인지, 정서, 행동으로 연결되는 긍정적 확산효과를 가져온다. 이러한 과정이 반복되면 문화예술체험소비자는 당해 작품에 대한 재관람, 전달, 추천으로 이어지는 관객개발 프로그램에 따라 적극 관객으로 바뀌게 된다(Njordur Sigurjonsson, 2010; 정석순, 이준엽, 2011).

또한, 전문예술활동 관람에 보다 적극적으로 참여한다.[12] 따라서 문화예술 감상활동을 보다 폭넓게 확대하고, 감상 행위의 질을 높이도록 정책으로 다룬다. 많은 사람들이 예술에 접하는 것은 문화민주화뿐만 아니라 사회적 수요의 발굴이라는 점에서도 정책적으로 중요하다.[13] 한발 더 나아가 소비자는 문화예술 관련 단체에 봉사자로 참가한다. 문화 자원봉사자는 자기계발 의욕이 강하고, 주민 동료의 자발적 활동을 이끌어내는 데 연계된다. 결국 매개자로서 활동할 뿐만 아니라, 나아가 자주적인 창조활동이나 활동수단도 제시한

---

10 정기적으로 개최되는 시상, 신인 발굴, 창작발표 기회확대, 우수작품 보급이 문화예술의 활성화에 기여하는 바가 크다. 작곡상, 미술·사진·공예대전 신인공모전, 지역 미술대전, 국제음악제, 연극제, 무용제, 국악제, 영화제, 노동문화제, 민속대회는 공공에서 지원하는 중요 문화예술 행사들이다.

11 '문화소비와 생산의 공진화'에 대해서는 이흥재(2005) 11장~12장을 참조하고, '생산하는 소비자'에 대해서는 이흥재(2012) 9장을 참조.

12 예술행사 관람행태 변화는 <국민문화예술활동조사>, 각 연도 참조.

13 문화생활 수요의 증대는 문화정책에서 중요하지만 실제로 문화수요 증대 정책과제로서 논의되기는 어렵다. 왜냐하면, 문화수요를 바꾸는 일은 간단하지 않기 때문이다. 보몰이 실증분석에서 발견한 것처럼, 가격을 낮추는 것이 수요층을 늘리는 데 곧장 크게 기여하지 않아 정책수단으로 반드시 적합하지 않기 때문이다. 가격정책만으로 문화수요를 환기시키기 어렵고, 문화시설 접근에 드는 시간비용 감소도 주목해야 한다. 또한, 소비기술 변화도 중요한데 이는 또 다른 요인을 검토해야 한다. 교과서적인 소비자이론에 따르면 교육으로 개인 문화소비 수요를 늘릴 수 있으므로 문화예술교육 정책에 집중해야 한다.

다. 문화소비자보조금(consumer subsidies)정책에 관심을 가져야 하는 이유가 여기에 있다. 특히 전문성을 갖춘 소비자 가운데는, 문화예술에 관한 정책을 만드는 데 관여하는 경우도 있다. 이른바 시민들이 자문회의·간담회·운영위원회의 등에 참여하여 의견을 제시한다. 특히 부문별 위원회에서 주민 입장을 옹호하고 여론을 주도해간다. 이 과정에서 문화정책 의제·의견을 사회에 제안하고 동의를 구한다. 결국 문화소비자들은 수동적인 감상자에서 능동적 매개자, 또는 소비하는 창작자로 꾸준히 진화하고 있다.

라이프스타일 맞춤

개인들은 라이프스타일에 맞게 문화생활을 누린다. 다시 말하면, 생활양식, 취미에서 나타나는 나름의 개성 있는 문화생활 방식을 말한다. 이를 좁혀서 어느 문화나 집단에 소속되어 함께 가치를 지향하는 사람들의 생활양식 모두를 말하는 것이다. 결국 문화소비는 "자기의 가치관에 기초해서 형성된 생활행동체계 혹은 생활패턴이나 방식"으로 이뤄진다고 볼수있다. 특히 관심, 기호, 행동을 일정하게 행동화하는 사회학습 수강, 해외여행, 공연관람, 박물관 방문처럼 정기적으로 이용하는 소비자 생활방식이다.

문화시설이나 프로그램 경영에서 이 같은 소비자의 라이프스타일 맞춤 프로그램 개발은 특히 문화 소비와 생산의 공진화를 통한 지속 발전을 위해 문화소비 리터러시를 정책적으로 추진하는 것이 바람직하다. 특히 마케팅 측면에서 문화소비자들의 태도, 행동, 소비패턴을 분석하고 이에 맞는 이벤트, 행사, 활동, 체험 등을 제공하고 활용한다(井口貢, 2008).

관광의 경우도 창조관광(creative tourism)으로 전환하면서 예술, 유산 또는 그 장소의 특성을 주요대상으로 하는 '참여형 학습과 경험'을 동반하는 스타일을 선호한다. 그리고 그같은 사람들과의 교류하며 지속발전 창조관광 전략(sustainable strategies for creative tourism)으로 발전한다. 거주자와 관광객이 동일 공간에서 교류하면서 특수한 지역문화를 즐기므로 문화관광을 넘어서는 새로운 세대들의 취향저격 문화소비로 바뀐다(川上敏寬, 2009).

3. 생활 속 문화공동체

(1) 네트워크 문화활동

그동안 경제우위 성장과정에서 자원은 교육, 사회복지는 물론 생활 전반의 자원배분까지 정부가 주도적으로 배분되어 왔다. 그 결과 국내산업의 육성, 국민소득의 증가, 물질적으로 풍요로운 공급확보, 국민의 건강과 안전의 확보 등에는 크게 기여했다.

그런데 이와 같은 경제효율, 생산 우선과 사회 전체의 이익을 위해서는 개인의 희생 감내가 불가피했었다. 이제는 문화적 욕구수준 향상, 국제화 물결에 따른 다양성, 생활 스타일에 맞는 문화향유 변화를 충족시키기 위해 별도의 생산적인 여가생활 정책을 고심하게 되었다.[14]

이러한 인식과 행동은 최근 '문화중심 여가사회'의 가치관 변화에 맞물려 바뀐다. 이런 점에서 앞으로 정부 행동은 정부·기업 주도적인 생산자 중심에서 벗어나야 한다. 네트워크 문화활동으로 이러한 수요를 채울 수 있도록 여건을 조성해야 한다. 무엇보다 이러한 주체들의 참여 체제를 다양하게 만들어 가는 것이 중요하다. 예를 들면, 예술가, 지역주민, 단체, 큐레이터나 코디네이터, 행정 등이 다양하게 네트워크를 이루면서 활동에 맞게 문화협동을 이루는 것이다(久木元拓, 2009).

또한 네트워크 상의 개별 주체도 별도로 노력하고 있다. 개인, 근로자, 복지정책 대상들의 문화소비 증진과 문화활동을 중심으로 한 생활문화국가 정책으로 발전해야 한다.[15] 기업은 이미 조직, 인사, 근로조건의 개선에 이 추세를 반영한다. 근무시간의 탄력 운용, 개인 여가시간 활용 보조, 기업 내 문화향유

---

14 개인생활 만족에서 벗어나 이제 사회문화 문제에 대한 사회 역할과 사회적 지원에 눈을 돌리고 있다. 이런 인식변화는 문화정책에서 새로운 공공개념에 걸맞게 진행되고 있다. 관심 내용도 자연히 문화정책 관점의 '맑은 사회 만들기'에 모인다.

15 문화정책은 사회 구성원을 통합하고, 차별 없이 삶의 질을 향상시키며, 국가적 단일체라는 틀에서 다면적 사회정책으로 인식해야 한다. 이러한 사회는 남녀노소 모두가 공유하도록 접근권·공간·기회를 부여할 수 있는 가치에 기초하는 '문화로 보람된 사회'를 지향한다.

기회 확충, 여성과 고령자 대우 개선, 지역사회 주민과의 관계개선을 꾀하고 있다. 개인들도 '창조형 사회' 또는 '성숙 사회'를 맞아서 개인생활의 만족으로부터 '사회적 역할을 통한 만족'으로 의식이 바뀌고 있다. 문화 자원봉사 활동이 급속히 퍼지는 것도 이 같은 뜻에서 시작된 것이다. 정부는 이제 이러한 의식변화나 행동을 공공문제로 받아들이지 않을 수 없는 상황이다. 이른바 개인생활 패턴도 사회적 측면의 문화정책으로 다뤄야 하는 것이다.

이러한 것들을 원활히 하기 위해서는 생활문화를 정책적으로 추진해야 한다. 이른바 '생활문화국가'를 만들기 위해 국가차원의 계획에서는 문화예술활동, 사회문화적 활동, 여가활동 기회 확충을 정책적으로 개선해야 한다.[16] 아울러 거버넌스적 추진으로 문화, 복지, 체육, 관광에 관련된 정부부처, 기업, 단체, 지자체 등이 연계하여 정책을 추진해야 한다.

아울러 여가환경을 정비하여 공공 여가시설을 개선하고, 농어촌 지역 자연친화적인 둘레길 개발, 자연공원에 다양한 문화시설을 접목한다. 혼잡을 줄이기 위하여 휴가시기를 분산하게 비수기에는 요금을 할인해 주는 방안도 좋다. 스포츠, 관광, 레크리에이션 시설을 정비하고, 교통접근 편리, 앱 개발 등으로 정보를 제공한다.

(2) 생활문화 공동체

생활공동체란 생활에 밀접하게 관련된 공동체를 말한다. 구성원이 공통된 생활양식을 모토로 뭉치는 사회적 통일체로서 가족, 마을이 여기에 해당된다. 문화인류학에서는 동일한 가치관과 지도에 따라 특유한 문화와 문화이념을 받아들여 서로 인정하고 존중하는 사회집단을 말한다. 이 집단적 활동은 공통의 문화기억, 문화생활, 문화정신을 갖는 것으로 간주하는데, 이 3개의 공통점이 중요한 특징이다.[17] 문화공동체를 만들어 활동하는 것은 지역을 만들고, 주민이 공동의 가치관을 실천함으로써 지역발전과 사회문화 발전을 꾀하는 것이다.

최근에는 생활문화를 정책대상으로 삼고 다양한 문화활동을 바탕으로 주

---

16 일본은 일찍이 생활대국 5개년계획(경제기획청, 1992)을 수립해 생활국가 실현을 위한 우선 조치로 문화·여가 관련 환경을 꾸준히 정비하고 있다.

17 영국예술위원회는 예술을 "인간 개인과 공동체의 삶을 바꿀 수 있는 힘을 가진 것"으로 평가한다(Elenora Belfiore, Oliver Ben, 2007).

민의 결집력을 키우고, 지역브랜드를 만들며, 지역의 품격을 높이고, 사회문제를 해결하도록 발전시키고 있다. 무엇보다도 지역주민과 지역예술가의 참여를 통한 지역 문화발전 전략으로 가능하다(류정아, 2012).

한편, 공동체에 기반한 문화예술활동을 일컬어 공동체예술(community art)이라고 한다. 그런데, 이 공동체예술에는 예술 또는 예술가를 매개로 하여 시민 스스로 자신의 목소리를 내면서 공동체의 일원으로 포섭하는 문화기획이나 실천 활동이라는 가치도 포함되어 있다. 여기에서 커뮤니티 아티스트가 창조적 아이디어로 커뮤니티 발전을 이끌어 가는 점이 중요하다. 이 활동과정에서 커뮤니티에 대한 경험을 북돋우고, 참여자들의 삶의 질을 높여주게 된다. 커뮤니티 아트 활동은 예술 전반에 해당되며, 연극, 영화, 음악, 공예, 사진, 인형극, 미술, 예술교육, 문학, 애니메이션, 문화축제와 같이 광범위하게 걸쳐 전개한다. 이러한 프로그램 활동에 지역의 문화시설들이 적극 참여하고 있는데 사회학습을 중심으로 하는 창조적 체험활동, 사회통합 활동, 예술치유, 생활예술 동아리 활동으로 이뤄지고 있다.[18]

① 새로운 트렌드, 문화공동체

생활, 문화, 공동체라고 하는 키워드의 논리적 배경과 개념들을 결합하여 만들어낸 말이 '생활문화공동체'이다. 생활문화공동체란 지역의 역사·사회적 현상과 문제에 대하여 문화예술적으로 접근하는 방식이다. 이 과정에서 주민들은 공동체 구성원으로서 문화예술 창작활동의 주체가 되어 활동하면서 개인의 삶을 풍성하게 한다. 지역사회는 공동체의 문화를 활성화하여 지역의 변화를 유도하고 생활권 안에서의 문화활동을 활성화한다. 이는 시민 동아리 문화활동과도 비슷하지만, 참여주체가 포괄적이고 목적이 좀더 뚜렷하다는 점에 차이가 있다.

우리나라에서 추진되는 생활문화공동체 활동은 앞에서 이야기한 커뮤니티아트나 문화공동체 개념을 공간적으로는 지역단위 안에서 융합하고, 내용면으로는 체험활동과 소비활동을 융합한 것이다. 이러한 생활권 문화활동을 정

---

18 커뮤니티아트는 사회에서 문화의 근본적인 역할을 바꿔 보다 더 많은 사람들에게 예술에 참여할 기회를 제공해 준다. 그간 커뮤니티아트 활동은 과소평가되었고 앞으로 많은 부분에 재원을 확충할 것으로 보인다

책적으로 추진하면서 국민들의 문화향유 기회를 늘리고, 지역의 주체적 문화역량, 공동체 역량을 강화하는 데 실제 도움이 된 것으로 나타난다. 정부에서 시행하는 생활문화공동체 사업은 이 가운데서 문화소외 지역을 대상으로 시범사업을 펼치고 있는 것들인데, 실제 추진결과 대상 사업, 지역, 프로그램에서 높은 만족도를 나타내는 것으로 평가할 수 있다.[19]

이와 같은 개념에서 보면 생활문화공동체는 예술가 엘리트주도적인 예술공동체 활동보다는 지역 주민활동에 바탕을 두고 있다. 다시 말하면, 지역공동체 속에서 문화적 일상을 누리고 주민과 공공기관이 함께한다는 특징 때문에 최근 추세에 맞는 정책이다. 이 때문에 주민지향적이며, 참여를 증진시키고, 상호이해와 신뢰를 구축하며, 구경꾼이 아닌 창작자로서 활동하게 하고, 엘리트 예술론의 형식에 치우치지 않는 생활예술을 추구한다. 아울러 모두를 위한 모두의 예술활동, 생산하는 소비자의 참여활동을 촉진시킨다. 따라서 생활문화공동체를 통한 문화생활 제고는 문화정책의 역진성(regressive transfer)을 해소하고, 문화예술로 지역사회를 돌보는 새로운 문화정책 트렌드에 알맞는 기조이다(한국문화원연합회, 2011). 그런데 이 정책은 '생활 속 문화공동체' 참여활동으로 개념을 바꿔야 하고, 정책목표를 개인 문화향유는 물론 공동체 문화역량 키우기에 두어야 하며, 결국 주민들이 '문화전개력을 스스로 키워가는 활동'으로 발전시켜야 할 것이다.

② 문화복지

최근에 강조하는 보편적 복지 속에서 문화민주주의와 문화민주화는 매우 중시되고 있다. 단지 모두를 위한 문화활동 기회 제공뿐만 아니라, 개개인이 다양한 문화활동을 하는 데 지장 없게 될 것을 기대한다. 웹 3.0, 스마트기술 등 각종 지식정보기술에 맞춰 자발적인 문화참여 시민활동이 이뤄지는 문화민주주의로 나아가는 지름길을 만들어 주는 것이다.

이를 전략적으로 추진하는 프로그램이 늘고 있다. 예를 들면, 입장료 지원, 고객맞춤 문화서비스, 문화예술활용권 지급, 찾아가는 프로그램을 활용하고 있다. 그리고 창조적 경험을 심어주기 위한 체험프로그램들이 제공된다.

---

19 '생활문화복지'와 '사회돌봄 문화활동'에 대해서는 이흥재(2012) 10장~11장을 참조.

공연이나 전시부분에서도 학습활동, 동아리 모임, 자원봉사활동가 이뤄지도록 지원하고 있다. 기본적으로 문화를 사회와 아름답게 공진화시키는 전략으로 연결시키고, 생활복지 기조 아래서 지속적으로 성장 가능하도록 해야 한다. 또한 안정적 재원확보 없이 복권기금에 의존하는 방식은 탈피해야 한다.

4. 생활문화사회 만들기

　사회문화 정책에서 인구구조 변화를 주목하고 그 결과에 대한 대책을 세워야 지속발전가능성을 높인다. 지금 우리 사회는 대도시인구 집중과 동시에 지역인구 과소화로 지역소멸 위협이 닥치고 있다. 더구나 각종 화석연료의 사용량이 늘어나면서 온실가스 문제, 플라스틱 증가로 기후환경 문제가 심각하다. 더구나 집단감염병이 글로벌 뉴노멀을 만들어내는 지경에 이르러 문화정책적 인식이 시급하다. 전환기 공동체는 이미 '경제공동체'에서 '생명공동체'로 바뀌고 있다. 문화정책 전환을 이야기 하지만, 자본주의적 욕망으로 흔들리고 있는 문명사회의 종말을 문화와 접목하는 것이 중요한 문화정책 과제의 하나가 되었다. 결국 사회문화의 신뢰를 포함해서 사회적 자본이 유지되어야 안정적이고 지속발전 가능한 생태계를 유지할 수 있다. 그 바탕에서 비로소 문명사회의 사회문화활동이 자율적으로 이뤄질 것이다.

　이와 관련해서 청년문제를 문화적으로 해결하고, 지역소멸의 사회문화적 접근을 위한 정책수단을 실질적으로 개발하도록 해야 한다. 청년들의 일자리는 일거리를 늘리도록 접근하여 문화행사 기획, 진행, 1인기업 등 다양한 프로그램으로 접근하는 것이 현실적인 대안이 될 수 있다.

　문화적인 의식과 향유능력을 고루 갖춘 사람을 문화시민이라고 한다. 문화시민은 문화향유의 주체(소비자 주체)이면서 동시에 문화 창조자로서의 기능을 가진다. 생활문화 정책은 국민 모두가 이 같은 문화시민의 생활 조건을 충족케 하는 데 목적이 있다. 국민문화생활을 활성화하기 위해서는 이러한 문화시민과 대중을 위한 '맞춤 문화정책'에 주력해야 한다.[20] 다시 말하면, 가족·

가정·직장·지역에 알맞은 문화체험과 문화활동 기회를 만들어야 한다. 또한, 세대별로 나름대로 문화적인 생활과 경험을 지속할 수 있도록 문화단체와 시설, 예술가, 개인, 학교들이 구체적인 프로그램을 운영해야 한다.[21]

(1) 인구소멸 위험 지역의 문화향유

농산어촌과 같은 소외지역의 여건 상 주민들이 문화생활을 향유하기에는 경제적, 시간적, 공간적으로 어려움이 많다. 이들에 대해서는 삶의 터전으로서의 창조농촌·생활문화인으로서의 농민·직업으로서의 농업을 아우르는 사회문화적 프로그램을 제공해야 한다.

또한 대안공간으로서 폐교의 문화적 활용은 창작공간 대여보다는 주민 융합형으로 하되, 가급적 공방으로 만들어 주민의 문화적 참여기회를 확충하는 것이 바람직하다. 자칫 잘못하면, 정작 주민 문화복지에 기여하 못한 채 주민들에게 이질감만 줄 수 있다. 주민생활 중심지와 심리적·지리적으로 거리를 두지 말고 주민융합형으로 개발해야 성공한다.

문화전략적 접근

소멸 가능지역 문화자원의 산업화를 위해 전통문화의 발굴·계승·활용을 위해 문화원형을 발굴·디지털화하며, 문화콘텐츠로 활용되도록 판매해야 한다. 이를 위해서 일정 기간 정부예산에서 출연하고, 민간 기부금과 각종 개발부담금 부과로 특별재원을 조성하는 전략이 필요하다.

또한 주민 관심 사항인 지역문화 환경 가꾸기 사업을 통합하여 지속적으로 추진해야 한다. 이때 주민들은 역사문화, 생활문화, 예술, 관광, 레저, 문화

---

20 문화예술 취향은 다양하고, 파악도 어렵고, 변덕스럽다. 대중 상대 문화정책은 대중의 주의를 끌고, 도와주거나 기대를 채워주고, 기본적 수요를 실현하려 애쓴다. 여가와 문화생활의 보편화에 부응하다 보면 문화활동들 사이의 수준이 애매해진다. 한편, 보편성에 휩쓸리다 보면 문화예술은 오락에 흡수되고 문화정책은 목표를 잃게 된다. '맑고 밝은 활기찬 사회'를 만들기 위해서 사회의 문화적 태도와 열망, 문화정책의 가치, 문화활동의 성과와 산출물을 연계·조화시켜야 한다.

21 국민문화생활 활성화 정책에서는 기본적으로 공간, 소프트웨어, 정보에 중점을 둬야 한다. 여건에 맞는 프로그램을 지속 보급하여 텅 빈 문화예술 공간을 활성화하고, 각종 문화예술 자료 구입을 늘려야 한다. 또한 행사 정보출처, 공연예술 관객과 이용자 특성에 맞게 정보접근성을 높여야 한다.

산업에 관심이 많다. 이를 하드웨어와 소프트웨어 모두 발전시켜 문화관광으로 활용한다.[22]

여러 접근전략이 있지만, 지역 커뮤니티아트를 바탕으로 문화예술 브랜드화로 만들고 활성화해야 한다. 특히, 문화향유 기회와 문화마을 조성을 병행해 서 지역산업 진흥, 생활환경 정비, 이벤트, 교류를 늘려야 한다. 학교, 병원시설, 기업 창고, 공장에서 공동으로 공연·상연하면서 네트워크화와 '문화울력'의 창조거점을 형성하여 쓰는 것이 좋다.

(2) 소외계층 여가 문화관광

고령화 사회에 알맞게 어르신 관광상품권 도입, 전통문화 관광코스 개발, 거주지내 관광시설 무료이용, 건강증진 관광코스를 개발해야 한다. 또한, 고령부모 동반 자녀에 대한 휴가조정 권유도 도움이 된다. 고령층 동반 청소년에게 꿈을 키워주고, 창조적 사고 형성의 기회를 증진시키며, 학교학습 중심의 생활에서 생겨나는 정신적 긴장감을 해소시켜 주도록 이런 참여프로그램을 지원해야 한다.[23]

어르신 레저의 문화화

100세 시대로 전환하는 것은 단지 생존기간 20년이 추가되는 것 이상의 의미가 있어 특별한 준비가 필요하다. 문화생활 속 여가를 고령층 대상 문화정책 틀에 맞춰 전략을 세워야 한다. 돌이켜 보면, 고도생산에 매진하던 시절에는 잘 먹고, 잘 입고, 일 잘하며, 잘 사는 것이 최고 덕목이었다. 그러나 이제는 자기가 하고 싶은 일을 하면서 보람 있게 사는 것이 소중해졌다. 적어도 어르신들도 이제는 '생존이 아닌 생활차원'의 시민으로서 '품위 있는 생활', '생활문화 시대'로 진입했다.

무엇보다 지금 중요한 것은 특히 어르신 대상의 여가정책 정보·주체·재

---

22 문화지구, 문화마을, 문화도시, 문화벨트 조성을 연계시켜 문화행정 거버넌스를 추진한다. 특히 중앙정부 차원에서(농림해양수산, 문화체육, 국토건설, 안전행정) 부처간 통합연계사업으로 문화공유정부로 운영하는 것이 효과적이다(이흥재 외, 2012. 11).

23 청소년 관광상품권, 청소년 관광지·수련시설 확충, 청소년 할인제 개발과 활용 권장, 도시와 농촌간 청소년 교류 프로그램이 적합하다. 영국 NESTA는 청소년 창의성 개발 방안을 모색한다.

원·인력을 통합한 통합정책으로 내실을 살려야 한다는 점이다.[24]

아울러, 정보시대와 여가시대에 걸맞게 두 측면의 정보서비스를 활성화해야 한다. 정보통신의 고도화, 감각정보의 선호, 광범위한 정보통신의 활용을 바탕으로 국민 여가생활정보화 정책을 펼쳐야 한다. 특히, 가입자 네트워크의 정비, 정보 활용 수단의 개발, 정보와 통신의 융합에 따라 국민생활에 영향을 미치는 제도를 정비해야 한다. 나아가 새로운 서비스개발과 적정요금의 책정, 지식사회로 이행하는 데 따른 환경정비 같은 새로운 정책 대응을 기다리고 있다. 이를 추진하기 위해 생활에 보다 밀접하게 연결되는 '맞춤여가정보 콜센터'를 만들고, 모바일 시대에 걸맞는 정보제공 방식으로 전환하며, 지역의 '여가정보 지도'를 제작하여 서비스해야 한다.

또한, 생활권 단위로 지역문화예술 진흥, 문화단체 네트워크를 활성화해야 한다. 또한 농어촌에 가족휴양촌을 만들고, 도시근교에는 문화체험 공간을 적극 개발해야 한다.[25]

아울러, 현장소비 증진과 간접지원을 병행하기 위하여 개인 문화소비 진작 정책으로 문화소비 보조를 늘리고, 문화시설 이용료를 적정화해야 한다. 또한 문화체험 해설가를 확보하여 교육시키고, 문화촉매를 활성화하며, 문화활동 비영리법인 단체에 대해 지원해야 한다.[26]

---

24 이를 위해 고령층 여가정책을 문화정책의 틀로 통합해야 한다. 그리고 사회교육, 스포츠, 복지적 문화의 확산, 지역 문화축제, 이벤트를 아우르는 정책으로 펼친다. '생활문화국가 문화정책' 속에 공공과 민간의 역할, 여가 자원의 적절한 배분, 자연친화적 문화생활 대책을 개발해야 한다.

25 문화시설을 기반 축으로 하고 자연속 장소(공원, 산책로), 사람 만날 곳, 아름다운 감성을 키울 곳(미술관, 갤러리), 스포츠 서클 활동 장소(커뮤니티센터), 문화센터 실내 스포츠시설, 문화행사 장(문예회관), 학습 연구 공간(도서관, 박물관)을 늘려야 한다.

26 여가정책의 하나로 프랑스가 역점을 두었던 법인단체(association)지원은 문화국가로 가는 지름길이었다. 프랑스는 허가받은 특별 요건을 갖춘 비영리활동 단체에 대해 각종의 우대조치를 만들었다.

Chapter 10

문화예술 학습과 사회자본 구축

1. 격차사회 속 공존·공생·공진화

(1) 사회돌봄 문화예술

우리사회가 산업화 물결을 타고 바뀌면서 여러 면에서 격차가 생겨나게 되었다. 자본주의 발달과정에 불가피할지라도, 격차는 사회적 비용을 추가로 치르면서 해소해야 할 정책의제가 되었다.

다면적 격차는 다양한 사회발달 요인이나 과정에 몇 가지 특징을 보인다. 우선 경제적 측면에서 소득격차가 확대되고, 이것이 장기적으로 소득이나 자산 격차로 이어지면서 자칫 지속될 수도 있다. 한편 IT발달에 따라 새로운 부유층이 탄생되고 지식격차도 생겨난다. 또한 생활보호 대상자도 탄생하며, 고용없는 성장 현상 때문에 젊은 층은 취업난을 겪고 있다.

이 격차는 생활문화에 격차를 가져오고, 문화활동이나 문화소비가 소득격차에 따라 일정한 패턴이 형성되고 있다. 중요한 것은 이러한 다면적인 격차 요소들이 사회 다른 면에 영향을 미치고, 생활의 질을 위협하는 지경에 이르게 되었다는 점이다. 격차의 배경과 과정을 감안해 본다면 이를 해결하는 데는 경제, 과학기술, 교육, 사회정책은 물론 문화정책이 중요한 역할을 해야 할 것이다.

문화소비 영향 요인 자극

문화소비에 영향을 미치는 것은 비용, 학력, 체험, 시간인 것으로 연구결과 나타나고 있다. 이러한 요인들 때문에 문화정책이 개입할 논리와 명분이 있다는 것이 문화소비경제학의 오랜 연구주제였다. 이러한 현상과 분석을 바탕으로 문화소비의 평등, 문화예술 참여의 균등, 문화복지 보완을 촉진하는 정책을 개발해야 한다.

문화예술 접근성에 대한 정책은 주로 문화예술 공급, 문화정책 의사결정, 문화소비 등에 참가하는 것을 대상으로 추진한다. 이 가운데 중요한 것은 역시 소비참가인데, 단순한 관람을 넘어 체험, 연주, 참여를 포함한다.

또한, 문화정책에서 말하는 평등은 문화적 권리, 문화활동 참여기회, 문화예술 지원성과에 따른 가치실현에서의 평등을 뜻한다. 여기에서 중요한 것은 아무래도 '기회와 결과'에 대한 평등을 말한다(井口貢, 2011). 이러한 소비영향 요소들을 자극하여 소비를 촉진시키기 위한 정부정책들은 최근에 정책우선 순위에서 강조되고 있다(J. O'Hagan, 1996).

우선, 가장 모범적인 '문화정책 주체'라고 할 수 있는 정부는 국민의 문화적 권리와 향유평등 실현을 보증해야 한다. 그런데, 지원효과와 결과의 평등은 일반적인 소득분배나 교육문제와 관련되므로 문화정책 영역에서 질적 수준에 직접 관여하기는 어렵다. 그러나 양적인 제약을 가하는 수준에서는 관여할 수 있다.

또한, 문화예술정책의 집행결과가 역진성(regressive transfer)을 갖는 부분이 있는데, 이는 결코 바람직하지 않다. 그러므로 문화예술에 대한 지원성격의 정부지출을 최소화하여 결과로서의 역진성을 피하는 소극적인 방법으로 접근정책을 추진할 수도 있다. 그러나 이는 문화정책의 근본적인 변화를 가져올 질적인 접근이라기보다 문화를 개인차원의 결정에 맡기는 소극적인 접근이므로 정책효과는 당연히 한계가 있다.

아울러 소수약자 보호와 문화복지 차원에서 정부지출의 편익이 저소득층에게 보다 많이 귀착되는 영역을 우선 지원한다. 물론 이는 저소득층이 좋아하는 전통예술·대중예술, 매스미디어가 제공하는 예술, 수동적인 예술소비에 그칠 가능성이 있다. 이러한 정책에서 특히 주의해야 할 것은 문화정책 가운데서 역진적이지 않은 것도 있으므로 잘 구분해야 한다는 점이다.

그리고 정부가 문화예술 지출을 늘려가면서 동시에 예술교육을 강화하는 정책을 펼치는 것이 중요하다. 예술교육으로 문화소비를 학습하고 자연스럽게 증가시키도록 유도하는 것이 바람직하다.

(2) 문화소비와 문화자본

교육수준이 높아지면 문화소비도 많아지는가 하는 점은 문화예술정책에서 중요한 관심사항이다. 이에 대하여 문화소비자 행동과 교육수준의 관계를 깊이 살펴볼 필요가 있다. 이를 연구한 토플러(A. Toffler)는 문화의 소비자(The Culture Consumers)에서 문화예술소비는 사람들의 교육수준에 큰 영향을 받고 실제 연구결과 문화소비자는 고등교육을 받았을 확률이 4/5 정도라고 한다. 돈이 없어도 교육을 받은 사람이 교육 없이 돈만 많은 사람보다 문화소비가 높다는 것도 밝혀졌다(文化の消費者翻訳研究会, 1997). 이 견해는 교육과 문화소비관계를 처음으로 연구한 점에서 뜻 깊다고 보지만, 교육수준이 소득수준과 관련이 높다는 점을 강조한 극단적인 예라고 비판받는다. 그 이유는 모든 계층에 문화소비가 고루 이뤄진다는 관점에서 논의하며, 특별히 문화소비폭발이 이뤄지는 사회계층이나 직업들이 있음을 간과한 채 교육요소만으로 문화소비 증가 요인을 연구한 데 따른 것이다. 또한 문화예술소비자의 사회학 기반이 확대된 것은 사실이지만, 문화폭발 이전에는 소비대상이 매우 적었기 때문에 자연적으로 증가한 현상에 불과한 것일 수도 있다.

한편, 교육수준은 문화예술소비력을 높이는 데 정확히 영향을 미치는가 하는 점이 예술교육에서 중요하다. 이를 분석하려면 단지 교육기간이 길고 제대로 교육을 받았는지가 아니라 교육으로 문화예술 향유능력이 생겨나는가 하는 점을 살펴보아야 한다. 이에 대하여 향유능력이 있고, 그 능력차이가 소비차이를 가져온다는 연구가 이른바 게리 베커(Gary Becker)의 '가계생산모델(household production model)'이다. 문화예술 소비는 문화소비자의 속성에 따르고 이는 '가계생산모델'에 의해서 문화소비자 특징을 파악함으로써 명확해진다는 것이다. 다시 말하면, 소비자는 재화를 직접 소비하는 것이 아니고 재화를 사용함으로써 얻어질 수 있는 유용한 것, 예를 들면 그림감상으로 얻는 '감동'이나 음악청취로 얻는 '유쾌함'을 소비하는 것으로 가정한다.[1]

또한 문화예술소비와 사회의 문화자본의 관계를 보는 입장이다. 문화예술소비자와 문화자본의 긍정적 관계를 보는 피에르 부르디외(Pierre Bourdieu, 1930~2002)의 문화자본론이다. 이 논의는 교육이나 학습과 같은 능동적인 행위가 문화향유능력을 높이고, 그 결과 문화소비도 증가하는 점에 동의한다. 그러나 교육이나 학습은 사회적인 행위이므로 개별적이라기보다는 사회생활 속에서 일어나는 행동으로 보는 것이 타당하다는 견해이다.

이에 관해 특히 부르디외는 가정의 문화적 배경으로부터 일어나는 실질적인 불평등에 주목한다. 가정에서 받은 습관, 훈련, 자세 등이 학습에 직접 영향을 미친다. 지식, 노하우, 기호나 '좋은 취미'를 이어받아 계속하고, 그것에 대하여 학교에서 간접적이나마 기회를 갖게 되면 좋은 혜택을 받는 학생으로서 문화소비에도 좋은 영향을 받는다는 것이다. 결국 가정상황이 문화예술소비 태도를 결정하고 그것이 교육기회나 교육시스템 내에서의 달성도에 영향을 미친다고 본다(井口貢, 2011).

이러한 논의들을 종합적으로 보면 문화소비에서 교육이 미치는 영향은 중요하고, 비록 교육수준이 필요조건은 아니라 할지라도 문화소비 결정요인으로서 중요 요인의 하나라고 한다. 그런 점에서도 문화소비자층을 확충시키도록 정책을 추진해야 한다. 왜냐하면 교육수준의 높고 낮음보다도 향유능력을 키우는 과정이 중요하기 때문이다. 더구나 가정, 학교, 사회에서의 교육과 함께 지속적으로 역량을 키워 향유능력, 소비태도, 향유의 질을 높여야 한다.

(3) 역진성 해소, 공진성 제고

국민들의 세금인 공공재원을 지출하는 문화정책은 당연히 모든 사람들에

---

1 재화로 유용한 것을 얻기 위해서는 소비자에게 그에 상응하는 능력이 요구된다. 결국 향유능력이 높으면 높을수록 재화로부터 얻는 유용성은 커지고, 보다 많은 유용성을 얻는 재화는 사람들에게 기호품으로 바뀐다. 이러한 관점에서 베커는 소비자 선호는 '향유능력에 따른다'는 것이다. 그리고 향유능력은 사람들마다 다르며, 향유능력의 격차를 가져오는 것은 바로 교육이라고 강조한다(井口貢, 2011).

게 고루 혜택이 돌아가야 한다. 예술활동 단체나 소비자에게 보조금을 지급할 경우는 해당 단체나 개인 모두가 고르게 수혜자가 될 것을 전제로 한다.

그런데 문화정책의 혜택을 집중적으로 받는 계층은 아무래도 제한적일 수 밖에 없다. 국민 세금으로 집행되는 문화정책의 편익이 아무래도 소득이 안정적이고, 고학력자이며, 문화체험이 많은 사람들에게 돌아가는 수혜자 편중 현상은 '문화정책의 역진성' 때문이다. 이 같은 문화정책의 역진적 효과를 북유럽 복지국가들은 매우 중요하게 다루고 있으며 문화정책에서는 '문화예술 접근성의 문제'로 다루고 있다.

한편, 앞에서 살펴보았듯이 격차문제는 이미 사회문제로 대두되어, '인본 주의 공진화 문화정책'의제로 중시된다. 소수자보호, 실버, 다문화, 장애자 등 농촌과 도시 소외계층, 탈북난민들에게 문화정책 가치로서의 인본주의 실천을 위해 문화적 관점에서 다루게 된다(이흥재, 2013).

문화정책 철학적 관점에서 본다면, '온전한 인간만들기'로서 문화정책을 바탕으로 사회돌봄과 함께 우리사회의 어두운 면을 문화예술로 치유하는 '맑고 밝은 사회정책'으로 접근하는 것이다. 이러한 정책의제는 나라마다 조금씩 접근방법이 다르지만, 학교에서의 예술교육, 사회교육의 두 가지로 접근 가능하다. 경우에 따라서는 사회에서 문화예술로 인간만들기, 문화로 치유하는 의료복지로 추진할 수도 있다(古賀弥生, 2008).

문화격차 해소를 위한 문화정책적 접근은 인본주의의 극치라고 할 수 있다. 개인의 소득격차는 자본주의사회에서 자연스러운 모습이지만 교육격차와 문화격차로 이어지고, 장기적으로는 격차의 고정화와 사회계층화를 가져오게 된다. 따라서 이에 아랑곳 없이 문화정책을 관행적으로 계속하면 교육기회가 많은 계층들에게 문화혜택이 쌓이게 된다. 이는 결국 정책의 역진성과 함께 문화격차를 더 크게 벌리게 된다. 따라서 제대로 된 문화정책이라면 문화격차 해소를 위한 조치를 별도의 정책으로 병행하지 않으면 안 된다.

좀 더 넓게 보면, 문화정책이 분배 측면에 미치는 효과를 감안해서 다면적 격차사회에 필요한 문화정책, 소득분배정책, 교육정책을 유기적으로 연계 확장시키며 공진화되도록 추진해야 한다.

이러한 격차해소 문화정책은 단지 복지뿐만 아니라 문화예술발전에도 도

움이 된다. 러스킨 같은 문화경제학자도 영국에서 예술을 장려하는 정책, 특
히 예술교육을 시키는 것은 일부 부유계층은 물론 일반 서민이나 노동자들에
게도 '예술로 즐거운 생활을 하는 국민층'을 넓히는 바람직한 국가정책으로 생
각하고 있다(井口貢, 2011).

　　이렇듯 예술과 문화에 대한 접근기회 증가는 소득격차와 문화격차를 줄
이는 데 도움이 되고 더불어 문화진흥을 촉진하는 것으로 받아들일 수 있다.

2. 예술교육, 사회문화학습

(1) 학교 예술교육

　　사회격차의 누적을 막고 문화예술 바탕의 교육이 효과를 거두기 위해서
는 고액의 사교육이 아닌 예술교육과 체험학습을 학교에서 보편화시키는 것이
바람직하다. 주로 학교에 예술가를 파견하여 예술체험 수업(arts in education)을
하면서 어린 시절부터 문화예술을 자연스럽게 즐기도록 하는 것이다. 여기에
는 물론 창작현장에서 예술가들이 어린이들을 초빙하는 방법, 예술가와 교사
가 협력하여 워크숍을 진행하는 방식(Artist's studio in a school)도 있으나 종합
교육학습을 하는 강사초빙 학교수업 방식이 학생들의 입장에서 더 바람직하
다. 실제로 '예술가 중심의 예술'과 '교사중심의 교육'이 서로 교류하면서 좋은
효과를 거두며 점차 늘어나는 추세이다. 교육적인 방법으로 예술의 소통가치
를 확산시켜 사회목적을 달성하며 정책을 혁신적으로의 확산하는 것으로 풀이
할 수 있다.

　　이러한 정책으로 학생들은 독서에서 체험중심의 창의성과 지적 호기심으
로 관심을 바꾼다. 또한 형식 지식을 넘어서 상호협동과 커뮤니케이션 능력을
키워 지능정보사회 대응력을 키우게 된다(古賀弥生, 2008). 그리고 사회화 능력
을 키우는 다양한 가치관과 이에 대한 보편적인 인식이 가능한 미래형 크리에
이티브 리더로 양성된다. 이는 끊임없이 변하는 사회에 대응할 힘을 키우는
교육이자 사회변화에도 문화예술이 어떻게 기여하는 지를 실증할 만한 정책결

합이다.

　이러한 방식의 예술체험학습은 사실 미국에서 교육예산 절감 차원에서 시작하여 단체나 시설이 교육에 참여하게 되면서 알게 되었다. 영국에서는 예술가, 창조적 직업의 전문가를 학교에 파견하여 학교개혁과 더불어 전문가와 교사가 새로운 프로그램을 만드는 정책으로 추진된 창조적 파트너십(creative partnership)으로 이뤄졌다. 일본에서는 기업이 참여하여 사회의 교육에도 책임을 지고 공헌하는 관점에서 추진되어 왔고 계속 확대되고 있다.

　예술교육은 다음 사회를 담당할 세대의 교육을 학교, 예술가, 어린이들이 함께 추진하는 방식이 바람직하다. 여기에 행정이나 기업이 함께 참여하여 '몸과 마음이 건강한 크리에이티브 리더'를 양성하는 전문 지원조직이 늘어나고 있다. 여기에서는 학교 예술교육학습 프로그램 개발, 예술가와 학교의 연계, 정보교환, 성과측정과 연구, 자원봉사자 연계, 기업과 지자체 협력 끌어내기에 역점을 두어야 한다.

　이처럼 학교에서 어린이나 청소년들에게 창의성과 예술체험 학습을 늘려가는 것은 예술체험 기회 증가와 더불어 미래 창의인력을 키우고, 나아가 새로운 산업에 필요한 인재를 양성하는 국가 대계 사업인 창조국가 과제이다.

(2) 사회 문화학습

　문화에 대한 청소년들의 입장은 어른들과 다르다. 청소년들은 이미 형성되어 있는 사회문화행태에 대해서 저항하고 현재의 문화에 대해서도 거부감이 강하지만, 문화소비사회 측면에는 익숙하다. 또한 새롭고 강력한 감각을 선호하며 스포츠, 엔터테인먼트, 인터넷, 영상물에 빠르게 적응한다.

　미래의 주인공이라기보다 '현재의 주인공'인 청소년의 창의성·혁신 능력을 일깨우고, 문화예술 창조리더로 양성하는 일은 이제 국가경쟁력의 문제이다. 문화활동 기회를 늘려 기술과 능력을 갖도록 프로그램을 다양하게 개발하는 것은 나라의 미래 주춧돌을 쌓는 작업이라고 말할 수 있다.[2]

---

2 청소년 사회문화학습과 체험에서 학교·가정·사회가 통합 접근을 기조로 삼아야 한다. 학교나 지역사회교육 한계 때문에 사회의 체험학습이 중요하다. 가정에서는 부모가 먼저 문화이해력을 키우고 솔선수범하며, 여가문화생활을 지도하여 문화적 선용을 이끌어준다. 학교는 글로벌시대의 국제이해 교육으로 다양한 문화를 비판적으로 이해·선택할 수 있는 능력을 향상시켜야 한다.

학교 밖 문화 학습

사회교육은 특정 부분에 대한 집중적·체계적인 학습에 적합하나 청소년들에게 사회문화학습을 개별적·비판적으로 권장하는 것이 바람직하다. 시민성장에 필요한 청소년 문화생활을 진지하게 다루고, 사회적 자본을 키우는 프로그램을 선택적으로 제공해야 한다.

또한, 오늘날과 같은 대중문화 시대에 학생들을 의도적으로 격리시키기보다 비판적으로 대중문화를 이해하고 선택하는 힘을 길러 준다. 특히 매체교육을 강화해 매체를 비판적으로 선택·응용할 수 있게 해야 한다. 메타커뮤니케이션(meta-communication)교육으로 다양한 매체들을 수동적으로 수용하지 않고 비판적으로 활용할 수 있도록 해야 한다.

이를 위해 생활환경을 문화적으로 조성하고, 청소년센터를 확충 운영하며, 청소년 문화운동을 펼쳐야 한다. 그 결과 청소년 소통, 감수성, 성취도, 사회 생활력, 사회인 기초능력, 노동직업 의식을 형성하게 해야 한다.

문화정책적 관점에서 보면 문화예술기관들은 잠재적 관객을 계속 개발해야 하므로, 학교수업 후 여가시간에 예술교육을 다뤄 '문화협동'을 실천한다. 이런 맥락에서 청소년을 건전하게 육성하고 문화생활 기회를 제공하는 종교시설과 적극적으로 협동해야 한다. 예를 들어, 향교, 서원, 절에서 전통예절교육을 실시하여 청소년의 정신과 생활문화에 대한 새로운 인식을 심게 된다(이흥재, 2012).

3. 문화기반 사회적 자본 구축

(1) 관계증진의 사회학습

개인이 문화생활로 자기발전을 이루도록 지원하는 것은 인본주의 문화정책 이념의 실천이라 할 수 있다. 다시 말해서, 인본주의를 문화정책으로 실현하기 위해서 '모든 집단 혹은 개인 자신 인격의 전면적 발달, 조화로운 생활,

사회의 문화발전을 목적으로 자기를 자유롭게 표현·전달하며, 또한 창조적으로 활동하는 것'이다. 유네스코는 '대중의 문화생활 참여와 기여를 촉진하는 권고'(1976)에서 일찍이 이 같은 자기표현, 전달, 창조활동의 세 가지 활동지침을 권고했다.

이러한 문화예술체험 기반의 인본주의 실천은 문화예술에 대한 공공지원과 각자의 문화적 권리를 보장하여 문화활동을 활성화시키는 근거이다. 그리하여 개개인의 발전을 이루고, 표현·교류·학습을 활성화한다. 또한 자기 정체성 형성, 자기실현, 자기변화 체험을 풍부하게 하는 등 사회적 자본의 기초를 구축한다. 이러한 자기실현의 과정은 외부로 향한 표현·쌍방향 교류·학습을 통해 이뤄진다. 특히, 문화 관련 교양교육이야말로 보다 직접적으로 인본주의적 사회발전을 실현하는 지름길이다. 한편 전문분야에 대한 사회학습도 중요한데 예를 들면, 전문박물관에서 여가선용 차원에서 이 같은 학습기회를 이루도록 지원할 수도 있다(Jonathan Paquette, 2011). 이런 점에서 사회에서 개개인의 사회체험학습을 통해 국민들의 개인능력 발전을 위한 사회창조력 구축은 다각도로 축적·성장되어야 한다.

① 자기개발 사회문화 학습

사회학습은 일종의 평생학습(life long education)으로서 학교에서 받은 교육에 더해 문화 관련 교양을 보완하도록 사회 각 기관들이 협동하는 활동이다.[3] 이는 서로 협조·연계할 부분이 많아서 문화정책 맥락에서 추진해야 한다. 최근 지능정보사회로 바뀌면서 개인들이 창조적 활동, 참여적 활동, 교양개발 활동을 하도록 선진국들도 오래전부터 관련 정책을 개발하고 있다.[4] 이

---

3 미국은 학교 예술교육 수준이 미흡하다고 자평하고 문화예술 교양학습으로 국민들의 예술적 소양 제고를 과제로 삼았다. 일본도 문화예술 활동 확대에 대비해서 문화관련 교양교육을 강화하며, 사람들이 정책으로 제공되는 문화예술을 제대로 받아들이고 자발적 창조로 연계시킬 수 있도록 추진했다.

4 프랑스는 국민의 예술교육학습을 국가적 과제로 삼고 다음 일들을 추진했다. 이를 위해 ① 예술과 문화는 어느 하나에 종속시키지 않음 ② 예술교육을 수단이 아닌 목적으로 인식함 ③ 예술교육은 시민의 영원한 권리로 간주함 ④ 이론과 실천이 상관관계를 맺고 있더라도 명확히 구분함 ⑤ 예술에는 중심예술과 주변예술 구분이 존재하지 않음을 인식하도록 한다.

그리고, 비판의식 양성과 취향교육을 강화한다. 이를 위해 ① 예술교육과 문화교육을 문화부 산하에 둠 ② 문화부와 교육부의 관계를 명확 단순화하여 강화함 ③ 문화활동 단체의 활동과 절차를 문화현실에 맞게 재구성함 ④ 예술사와 예술학교의 교육 전담교사를 양성함 ⑤ 문학과

는 개인 또는 단체가 함께 문화시설에 새로운 기능을 부여하면서 추진하고 있다.[5]

여가시간이 늘어나면 자기개발 투자시간을 늘릴 것으로 많은 사람들이 기대하는데, 실제로는 여가활동과 휴식 외에 자기개발 시간을 배분하지 못한다. 또한 휴식 때문에 자기개발 활동에 방해받고 있다고 스스로 생각한다.

앞으로는 자기개발 수요가 더 늘어날 것이므로, 공공이 이를 사회교육정책으로 추진해야 할 것이다. 이처럼 사회학습을 풍요롭게 하도록 문화시설을 평생학습기관으로 가꾸고 각종 e-러닝 학습시설을 개발해야 한다.[6] 또한, 지역주민의 평생학습활동을 지원하기 위해 공공시설을 개방하고 학교시설을 다양화한다. 방송대학이나 사이버대학의 학습기회 확충, 질적 수준 제고도 추진해야 한다. 아울러 지역 문화단체의 활동이나 기업의 문화지원 활동이 늘어나도록 여건개선을 정책화한다.

② 창의성 성인 학습

어른 대상의 사회학습은 이제 자기개발이나 여가 취미 수준을 뛰어넘어 새로운 차원의 수요가 급증하는 추세이다. 지능정보사회에 살면서 개인맞춤 즐거움, 창조적 전문활동을 계속하기 위한 맞춤학습이 요구된다. 이러한 학습 프로그램은 계속 발전하고 늘어날 것이므로, 성인학습 관련 기관을 늘리고 프로그램도 알차게 꾸며야 한다. 특히 개인과 커뮤니티 개발을 위한 레저 연계 프로그램, 동호회 학습, 언어와 컴퓨터을 개발하고 이를 지원하여 창조적 성인 학습이 이뤄지게 해야 한다.

그런데 이러한 성인 학습에는 걸림돌이 많다. 우선 비용부담이 많고, 접

역사과목의 교원자격시험에 '예술사'를 선택과목으로 포함함 ⑥ 문화자료센터를 설립한다.
 아울러, 아마추어 예술 활동을 장려한다. 이를 위해 ① 아마추어 예술 활동에 관한 헌장을 수립함 ② 아마추어와 프로간의 관계를 구축하도록 한다.

5 '평생교육 사회' 창조를 강조하는 일본은 평생교육시스템을 구축하고 학교·사회교육과 같은 구조화된 교육외에도 스포츠, 문화활동, 취미생활, 레크리에이션, 자원봉사에 참여하도록 정부기관, 민간단체, 기관이 참여하고 있다.

6 e-러닝은 국가차원의 정책과 개인차원의 수요에 맞춰 사회문화기관이 프로그램을 직접 만들어야 내실이 있다. e-러닝은 인간발달 단계와 교육과정의 조화, 가정·학교, 사회교육의 통합으로 추진해야 한다. 또한, 기술이나 교육수요 변화에 맞춰 법제도나 행정도 개선하여 정규 교육과는 차별화해야 한다.

근성, 시간, 자신감 결여, 강사 수준이 새 수요에 따라가지 못하는 것으로 나타나고 있다. 따라서 수요자 모두가 참여 가능하도록 수업료 조절, 단기프로그램을 개발해야 한다. 이러한 수요급증과 공급한계 해결을 위해 사회적 자본 구축과 지역문화정책의 통합적 공진화 전략을 개발해야 한다.

(2) 사회적 자본 구축 지원

모든 국민은 문화가 주는 행복을 누릴 권리가 있다.[7] 맑고 밝은 따뜻한 사회를 만드는 문화정책이 이를 실현해야 할 것이다. 사회적 자본 증진을 위하여 사회에서 소외된 중산서민층, 문화와 거리가 먼 생활계층을 찾아가는 문화프로그램을 확대 실시해야 한다. 즉, 외면했던 문화생활에 접근시켜 평균적인 문화향유로 삶의 질을 보다 실질적으로 증진시키려는 노력이다.[8]

문화생활에서 시간과 비용의 제약을 받는 농어촌·섬·오지·사회복지시설 같은 문화소외지대에는 이 같은 적극적인 문화서비스로 지역 간·계층 간 문화향유 기회 균등화를 이루고 사회적 자본 구축의 기틀을 만든다.[9]

구체적으로 취약계층의 문화시설, 장애인 편의시설을 설치하고 교도소·소년원 재소자 교화를 위한 문화강좌를 늘린다. 뿐만 아니라, 양로원·고아원·장애인 수용시설 문화활동은 문화향유는 물론 정신적 치유효과를 거두고, '사회돌봄 문화정책'의 실질적 효과를 가져온다.

---

7 문화예술로 얻는 행복은 내용이나 과정이 특이하다. 이는 각자 개성을 반영해 나타나고, 요구하는 종류·수준도 차이가 있다. 같은 문화예술이라도 추구하는 정도나 개인차이가 있고, 사회적으로도 문화와 시장재, 공공재, 무상재의 관계를 함께 생각해야 한다. 특히 기본욕구가 충족되지 않으면 문화적 행복감은 생기기 어려워, 경제적 여유가 선행되어야 문화 창조나 향유가 이뤄진다. 따라서 문화환경 속에 살면서 이를 수용·공감할 수 있도록 감성을 키워야 한다.

8 소외문제를 문화정책으로 다룰 때는 사회계층간 분열이나 문화소외 문제를 주로 다루게 된다. 실험 결과 문화적 배려를 조금만 해도 사회계층 문제는 더 예민한 반응을 보이는 것으로 나타난다. 결국, 이 문제를 해결하려면 문화정책으로 더 노력해야 한다. 문화행정이 주도하지 말고 조심스럽게 배려·지원해야 한다. 절대빈곤층을 눈뜨게 하는 것은 문화적 호기심을 가진 대중을 다양한 문화활동으로 이끄는 것보다 훨씬 어렵다.

9 찾아가는 문화활동 프로그램은 대개 각종 공연(연극, 음악, 무용, 전통예술 등), 문화강좌, 전시를 대상·지역 특성에 따라 운영한다. 또한 민간 문화예술단체뿐만 아니라 지방자치단체, 교육청과 상호 연계해야 한다. 실제 추진 때는 도서관, 박물관과 미술관, 문예회관 등이 문화협동으로 추진한다.

공동관심사 기반의 사회관계 자본화

이 같은 시설과 프로그램은 중산·서민층의 문화향유기회 확대로 '삶의 질' 향상은 물론 공동관심사 형성에 많은 기여를 한다. 더구나 이를 위한 문화기반시설도 제공되고 있다. 도서관, 박물관, 문예회관, 문화의집 등 공공문화기반시설들은 지속적으로 공동 관심 계층의 활동공간으로 제공되고, 이에 맞는 운영프로그램 개발, 전문인력 지원에 주력하고 있다.

공동 관심을 갖는 사람들이 여기에서 더 나아가 지역적 친근감을 갖는 역사유물을 정비하거나, 지역의 전통예능을 보존·진흥시키는 방향으로 활동범위를 넓혀나간다. 이를 공동체 정책으로 연결시키고 지역사회기반의 사회관계자본 증진에 도움이 되도록 한다. 무엇보다 스스로의 사회학습 진흥을 체계화하고, 관련 시설을 정비하고, 전문인재를 육성하며, 강좌 내용을 고도화한다. 이로서 점차 사회적 자본의 기반을 스스로 마련하기에 이른다.

(3) 문화공동체의 축적 활동

문화예술에 대한 체험과 기회 접근성은 극히 개인적인 특성에 따르는 활동이다. 개인적으로 취미가 있고, 함께 즐길 동반자가 있으면 체험기회가 더 많고 더 행복을 느낀다. 개인적인 배경으로 참여해 자발적인 예술활동을 하는 아마추어그룹이 최근에 많이 늘어나는 데 따른 행복과 참여기회 확보를 위한 것이다.[10]

자발적 참여자들은 대개 자기계발, 소셜 네트워킹, 레저를 위해 참여하며 조직화되거나, 그룹 형태로 운영된다. 개인적인 개발, 문화적 풍요, 지적 자극과 창의적 즐거움을 목적으로 이뤄진다.

자발적 예술활동 참여는 사회문화적으로 큰 영향을 미친다. 공동체, 자치단체, 아티스트와 큐레이터, 건축가, 갤러리스트, 사업주, 기업들의 자발적 활

---

10 행복연구에 관련된 문화정책은 개인 삶의 질 제고의 기준, 지표(행복지수), 활용에 중점을 둔다. 그 밖에도 안정적 일거리, 건강, 사회안전망, 네트워크, 사회적 자본, 개인존중에 대한 사회문화적 기여 방안을 모색하는 연구를 진행한다. 이 같은 행복연구 기관은 UN의 World happiness report, OECD의 Better life initiatives, 캐나다의 Canadian index of wellbeing, 뉴질랜드의 Indicators of social wellbeing이다(윤소영, 2013).

동이 예술활동 수급에 매개역할을 한다(久木元拓, 2009).[11] 다시 말하면, 흔히 말하는 격차사회에서 문화격차를 해소시켜주고 참여를 바탕으로 시민발달, 사회적 응집력, 지역문화 이해의 사회적 자본 구축으로 사회 만족도를 높이게 된다.

여기서 말하는 자발적 예술활동과 문화예술 공동체 활동은 비슷한 개념인데, 자발적 활동기회가 많아지면서 공동체로 엮여 점차 적극적인 문화창작자로 전환된다. 대개 지역에서 축제나 이벤트, 연주활동을 즐기며 삶의 활력을 찾는 활동인데, 이 자발적 예술활동은 지역재생에도 영향을 미친다.

이와 같은 일반 대중의 문화생활에 대한 참여와 기여를 통해 사회문화 생활이 조화롭게 형성된다. 즉, 단체나 개인이 인격을 키우고, 조화롭게 삶을 영위하며, 창조적 활동을 하도록 구체적인 기회를 보장받는다(한국문화예술위원회, 2009).

이러한 문화활동이 동호회를 만들고 이들과 함께하면 훨씬 더 많은 참여기회는 물론 문화민주주의에 도움이 된다. 또한 커뮤니티를 구성해서 집단으로 추진하면 커뮤니티 발전에도 기여한다. 따라서 보다 적극적인 문화소비, 문화참여 또는 활동이 이뤄질 것이므로 문화소비와 생산의 사회적 순환이 원활해지는 성과를 거둔다(윤소영, 2010; 박영정, 2010). 특히 그동안 추진해온 생활문화공동체 활성화를 위한 지원정책은 이러한 성과를 아주 잘 보여주고 있다(한국문화원연합회, 2012).

4. 사회적 포용과 문화적 배려

(1) 문화예술치유

문화예술 배려활동은 문화와 사회통합(배제계층의 문화권 보장, 공동체 문화활동), 문화와 건강(예술활동, 체육활동), 문화와 교육(학교교육, 사회교육)에 중점을

---

11 아트프로젝트 수행은 아티스트+지역주민, 공립단체+주민단체조직, 지역 큐레이터, 코디네이터+주민, 행정+큐레이터+주민, 코디네이터+주민조직과 같은 몇 가지 방식이 있다.

둔다. 개발한 프로그램 가운데 청소년을 대상으로 한 베네수엘라의 엘 시스테마(El Sistema)가 좋은 성공모델로 알려져 있다(山田真一, 2009).[12]

문화예술이 건강과 웰빙에 미치는 긍정적 카타르시스 효과는 아리스토텔레스의 시학에서부터 계속되어 치유, 교화, 교육으로 이어져 이론화되고 독자적 영역으로 발전되고 있다(Elenora Belfiore, Oliver Ben, 2007).[13]

그리하여 정책화되면서 복지와 문화예술을 접목시켜 생활문화는 물론이고 여가활동으로 보람찬 삶을 만들게 한다. 구체적으로 미술관, 공연장, 극장에서 장벽 없는 접근(barrier free)이 가능하도록 시설을 정비하고, 고령자나 장애자가 감상·표현·창작이 가능하게 문화사회 구축 정책이 개발되고 있다. 또한, 예술장르별로 접근이 쉽게 네트워크나 프로듀스, 비영리단체 중심으로 하는 네트워크 만들기, 사업프로듀서의 중간지원단체 활동이 포함되고 있다.

(2) 가능성의 예술

가능성의 예술(able art)은 문화예술에 바탕을 두고 예술의 가능성과 인간의 가능성을 재발견하는 문화활동이다. 그야말로 인본주의 문화정책의 꽃이며, 인간의 존재를 다양한 상태 그대로 받아들이는 사회를 실현하는 사회문화정책인 것이다(川井田祥子, 2011). 주로 노령자나 장애자의 자기표현을 위한 활동지원, 장르합동 페스티벌, 작품교류로 전개하여 확장되기도 한다.

이러한 포용활동은 일회성에 그치지 않고 계속 이뤄져야 하므로 몇 가지 과제를 실천해야 한다. 예술포용은 창작활동 기회로 조금씩 발전시키고, 예술을 바탕으로 창조성의 형성, 인간교류, 지역교류로 나아가도록 한다. 이를 위해 고령자와 접촉하는 현장 담당자의 마음가짐이 중요하고,·해당 시설 담당자의 교육과 노하우 축적이 뒷받침되어야 하며, 예술가의 창조에너지 향상에도

---

12 베네수엘라의 엘 시스테마는 국가의 사회정책과 연관지어 추진했고, 오케스트라 합주와 악기 습득을 연계시켰다. 또한, 글로벌 수준의 전문가가 협력해서 활동했고, 장기목표를 세워 계속 추진해낸 점이 성공요인이다. 그 밖에도 운영 독립성, 폭넓게 펼친 활동, 교육방법과 자유로운 분위기로 즐겁게 운영했다. 그러나 활동자금 부족, 지도자 부족, 범죄방지 기능을 지나치게 중시한 것은 아쉽다. 더구나 최근에는 정치적으로 이용된 데 대한 실망과 비판도 있다.

13 예술의 카타르시스 효과는 감정적, 지적, 윤리적 범주로 나눌 수 있고, 심리적으로 극적인 카타르시스 이해는 청중들이 치유적인 경험으로 폭발적 열정이 '순화'된다는 것이다. 이것은 이론적으로 치유, 인도주의화, 교육, 웰빙, 예술치료에까지 발전되어 왔다.

도움을 주며 정책 공진화를 이뤄야 한다.

이런 사업들이 확산되기 위해서 예술보다 더 섬세한 복지측면에서 배려하고, 창작활동보다 더 섬세한 여건을 만들어 성공사례를 다른 단체와 공유해야 한다. 특히 예술인과 관련자들의 노하우와 경험을 공유하고 축적해야 한다.[14] 문화예술의 입장에서 이러한 포용 예술활동은 다양성을 표현하고 사회에 전달하는 통로로서 사회적 가치실현이라고 하는 큰 역할을 맡는 셈이다.

아울러 전환기 사회 구성원들의 심리적 불안을 해소하는 데 예술로 치유하는 문화테라피 또는 예술치료에 관심이 늘었다. 이는 예술치료의 확장, 전문화의 과정에서 생겨나 이제는 전환기 사회문제를 해결하는 예술치유로까지 발전하고 있다.[15] 이러한 사회트렌드에 맞춰 기업메세나 활동도 문화예술 나눔에서 예술치유로 전환하는 다양한 사례를 펼치고 있다(박소현, 2011).

특히 마이너리티로 사회에서 소외된 사람들에게 자존감(self-respect), 자기수용(self-acceptance)을 심어주기 위해 문화예술의 향기로 삶의 에너지를 만들어주는 활동이 우선 고려되어야 한다(川井田祥子, 2011). 이 활동은 문화정책의 역진성을 극복하기 위한 정책보완, 사회적 배제로부터 사회적 통합을 이끌어 내는 사회문화정책의 정책믹스로서도 의미가 크기 때문에 빈약한 정부(poor government)에 지나치게 기대지 말고 문화통합적인 관점에서 체계화해야 한다.

여기에 다문화가정을 위한 문화예술적 접근,[16] 탈북자들에게 우리 문화예술로 숨 쉴 기회를 만들어 주는 것은 사회통합 비용을 줄이는 통합사회 문화정책으로서도 다양한 의미를 함께 갖는다.

---

14 해설이 있는 음악회, 무대세트나 의상들을 직접 보는 활동, 수화를 곁들인 공연, 접근서비스가 여기에 해당된다.

15 치유는 근본적으로 심리를 다루므로 병 치료와는 구분된다(임종훈,2016). 치유는 심리, 환경, 문화로 건강한 상태에 접근하는 방법이다(조주영 이효원, 2010). 이에 따라 인간적 측면을 중시하고, 신체적·심리적·사회적·문화적인 총체적 과정이다. 이러한 사업 활동은 한국문화예술교육진흥원에서 지원한다. 주로 대상별 특성에 적합한 문화예술치유 프로그램 지원, 지역 예술치유 생태계 구현을 위한 '찾아가는 예술처방전', 예술치유의 사회적 가치 확산을 위한 '어디서든 예술치유'를 추진한다. 개인치유, 사회치유를 포함해 폐쇄되고 고립된 자아를 정상화하는 데 목적이 있다. 코로나19 팬데믹 이후 회복탄력성(resilience)을 위한 예술치유와 회복탄력성 증진 정책이 확산되고 있다.

16 Deborah Stevenson et al.(2010)은 '문화통합을 위한 예술'이 중요하며, 다인종, 다문화는 하나의 '자원'이며 정책으로 해결해야 할 문제가 아니라고까지 말하고 있다.

(3) 통합문화이용권

전환기 사회문화기반을 새로 다지기 위해 통합문화이용권이 중요해졌다. 이는 문화소외계층에게 문화예술이용권(문화바우처)을 지급하여 문화정책의 역진성을 고치고, 소비자주권을 살려주며, 소외계층이 자기가 좋아하는 문화예술, 스포츠, 관광을 즐기도록 하는 소비자보조금(consumer subsides)정책이다.

이는 문화예술의 사회적 순환으로 간주되고, 결국 창작자들에게 보조금을 간접지원하는 효과도 갖는다. 그러나, 직접적인 창작자 지원에 대한 정치적 결정이나 문화예술단체들의 압력을 차단하는 전략이다. 특히 소외계층이라 하더라도 문화소비자로서의 주권을 소비자 개개인의 선호를 최대한 반영하도록 운영한다면, 관객층을 넓히고 젊은 실험예술가들에게 참여기회를 주는 등 예술경영 효과까지 기대할 수 있다.

이러한 소비자 지원방식은 반드시 소외계층에게만 적용시키지는 않지만 사회실험을 거친 문화정책들이다. 예를 들면, 티켓보증사업은 미국의 버팔로(Buffalo), 시카고에서 연극을 대상으로 활용되어 좋은 평가를 받은 바 있다. 영국 북부예술위원회(Northern Arts)에서는 일찍 시작되어 '티켓보증사업'으로 활발하게 운영되다가 폐지(1981)되었는데, 관료들이 예술가에 대한 직접지원으로 얻는 재량권을 즐기기 위해 이같이 결정한 것이라는 비난을 많이 받았다. 덴마크에서는 '간섭 없는 책임지원원칙'(arm's length principle)에 따라서 연극소비자에게 직접 지원하는 보조금배분방식을 채용하고 있다(田中鮎夢, 2007).

이러한 소외자 대상 통합문화이용권 정책은 운영상 몇 가지 문제점을 보이고 있는데 이는 전환기추세에 맞춰 보완해야 할 것이다.

먼저, 예술생태계의 건강한 지속발전을 해치는 측면이 있어 예술인들이 참여를 꺼리는 측면이 있다. 또한, 논리적으로 소비자지원이라고 하지만 실질적으로는 '경험 있는 소비자 주권'만 보호받는 결과가 되는 점을 주의해야 한다. 이는 활용권 시장(the voucher market)의 문제로서 이용권이 현물로 지원되지만 소비자가 스스로 거래할 수 있게 전용되면 본래 취지가 사라지게 된다. 또 소비자라 하더라도 '유경험 소비자'가 경험재인 문화예술을 향유해야 그 결과로 총효용이 큰데, 소외계층에게는 과연 효용이 어느 정도인지도 파악해 봐야 한다. 소비시장의 정보부족과 불완전성 때문에 정보와 소비자의 참뜻이 왜곡된 채 참여가 아닌 동원형태로 소비가 이뤄질 수 있어 특히 유의해야 한다. 소비구조를 파악하고 분권적인 의사결정이 가능해야 보조금액이나 대상자 설정이 실질적으로 이뤄질 수 있다. 또한 소비범위를 예술, 관광, 스포츠를 통합하여 활용하는 경우 예술소비는 현저히 줄어들 것이므로 이를 감안한 문화활용권으로 재설계 해야 한다. 그 밖에도 서비스 운영체계 통합 편의 제공, 정보의 충분한 제공, 이용권에만 해당되는 전용 기획사업 개발 등이 필요하다(양효석, 2011; 윤소영, 2012; 田中鮎夢, 2007).

Chapter 11

문화흐름(文流)과 서비스

현대사회에서 문화예술은 그 존재만으로도 사회에 기여하며, 사회를 밝고 맑게 만든다. 아울러 사회적 순환과정을 거치면서 일반교양을 높이고, 사회비판기능, 옵션가치를 바탕으로 사회에 기여한다(이흥재, 2012; 2002).[1]

문화예술은 사회를 흐르며 일반 교양교육을 널리 보급한다. 사람들은 예술을 감상함으로서 사회성이나 시민으로서의 자질을 향상시킬 수 있고, 그에 따른 공공적 편익을 다른 사람들과 함께 누린다. 또한, 문화예술은 사회를 반영하는 거울로서 사회를 효과적으로 비판하는 도구이다. 아울러, 문화예술 활동에 스스로 참여하여 직접 즐길 기회가 있을지 없을지 모르지만 일단 문화행사가 이뤄진다는 것만으로도 사람들을 즐겁게 해준다.

이렇듯 문화는 나눔으로써 서로 자극하고, 새로운 기회를 만들며 발전한다.[2] 따라서 현대사회에서 문화가 자연스럽게 흐르도록 도와주는 것이 문화정

---

1 상세한 것은 이흥재(2002) 3장, 이흥재(2012) 1장, 3장 참조.
2 문화사회 테두리에서 다양한 문화주체들이 협조하고 자원, 정보, 노력, 자금을 서로 나눔으로써 사회전체에 새로운 기풍을 일으킨다. 문화활동은 개인표현이나 창작을 계속 이어가면서 창조자와 일상적 커뮤니케이션을 기반으로 교류하고 자극하면서 발전한다. 따라서 소통과 기회속에서 새롭게 만들어져 나가는 문화 속성을 바탕으로 '문화의 사회화', '사회의 문화화'에 주목해야 한다.

책의 과제다. 이러한 문화흐름에 걸림돌이 되는 것을 찾아 터주며 문화예술이
자연스럽게 흐르는 사회를 지향하는 데 역점을 두어야 한다.

문화흐름을 이끌어 가는 지능정보화 사회는 문화예술이 그토록 추구하는
인본주의 이념에 영향을 미친다. 또한 정보화와 함께 글로벌시대라는 특징 때
문에 '문화영토' 개념이 무너지고, 노노드(know node)시대에 필요한 글로벌네
트워크에 대하여 다인종문화주의, K-pop 중심의 한류열풍 등이 '문화영토' 개
념의 재구성을 펼쳐가고 있다. 국가초월적인 문화네트워크는 디지털화, 고도
정보화, 스마트화와 함께 현대사회에서 문화예술이 공진화의 길을 찾는 데 길
잡이가 되고 있다.[3]

이 같은 문화흐름은 인본주의를 새롭게 구축하는 순기능을 가져온다. 경
계 없는 접촉을 증가시키는 글로벌화로 자본·정보·사람의 이동이 활발해졌
고 이제는 일상화되었다. 문화를 체험하고 표현하는 사람이 이동하는 것은
문화가 이동하는 것과 같다. 지능정보화와 국제화의 진행속도가 빨라져 어디
에 살더라도 미디어와 정보의 향유에 따라 언제나 문화격차를 채워나갈 수 있
다. 최근 문화기술 발달로 문화교류는 문화다양성이라고 하는 긍정성과 문화
정체성 위협이라고 하는 부정적인 면을 지닌 채 활발히 펼쳐지고 있다(Harvey
Feigenbaum, 2004). 그리하여 다문화주의 실천국가로 칭송받던 영국도 일찌기
자국의 다문화주의는 실패했다고 선언하기에 이르렀다(2011. 2. 6.). 다문화주의
의 한계를 극복할 대안이 시급한 것이다.

실제로 인터컬처럴 정책을 구체화하기에 이르기까지 외국인과 다문화에
대한 정책은 무정책(non policy), 유입근로자(guest worker), 동화, 다문화, 인터
컬처럴정책으로 다양하게 변해왔다. 그리하여 결국 인터컬처럴정책은 극단적
인 대응이 아닌 각 사상 사이에서 각기 다른 개인이나 그룹을 존중하고, 공동
체 전체 질서를 보전하며, 동화가 아닌 통합에 이르는 길을 찾는 것으로 자리
잡았다(鳩根智章, 2011).

문화예술교류의 순기능을 중심으로 볼 때 행정편의를 위해 만들어 놓은
지역 구분만으로 정책을 펼치면 정책을 받아들이거나 적용하는 데 한계에 부
딪친다. 연대와 협동이 다양하게 늘 열려있는 사회에서 그 주역은 '사람'일 뿐

---

3 문화영토의 재구성에 대해서는 이흥재(2012) 8장 참조.

반드시 민족·국민·주민이 아닐지도 모른다. 구태여 '지구적 시민'이라고 강조할 필요도 없이 '한 사람 한 사람'의 문제이므로, 이 점에서만 보면 문화정책은 인본주의 정책의 표상이나 다름없다.

이러한 문화예술의 사회적 순기능을 높이기 위해서 사회에 문화흐름이 원활해야 하는 것은 정책적으로 특별히 중요하게 추진해야 할 대상이다. 국내외에 문화예술이 원활히 흘러넘치게 하기 위해서는 첫째, 정보자료를 만들어 쉽게 쓰고 둘째, 규제를 하고 또는 풀어주며 셋째, 문화를 서로 나누고 널리 알려 넷째, 문화서비스에 대한 표준을 만드는 문화정책이 필요하다.

1. 웹 3.0 문화정보화

(1) 웹 3.0의 활용

4차산업혁명 기술과 웹 3.0 기술이 일반화되면서 문화정보화 수준이 크게 향상되었다. 디지털 혁신에 따른 문화예술 생산 소비활동이 큰 전환점을 맞고 있어 이에 부응하는 정보서비스가 정책과제로 자리매김하고 있다.

한국문화정보원이 지난 20여 년간 이 분야에서 힘쓰고 있는데, 이제는 새로운 관점에서 네트워크 개인화, 플랫폼 구축, 지속발전 생태계를 모두 아우르는 문화정보 활용을 추진해야 한다.

그동안 우리 사회에서 문화서비스는 문화정보 수단으로 실생활에 전달되고 있다.[4] 한편, 문화의 정보화 도구는 기술발달이 가져온 혜택으로서 문화 창조의 새로운 디바이스로도 활용된다. 급변하는 기술환경에서 이른바 문화정보서비스의 소명은 무엇인가?

---

4 디지털 사회화에 따라 사회는 수평적 모습으로 바뀌고 우리 생활은 e-Life로 변한다. 또한, 디지털공통체가 늘어나 가상공간 활동이 확대된다. 한편, 정보 빈곤층은 살기 불편해지고 개인 사생활 침해, 컴퓨터해킹, 프로그램 무단복제가 삶을 괴롭힌다. 따라서 정보윤리 확립, 불건전 정보 유통 규제가 필요하다. 사회적·지리적 공동체 변화를 예상하여 지능정보사회에 적합한 정보 관리와 네트워크의 고도화 역량을 키워야 한다. 또한 지식정보 서비스를 심화 확대시키면서 지식정보를 창출하고 정보서비스의 통로를 제공하게 된다.

원래 문화를 정보화하는 것은 문화예술을 창조하고, 값싸게 많은 사람들에게 문화향유 기회를 서비스하는 데 기본적인 뜻이 있었다.[5] 또한, 문화와 지식을 바탕으로 한 고부가가치 문화콘텐츠산업을 발전시키는 데 있다. 문화정보는 문화콘텐츠 생산수단으로 활용될 뿐만 아니라 문화콘텐츠의 정보화로 영상, 게임, 관광 등 관련 사업에 광범위한 파급 효과를 가져다준다.

나아가 최근 SNS 활용이 문화공동체 또는 지역공동체에 긍정적 영향을 미치는 면이 훨씬 많고 그 결과 사회적 자본(social capital)인 참여, 신뢰, 호혜성, 네트워크를 늘려간다. 이를 국제적 관점으로 확대시키면, 문화의 세계화와 문화국가 이미지를 높이는 데 도움이 된다. 한 나라의 문화력, 첨단지식의 보유·활용 수준은 이제 국가문화경쟁력의 척도이다. IT기술을 적용하여 우리 문화를 인터넷으로 국내외에 알려 문화국가의 위상을 다듬는 계기가 된다.

① 환경수용과 새로운 창출 수단

정보기술 발달과 문화콘텐츠에 대한 수요 증가로 문화정보환경은 더 달라질 것이다. 이러한 환경변화를 어떻게 받아들여 문화정책에 도움될 것인가?

정보화가 진전될수록 창조수요는 더 늘어나므로 정보화는 이러한 변화에 부응하지 않으면 안 될 것이다. 문화를 정보화하여 널리 공유함으로써 국민의 문화적 감수성과 창의력을 더욱 확대하는 정책으로 나가야 한다. 정보나 지식으로 구성된 문화콘텐츠는 문화자원(스토리텔링 자원)을 수집·가공한 상징물이므로 이에 바탕을 두고 문화 창조력이 확산된다.[6] 이 같은 스토리텔링 네트워크 활성화와 문화정보화는 국민정서 순화, 맑은 사회구현, 지역사회 활력, 국가경쟁력에 폭넓게 기여할 수 있다.

더구나 네트워크 구조도 사회변화에 따라 더욱 고도화되는데 여기에서 중요한 것은 정보로서의 콘텐츠이다. 콘텐츠 가운데 가장 뜻깊은 것이 바로 문화콘텐츠이다. 예전에는 정보화를 다분히 네트워크를 광역화하고, 능률적으

---

5 이를 위해 NEA는 문화서비스를 효율화하고 전달통로를 개선하는 조치를 계속 제시한다. 다시 말하면, 기관을 운영하는 데 기술을 폭넓게 사용하고, 직원들이 다양하게 활용하도록 기획하며, 고객서비스를 조사하고, 보조금 신청과 지급절차를 개선하며, 예술수요 데이터를 개선하며, 사업계획과 자원을 기관의 목표와 일치시킨다.

6 문화정책 이슈에 대한 관심, 소속감, 집합적 효능감, 문화예술 커뮤니티 응집, 문화예술 커뮤니티활동 참여에 적극적인 태도를 지니며, 그 결과는 긍정적인 효과로 나타난다.

로 정보를 전달하고 수용하는 데에 초점 두어 정보통신 서비스, 정보의 전달과 수용수단인 정보기기가 정보화의 핵심이었다. 그러나 앞으로는 콘텐츠를 만들고 편리하게 가공하여 신속 정확히 서비스하는 것이 문화경쟁력으로 쌓인다. 이에 맞춰 문화정보화가 문화예술 발전과 함께 더욱 더 공진화 효과를 가져올 촉매가 될 것이다.

그런데 '문화정보의 조직화'는 다른 분야 정보화처럼 정형화되지 않은 부분이 많다. 따라서 정보기술의 일반적인 적용보다는 특성 있는 문화정보를 활용할 기반을 구축하는 것이 중요하다. 이는 문화정보화를 통하여 문화콘텐츠의 발굴·제작·유통을 체계화하는 데 도움이 된다. 더구나, 오늘날과 같은 '콘텐츠 빈곤시대'에 우리 문화의 원형은 창의력의 보물단지다. 고유의 문화원형에 기초한 개성 있는 콘텐츠를 개발하고 디지털 콘텐츠의 개발과 기존 콘텐츠의 질적 수준에 정보화가 기여하는 문화정보 전략을 갖춰야 한다.

② 문화예술에 대한 파급

지식정보화 시대를 맞아 문화정책과 문화활동은 어떻게 전개될 것인가. 지능정보 환경과 문화활동의 관계를 '생산' 부문과 '소비' 부문으로 나누어 파악할 수 있다. 지능정보의 생산은 경제가치를 추구하면서 재화나 서비스를 별도의 재화나 서비스로 전환시키는 활동이다. 한편, 지식정보의 소비는 효용가치를 추구하면서 재화나 서비스를 소비하는 활동이다. 이 두 부문은 서로 연계되어 지식정보 재화·서비스·생산요소를 교환한다.

〈그림 11-1〉에서 보듯이 문화는 사회경제 활동에 문화자원이나 문화에너지를 공급하며, 사회경제 활동의 결과로 발생되는 문화축적이나 문화융합을 받아들인다. 문화자원은 지식·노하우·미의식·가치관의 축적이며, 문화에너지는 거기에서 분출되는 인간 행동의 원동력이다. 이는 기술혁신, 조직발전, 노동생산성을 바탕으로 생산활동에 영향을 미친다. 문화자원은 사람들의 선호나 소비패턴을 형식화시키고 경제가치를 형성시켜 외부에서 시장을 통제하기도 한다.

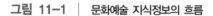
그림 11-1 │ 문화예술 지식정보의 흐름

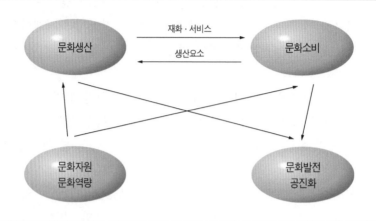

반대로 지식정보의 생산이나 소비활동의 결과 문화역량이 추가로 축적되고 융합이 일어난다. 엔터테인먼트 활동의 결과로 예술의 역사나 기록이 바뀌기도 한다. 소비활동은 배움, 놀이 같은 개인 생활방식과 상호작용을 하면서 음악, 미술, 공예, 연극 같은 예술활동에도 영향을 미치고 때로는 전통문화와 융합되거나 가치상충을 가져오기도 한다.

다시 말하면, 유형이든 무형(인간의 감성, 지식, 노하우, 커뮤니케이션 등)이든 문화지식 정보는 모든 문화를 만들어 가는 인간생활에 환경재(環境財)이다. 생태환경에서 격리되어 생명이 존속할 수 없는 것처럼 문화환경에서 격리되어 인간은 살아갈 수 없다.

③ 문화정보화의 고도화

문화정보화는 정보서비스 기술발달과 관련이 깊다. 우리나라는 웹 서비스 기반의 인터넷이 활성화될 무렵부터 문화정보화를 시작하여(1995) 현재는 축적·서비스 면에서 높은 수준을 자랑하고 있다. 또한 문화부분의 종합정보화 계획을 세우고 국가문화유산, 문화예술, 관광, 문화포털 등 문화정보포털시스템을 구축·운영하여 유기적·통합적으로 추진하고 있다.[7]

---

7 한국문화정보원의 주요활동을 참조.

SNS나 글로벌 뉴미디어 환경변화에 따라 몇 가지 고려해야 할 점이 나타나고 있다. 먼저, 기관 단위별로 각자가 정보화를 추진해서 사용자 중심의 종합적인 정보서비스가 곤란하고 중복이 되는 문제를 해결해야 한다. 또한 고품질의 정보서비스를 위해서 고급 문화지식정보나 콘텐츠를 구축해야 한다. 아울러, 지방자치단체·기관끼리 정보서비스를 연계해야 지역의 문화, 관광정보 서비스를 활용하기에 편리하다. 이를 위해 지역 간 서비스 연결, 포털서비스 체계, 표준화된 서비스 체계(분류체계, 사용자 인터페이스)를 새롭게 개발해야 한다.

이러한 발전 추세와 문제점을 감안해서 앞으로 문화정보화는 훨씬 고도화되어야 한다.

우선, 소비자 지향적인 문화정보화를 추진해야 한다. 문화정보 환경 급변, 정보이용·접근 기술 증진, 국민의 접근성 확대, 정보 매체 활용에 역점을 두고 이를 추진한다. 이는 정보접근과 홍보 인식 증진, 예술기회의 평등과 교육적 목적을 달성하는 데 기여한다. 예전에는 문화정책을 지원하기 위해 정보화가 필요했으나, 이제는 문화정보화를 지원하기 위해 문화정책이 필요할 정도로 문화정보화가 문화정책의 중심이 되었다. 초고속통신망 IT환경 위에 수요자 중심의 원스톱 서비스를 제공하고, 온오프라인 문화활동을 결합하여 공진화효과를 거둬야 할 것이다.[8] 이러한 상황을 고려해서 정보화의 혜택이 국민 문화생활에 고루 퍼지도록 정책을 정밀하게 구상·추진해야 한다.[9]

나아가, 문화정보화 리더십을 강화해야 한다. 우선, 문화정보 자원을 통합하고, 연계를 강화하고, 문화정보 실수요자에게 효율적·안정적으로 서비스하

---

8 이를 위해 선진국들은 청소년 온라인 교육(영국), 온라인과 오프라인 연계(프랑스), 민간 자율적 참여 기반의 디지털문화콘텐츠 유통 노력(영국), 디지털문화콘텐츠 수출 가속화(미국)를 정책으로 적극 추진하고 있다.

9 유네스코는 문화적 다양성에 관련한 정보화 전략을 다음과 같이 권고한다. ① 대중의 문화적·교육적 요구에 맞는 정보기술로 커뮤니케이션네트워크를 제공해서, 지역·블록·국가단위의 문화발전, 국가문화유산 보전, 문화적 전통의 다양성, 고유한 민족 문화정체 증진에 도움을 준다. ② 어린이에게 미디어기술을 가르치고, 젊은 세대들이 콘텐츠 사용자·생산자로서 새 정보기술을 사용케 한다. ③ 새로운 기술·커뮤니케이션·정보서비스 이용을 증진시키고 정보고속도로 이용을 싸게 서비스한다. ④ 박물관, 도서관, 정부·비정부기관이 생산·수집한 정보의 보전·개발 정책을 만들고 정보센터가 추진한다. ⑤ 사회의 예술창조를 중시하고, 미디어의 제작교육·개발·배급하며 특히 문화산업 분야(생산, 투자, 권리 이전)에서 공동프로젝트로 협업을 유도한다.

도록 통합적 시스템을 구축한다. 이로서 각 문화정보시스템 운영과 유지보수를 통합 관리하며, 기관은 자체서비스 기획에 중점을 두고 정보화조직을 운영토록 한다. 이렇게 하면 예산은 절감되고 운영은 보다 더 효율화된다.

또한 여러 문화 관련 분야를 서로 연계하여 서비스함으로써 국민들이 문화수요자이자 문화생산자가 되도록 유도하고, 다양한 문화활동을 증진시킬 수 있다. 또한 지역의 문화정보도 같은 방식으로 연계하여 지역끼리 문화정보 격차가 생기지 않고 균형 있게 문화발전에 기여하도록 한다.[10]

그리고, 온오프라인 문화예술 교육학습을 활성화한다. 모든 문화향유자가 창조자가 될 수 있도록 교육훈련하며, 학습정보를 제공하여 문화를 확대 재생산하고, 재창조해야 한다. 온라인 문화교육 기술을 도입하고, 오프라인 문화공간 방문, 문화경험·참여 계기를 마련해야 한다. 아울러 문화정보 취약계층을 보호하고 웹 접근성을 강화하여 사이버 공간의 문화정보에서조차 소외되는 일이 없도록 배려해야 한다.[11]

(2) 디지털기반 정보화

문화 관련 사업에서 최선의 해결책을 이끌어 내는 총체적 활동을 문화공학이라 말한다. 이때 문화활동에 '필요한 요구사항에 따라, 활동의 품질·비용·시간 조건을 고려'하여 활동을 하는 것이다. 같은 취지로 예술에 좀 더 초점을 맞춰 '예술공학'이라는 말도 쓰고 있다. 한편 '문화기술(CT)'이라는 말은 IT라는 말에 바탕을 두고 '문화에 대한 해석이나 이해를 깊게 하기 위한 기술'을 말한다.

그런데 문화에 대한 기술적 접목은 문화공학적으로 어떤 가치를 부가하는가? 흔히 문화예술은 정형화된 틀이나 획일적인 잣대를 거부하는 특징이 있다. 그런데 소비자 수준이 높아져 공급자 중심의 일방적 문화활동은 곧바로 한계에 부딪친다. 소비자를 위한 문화 공급을 한다면 문화공학적 입장에서 일

---

10 이를 위해 문화정보화를 중장기적으로 계획·전담하여 추진하고, 정책집행 부서와 유기적으로 협력케 한다. 나아가 문화 관련 기관과 단체들이 '문화정보화협의체'로서 정보를 공동이용하고 표준화 방안을 마련한다. 이를 위해 전문인력이 정보화기획, 시스템 유지 보수, 정보화 사업평가, 관리를 해야 한다.

11 문화유산, 예술의 연계 콘텐츠를 기반으로 취약계층을 위해서 다중매체 지원서비스가 가능한 문화콘텐츠를 구축한다. 예를 들어, 문화유산의 유물콘텐츠 자료설명의 폰트를 확대하거나, 어린이나 시각장애인을 위해 음성 설명 고도화한다.

하지 않을 수 없다. 사업이나 활동의 품질·비용·시간을 감안하여 목적을 명확히 규정하고, 최적 프로그램을 개발 운영하며, 필요 재원을 조성하고, 프로젝트의 기술적 실현을 달성해야 한다. 이처럼 문화공학적으로 접근하는 데 있어서 정보기술 특히 디지털기술 기반의 정보화는 매우 유용한 도구로 활용되고 있다.12

정보기술이 급속히 발달하면서 예술창작은 디지털화되고 있다. 이를테면 그림이나 조각품에 그동안 조용히 담겨 있던 작가의 메시지는 이제 관객들의 동작에 의해 다양한 반응을 보이며 미디어 아트를 통해 전달된다. 더구나 기존의 장르별 예술을 가로질러 연결시킴으로써 새로운 장르를 낳는 방법에 대하여 우리는 이미 많이 경험하고 그 결과에 감탄했다.13

정보기술의 백미인 커뮤니케이션을 고도화하면 문화시설 경영에 불어닥치는 문화공학적 변화는 또 어떻게 맞아들일 것인가? 정보를 수집·축적·증식시키는 역할이 본분인 박물관·도서관·미술관은 정보기술 발전과 함께 새 예술을 받아들여 키우는 텃밭이 돼야 한다. 앞으로는 미래의 예술이나 기술의 실험을 펼치는 '창조관'으로 당연히 거듭나서 예술이라는 형식을 사용하는 차원 높은 통합 '지식센터'로 전환되어야 한다. 결국 박물관(博物館)을 벗어나 정보기술과 문화기술을 접목시키고, 창조와 지식을 아우르는 박정(보)관(博情館)이 되어야 할 것이다.

(3) 지식중개와 저작권

지식기반 경제나 지식기반 사회와 함께 가꾸어 가는 새로운 문화시대는 또한 디지털시대와 함께 오고 있다.14 정보지식이나 데이터가 자본인 시대에

12 문화는 시대의 기술·사상과 밀접한 관계를 맺으며 발전한다. 예를 들어, 인쇄·사진·녹음과 같은 복제기술은 생각과 보는 눈을 깨워 큰 변화를 가져왔다. 정보기술이 접목되면 문화기술에서 새로운 요청이 오게되고 서로 얽혀 발전한다. 이를 문화공학이 어떻게 외면할 수 있겠는가. 문화기술과 정보기술은 서로 접근함으로써 당연히 공진화하고 질적 수준을 높이게 된다.
13 멀티미디어기술 고도화는 문화예술 활동 소재 확대, 문화예술정보 발신 용이, 다양한 정보 저장, 정보처리와 전달 고속화·고질화 바탕의 글로벌화를 쉽게 해준다. 한편, 스피드 부적응의 정보약자 발생, 지나친 실연우월주의를 유발할 수도 있다. 결국, 문화의 본질론과 문화가 지닌 창조성·고유성을 충분히 인식하면서 대응하는 것이 중요하다.
14 오늘날 지식은 활동주체의 경쟁력에 핵심요소이다. 지식 창출·확산·습득·활용으로 혁신능력을 배양하고 성장기반을 구축한다. 이제 지식 정보는 경제사회 발전에서 중요 역할과 개인의

국민들은 지식정보 홍수 속에서 역설적으로 지식정보 갈증을 더 많이 느낀다.

① 지식중개

이런 시대변화 속에서 문화정책은 '지식중개자 역할'에 더 충실해야 할 것이다. 지식중개란 '지식의 창조·확산·활용 과정에서 지식수요자와 공급자를 연결해주는 역할'을 말한다. 이것은 지식사회와 지식국가를 만드는 데 더할 나위 없이 중요한 역할이다. 문화시설이나 공간은 단순한 형식 지식을 제공하는 것이 아니라, 미래사회에 정말 필요한 창의성을 길러주는 보금자리이다. 문화예술을 통한 감수성 제고와 암묵적 지식의 증대, 지식 중개자로 자리 잡는다.

이러한 디지털사회의 지식습득은 디지털수단의 선도로 이루어진다. 그리고 국민들은 디지털 기술기반 사회에 걸맞도록 의식을 개방화·투명화·전문화·글로벌화하는 준비를 해야 한다. 문화서비스 기관의 역할은 그동안 콘텐츠 관리자, 정보중개자, 학습자원 제공자, 탐색전문가, 원격교육 운영자, 멀티미디어 전문가로 충분했었다. 그러나 새로운 서비스를 하기 위해 문화시설은 교육, 상담, 프로그램개발, 문화기획 전문가로 바뀌어야 한다. 그 밖에도 새로운 정책흐름 수요에 부응하는 대안을 개발해야 한다.[15]

② 저작권 유통

인터넷을 통한 문화예술 유통이 늘어나 저작권 관련 사항이 더 중요해진다. 창작은 복제가 쉽고, 원본의 질을 유지하며, 조작과 변경이 쉽고, 통신망을 통해 광범위하게 전달 복제 유통될 수 있어 디지털화로 생기는 저작권 문제를 선결해야 한다.

미술작품, 공연물, 출판물 정보의 대부분이 저작권 있는 창착물이다. 저작권이 소멸되지 않은 정보나 자료를 서비스하는 것을 막고 이를 공공자원으로 원활히 흐르게 해야 한다. 이들을 인터넷으로 서비스하거나, 문화정보 DB로 구축하고, 저작권자 권리를 보호하며 자유롭게 유통·활용될 수 있도록 관련 법제도를 고쳐야 한다.[16]

사회적 지위에 핵심적 요소가 되어간다.

15 지식중개 역할을 활성화하기 위해 관련 제도 마련, 국민의 정보가치 인식과 이용교육, 지식중개인 교육훈련, 지식중개 비용의 저렴화, 범국가적 지식정보체계와 네트워크 구축을 실현해야 한다.

저작권 문제에 대처하기 위해서는 관련 단체들끼리 협동 대응할 필요가 있다. 업체들이 공동 설립한 각종 단체, 저작권위원회가 협력하여 활동한다. 뿐만 아니라 각 국가의 특별위원회 활동, 세계지적소유권기구(WIPO) 등 국제적인 기구를 통해 공동 대처해야 할 것이다.

또한, 제작유통의 글로벌화에 대응해야 한다. 문화콘텐츠 산업의 제작이나 소비는 날로 커지고 있다. 영화제작에서 보듯이 콘텐츠 전달 매체의 디지털화에 따라 글로벌 협력제작도 쉽게 이뤄진다. 다국적기업들은 영상제작물을 협력하여 공동 기획·제작함으로써 제작물의 글로벌 배급망과 소비통로를 확보하여 소비시장을 넓혀간다. 웹 유통과 함께 유통시장 확대 대응도 준비해야 한다.

아울러, 민간 기업들과 공생하는 전략을 펼쳐야 한다. 이를 위해 국책기관들과 해외문화원의 협력을 받아 해외시장의 조사, 개척, 수출입거래의 알선, 국내업체의 해외투자 지원과 선진 외국기업에 대한 투자유치 등을 촉진해야 한다. 기본적으로 문화콘텐츠산업 기업들의 지출을 감소시키고 위험부담을 적게 해야 한다. 지출 감소를 위해서는 산업구조의 조정을 원활화하고 산업인프라를 정비하며, 규제개혁, 수출을 원활히 하도록 지원해야 한다. 이를 위해 지원센터설립 등 전략산업의 창업·육성·보육 전략뿐만 아니라, 각 분야들 사이의 유기적인 협력을 이룰 수 있는 복합거점을 조성해야 한다.[17]

2. 규제혁신

(1) 규제적용

규제강화나 규제완화로 문화흐름은 원활해진다. 문화활동에서 규제를 추

---

16 국가가 저작물의 이용을 허락하는 법정 허락 절차를 간소화하고, 장기적으로는 저작권 소재정보를 집중 관리하여 저작물 이용자가 저작권 유무와 저작자 소재를 쉽게 파악할 수 있도록 지원해야 한다.

17 문화콘텐츠산업 관련 지원센터로는 뉴욕정보기술센터와 헤센멀티미디어지원센터, 쾰른 미디어파크와 멀티미디어지원센터, 일본 도쿄디지털애니메이션연구센터와 나가노멀티미디어연구센터 등이 잘 운영되고 있다.

진하는 것은 문화활동에 최소한의 질서를 부여하여 문화예술창작과 소비의 수
준을 높이려는 데 있다. 특히 문화예술은 사회적 공공성을 갖기 때문에 사회
질서를 흐트러뜨리는 활동을 최소한의 규제로 얽어맬 수밖에 없고,18 특히 문
화콘텐츠산업 질서유지를 위해 이러한 규제가 불가피하다.19

규제 가운데 가장 기본적인 것은 대개 법률로 정한다. 문화예술에 관한
법률도 점차 그 수가 늘어나는데, 이는 문화활동에 대한 규제를 늘린다기보다
투명성을 확보하기 위한 것으로 생각할 수 있다. 이런 점에서 문화예술 활동
을 위해 규제와 기준을 명확히 하되, 민간영역이 커지면서 이러한 규제들은
많이 철폐되어 문화사업을 민간으로 넘기도록 추진하고 있다.

규제정책은 어떤 문화자원들을 모든 집단에 제공하지 않고, 직접 관련되
거나 잠재적으로 경쟁관계에 있는 집단들 가운데 일부만을 선택하여 제한적으
로 제공하는 것이다. 이를 '경쟁에 의한 규제'라고 한다. 또는 특정 유형의 사
적인 활동을 위해 환경을 조성함으로써 대중을 보호하려는 규제도 있는데 이
를 '보호적 규제'라고 한다. 그 밖에도 문화관련 규제는 활동영역에 따라서 크
게 경제규제와 사회규제로 나누어 볼 수 있다.

① 경제적 규제

보다 직접적 성격의 경제적인 규제에 해당되는 것은 대개 진입, 독과점,
불공정 거래에 대한 규제들이다. 진입규제(entry regulation)는 문화산업 또는 문
화 관련 직종에서 영업의 자유를 제약한다. 가장 대표적으로 문화산업에 대한
인허가를 들 수 있는데, 원래 공공목적 또는 산업정책 목적의 달성을 위해 이
루어지는 것이 보통이다. 이 같은 진입규제는 문화산업이 지니는 창의적 기획

---

18 문화활동 기초인 교육, 학문, 예술, 스포츠에서 해당되는 것이 많다. 예술분야에서는 개인 재
산권 보호, 문화적 자산 보존 때문에 저작권법과 문화재보호법에서 많이 발생하고 있다. 이
법들은 저작자 재산권을 보호하기 위하여 제3자의 이용을 규제하는 규제법 성격을 갖는다. 그
러나 누군가를 규제하는 것은 누군가를 보호하는 것이며, 관련 법의 체계화로 이익을 보호하
는 절대적인 힘을 발휘할 수 있을 것이다.
19 디지털 복제와 전달기술 발전으로 저작권권리 인정, 저작물의 원활한 이용 배려 정책 질서마
련이 시급하다. 저작권 관련 법도 세계저작권협약(UCC)의 법체계에 맞춰 수시로 개선되고 있
다. 특히 국제표준 영상무역이나 문화콘텐츠 산업진흥책이 저작권 법체계 중심으로 보호 육성
지원을 하고 있다. 이에 따라 방송, 영화, 멀티미디어 등에 관련된 법들로 규제하기보다 철저
하게 저작권관리와 유통배급에 관한 정당한 보상체계 구축과 제도 기반을 마련해야 한다.

또는 지적 발명자의 고유권한을 모방하지 못하게 보호하려는 것이다. 또한 국내 문화산업의 보호를 위하여 외국기업이 생산한 제품의 수입을 금지하는 수입규제도 있다. 진입규제는 지나치면 문화산업의 국제경쟁력이 약화될 수도 있으므로 신중해야 하며 발전적으로 완화되어야 한다. 우리말 보존과 영상 신기술에 대응한 문화보호 측면도 크지만, 최근 각종 신기술 개발은 이러한 쿼터제도나 규제정책을 위협하고 있다(Harvey Feigenbaum, 2004).[20]

② 사회적 규제

현대사회에서는 기업의 사회적 책임(CSR)이 중시되는데, 이를 자율적 시장원리에만 맡겨두어서는 해결될 수 없는 문제가 있다. 이를 해결하려고 정부가 개입하여 문화예술의 사회적 가치를 지키기 위해 규제가 이루어지는 것이다. 그런데 이러한 사회적 규제강화는 기업과 생산자들에게 생산성의 저하를 가져오고, 인플레를 유발하며, 신규투자를 감소시키는 경제적 문제를 야기한다. 뿐만 아니라 창의력을 생명으로 하는 문화산업에 있어서 기업의 창의적인 문화콘텐츠산업 활동을 저해할 수도 있다.[21]

사회적 규제 가운데에는 특히 소비자 안전과 보호규제가 적지 않다. 예를 들어 소비자에 대한 문화상품의 등급 사정을 알려주는 것이 소비자가 상품을 탐색하는 데 소요되는 정보비용(information cost)을 크게 감소시켜 준다.

사회적 규제로서 기업의 사회적 책임을 강화하고 사회적 횡포(social abuses)를 막기 위한 규제가 가끔 문화콘텐츠산업의 생산유통과정에서 문제가 되기도 한다. 예를 들어, 음란물을 제작하거나 배포하는 경우 기업뿐만 아니라 개인에 대해서도 규제한다. 이는 기업의 사회적 행동에 대한 책임을 묻는 것이다.[22]

---

20 위성방송, 주문형 비디오시스템, 인터넷, 스트리밍 서비스가 대표적이다.

21 문화콘텐츠산업에 참여하는 벤처기업에는 벤처기업의 투자 가능성을 높일 수 있는 방안을 강화해야 한다. 특히, 중소기업의 시장진출을 쉽게 하기 위한 시장진입장벽을 제거하고, 자본 확보 방안에 대한 프로그램들을 개발하고 있다.

22 프랑스는 문화적 표현, 방송광고산업과 같은 문화미디어산업, 문화정체성 확립을 중시한다. 방송 통신의 통합 규제기구를 분리하여, 글로벌 경향 속에서 자국 문화를 보호하려는 것이다. 문화통신부는 영상산업 정책과 국가홍보 정책을 수립하고, 시청각커뮤니케이션위원회(CSA)에서는 면허행정, 소유집중 규제, 방송사에 대한 감독을 담당한다.

(2) 규제혁신

최근에 들어 문화정책과 문화산업이 국제화되어 거의 단일시장을 형성할 뿐만 아니라 정보화의 급진전으로 활성화되고 있다. 이를 위해 규제를 완화 내지 해제하고 자유경쟁체제로 경쟁력을 확보하게 된다. 또한 사회환경 변화 와 제도 개선으로 발전장애 요인도 개선한다.[23] 효율성·세계화·유연성과 더 불어 오늘날 이른바 신자유주의의 대표적 행동가치의 하나라고 볼 수 있는 규 제완화는 문화정책에서도 매우 중요한 부분으로 다루고 있다.

규제를 완화하는 것은 규제를 만드는 것 못지않게 신중해야 한다. 규제의 완화 원칙과 방법의 선택기준은 무엇인가?

문화정책에서 규제완화는 문화콘텐츠산업 발전과 국민 문화생활 증대에 적절한지를 평가해야 한다. 이의 기준을 파악하는 것은 어려운 문제이다. 대 개 위험편익분석(risk-benefit analysis)에 따라 분석되어야 한다. 사회적 규제의 경우는 경제발전에 부정적 영향을 미치는지 검토한다. 사회적 비용과 국민경 제 이익을 비교해서 경제체질을 개선하는 데 도움되는 방향으로 개선한다.

그리고 규제 기준과 절차가 투명한지 파악해야 한다. 규제에 따른 불이익 은 그 기준이 불명확하거나 절차가 임의로 규정되면 남용될 여지가 많으므로, 일정 기준이나 투명 절차를 갖지 못한 규제는 폐지해야 한다.

이와 아울러 동일 사항에 대한 규제가 중복된지를 봐야 한다. 동일사항을 여러 측면에서 규제하면 피규제자는 문화활동을 하면서 감시를 받게 불편해진 다. 자유로운 시장원리는 실수요자 중심의 문화정책 체계를 필요로 한다.

또한 문화정책 주체가 제 역할을 다하도록 불편한 규제를 해소해야 한다.[24] 정책과정에서 비리 발생 소지가 있어도 마찬가지이다. '규제가 있는 곳에 비리 가 있다'는 말은 불법행위를 해도 비리를 통해 보호받을 수 있다고 볼수있기

---

23 이런 맥락에서 정부는 규제조정계획과 심사기준을 개정하여 각종 규제를 완화한다. 이때 양적 질적으로 핵심규제를 우선 추진한다. 그러나 실질적으로 이 규제완화가 국민생활의 불편을 해 소해 주는 수준에까지 도달해야 한다.

24 문화유산과 같은 특수 문화활동 종사자에게 일정한 자격요건을 부여하는 규제는 한결같아야 한다. 예를 들어, 고건축물 건축가, 전통무용, 박물관 관리자의 자격기준, 고문서 관리자, 저작 권 체제, 지적재산권에 관한 법률을 적용한다. 특히 이 분야에서 법규화와 종사자들의 위상이 깊이 관련 있어 정책적으로 잘 조정해야 한다.

때문이다. 또한, 규제자 입장에서는 규제라는 권력수단을 남용하는 결과를 가져올 수도 있다.

끝으로, 문화콘텐츠사업 자원의 경쟁을 제한하거나 문화단체 활동에 관련된 것은 우선 정비하고, 선진국의 일반적인 규범에 미흡한 규제는 폐지해야 한다. 이는 사전규제는 기준을 정한 뒤 사후벌칙으로 바꾸는 방식으로 운용한다. 또한, 사례별로 제시하는 허용적 행위열거방식(positive system) 또는 규제항목 열거방식(negative system)과 같은 규제시스템을 활용한다.

그 밖에도 적극적 규제방식과 소극적 규제방식을 적용하는 경우가 있다. 적극 규제방식은 규제내용이 열거된 것만 제한적으로 허용하는(일반적 전면금지, 예외적 허용) 방식이다. 소극규제는 규제 내용이 금지한 것 외에 모두 허용하는(일반적 허용, 예외적 금지) 방식으로 운용된다.[25]

K-컬처가 드라마, 게임을 넘어서 팝, 영화에서 글로벌 위상이 높아지면서 이제 글로벌 문화국가 위상 정책을 중시해야 한다. 문화다양성을 주요 정책대상으로 삼고, 문화적 부가가치를 활용하는 것이다. 이를 위해 문화홍보와 이미지 제고에 적극 활용하여 국가외교 경영에 안정적으로 확산시키는 것이다.

(1) 문화다양성과 국제 공공문화교류

① 문화다양성 존중

문화다양성은 자국의 고유한 문화적 정체성을 살리고, 문화주권을 보호할 필요에서 논의되기 시작했다. 유네스코 문화다양성 선언(2001), 문화다양성 협약(2005)에서 먼저 구체화되었다. 우리나라는 문화다양성 논의는 스크린쿼터제

---

25 문화체육관광부는 문화산업 투자활성화를 위한 진입요건이나 기업경영과 관련된 규제를 음악산업진흥법, 관광진흥법에서 파악한 바 있다. 그리고 점차 소극규제방식으로 운용하며 규제의 존립과 개선필요성을 주기적으로 검토할 수 있도록 재검토형 일몰규제로 지정하고 있다(문화체육관광부, 2013. 8).

축소 요구(1988)때 시작되어 2000년대 이주민 증가와 다문화정책으로 강조되었다. 다양한 소수자들의 문화적 권리를 보호하고 국적, 인종, 세대, 지역, 종교, 성별로 차별하지 않는다는 취지였다. 그뒤 사회통합을 위해 문화다양성법(2014)을 제정하고, 2015년부터 문화다양성 정책을 사업으로 추진했다.

다문화정책에서 중점을 두는 분야는 각 집단과 사회의 고유한 문화가 다양한 방식으로 표현되도록 하는 것이다. 구체적으로는 특유한 정신적·물질적·지적·감성적 특성을 총체로 예술, 생활 속에 포용하는 것이다. 물론 여기에는 가치체계, 전통, 신념까지 포함한다.

글로벌 사회에서는 인간의 기본적 권리로부터 문화다양성 개념으로 확장되었다. 세계 인권선언(1948)」에서 제시한 개인의 존엄과 인격, 경제사회나 문화적 권리를가 포함했다. 세계화로 다양한 인종과 문화가 공존하면 출현한 사회적 갈등을 해결하기 위해 타 문화에 대한 이해와 존중을 강조하는 문화다양성26으로 자리잡고 있다.

② 문화예술 교류

문화교류는 자기 나라의 독특한 문화예술에 바탕을 두고 문화 프로그램을 교환하면서 결국은 문화다양성 증진 또는 글로벌 문화외교로 나아간다.27 이러한 문화교류는 다문화주의와는 달리 문화의 다양화를 바탕으로 문화발전을 이루기 위한 국가문화발전 전략인 셈이다.28 또한 문화교류는 다른 외교나

---

26 구체적으로 문화다양성 정책영역은 '정체성' 영역과 '문화적 표현의 독특성 영역'을 포괄 한다. 문화다양성은 문화가 집단, 사회에서 다양한 방식으로 표현되는 것이다. 수단과 방법에 관계 없이 인류문화유산이 표현, 전달되는데 사용되는 방법의 다양성을 말한다. 나아가 창작, 생산, 유통, 향유방식의 다양성도 포함한다. 특히, 문화적 표현의 다양성은 개인이나 집단 또는 사회적 창의성으로 표현된 것이 문화정체성을 표현하는 상징적 의미, 예술적 영역과 문화적 가치를 지니는 것을 말한다(문화다양성의 보호와 증진에 관한 법률, 2014).

27 문화다양성을 존중하는 전략에으로 다원적 문화주의(multiculturalism) 또는 문화의 다원주의(cultural pluralism)를 바탕으로 여러 나라의 문화를 존중하고 자국 내에 다양한 문화가 공존하도록 추진한다. 주요 국가들이 전략으로 채택하는 자국문화의 해외전파(프랑스), 문화의 국제교류와 협력(일본) 등도 이에 포함된다. 아울러 정체성을 유지하기 위한 전략은 인터넷·위성방송 등 신기술의 무차별적 유입으로 글로벌화가 가속되어 문화환경 관리전략을 강화해야 할 것이다. 주요 선진국들도 콘텐츠 경계 파괴를 걱정하며 21세기 문화정책에서 국가의 문화정체성 유지를 국가과제로 천명하고 있다. 캐나다는 이를 실천하려고 지속 노력하고 있다.

28 다문화주의란 한 사회에 여러 문화 공존을 옳다고 보는 입장이다. 다양한 민족, 인종(이민, 난민, 외국인노동자 포함)의 다민족 국가 증가, 사람·정보의 빈번한 이동으로 다문화 정책을 중

교류보다는 간접적인 방법으로 이뤄지며 장기적으로 효과가 나타나는 특성을
지닌다.

　　문화교류는 전에는 인적교류가 중심이 되었는데[29] 다른 나라에 대한 이해
와 통찰력을 갖고, 자기 나라 이미지를 좋게 하거나 새롭게 창조하여 대외정
책 수립에 활용했다. 주로 여론형성에 영향력 있는 집단들, 대학교수, 예술가,
교육 관련자, 저널리스트, 무역단체, 예술가들에게 많은 기회가 돌아갔다. 특
히 국제문화교류를 추진하는 경험과 기획력을 가지고 추진하는 전문 추진기관
은 독립성을 견지하고 개발협력기관들 과의 우호적 관계를 유지하며, 다양한
스테이크홀더들과의 관계 개선, 인력 전문화, 복합기능과의 조화로운 추진과
같은 전략적인 접근으로 일하는 것이 바람직하다(桶田眞理子, 2009).

　　전시교류는 대관전시, 기획전 참여 형태로 많이 이뤄지는데 대개 자기부
담으로 추진된다.[30] 그동안 계획적인 국제 전시교류가 빈약했고, 국제시장의
수준에 맞추기 어려웠으며 실속 있게 전개하지 못했다. 또한, 정말 필요한 네
트워킹을 구축하지 못했으며, 홍보자료도 국제 수준에 미흡했고, 기획력이 전
문적이지 못했다는 평가를 듣는다. 실적 위주의 전시에서 탈피해 전문적이고
현지의 문화적 특성을 잘 파악해 품격 있는 교류전으로 추진해야 한다. 글로
벌교류 전시는 문화, 사회를 아우르는 종합적인 형태로 이뤄지고 있다.

　　공연교류는 자국 예술콘텐츠(art contents)[31]를 행사나 이벤트 형식으로 보

시하게 되었다. 다문화주의는 다인종사회 보호위한 공적 원조, 평등사회와 국민통합 관점에서
추진해야 한다. 캐나다는 두 개의 언어와 다문화정책을 도입하여, 다문화주의법(1988)을 제정
하였다. 우리나라는 아직 다문화사회가 아니며 다인종 사회로 진행되는 초기단계라고 볼 수
있다.

29　주로 학자(교수, 학자, 연구자, 교사), 여론주도층(정부, 매스미디어, 과학, 교육 분야), 전문가,
　　예술(음악, 드라마, 무용), 해외봉사 비영리단체를 대상으로 한다. 또한 예술가와 단체의 교류,
　　미술관과 박물관 교류, 예술분야 학생 교환, 예술작품 공연과 전람회, 도서전시회, 강연 등을
　　포함한다.

30　이 방식은 주목을 못 받고 성과도 그리 높지 않다. 대관 전시 교류에서는 자기부담과 입장료
　　수입으로 비용이 충당된다. 그러나 기획전은 초청자 부담이라 비용이 적게들고 주목을 받아
　　성과도 크다. 이러한 기획전은 글로벌 수준으로 준비하며, 순회전시로 연계되어 지속적으로
　　효과를 거둘 수 있는 방법이다.

31　예술콘텐츠란 예술분야의 대본, 음악작품, 악보 등이라고 싱가폴에서는 규정을 하는 데, 특히
　　자국 특징을 나타내는 예술작품을 말하며 문화산업과는 다르게 본다. 싱가폴은 이를 육성하기
　　위해 예술위원회에서 예술창조프로젝트, 예술발전계획, 예술콘텐츠산업진흥, 발표기회제고 측
　　면에서 다양하게 정책화하였다.

여주며 자국문화를 내보낸다. 이로서 자연스럽게 자국 문화접근성 제고, 예술 콘텐츠의 산업화, 작품발표의 장 마련, 정체성 제고, 브랜드 만들기와 같은 예술 유동성을 높일 수 있다(伊志嶺絵里子, 2010). 이는 비용과 시간이 많이 들지만 효과는 크다. 좋은 시설과 적정 경비부담 속에서 해당국이 주도적으로 기획하여 교류하는 추세이다. 이점을 감안해 공연교류를 위한 공동제작 지원, 신용도 제고, MICE산업과 병행하는 기회를 늘려야 한다. 우리 예술의 위상을 알리며 브랜드가치의 제고, 네트워킹 기회, 한국정서를 알리는 기회를 자주 가져야 한다. 또한, 해외의 기획자·예술가를 초청하여 우리 문화예술의 해외진출도 적극 나서야 한다.32

그런데 이러한 전시나 공연처럼 목적이 뚜렷한 개별 사업만으로 큰 성과를 거두기란 쉽지 않다. 성공에 영향을 미치는 간접적이고 기본적인 사업을 보다 지속적으로 추진해야 한다.33

(2) 문화국가 지향 홍보

나라의 국력이 커짐에 따라 우리나라의 문화적 이미지는 국제화 추진에서 매우 중요한 요소다. 문화국가 이미지는 시간이 지나면서 자연스레 형성되기보다는 정책으로 추진해야 비로소 달성되는 것이다.34

문화국가 홍보와 교류강화는 구분해서 추진한다. 단순한 교류강화에 그치지 않고 보다 집중적·의도적이며 적극적인 방향성을 가진 홍보전략으로 추진해야 한다. 목적을 보다 구체화(문화국가역량, 예술기업이미지, 국가청렴이미지, 문화관광)하고 추진을 위한 목적별 전략, 담당주체와 역할구분, 재원동원 전략을

---

32 계기성 행사를 활용하고, 워크숍으로 우리 문화예술을 체계적으로 인식시킬 기회를 갖는다. 다만, 국제전 참가 때는 적극적으로 출품하고, 작가를 파견해야 한다. 해외공연을 주최할 때는 우리의 무대예술을 외국에 소개하기 위해 공연단을 파견하고, 국내외 관계 기관과 공동 주최하는 방식도 효과적이다.

33 마케팅 전용 한국예술 정보 포털을 마련하고, 장르별로 수준높은 작품을 내보내고, 해외의 평가를 겸손하게 받아들여야 한다. 아울러 기획인력과 국제교류 전문 매니저를 파견해야 한다. 국제교류 네트워킹을 활성화하기 위해서 글로벌 마케팅으로 행사를 활용하고 분야별로 특화된 국제 아트마켓을 개최해야 한다.

34 이의 실현을 위해 종합지원하고, 관련 기관이 전략적으로 추진해야 한다. 국익에 도움되는 좋은 이미지를 장려하고 나쁜 이미지는 개선하며, 홍보내용을 잘 선정해야 한다. 문화예술을 주로 활용하고, 계획관리적인 전략으로 접근하는 것이 중요하다.

마련해야 한다.[35]

이러한 일들을 사업으로 추진하는 데 필요한 재원은 공공예산과 민간의 재원동원에서 찾아야 한다.[36] 이에 대하여 우리 경제규모에 걸맞게 민간역량을 충분히 활용해야 한다. 민간이 문화예술을 앞세워 진출하는 것이 장기적으로 유리하므로 국가이미지 개선에 기여한 기업에 인센티브를 줘야 한다.

이러한 활동을 체계적으로 추진하기 위해서 중장기계획이나 추진위원회를 두는 것은 전혀 이상하지 않다.[37] 이와 관련하여 추진해야 할 주요 정책분야는 국제적 행사의 추진, 개발, 국내 조직체계화(기업, 지방정부, 민간기관, 여론 주도층의 형성), 해외 거점망의 구축, 연계 활용, 기업의 국제문화사업 추진 유도 등이다.

또한 이러한 활동을 효율적으로 추진하기 위해서는 국가차원에서 종합적으로 홍보를 해야 한다. 범국가적 홍보를 위해 해외홍보 부처간의 조정과 독자적 사업추진, 이미지정보 수집과 이미지 조사, 민간부문 국가홍보사업의 조정과 연계성 유지에 힘써야 한다. 나아가, 이미지를 정기적으로 조사하고, 해외홍보 전문인력 양성, 해외교포의 해외홍보 인력화 유도를 추진해야 한다.[38]

일반적인 국가홍보의 목적은 국제친선에 기여하는 것이다. 문화예술에 관련된 다양한 문화를 소개한다. 문화예술인을 단기적으로 파견하는데, 특히 학

---

35 홍콩은 'Overseas Public Relations Group'이 정부·민간의 가교역할을 담당했다. 대만은 문화적 측면, 국가이미지 제고, 상품, 기술적 측면의 접근을 위한 'Image Enhancement Plan'을 수립하고 경제발전과 상품품질을 내세우고 있다. 일본은 국제교류기금, 해외광보협회, 경제정보센터·경단련이 담당한다.

36 홍보재정에 대해 일본은 민간부문으로부터의 기부금을 면세한다. 대만은 수출업자의 수출입품 가격의 일정 범위 내에서 무역촉진비를 받는다. 홍콩은 TDC(Trade Develpoment Council)에서 수출입물품에 대한 종가세수입을 받아 상품과 국가의 이미지 관리 비용으로 활용한다.

37 체계적으로 관리할 위원회를 두고 국가이미지관리 중장기계획을 마련해야 한다. 프랑스는 오래전부터 수상을 의장으로 홍보심사위원회를 설립(1991), 국가 이미지 일류화를 추진했다. 우리나라도 국가 세일즈 홍보, 교과서 오류시정, 한국학연구 지원, 인사, 문화교류 등을 추진한 바가 있다. 여기서는 국가이미지 관리 종합평가, 광범위한 여을 수렴, 이미지 관리 프로그램, 국민가치, 시각적 이미지 형성 요소, 전략프로그램을 개발, 정보관리를 추진해야 한다.

38 프랑스는 관광객 분석으로 문화관광 이미지를 높이기 위해 문화산업 관광객들을 유치하고 전시회, 품평회, 세미나, 회의, 자매결연을 유도한다. 그런데 '비싼 나라'라는 이미지, 서비스 질이 낮고 호의적이지 못한 접대, 영어능력 부족으로 오만하다는 평을 듣는다. 기업과 상품도 경쟁력, 상품의 완성도, 상업정신, 국제적 파급 면에서 주요 경쟁국들에 비해 이미지가 낮다. 현대 프랑스가 인정받지 못하는 것은 낡은 이미지를 방치하고 있기 때문이라고 자평한다.

자, 예술가를 파견하여 강연·지도 등으로 우리의 전통·현대미술과 무대예술을 소개한다. 또한, 국제전시에 적극 참가하고 해외의 국제전시회에 작품출품과 작가를 파견한다. 해외공연을 중심으로 민간 스스로는 공연하기 어려운 개도국에 기획, 제작, 파견하는 주최사업과 공연단체의 해외공연을 지원한다.

웹 3.0시대에 걸맞은 새로운 홍보 개념이나 홍보역할을 위해서 홍보역할 뿐만 아니라 다른 국가의 공공 업무, 쟁점관리의 개념을 도입하여 정보 창출의 역할도 포함해야 한다.[39] 이를 위해 문화교류 관련 예산의 부족을 감안하여 이의 보충을 위한 재원을 다원화해야 한다.[40]

4. 고품격 문화서비스

(1) 플랫폼기반 문화서비스

과도기 사회가 휩쓸고 지나가면서 각종 사회문화서비스 우선순위가 뒤바뀌고 시스템도 불안해졌다. 4차산업혁명 기술변화로 사회활동이 확산되는 한편, 코로나19 팬데믹으로 급격히 위축되었고, 회복해서 안정을 찾아야 하는데 경제위기로 또 다른 불안이 위협하고 있다.

이제는 전환기 인식의 뉴패러다임을 세워야 한다. 지속발전가능한 문화생태계로 나아가도록 문화가치를 재해석하고 전략을 개발해야 한다. 기술-자연-인간의 관계는 서로 유기적으로 얽혀있는 전체론적(holistic)관계를 갖는다. 4차산업혁명 기술은 인간의 실용적 목적을 우선하고, 전염병 회오리바람은 자연

---

39 쟁점관리라고 하는 것은 쟁점들을 확인, 분석하여 프로그램 전략을 선택하고 커뮤니케이션 프로그램을 집행 평가하는 활동이다. 쟁점관리의 개념을 우리 문화 해외홍보에 해 글로벌 사회문화적 쟁점들을 확인·분석하고 그들이 한국 경제 사회에 미치는 영향력을 예측한다. 그리고 정부가 사전에 준비하여 변화의 충격을 최소화하는 사전반응적(proactive)전략을 수립해야 한다.

40 한국국제교류재단, 한국문화예술위원회, KOICA 예산을 적극 활용해야 한다. 아울러 민간기업이 메세나운동을 적극 전개하도록 참여를 유도한다. 이를 위해 참여 제약요인을 제거하고 공로가 큰 기업에 인센티브를 줘야 한다. 아울러 K-컬쳐 활동이 많은 기업, 단체, 개인에게 포상 격려하는 것도 좋은 방법이다.

과 인간 사이의 원초적인 유기성을 무시하면서 사회문화를 뒤흔들었다. 그러나 이제 우리 사회문화는 결국 인과 처방으로 공존, 협력, 조화로 누적된 위기를 극복할 수 있을 것이라는 인식을 갖게 되었다. 지속발전 가능한 패러다임으로 바꿔 공공문화서비스의 품격을 높여야 할 때이다.

이런 점에서 예술의 고유가치와 사회적 역할에 진정한 변화와 진화가 생기는가를 재검토해야 한다. 또한, 문화예술은 새롭게 무엇을 표현하는가, 사회에 무엇을 호소할 수 있을까, 비대면 활동을 어느 정도로 이어갈 수 있을까에 주목해야 한다.

문화서비스는 장기적으로 플랫폼 기반의 서비스로 전환되어야 한다. 문화소비자 행태에 맞게 서비스를 구조적으로 바꾸고, 디지털기술 활용과 같은 새 기회를 적극 활용해야 한다. 당연히 문화 역할강화를 위해 정책을 확충하고 디지털 문화인프라를 확대해야 한다. 이제는 위기관리 방식의 지원을 벗어나, 본원적 문화예술 가치를 회복하는 새로운 창출에 지원을 늘려야 한다.

문화와 타 부문 간에 새로운 기회를 구축하는 데 나서야 한다. 디지털화 확산에 맞게 사회문화활동과 문화예술교육의 전략적 보완을 늘려야 한다. 에듀테인먼트, ED-Tech, 대화형 학습, 콘텐츠 공동제작, 평생학습을 전략적으로 확충하는 것이 바람직하다.

기술과 사회문화가 공진화되도록 새로운 연구 분야를 도출해야 한다. 예를 들면, 문화예술과 건강, 사회문화적 결속, 예술기반 기술과 방법을 적용한 자율주행자동차, 인간과 인공지능의 공진화 실험, 공공-사적 공간 감시 개념 재정립에서 드론의 역할 변화 등이다.

우선적으로 고도화해야 할 것으로 문화예술과 건강의 관계는 문화복지 부분에서 새로운 관점으로 접근해야 한다. 활동적인 노화, 개선된 건강, 사회적 고립퇴치, 건강한 습관, 공중보건의 혁신이 사회문화적으로 품격있게 이뤄져야 한다.

웹 3.0사회에 걸맞는 디지털기술과 도구를 활용하여 사회문화적 상호작용 서비스를 주도하도록 대규모 콘텐츠 제작, 개방형 플랫폼, 미디어 배포사업, 소셜네트워크, 콘텐츠 커뮤니티에 주력해야 한다.

각 분야 역량을 활성화하여 상호보완성을 높이도록 문화와 타 정책 간 상호보완해야 하는데 우선 교육, 건강관리, 사회서비스와 접목해야 확산효과가 커질 것이다.

인체 내부와 외부 자연환경 사이의 네트워크를 기반으로 질병을 치료하는 의학모형으로서 '사회문화의학' 개념에 해당하는 힐빙(힐링＋웰빙) 예술활동을 확산시켜야 한다. 사회문화 전체 시스템의 조화와 균형 기본개념에서 시작하는 새로운 출발 선상에서는 시스템을 깨트린 인간생활 공간을 변화시킨 도시화＋사회적 균형을 깬 급격한 도시화와 산업화를 제자리에 돌려놓는 공공서비스도 고도화해야 한다.

(2) 문화서비스 표준화

① 논리와 실제

문화시설과 사업을 표준화하거나 문화산업을 표준화하는 것은 간혹 규격화로 오해받을 수 있다. 그러나 표준화는 어디까지나 소비자 편의를 위해 서비스를 원활히 하기 위해 접근하는 전략이다.

문화시설의 표준화는 규격화하는 것이 아니라 시설을 보다 정확히 지정함으로써 사업주관자를 명확히 하고, 각 활동을 일관성 있게 하도록 범주화하려는 것이다. 이 표준화가 제대로 된다면 같은 성격의 문화단체끼리 또는 규모가 다른 단체들끼리도 협동적 창조활동을 펼치기 쉬워진다. 또한 문화시설들을 서로 연계시키고, 지역끼리 협력을 늘려가며, 대형시설이 소형시설에 대해 많은 지원을 할 수 있다.[41]

문화서비스 표준화는 다른 문화활동보다는 문화콘텐츠산업에서 적용하면 유용하다.[42] 다만 창의성이 생명인 문화소재 산업에서 이를 가로 막을 요소가

---

41 표준화는 관료적 발상과는 거리가 멀기 때문에 많은 창의적인 사업추진을 이끌어 낼 수 있다. 뿐만 아니라 서로 비슷한 사업은 동일한 계획안으로 수행하여 같은 시설들이 균형을 맞출 수도 있다. 아울러 어떤 측면에서는 지역 간 불평등을 해소하는 데에도 기여할 것이다.

42 문화콘텐츠산업 표준화는 다원사회의 새로운 수요에 부응하는 정책이다. 예를 들어, 생활문화 중심의 문화민주주의를 실현하고, 커뮤니티사회의 새로운 룰을 만들어 다양한 문화적 수요에 부응할 수 있다. 또한, 문화 서비스의 표준화가 문화소비와 생산의 공진화를 이루어 문화소비와 생산이 함께 발전하는 계기가 된다. 또한 문화상품 생산자는 표준화를 바탕으로 생산효과가 크고, 생산의 경제성을 높인다. 이는 나아가 '문화의 산업화'와 '산업의 문화화'를 촉진시키고, 생산품의 서비스를 고도화하는 이점이 있다.

있을 것이다. 그래도 이런 표준화가 간혹 경직화로 연결될 우려가 있고, 문화예술 창작 공동체의 창의력을 약화 또는 경직화시킬 수 있다. 경직화된 공동체에서는 권력관계가 형성되어 창조력을 발휘하기 어렵다. 그러나 다른 한편으로는 오히려 창조성 발휘 토양을 조성할 수도 있다고 본다. 문화상품이 경쟁력을 갖기 위해서는 높은 부가가치를 창출해야 하는데, 이를 통해 상품 개발력을 키울 수 있고 결국 창조성 있는 생산자를 발굴할 수 있기 때문이다. 이로써 유통과정의 규범화, 산지(産地) 자체의 규범화를 이루기도 하므로 이러한 과정이 결국 문화 관련 산업의 창조성을 반드시 저해하는 것만은 아니다. 이러한 문화산업의 표준화는 문화산업에 관련된 정부 부처간 업무 협조로 이루어져야 효율적이다.[43]

② 표준화 전략

가능한 범위 내에서 문화산업을 표준화할 경우 어떠한 이점이 생길 것인가? 그에 따라서 적용 전략을 다양하게 개발할 수 있을 것이다.

먼저, 적용시의 이점을 생각해야 한다. 가능한 부분을 표준화한다면 우선 국제 표준규격에 맞춰지므로 글로벌 마케팅이 쉬워질 것이다. 전통예술 공연의 표준화가 국제화를 앞당긴 사례로 일본의 가부키를 들 수 있다. 이러한 맥락에서 표준화로 문화의 대중화를 넓힐 수 있다. 이러한 표준화에 따라 문화예술을 서비스한다면 문화소비자들이 문화예술에 쉽게 접근할 수 있을 것이다.

문화콘텐츠산업은 창작품 복제가 쉬워 저작권을 침해당하기 쉽다. 그러나 표준화하면 저작권 관리가 쉬워 저작권, 저작인접권 등을 보호하여 창작자의 창작의욕을 고취시키는 데 기여한다. 표준화가 창의성을 해칠지 모른다고 보지만 오히려 문화의 가치와 특징을 높일 수 있다. 이는 표준화의 성격상 문화산업 시장화에 대한 예측 가능성을 높여주기 때문이다. 또한 문화산업에서 관련 프로그램 간의 호환성을 높이고 매뉴얼화가 가능해서 복제와는 다른 측면에서 발전 계기를 마련할 통로가 보일 것이다.

표준화는 객관적이고 권위 있게 제정되어야 하므로, 표준화 정책을 운영

---

43 이는 문화예술 육성과 보호를 담당하는 문화부가 표준화도 추진해야 한다. 규제, 지원분야는 산업적 성격을 부각시키고 문화산업 관련 기술개발 표준화와 관련해서 타 부처 각각의 업무 영역과 관련하여 협의하여 추진해야 한다.

하기 위해 파급영향을 충분히 검토해야 하고,[44] 관련 법 근거를 마련해야 한다. 이는 규제적 성격이 개입될 수 있어 신중히 접근하는 데 필요하다. 이때 문화 관련 각종 진흥법과 마찰이 없도록 하고, 부처간 문화협동 차원에서 중장기적으로 추진해야 한다. 여기에서 표준화 추진 환경 변화, 주요 국가의 동향을 파악하여 목표모델을 도출하고, 중장기 계획을 수립해야 한다.

관련 사항이 가장 많은 문화콘텐츠산업 분야에서는 먼저 게임, 영상, 모바일 같은 디지털 문화콘텐츠산업에서 필수적인 사용자 인터페이스 디자인을 표준화해야 한다. 또한 아날로그 산업에서 디지털산업으로 급속히 전환되고 있는 사진 분야에서도 표준화를 추진해야 한다. EduMart 교육용 콘텐츠 유통 플랫폼의 실험과 개발에도 우선 적용할 수 있다. 아울러 모바일콘텐츠의 제작·유통·서비스 등에 관한 표준화 기술을 적용할 수 있을 것이다. 넓은 의미의 문화상품인 캐릭터 관련 장난감, 문구, 공예품의 안전성, 우수상품 인증에도 이 표준화를 적용해야 한다.

오락여가산업 분야에서 유원시설 안전 표준, 게임장 시설 표준관리로 소비자의 불편을 없애야 한다. 무대장치, 조명에서 관객의 편리를 위한 기본사항에 대한 표준화도 시급하다. 전통복식의 표준화, 전통문화 보존과 활용을 위해 모두 엄격한 표준화가 필요하다.[45]

그 밖에 저작권 등록을 표준화하여 누구나 쉽게 등록하고 보호받도록 해야 한다. 저작물에 대한 이용인증제를 통해 자유이용, 장애자 이용, 교육용 이용 등으로 구분하여 내실 있게 운용해야 한다. 문화정보 분야에서는 문화정보의 광범위한 생산·유통·활용을 감안하여 지식정보, 문화상품, 문화시설, 문화행사, 문화인력에 대한 정보관리를 표준화해야 한다.[46] 미디어 정보(문자, 화상,

---

44 표준화심의위원회를 구성하고 운영하며, 문화서비스의 원활화, 문화상품 생산의 효율을 위해 표준화 사항을 결정한다. 주로 표준화에 연구, 심의, 표준화 적합성을 평가한다. 또한 표준화 계획 수립, 표준안 개발, 심의, 공동 적용, 국제표준화에 공동 대응한다.

45 전통유산 관리 보존(미술품이나 문화재 방재관리)을 위해 엄격하게 표준화를 해야 한다. 전통 공예품 제조는 마크표시제도를 도입 원형보존되도록 표준화한다. 전통음식도 최대한 표준화·규격화하고 전통공예품 재질이나 규격의 표준화도 중시한다. 문화유산 지정품 표준화로 유사품과 차별화해야 한다. 역사 인물들의 영정도 표준화해서 혼란스럽지 않게 해야 한다. 고문서도 표준화해서 기록물의 역사성과 가치를 높여야 한다.

46 외국인 대상의 어학 학습교재도 언어정책과 문화정체성 차원에서 일정 사항을 표준화해야 한다. 도시공간의 장식품이나 거리예술은 장애물로 전락하지 않게 도로표지, 재질, 설치 기준을

동영상, 음성, 문서, 특수데이터 포맷), 정책(정책, 제도, 공통표준)도 표준적 관리를 통해 정보가치를 높여야 한다. 데이터베이스 관리, 프로그램 언어, 데이터 모델링은 물론 정보시스템(정보시스템 기술, language, modeling 등)에 대한 표준화도 이미 연구대상으로 자리잡고 있다.

표준화해야 한다. 옥외 광고물 간판 설치 면적, 간판표시 요소(문자, 그림표지, 색채, 형태, 재료 조명 등)도 표준화해야 한다.

Chapter 12

문화협동과 거버넌스

1. 문화가치 확산과 문화울력

(1) 역할분담과 협력

문화정책은 누가 이끌고 어떻게 역할을 분담하는가. '모두를 위한 모두의 문화예술'은 네트워크 자본시대의 문화정책에서 중요한 전략으로 자리잡고 있다. 오늘날 공공과 민간 시민네트워크는 촘촘히 연계되어 있다. 모두가 참여하는 '전체참여시대'에 문화정책은 이를 활용하여 '문화울력'에 의한 문화협동과 커뮤니티 의식을 바탕으로 하고 있다(이흥재, 2012). 문화가치의 확산에 따라 문화정책에서 문화협창(文化協創, 거버넌스)[1] 필요성이 커지면서 문화정책 추진 주체도 다양해지고 있다. 또한 협동과 참여라고 하는 네트워크사회의 특징을 살려서 창조적 참여활동과 더불어 공동체 문화활동도 늘어나는 데 이는 바람직한 현상이다(Katja Lindqvist, 2007).

그 방식이나 참여 정도는 사회 환경과 역사, 전략적 고려사항, 자원의 분

---

[1] 문화협창(文化協創)이란 말은 '문화협동적인 창조활동'의 거버넌스 활동의 뜻과 전략을 나타내는 우리 말로 필자가 만들어 쓰는 것이다.

할, 환경조건에 따라 나라마다 다르다. 그러나 기본적으로는 정부주도형과 시
장주도형으로 나누고, 시장주도형은 다시 시장자율주도형과 시민단체주도형으
로 나눌 수 있다.[2]

① 정부주도와 시장주도

정부주도형에서는 정부가 문화정책에 개입·조정하는 것을 중요시한다.
정부가 주도하더라도 대규모의 시장 개입을 통해 정부가 재정적 책임을 다하
는 한편 예술의 공공성을 특히 강조하는 방식(독일, 프랑스의 경우)이 있다.[3]

시장이 주도하는 형태 중에서 특히 시장자율주도형은 시장경제에서 시장자
체의 자율성 원리를 중요시하는 것이다. 이는 영국이나 미국에서 주로 채택하는
방식이다. 무엇보다도 전통적으로 자유시장 경제 원리를 존중하고, 문화정책에
대한 불간섭 원칙을 핵심으로 하며, 심지어 연방차원의 문화정책은 없다고까지
말한다.[4] 특히 시장자율주도형 문화정책에서는 민간부문의 문화재정 조달 역할
을 중시한다.[5] 미국에서는 대부분의 예술단체가 비영리조직 형태로 운영되며, 재
원은 기부와 정부지원으로 구성된다. 또한 미국은 문화활동에 대하여 세금제도
에 따른 간접혜택 방식으로 지원하고 있다. 이는 자치(grass-roots democracy)를

---

2 정부주도형으로 운영하는 나라로 우리나라, 독일, 프랑스를 들 수 있고 시장자율주도형은 영
  국, 미국을 꼽을 수 있다. 시민단체주도형에는 일본, 스웨덴이 해당된다. 그런데 철저한 정부
  주도로 운영하면 경직화되고 민간주도만으로는 문화인프라 확보가 곤란하다는 단점이 있다.
3 유럽의 이러한 체제는 왕이나 귀족이 후원해 오던 역사를 근대 이후에 국가가 이어받아 계속
  하는 것이다. 예를 들어, 루브르미술관은 그동안 왕의 재산이었던 예술작품을 시민의 것으로
  간주하면서부터 그 건설이 시작되었다.
4 미국 연방정부는 사실상 NEA보다 더 많은 문화정책을 펼친다. 문화사업들은 NEH, CPB/PBS,
  국립미술관, 스미소니언협회같은 문화기관뿐만 아니라 총부처, 해외공보처, 재무부, 노동부, 교
  육부에서도 찾을 수 있다. 문화사업의 항목이 명확하지 않아서 연방정부에 문화정책이 없는
  것은 아니다. 이런 분산 문화정책 때문에 예술단체는 주로 예술기관에만 초점을 맞추고 정책
  을 무시하는 경향이 있으며, 기관들간 정책연계나 사회적 영향력 증가 정책도 쉽지않다. 또한
  문화정책 수립, 프로그램 발전, 실용성 보장, 정책평가, 정보수집도 어렵다. 예술계와 정책당국
  사이에는 근본적인 가정과 전망이 빗나가 둘 사이의 조정과 적응에도 어려움이 많다.
5 시장주의의 본 모습인 미국 문화정책은 우수성, 보존성, 접근성, 혁신성, 다원주의, 다양성, 참
  여가치 달성에 주된 목적을 둔다. 이를 위해 시장의 자율원리와 간섭 없는 지원을 내세우며,
  민간의 재정조달 역할을 중시한다. NEA는 단지 재정을 부담하거나 적자를 메워주는 기관은 아
  니다. 선택적 후원과 다각적 지원으로 시장원리 때문에 빛을 보지 못한 분야의 활동을 지원·
  보상·후원하여 활성화시키는 데 중점을 둔다. 이러한 미국의 문화정책 체제는 시장세력의 영
  향을 받으면서도 나름대로 심각한 재정문제를 안고 있다. 그러나 예술가·경영자·후원자의 창
  의성을 개발하는 데 놀라울 정도로 기여한다는 장점도 있다.

기초로 국가를 만들어 왔던 사회와 역사를 반영한 결과이다.[6]

　　시민단체주도형 문화정책 추진은 후원의 전통과 시민운동을 결합하여 진행되고 있다. 이런 방식은 유럽 국가들과는 달리 운영되며 스웨덴이나 일본에서 주로 이뤄지고 있다.[7] 이러한 특징을 갖는 형태를 크게 정부주도와 시장주도로 나누어서 목적, 예산과 통제, 대중참여의 관점에서 특징을 간추려 비교하면 다음 〈표 12-1〉과 같다.

표 12-1 ｜ 정부주도형과 시장주도형 문화정책 비교

	정부주도형 문화정책	시장주도형 문화정책
목 적	- 문화예술의 제도적 균형에 초점 - 공인된 문화경향, 예술의 보편화	- 경제성장과 지속적 구조 변화에 집중 - 문화예술단체간 경쟁력 강화
	- 자생적인 문화활동, 예술혁신에 둔감 - 사회적으로 공인된 예술만 강조	- 대중의 창의력 고갈 우려 - 개별 예술인 창의적 의견 저해 우려
예산과 통제	- 국가에 의한 체계적인 정책수립, 집행 - 중앙정부나 공공기관이 예산지원	- 혼합문화경제나 상업적 후원의 지원 - 예술경영이 중요 정책용어
	- 정책의 유동성 저하 - 국가재정에 따른 문화예산 변화	- 효율성 개념 집착 - 무관심 분야 후원 모색 어려움
대중의 참여	- 문화애호가, 후원자만이 참여	- 대중의 수요와 공급이 정책에 큰 영향
	- 일반대중의 다양하고 지엽적인 문화욕구 를 충족하기에 부족	- 대중의 욕구 과대평가

② 분권적 참여

　　문화정책이 활발하지 못했을 때는 문화정책의 방향이 불명확하고, 이념에 바탕을 둔 정책수단도 적절히 마련되지 못했었다. 그러나 고도경제성장을 경

6　그럼에도 불구하고 미국 주요 도시에서는 문화활동 개발을 위한 활동 조사결과 문화기관에 지원, 예술가에게 기금, 보조금, 문화활동과 이벤트 홍보, 광고, 방문자와 관광객에게 정보제공, 문화활동, 이벤트조직, 문화시설 운영, 예술교육프로그램, 기술적 지원과 직업훈련 프로그램, 예술가 작업공간 개발, 민속전통예술 연구, 예술가주거시설 개발을 폭넓게 지원한다(Carl Grodach, Anastasia Loukaitou-sideris, 2007).

7　일본은 근세까지 촌락공동체의 생활문화예술이 폭넓게 있으며, 이러한 문화예술을 공동재화로 지탱해 왔다. 근대국가에서는 시민적 전통이 단절된 형태로 서양형식의 미술과 음악을 받아들이는 문화정책을 펼쳤다. 이러한 문화정책의 성립으로 시민합의 없이는 정책으로 이뤄질 수 없다는 특징을 갖게 되었다.

험하면서 민간의 역량이 커지고, 문화예술의 사회적 의미 확산에 따라 문화에 대한 민간보조나 기업지원이 늘었다. 이로써 일방적인 문화행정에서 공공과 민간 사이의 역할보완을 포함한 종합적인 관점의 문화정책으로 전환이 요청되고 있다. 이처럼 문화정책에서는 예술지원이라는 관점이나 단순행정 영역을 넘어서, 사회·경제와의 관계를 제대로 보아야 한다. 또한, 보다 높은 차원의 문화정책을 형성하여, 정책 본연의 위상을 명확히 하고, 고유의 정책영역으로 확립해 나갈 필요가 있다. 이것이야말로 '개발'과 '지속가능'의 접합으로 문화 순환을 만들어 가는 중요 전략이므로 상호보완적으로 상관관계를 마케팅할 수 있어야 한다(Deborah Stevenson et al., 2010).

그렇다면 문화정책은 어떤 방식으로 분권화해 가는가? 기본적으로 제한된 예산을 효율적으로 배분하기 위해서 문화 관련 정책과정에 다원 주체들이 참여하고 책임 있게 집행한다.[8] 다양화를 이루고 해당 부처와 지방자치단체의 특성을 반영하여 정책과제를 분산 처리하는 방식도 활용된다. 그러나 정부의 조직슬림화 정책에 맞춰 부처간 중복을 최소화하고 업무의 연계성을 강화하는 데도 유의해야 한다. 특히 첨단기술에 문화를 접목시키는 첨단문화산업, 문화콘텐츠의 다양한 활용이라는 측면에서는 최근에 부처간 업무영역 중복으로 인한 할거주의(sectionalism) 성향으로 민간부문에서 애를 먹는 경우가 있어 조정이 필요하다.

또한 추진주체의 수준에 따라 다르게 접근하여, 국가수준에서는 분권화, 지역단위 수준에서는 종합화를 추진한다. 문화부는 문화예술진흥과 보급, 문화재 보존과 활용, 저작권 보호 같은 기본적인 정책대상을 총괄해서 다룬다. 물론 문화개념은 여러 뜻을 갖지만 사회환경 변화로 고유영역에 교육, 경제, 정보 관련 정책을 융합하고 중시한다. 이에 따라 지역에서는 자치단체, 관광, 경제부서, 단체, 준공공기관이나 위원회가 다양하게 참여하여 문화활동 개발,

---

8 정책이란 집행을 전제로 만들기때문에 정책협동과정을 거쳐야 쉽게 수용된다. 문화정책은 특별히 '공익'선택뿐만 아니라, 정책형성·집행·평가에 이르기까지 정책 주체 협동으로 추진한다. 이는 정책영역 안에서는 물론 사회 내 여러 관계에서도 행정과 주민사이 역할 변화를 가져온다. 거버넌스를 '다원적 주체에 의한 사회 통치 질서형성, 기능의 발휘'라고 한다면, 지역사회나 시민사회에서 수평적인 통치능력이 먼저 발휘되어야 된다. 결국, 정책형성(과제조사, 과제설정, 정책구축), 정책결정(정책비교, 정책선택), 정책집행(계획책정, 집행관리), 정책평가(성과평가, 수정, 과제 재설정)단계마다 다양한 관련 주체들이 폭넓게 참여하는 것이다.

수익창출, 지역재생, 대중적 확산, 기업참여와 활성화에 상대적으로 더 관심을 갖는다(Carl Grodach, Anastasia Loukaitou-sideris, 2007).

또 최근 각종 정책에 문화가치를 융합하면서 분권적 참여가 많아지고 있다. 특히 각종 경제사회 관련 부처들이 문화와 접목된 문화관련 정책을 실제로 만들고 있다. 결과적으로 문화 관련 정책은 국가수준에서 각 주체에 분산화·종합화·경합을 초래하고 있으나, 앞에서 살펴본 문화정책 이념 우선순위와 역할에 맞춰 해결해야 할 것이다.[9]

③ 네트워크와 뉴거버넌스

그동안 추진해오던 '거버먼트형(중앙정부주도형) 문화정책'은 정부정책을 독점하는 것은 아니지만 사실상 정부중심으로 추진해 왔다. 그러나 오늘날 정책 네트워크는 시민활동, 단체, 기업, 자치단체, 국가, 국제기구, 정당에 다원적으로 중첩되어 있다. 그 결과 현실적으로 다양한 주체들이 이미 공공정책 형성에 참여하는 주체로 활동하고 있다. 예전 같은 수직형 정부통치모델인 거버먼트형 사고는 이미 효율성이 떨어지므로 문화울력, 네트워크 거버넌스형으로 점점 바뀌어가고 있다.

결국 문화정책 성격에 따라서 정부, 시민, 단체, 기업, 정당 관계는 규제·통제·관리형 방법이 아니고, 보완·지원·조정형 방법으로 진행된다. 이런 점에서 문화정책에서 거버넌스 개념과 파트너십, 문화울력, 문화협동은 사실상 거의 같은 개념으로 본다. 이에 따라 최종 성과, 이미지에 대한 결정은 최고 책임자의 전략적 결정에 따르게 되고, 이것이 바로 문화리더십이다(David Cray, Loretta Inournelis, 2011).

그런데 정책 네트워크 구조화가 급진전되는 상황에서 문화정책은 창초적인 성격을 갖고, 수요와 공급이 사회적으로 널리 연결되므로 성격상 뉴거버넌스 접근이 타당하다. 오늘날 뉴거버넌스 발달에 이르면서 가장 핵심적인 가치로 소중하게 생각하는 것은 신뢰와 협동, 참여와 네트워크, 조정과 연결이다.

---

9 일반적으로 국가단위에서는 기초적인 보존·계승·조사연구·교육에 중점을 두는 것이 바람직하다. 또한 지자체는 지역 현장의 개인이나 단체의 유지에 힘쓰는 것이 바람직하다. 아울러 민간은 직접적인 창조활동에 대해 원조하고, 직접 기획하거나 직접적인 사업에 지원하는 것이 바람직하다.

이는 사회에서 소중히 여기는 가치라는 점에서 사회적 자본(social capital)의 핵심을 이룬다. 이런 특징에 알맞는 거버넌스적 접근이 그저 흘러지나가는 정책사조에 불과하지 않고 바로 지금 문화정책에 소중한 새로운 방식으로 존중받아야 한다(久木元拓, 2009).

뉴거버넌스 접근을 이루는 이러한 관점을 특히 시장과 시민사회를 중심으로 보면서 협력거버넌스(co-governance)라고 부르기도 한다. 이는 거버넌스의 핵심철학에 바탕을 두고 공사(또는 민관)협력을 강조한다. 이 같은 협력 바탕의 네트워크를 바탕으로 문화거버넌스의 성공적 실현을 보장할 수 있다.

거버넌스가 물론 중요하지만, 정부의 역할상 거버넌스를 보장하기 어려운 환경을 비판하면서 정부의 활성자 역할(facilitator)을 새롭게 강조해야 한다. 이는 특히 콘텐츠 정책에서 콘텐츠산업 조정 실패, 규모경제의 불확실성, 네트워크, 신산업육성에 논리적 근거를 두고 있다(이흥재, 2011). 무엇보다 참여 속에서 공진화할 수 있다는 기대에 알맞은 공진화 조건을 먼저 수립해 추진해야 지속발전 거버넌스가 이뤄진다.

(2) 문화공유정부 리더십

문화활동에 관련된 유사 업무를 추진하는 부처들의 기능은 다음 〈표 12-2〉와 같다.

문화정책에서 문화부문 영역이 각 부처에 분산된 채 확대되고 국가예산 구조상의 동원 한계 때문에 '문화공유정부'인식과 문화 관련 리더십 발휘가 새롭게 중시되고 있다. 이런 맥락에서 문화정책 부서는 '국정의 문화화'를 새롭게 이뤄야 한다. 이를 위해 정부 내 관련부처와 기관, 문화기관 내 다양한 부서간의 재원들을 통합 운용하는 방안을 고려해야 한다. 다시 말하면, 문화부처는 주어진 고유역할뿐만 아니라 문화적 리더십을 발휘하는 것이 중요하다.

문화정책 리더십을 발휘하기 위해서는 동태적인 문화행정을 펼치고 전례답습적인 획일 행정에서 벗어나야 한다. 그동안 중앙 문화부처 문화정책은 문화시설 정비와 문화행사에 중점을 두었다. 특정 정책목적의 설정, 목표 실현을 위한 자원(예산·인력)의 합리적 배분과 효율적인 운용, 사후평가라는 일련의 행정과정에 다름 아니다.

표 12-2 | 문화행정 분야와 활동

분 야	주요활동
국제교류	문화의 국제교류, 우리 문화의 세계화, 문화산업의 국제관계, 과학기술 관련 대외관계
교 육	문화예술 기초·전문교육, 사회교육, 도서관, 예술교육, 사회학습, 청소년 문화교육
행 정	지역문화, 지방자치단체에 대한 각종 보조금
정보통신	정보기술 혁신, 첨단문화산업, 방송통신 관련, 문화콘텐츠산업
고용노동	예술가의 사회적 지위, 문화예술 전문직업교육, 문화예술인력 수급
전통산업	문화산업, 전통공예품 산업, 문화서비스 표준화, 관광산업, 공예품, 문화유산의 상품화, 디자인
농림수산	농어촌지역 문화시설, 문화행사, 창조농촌
보건복지	문화복지, 소외계층 대상 문화지원, 밝고 맑은 사회 실현
도시·지역	지역 문화시설 등 하드웨어, 문화도시 발전, 문화재 발굴

복잡하고 동태적인 문화정책 리더십을 발휘하기 위해서 문화행정 부처는 다른 부처에 비해서 뚜렷하고 강렬한 목표의식을 가져야 한다. 물론 일상업무를 반복하다보면 미래지향적인 고찰과 문화정책에 대한 전반적인 시각이 부족해진다. 문화부 산하조직의 경우조차 이런 관점에서 따로 떨어진 다른 존재처럼 보이는 경우도 있다.[10]

기본적으로 문화부처 고유의 문화정책이나 문화행정은 지방정부·시장·민간단체 사이에 서로 각자의 권한을 존중하며, 국가 전체의 문화환경을 만들어 가도록 문화영향평가에 충실해야 하는 것이 정책기조에 부합한다.[11]

---

10 문화부와 산하조직은 공공문화활동을 선도한다. 그러나 최근 문화부는 지원일변도에서 벗어나 장려와 평가, 조정의 기능 쪽에 초점을 맞춘다. 또한, 실질적인 역할을 동반하는 지자체와 협동·협의를 한다. 한편 관련 기능이나 인력을 유입하여 직원과 재원이 확충됨에 따라 산하 부서들의 독립적인 규모도 커진다. 또한 산하기관·단체의 독립성과 고유역할을 통합하여 동반자 관계를 만들려고 노력한다.

11 프랑스 문화부 장관이었던 앙드레 말로는 예술과 지식, 문화행정과 교육행정을 조심스럽게 구분하여 문화부의 권한 영역을 회화, 조각, 건축 같은 미술 분야에 국한시켰다. 그는 문화정책 현대화, 새로운 분야에 대한 개방과 접목, 새로운 활력증진에 기여했고 당시에는 정책이 좁게 설정된데 대해 편협하다고 느끼지 않았었다. 그러나 뒤에 문화부장관으로 일한 자크 랑은 문화정책의 폭이 좁다고 말했다. 비교해 보면, 앙드레 말로는 단지 예술과 창조의 형태를 띤 아

문화정책과 행정의 동태적 리더십

이 같은 환경변화, 새로운 수요 부응, 리더십을 발휘하기 위해 우선 핵심 추진 주체인 문화부는 모든 부처의 문화관련 총괄부서로서 그에 걸맞게 구조적으로 개혁해야 한다. 또한 모든 행정 속에 문화적 마인드가 깃들도록 몇 가지를 생각해 볼 수 있다.

우선, 정부정책 부서들이 문화적인 감각에 민감해지도록 유도하고, 모든 공공서비스 분야에서 일관성 있는 문화영향평가와 실천집행계획을 수립해야 한다. 또한, 기획·조정·관리에서 문화의 고유가치 확산에 충실해야 한다. 그리고 문화부가 후원하거나 직접 운영하는 활동에 대해 미래지향적으로 새로운 문화예술 정보와 기술을 부여한다.

중앙정부 문화담당 공무원들은 문화행정가로서 문화정책, 예산, 관련 단체의 행정을 기획·조정하는 책임을 진다. 이를 통하여 정책활동에 도움이 되도록 집행과 감독권한을 위임받는다.[12] 그 다음, 지역문화 행정가로서 지역단위 문화업무를 결정하고 수행하며, 이의 실행을 위하여 다양한 공공·민간단체와 조정을 한다. 특히, 지역사회에서 문화예술 활동력을 높이며, 지역 개발에 활용하도록 자극하는 역할을 한다.[13]

문화정책 전담부서는 장려·평가·조정을 바탕으로 종합적으로 역할을 수행한다. 이를 위해 지자체와 조직적으로 협의를 하며, 진정한 서비스를 실시하고 문화기구와의 관계를 이끌어가는 조직관리 관점에서 일해야 한다.[14]

마추어적 문화생활에 관련된 부문에서만 극히 간접적으로 역할을 수행할 뿐 과학 기술 관련 문화의 확산에 조차도 관심을 갖지 않았다.

12 이때 이들은 누구를 위한 봉사자인가가 중요한데, 이들은 일차적으로 국가에 대한 봉사자인 것은 사실이다. 그런데 예술행정가 가운데 자신이 오직 국가에만 봉사한다고 생각하는 사람이 많은데 주된 임무가 예술인이나 대중보다 국가에만 있다고 믿는 것은 위험하다.

13 넓게 보면, 문화행정가에는 국공립 단체·비영리 문화단체, 기관(박물관, 극단, 도서관, 문화의 집, 문화센터)을 운영하는 행정담당자를 포함한다. 이는 독립 기관의 운영, 예산, 감독, 인사관리의 중요 행정업무를 책임지는 행정요원이다. 시설 관리행정가는 건물의 유지관리와 활용, 활동무대 공개에 열중한다. 이때 국민은 물론 예술가나 대중에 관계없이 건물을 세우거나 프로그램을 채우기만 하면 성공적이라고 간주하는 경우도 있어 위험하다.

14 NEA는 문화행정 역할과 촉매자, 문화행정 기준을 설정하는 역할을 한다. 또한 선정된 단체나 예술인의 우수성과 가치를 국가적으로 인정하고, 국민에게 예술에 대한 접근성을 부여한다. 아울러 문화부문 대표자 회의를 열고, 전통 문화유산 인식과 보존 지원, 민간 기금을 창출하는 재정촉매자 역할을 한다. 또한, 미국 내 국가상징의 활동지원을 위한 전국적 기준이나 유

(3) 문화거버넌스 실천

문화정책은 다양성·창조성이 생명이므로 수직적 통치구조만으로는 더욱 어렵다. 그 결과 다원사회의 문화정책 해결 방법으로 적합한 수평형의 협동적 창조(협창)모형인 거버넌스형으로 이행되고 있다. 거버넌스형 협동적 창조모형에 있어서는 보완·지원·조정형의 정책수단이 바람직하다. 이에 따라 파트너십이 더욱 새롭게 중시되고 있다.[15]

문화예술 조직의 공공 거버넌스가 가져오는 효과는 문화정책사업의 전략적 행동과 자원 협력에 도움이 된다. 또한 재정배분은 물론 관련 자원의 생산과 관리, 관련 주체들 사이의 커뮤니케이션을 자연스럽고도 효율적으로 운용할 수 있다. 그러나 문화예술 거버넌스가 만능은 아니며 운영상의 불안정성도 무시할 수 없다. 예를 들면 '간섭 없는 책임지원 원칙'의 준수 여부, 예술에 대한 기계적인 시각, 계약 방식으로 일하는 것에 대한 두려움, 예술조직 운영의 수준 달성 여부 등이 한계이다(Katja Lindqvist, 2007).

① 사회자원 연계협력

거버넌스적 문화정책 접근에서 가장 중요한 키워드는 재원 확보, 사회적 자원의 활용, 연계협력, 파트너십, 참여 강조 등이다.

이는 무엇보다 재원확보의 거버넌스를 위하여 민간이나 비영리단체의 활동을 적극적으로 활용하고, 재원과 인력을 효율적으로 연계 개발하자는 것을

인체계의 확립, 예술부문 평생학습 체제 마련, 국가 예술에 영향을 미치는 이슈에 리더십을 갖는다. 또한 예술단체의 조직력과 재정력을 강화한다. 단체들이 효율적이고 안정적으로 활동하게 예술서비스 능력을 강화한다. 이와 관련 시장적응성과 융통성을 높이도록 예술조직들이 상업부문과 접촉을 늘리고 기업가적 벤처를 운영한다. NEA는 예술조직의 능력을 발견하고, 성공적 모형을 찾고, 조직 건전성 전략을 개발하는 사업들에 투자하게 한다. 예를 들어, 보조금을 지급하여 예술조직들이 시장적응을 도와주고, 사업계획과 마케팅 보조금을 지원해 수입을 늘릴 수 있도록 한다.

15 지역에는 커뮤니티 의식이 강하고, 주민의 참가를 촉구하고, 공공과 민간이 상호 신뢰하는 토양이 깔려있다. 그 같은 정신적·문화적인 토양에 바탕을 두고 미국에서는 시빅 파운데이션의 육성과 리더가 되는 인재 발굴·육성을 소중히 한다. 다양한 부분의 공공 관여와 파트너십 이념을 기본으로 한 행정의 사회화, 행정의 문화화를 이룬다. 따라서 문화행정 중심의 문화정책을 종합 조정하면서 파트너십을 도모하는 것이 앞으로 지역 문화정책의 목표이자 과제이다. 지역문화 창조와 시민문화의 진흥, 다양한 공공관여는 이제 파트너십 관점에서 바로잡아야 한다. 문화정책의 본연의 자세와 파트너십 등에서 새로운 방법을 개발해야 한다.

뜻한다. 예를 들면, 기업참여를 위해 세제금융면의 우대조치를 개발하여 뒷받
침한다.16

연계협력은 주로 관계 부처, 지방자치단체, 민간이 연계하는 것을 말한다.
그 밖에도 국가나 사회의 폭넓은 분야에서 공감대를 형성하며, 정책 주체 간
의 역할을 명확히 분담하여 종합적인 연계협력 체제를 확립한다.17

정부로부터 재정을 지원받는 다양한 문화단체들은 활동만큼이나 법적 성
격이나 문화사업에 대한 기여도가 천차만별이다. 그 결과 배분 상에 문제가
발생하기 일쑤이다. 따라서 배분상의 형평을 기하고, 지원에 대한 불만을 직
접 처리하며, 투명하게 관리하기 위해 늘 고심한다. 이런 점에서 재정배분을
직접 관리하는 공공기관이 문화단체들을 직접 책임지고 지휘·감독하거나, 국
가의 참여하에 모든 차원의 공공 단체들 간의 협력기구를 만들어 운영하는 거
버넌스 전략을 펼치고 있다.18

인구구조 변화와 문화소비트렌드 변화에 따른 문화협동에서 대학의 청년,
전문가들의 참여가 중요해진다. 대학의 문화적 역할과 미래 방향은 무엇보다

---

16 재원확보 거버넌스는 재정내역, 재원분포, 지출금액, 투자 대상의 관점에서 볼 수 있다. 예를
들어 NEA는 보조금을 지급하면서 연방정부와 보조금 수혜자간에 파트너십을 형성케 한다. 대
부분 보조금은 1대 1매칭펀드 성격을 띤다. 민간부문과 파트너십을 이루는데, 이 밖에도 예술
가 또는 예술단체, 주정부나 지방정부 예술기관, 지역사회와 국민, NEA와 다른 연방 기관 사
이에서도 형성된다. NEA의 연간지출액은 주정부의 예술사업을 총지출 금액의 30%쯤 되는데
파트너십으로 활동하면서 국가와 주 전지역 예술수요에 효과적으로 대응할 수 있다. 또 NEA
승인에 따라 주정부 예술기관들은 예술교육활동에 투자하고, 지역사회에서 경제개발과 문화관
광을 강화한다.
17 미국에서 주정부 예술기관과의 파트너십은 1965년 창설 때부터 추진해온 전략이다. 그간 지방
정부 예술기관과도 직접적인 공식 관계를 맺어 왔다. 자신의 목표증진과 예술조직에 더 많은
재정기회를 제공하기 위해 연방기관과 협력을 확대하고, 기업이나 상업예술 부문과 상호 유익
한 파트너십을 개발하면서 NEA는 국가예술기관 역할을 극대화한다.
18 프랑스 문화재정 거버넌스는 전통적으로 국가주도의 중앙 집권적 문화정책을 추진해 왔다. 그
러나 지방분권화를 위한 개혁이 단행된(1982) 이후 지방자치제로 행정시스템은 변했다. 문화
예술 활동도 점차 국가통제에서 벗어나 독립적으로 이뤄진다. 이 점에서 공공 문화정책의 단
계적 협력을 토대로 각 지방정부는 재원을 공동 부담하기 위해 노력한다. 미국 NEA는 재정협
력으로 문화예술 활동과 리더십을 펼친다. 보조금은 비영리단체나 개인 예술가에 지급되는데
보조금을 지급받으려 제출한 신청서는 예술적 우수성, 예술적 가치, 사업의 잠재적 영향, 사업
수행 능력 등에 따라 선정한다. 일본은 공공과 민간의 중간형태를 지키며 각각의 장점을 받아
들여 문화거버넌스 발전을 모색해 왔다. 국가, 지자체와 민간기업, 민간재단, 자원봉사단체와
역할분담을 명확히 해서 상호협력하거나 경쟁한다. 문화행정에서 문화거버넌스로 뚜렷이 바뀌
고 있다.

도 창의적, 창조적 구현, 열린 리더십, 혁신적 사고에서 찾을 수 있다. 대학은 교육설계, 멀티미디어 제작, 데이터 분석과 같은 필요한 학습 관련 기술이 뛰어난 곳이다. 전문가 학자들은 자신의 프로그램이 미래에 적합하게 적용된다는 인식으로 동기부여를 하며 활동에 나선다.

교육학습 기술의 재창조와 연계성 강화로 디지털 연결, 온라인 학습으로 세계 젊은이들의 기회 확대가 가능하다. 교육기술면에서도 구식 커리큘럼이 아닌 현대기술교육, 소프트 스킬, 취약한 커뮤니티 해소, 디지털 연결, 학습에서 뛰어난 점을 활용하게 된다.

② 재정협력

문화거버넌스에서 실천적인 효과를 가장 크게 거둘 수 있는 것은 재원확보거버넌스이다. 재정협력 가운데서 우선 중앙과 지방의 업무·시설운영 효율화를 위한 재정협력이 필요하다. 문화재정은 지역 사이에 공평해야 하며, 해당 분야나 활동에 따라 탄력적이어야 하고, 시간이나 투자대상이 전체적인 효율성을 견지해야 한다. 또한, 보조금을 받는 자치단체는 의무를 준수하고 협력의 목적과 취지에 맞춰 집행해야 한다. 이러한 보조는 한번 결정된 뒤에는 가급적 계속성을 유지해야 한다. 이러한 재정 특성에 충실하게 문화재정을 동원 배분하기 위한 거버넌스전략에 따라 중앙부처, 문화단체, 지방자치단체가 파트너십을 가지고 협력해야 한다.

또한 문화사업을 지속적으로 추진하기 위해 협력해야 한다. 문화사업은 장기적으로 투자해야 하며 더구나 그 효과는 비가시적이다. 특히 단연도 예산원칙을 적용하는 회계처리 때문에 보조금을 받아 사업을 하는 단체들은 어려움을 겪는다. 더구나 문화주체들은 나름대로 분야별 관례가 있고, 그에 걸맞는 시간이 필요하기 때문에 일괄해서 단년도 원칙을 적용하기에는 무리가 따른다. 특히, 투자회임 기간이 길 뿐만 아니라, 적어도 장기적인 기간을 필요로 하는 문화활동 고유의 성격을 감안해야 한다. 문화예술 프로젝트의 계획·실천·결과에 있어서 예산집행의 기초단위인 1년이라는 시간보다는 훨씬 긴 주기를 갖고 있다. 물론 그렇다고 해서 정부지원을 받는 조직들이 습관적으로 '백지수표'를 요구하는 것은 곤란하므로 재정협력으로 문화예술사업의 지속성을 확보해야 한다. 아울러 문화정책은 일반 재무행정의 문서주의(red-tape)를 벗어나도록 재정거버넌스가 필요하다.[19]

③ 중앙-지방 간 역할 협동

지방시대가 정착되면서 중앙정부 입장에서는 문화정책의 집중을 해소하고, 분권화를 추진하며, 중앙-지방 관계를 조정하는 새 과제가 생겼다. 한편, 지방정부는 문화를 통한 지역 활성화, 문화기반시설 확충, 주민 문화향유기회 부여 등을 위해 중앙으로부터 더 많은 정책지원이 필요해졌다. 이를 위해 중앙정부와 지방자치단체 사이에 빈번하게 접촉하며 정책을 집행하고 있다. 이렇듯 자치단체는 한편으로 자치성을 제고하려 노력하며, 다른 한편으로 중앙에 크게 의존하는 양면성이 확대되고 있다.

먼저, 중앙정부와 재정협력을 하는 데 쓰이는 매칭그랜트의 비율을 다양하게 적용해야 한다. 이는 재정분권화와 조정에 매우 이상적 방법이지만, 비율을 단순하게 적용하면 재정력이 낮은 자치단체에게는 오히려 타격을 준다. 따라서 가능한 범위에서만이라도 계약이나 협약 같은 방법을 도입해서 효율적으로 조율해야 할 것이다.

또한, 이러한 문제를 해결하기 위해 지역문화협의회를 마련하여 정부와 지방자치단체들의 현안 프로젝트를 수시로 검토하여 각각의 애로와 협력사항을 조정해야 한다. 다소 파격적인 방법으로 지역, 범지역적 단체, 정부, 각급 지방자치단체와의 협력을 자연스럽게 이끌고 통합 조절하는 중앙정부의 역할도 소중하다. 프랑스의 지속적인 분권화 노력은 특히 지역문화협의회에서 매우 돋보인다.[20]

---

19 재정지원을 받아 운용하는 지방의 문화단체들은 활동에 어려움이 있다. 우선 필요한 재정을 충분히 확보하기 어렵고, 결정된 뒤 한참지나 지급되므로 계획적 집행이 불안하다. 약속 금액과 실제 지급액의 차이도 종종 발생한다. 또한, 광역단체와 기초단체의 역할분담이 불명확하거나, 문서위주 집행관행이나 지시적 업무행태로 문화정책 의지가 손상을 입는다.

20 프랑스는 정부와 지방자치단체의 관계에 관해 중앙과 지방은 조율, 단순화, 활동지원의 역할 강화 문제를 중시한다. 이를 위해 '지역문화협의회'를 만들어 정부와 지자체간의 협력 기틀로 활용하고 공동투자, 다수투자, 교차투자하고 있다. 한발 더 나아가 재량권의 독점을 금지하기 위해 지방자치단체가 선도적인 역할을 하는 데 지장이 있다. 결국 문화단체를 더 자율적이고 책임있게 운영하기 위해 명확한 기준마련, 문화투자의 지속화, 문화시설의 표준화를 정책적으로 추진한다.

지방자치단체에 대한 중앙정부의 재정투자는 재정지출을 획일적으로 규정하는 데서 오는 폐단을 막고, 지방자치단체의 자율성을 보호하며, 국토관리 차원의 거시적인 균형잡기만으로 역할을 제한해야 할 것이다. 그렇다고 해서 일부 지방자치단체들의 수동적인 문화정책, 문화재정 구조의 보수성, 지역의 재정적 어려움을 중앙정부가 외면해서는 곤란하다. 지방자치단체와 문화행정 부서가 정부 여러 업무와 긴밀하게 협조하고, 정부와 관련 파트너들이 '계약제 정신'으로 일해야 한다.21

2. 문화단체와 시민 참여

(1) 단체역할의 전환

비영리문화단체(NPO)는 창조활동을 하기 위하여 예술가를 중심으로 결성한 단체(art companies)이다.22 예를 들면, 공연단체 오케스트라의 악단, 극단, 무용단, 오페라단, 합창단 등이 있다. 대부분의 창조단체는 비영리단체로 등록된다. 이러한 조직은 예술의 집단적 창조와 표현이라고 하는 조직의 기본 목적을 소용돌이 사회환경 속에서 효율적으로 수행하며 경영한다. 따라서 이들에게는 참여단체, 개인, 관련 기관, 이해당사자 등에 관련한 전략적 결정이 중요하다(David Cray, Loretta Inournelis, 2011).

또한 비영리단체에는 시설이나 사업단체(institution)로서 활동하는 경우가 있다.23 아울러, 문화예술발전을 지원하는 주체들이나 단체(service organization)

---

21 국가·민간·공공부문 파트너가 자율과 계약제 정신을 바탕으로 일하는 것은 혁신적이다. 자율은 중앙문화부처가 문화기구를 효율적으로 운영할 수 없을 때 하는 방식이다. 그러나 공공성을 갖는 문화활동단체들은 법 안에서 독립을 보장받을 수 있어야 한다. 한편, 계약 개념은 정부보조금 배분이 마치 공공기관의 '호의'로 흐르는 것을 막고, 자치단체와 문화단체간 상호계약으로 서비스를 추진해야 하기 때문이다. 이를 뒷받침하기 위해 객관적인 평가 또한 중요하다.

22 미국에서 민간 예술기관은 두 가지로 나뉜다. ① 스스로 연극이나 댄스 공연, 콘서트, 전람회를 개최하는 예술기관(예술단체, 극장, 콘서트 홀, 미술관, 공연진행 조직) ② 이를 지원하고 프로그램을 제공하는 예술서비스 기관(예술단체나 예술가에 프로그램과 서비스, 조성금을 제공하는 기관)으로 나눈다. 물론, 이 두 가지 기능을 병행하는 기관도 많다.

도 같은 역할을 한다.[24] 이들 단체에는 조직을 만들고 목적을 효과적으로 달성하기 위해서 경영개념을 도입해야 한다.

문화예술대학들도 문화활동의 주체로서 중요하다. 이들은 커뮤니티 수요를 기반으로 하는 이니셔티브를 보여주며, 교수들이 정책에 참여하거나 예술경영 자문을 하고 교류나 학습에 대한 지원, 문화산업 관련 참여 등으로 지원한다. 시민과의 교류에서도 예술대학은 작품을 매개로 예술인, 창작공간, 창조지역만들기에 동참하고 있다(本田洋一, 2009).

문화선진국들은 이미 시민사회를 거치면서 이 같은 비영리문화단체나 교육기관이 예술활동의 뼈대를 이뤄 맹렬히 활동해오고 있다. 우리도 문화예술단체가 증가했고 활동도 광범위하고 적극적이다. 특히 지방분권이 뿌리내리면서 지역 문화단체들이 급기야 문화권력을 형성하기에 이르렀다. 이 과정에서 지방정부 또는 유관 단체들 사이에서 순기능 또는 지대추구와 같은 역기능적 관계를 이루고 있는데 이 또한 주목해야 할 점들이다.

① 역할 기대

NPO는 문화예술 발전을 위해 사회적 측면, 문화정책 측면에서 기여한다. 사회적으로는 특정 문화적 수요를 만족시키고 사회적 창의성과 혁신을 키우며,[25] 문화예술 커뮤니티의 일부만을 지지하지 않고, 집합적인 공공재를 제공하고, 문화적 환경과 새로운 필요성을 고려하여 포괄적인 방법으로 일한다.

문화정책 측면에서 보면 문화발전 책임을 서로 나누어 가짐으로써 문화민주주의를 지향하고, 정부에 대해 문화정책을 제언하는 대변인 역할을 한다. 시장에서는 평가되기 어려운 문화적·사회적 가치를 평가해 그들에게 자원배분을 촉진하는 역할을 한다. 또한 혁신에 필요한 사회실험으로 자원배분에 대

---

23 미술관, 극장, 지역문예회관 등이다. 문화예술단체라는 말 대신 시설이라고 바꿔 쓰면 흔히 하드웨어(건물)를 생각하는데, 사실은 문화예술 활동을 추진해 나가기 위한 시스템(인재와 소프트)을 갖춘 '활동거점'을 말한다.

24 문화진흥 주변 단체로서 재단, 정보서비스, 조사연구, 네트워크를 형성하는 민간단체들로, 활동단체나 시설의 연합체인 협회, 민관에 의한 지원재단·진흥재단, 문화행정 담당 정부기관 등을 들 수 있다.

25 NPO천국인 미국에서조차 학교, 병원, 문화단체 NPO 가운데 사회변혁을 주축으로 하는 것은 30%에 불과하다. 사회변혁을 목표로 하더라도 그 조직의 사고방식은 실제로 다양하다.

한 의사결정을 뒷받침하는 시스템 역할을 하며, 정부나 기업의 자원배분도 바꾸어간다.

최근 영국에서 보듯이 예술의 사회성을 강조하면서 사회적 기업(social enterprise)이나 자원봉사단체, NPO의 활동이 강조되고 있다. 이는 또 사람들이 신뢰 속에서 상부상조하면서 사회적 자본을 재구축하는 데 결정적인 역할을 한다고 보고 있다. 그 결과 모든 분야에서 중앙정부로부터 커뮤니티로 권력이동이 이뤄지는 추세이므로 신뢰바탕의 상호 협조관계 구축으로 가교형 사회적 자본을 구축해야 한다고 본다(永島剛, 2011).

이러한 논의를 바탕으로 좀 더 일반적으로 정리하면 비영리단체는 사회문화 활성화, 공공정책 보완, 문화협동, 창작자·소비자의 연결, 문화경제적 기여, 재정기반의 보완에 기여한다고 본다.

(2) 네트워크 경영

문화단체들의 숫자는 날로 늘어나는데도 시장규모는 이에 비례하여 커지지 않아 단체 간 활동 경쟁이 심하다. 문화조직 저변이 성숙된 문화환경에서 기업, 기업의 공급자, 소비자, 공공기관, 단체 등을 포함한 네트워크가 장르마다 마련되어 활동하고 있다(河島伸子, 2008).

이런 환경에서 문화주체는 조직역량 확산을 위해 창작이나 매개단체끼리 협동하면서 네트워크 경영의 이점을 최대한 살려간다. 단체들이 경쟁 속에서 질적 수준을 높이고 본래 취지를 살리면서 동시에 문화협동의 큰 틀 아래서 협력한다. 단체가 영역 내에서 사회적인 활동을 지속적으로 추진하기 위해 일정한 수준의 전문적인 지식과 능력을 갖는 전문인력을 갖추게 된다. 아울러, 조직의 경직화를 막고 목표와 인력을 유연하게 관리·유지해야 한다. 문화단체 활동을 지탱하는 힘은 각각의 조직이 독자적으로 갖고 있는 문화에 대한 이념과 목적이다. 그런데 시간이 지남에 따라 인력의 신진대사가 이루어지지 않고 경직화되는 경우가 적지 않다.

① 단체의 기업적 경영

단체들은 네트워크 경영 전략으로 새로운 기업 역할을 지속적으로 부여해야 한다. 문화단체도 존립의 근거이자 활동의 목표인 단체만의 자랑스러운 '상품'이 있다. 상품으로 제시하는 이 활동목표를 지속적으로 개발·확대해야 한다. 유기체처럼 생존하는 문화단체는 목표관리와 새로운 동기를 지속 부여해야 생동감 있게 발전할 수 있다. 더구나 요즘 같은 문화폭발의 전환기 사회에서는 단체 역할이 변하고 기대도 바뀌면서 시민문화 시대에 알맞는 문화단체의 새로운 역할을 기대한다.

이런 점에서 사회적 기업(social enterprise)과 커뮤니티 비즈니스(community business)활동이 주목을 끈다. 사회적 기업은 사회적 자원을 활용하여 사회문제를 해결하고 자원봉사만이 아닌 비즈니스 기법을 활용한 사업으로 공공영역과 민간영역을 아눌러 활동한다. 커뮤니티 비즈니스는 주민주체의 지역에 밀착된 비즈니스로서, 이익추구만이 아니라 적정규모와 적정이익을 추구하며, 비즈니스와 자원봉사의 중간영역에서 활동한다. 특히 전통공예, 관광, 문화교류, 문화마을만들기를 포함하여 광범위한 사회문제에 걸쳐 활동한다. 이 두 활동에 참여하는 문화 NPO들은 비전을 갖고, 비영리를 추구하며, 자발적 참여로 성과를 거두는 비경제활동이라는 점이 두드러진다(富本真理子, 2009).

또한, 문화사업을 추진하는 데 시민에게 불편을 주는 방식으로 추진되거나, 민간단체에서 하는 것이 보다 효율적이라고 판단되는 일은 민간에 위탁·위양하는 추세이다. 각종 문화축제의 개최, 특별한 장르의 행사 등에서 이러한 방식이 실효성이 높게 나타난다. 이러한 부분에서도 앞으로 민간단체의 역할이 더 많아질 것으로 보인다.

② 단체 자생력 키우기

문화단체들은 사회수요에 맞춰 문화운동·서비스를 넓혀간다. 문화단체 활동의 으뜸 값은 뚜렷한 이념·비전·가치를 지향하며 특화된 문화활동을 전개한다는 점이다. 아울러, 뚜렷한 신념을 가진 사람들이 활동 주체로 나서 그때까지 없던 새로운 문화활동의 사회적 의의를 더해 주는 데 매력이 있다. 이러한 활동을 기획·결정·집행할 때 필요에 따라 후원자나 자원봉사자들이 스스로 나서 협력하게 된다.

문화단체들은 활동 장르나 행동양식은 대개 소비단체 활동, 콘서트 단체

운영, 예술마을 만들기에 힘쓴다. 이를 위해 단체들은 문화활동의 기획, 운영, 예술가(또는 예술단체) 활동의 지원, 혹은 인재나 정보의 교류같은 여러 범주를 가로질러 활동한다.

결국 단체들은 자생력을 키워야 한다. 단체들은 스스로 이데올로기적인 목표의 추구, 내부 비효율성의 극복, 정부와의 원활한 파트너십 구축, 공공·비영리·영리기업과의 경쟁에 대한 적절한 행동방안을 마련해야 한다.[26]

자생력을 키우고[27] 구체적으로 자치와 자립화를 위해 우선 문화재정의 자급화, 기획의 내부화, 자체 전문인력의 양성·활용, 경영의 내실화를 쌓아야 한다. 특히 기획의 자립화·내부화를 이루면 장기적으로 단체의 발전가능성을 담보할 수 있다. 또한, 단체들이 전문화 추세에 부응하지 못하고, 지원해주는 쪽에서 펼쳐놓은 '거미집'에 포획 당하는 꼴이 되지 않도록 스스로 혁신적인 경영관리에 힘써야 한다.[28]

또한, 문화예술계에 대두되는 문제를 올바로 인식하고 '힘 있는 비전'을 갖는 '힘 있는 유기체'로 만들어야 한다. 이를 위해 내외부적인 참여폭을 증대시켜야 한다. 문화단체의 운영에서 '이해와 참가'라는 중요한 목표를 견지해야 한다. 아울러, 단체는 정부와 유기적인 파트너십을 이뤄야 한다. 문화단체의 문화활동에 대한 정부의 지원도 최근에는 중요한 문화정책으로써 중시되고 있다. 따라서 정부와 단체의 '생산적인 파트너십'이 필요하다.

문화단체가 지속적 활동을 보장하고, 대외적 신뢰성을 확보하기 위해서는 재정기반이 탄탄해야 한다. 비영리문화단체에 대한 지원방법은 기부와 보조금

---

26 비영리단체가 실패하는 이유로 L. M. Salamon은 다음을 들고 있다. 첫째, 지원이나 자구노력이 불충분해서 활동이 어려울 때 이상과 목표를 상실하고 소멸 둘째, 특정 집단만을 대상으로 재화와 서비스를 공급하는 경우 셋째, 사회의 수요를 판단 못하고 행동만 앞설 경우 넷째, 논리나 전략이 빈약한 상태에서 아마추어리즘이 휩쓰는 것이다.

27 자생력키우기란 단체의 자립, 자치능력을 넓히고, 자율성이 보장된 상태를 만드는 것이다. 최근 지역 문화단체나 문화 권력이 정부와 매끄럽지 못하 대응하는 경우가 있는데, 이는 잘못하면 정부역할의 역기능을 불러일으킬 수도 있어 단체들이 유의해야 한다.

28 미국은 뉴욕주정부의 문화국, 시 문화부, 개인 예술가 지원을 목적으로 주정부가 설립한 민간재단이 예술활동을 지원한다. 또한 예술가 증명서, 재생품의 예술활용, 예술가 지원제도나 경영전문 기술을 제공한다. 여기서 눈여겨 볼 것은 비영리문화예술단체를 중심으로 한 문화정책의 기본구조와 활력의 창출, 예술활동의 경제적 효과의 재평가에 의한 하드웨어 우선의 예산구조 재검토, 기존의 예술기관·문화시설이 NPO로서 자리매김에 성공한 점들이다.

이 가장 보편적인데, 미국이나 유럽은 개인기부가 많으나, 우리는 보조금과 세제혜택에 크게 의존하고 있다.[29]

또한 단체들은 공공비즈니스(public business) 마케팅에 힘써야 한다. 문화단체의 서비스 대상인 문화소비자, 일반시민이 무엇을 원하는지를 직접적인 의사소통을 바탕으로 파악하고 서비스와 품질을 개발·제공하면서 효율적으로 경영하는 것이다.

③ 정책 네트워크

문화정책에서 흔히 말하는 시민은 국민과는 다르게 쓰인다. 또한 시민이란 자연인으로서의 시민이나 문화향유자로서의 시민에만 국한되지 않는다. 문화예술행사의 전 과정에 관련된 개인, 단체, 조직, 기업 등 총체적인 자원을 시민으로 보는 것이다(Cultural Development in South East Queensland, 1993). 이 점이 '참가형 시민사회'에 걸맞은 시민 개념이다.

이러한 논의는 문화정책에서 시민·전문가·행정이 정책 네트워크(policy network)를 구축하고, 코디네이터 역량을 키워 지역과 연계하면서 보다 더 정책 효율성을 높일 수 있다는 전제에서 강조되고 있다. 이렇게 하려면 지역 내 공공부문과 민간부문, 지역 외 민간부문, 정부 간 관계에서 참여 주체의 구성과 역할, 이해관계, 영향력 분포, 상호작용, 규범 등을 점검해야 한다. 또한, 실질정책으로서 행정, 경제단체, 대학, 시민 등 되도록 광범위한 주체들이 참여하는 네트워크가 바람직하다(井口貢, 2010).

최근에 들어 다양한 모습으로 시민들의 문화활동과 정책 네트워크 참여가 늘고 있다. 문화생비자로서 '행동하는 시민'들이 늘어나 스스로 참여하는 보람을 찾고, 지역의 문화예술 매니저 역할을 하면서 시민접촉, 지역 밀착적 문제해결, 기획참여 등으로 지역문화자원의 활용에 크게 기여한다.

문화시민은 문화정책 활동에 참여하면서 스스로 문화향유를 즐기고, 문화정책문제를 찾으며, 각자의 지식과 경험을 문화자원과 연결시켜 창조적 발전

---

29 기부에 대한 혜택으로 관련 법 근거에 맞춰 세금을 감면 받기도 하고, 심지어 미국에서는 특정 불법행위에 관련된 소송을 면제 받기도 한다. 자선단체에 주는 기부금은 면세혜택을 받는데, 면세된 기부금은 그만큼 세제에 의해 암묵적으로 보조금을 주는 역할을 할 것으로 기대되기 때문이다.

을 지원한다. 이러한 문화시민의 창조활동 의욕과 시민 문화자치 활동을 유지
하는 것이 문화정책의 기본이자 최종목적인 셈이다.

3. 기업참여와 메세나

(1) 사회가치 역할 분담

정보미디어와 통신 융합, 소용돌이 사회환경에 맞춰 기업은 사회현상에
더 밀접하게 연결되는 경영전략을 추진한다. 이 같은 고도화, 네트워크화, 글
로벌가속화를 반영한 경영변화에 발맞춰 기업들은 경영이념 속에서 사회적 책
임(CSR)과 사회적 가치(CSV)를 중시한다.

또한 현대사회는 기업에게 사회전반에 대한 책임을 더 많이 기대한다. 이
에 따라서 '가치의 증식'을 목적으로 운영되는 자본체라던 기업 개념도 이제는
'사회적 가치 증식'목적으로 운영되는 자본체로 바꿔야 한다는 논의가 인정받
고 있다. 한 걸음 더 나아가 기업경영에서 '노동의 인간화'와 '생활의 예술화'
라고 하는 테마를 발전시키도록 노력해야 한다는 인본주의 경영이 시대 감정
으로 떠오른다.

정책 역할의 분담

기업의 사회적 참여 확대나 정책 역할 분담 논리는 몇 가지로 살필 수 있
다. 우선 사회에 대해서 기업은 일종의 시민과 같은 책임을 져야 한다는 것(기
업시민론)이다. 문화예술이 대중화되고 이에 대한 문화정책이 중요해지면서 기
업들도 동참해야 한다는 것이다. 결국 문화의 대중화와 정책 주체의 다양화에
따라 기업활동이 문화예술정책까지 확대된다는 것이다. 기업의 이러한 활동은
사회자본 투자의 하나이고, 환경·교육·사회복지와 같은 분야에 공헌하는 것
도 기업시민론적 입장의 연장에서 이뤄진다.[30]

---

30 기업은 사회공헌 기회를 포착해서 수익의 일부를 사회환원함으로써 이미지를 향상시키고 사
   회의 지지와 신뢰를 얻는다. 대표적으로 인도주의적 기부 또는 자금 배분을 말하는 필랜트로
   피가 있다. 필랜트로피활동은 일찌기 미국기업에서 크게 확대되었다. 일본도 경제인단체연합

이 활동은 또한 기업활동과 문화예술이 함께 발전하는 공진화 계기로 본다. 문화예술정책에 기업이 참여하는 것은 이익실현 여부보다 문화예술을 뒷받침하는 정신의 문제이다. 기업은 수익을 사회에 환원하기 위해 자선사업을 펼치거나 스폰서십으로 기업과 문화의 거리를 좁히는 활동을 하면서 함께 발전한다. 기업은 문화마케팅을 바탕으로 인지도와 이미지를 높이고, 경쟁기업과 차별화한다. 아울러 기업은 문화예술 감성코드를 활용해 마케팅전략을 전개하고 문화가 스며든 상품을 개발하며 종합적으로 활용한다.[31]

끝으로 공공부문의 경직적인 결정과정과 형식합리성을 뛰어넘어 기업만이 갖는 장점을 정책참여로 살릴 수 있다(기업선도론)는 것이다. 기업경영자들은 기업경영 방식에 자신을 얻어 메세나나 예술경영을 뛰어넘어 문화정책에까지 참여하려고 나서는 것이다.

(2) 메세나 활성화

메세나란 기업이 조건 없이 문화예술을 지원하는 활동이다.[32] 기업이 이렇게 하면서 이미지를 개선하고, 투자유치 가능성을 높여줘 기업활동이 용이해진다고 본다. 그리하여 시장에서는 매출을 증대시켜 주고, 브랜드 이미지를 개선하며, 고객을 창출하거나 유지하여 가격 프리미엄을 획득할 수 있다. 그런데, 이 같은 취지나 논리에는 누구나 쉽게 공감하는데 현실 운용에는 적지 않은 어려움이 깔려있다. 더구나 이러한 메세나 활동도 최근에 관점이 많이

회(經団連)가 '1%클럽'(1990년 창립)과 같이 법인 또는 개인이 연간수익 또는 수입의 1%를 사회공헌활동에 지출할 것을 약속하는 모임을 운영한다.

31 문화지원은 단지 금전적 지원만이 아닌 사람·물건·서비스를 포함한 비금전적 협력형태의 활동이 폭넓게 보급된다. 이는 개인의 자유시간 증대, 가치관 다양화와 맞물리면서 현대 기업들에게 널리 퍼지고 있다. 예를 들면, 문화자원봉사 활동시 휴가, 사회공헌 활동, 자기시간 활용을 기업경영 정책의 하나로서 다루고 있다. 나아가 문화교육, 문화복지, 문화지원, 스포츠 등에 기부하거나 각종 기금 설립, 문화이벤트 개최, 직장단위 문화자원봉사 활동을 펼치고 있다.

32 메세나(mecenat)란 고대 로마시대에 시성 웰기리우스를 비호했던 카이우스·기류스·마에케나스(Maecenas: BC 67년–AD8년)라고 하는 실존인물의 이름에서 유래된 말이다. 이처럼 왕후귀족이나 로마교황, 부호들은 메세느(메세나를 실행하는 사람들)로서 중세·근대에 걸쳐서 큰 명성을 남겼다. 19세기부터 카네기 메론, 록펠러 같은 미국 억만장자들이 막대한 자산을 예술활동에 지원해서 주목을 받았다. 시대의 권력자나 갑부들의 메세나로 문화예술 발전 계승에 공헌한 사례가 많았다. 그러나 기업이 예술지원에 나서는 기업메세나는 1960년대 중반 이후에 출현했다.

변했고 활동방식도 바뀌고 있다.

어떠한 모습으로 변하고 있는가? 우선 초창기에는 기업 이익에 결부하여 협찬하는 방식으로 지원했으나, 이제는 협찬과 함께 자주적인 사업 전개를 목표로 활동한다. 이런 활동은 문화시설을 자체 경영하는 것에서부터 문화이벤트를 주최하는 데까지 확대된다. 더구나 이것은 수동적으로 문화를 지원한다기보다 특정 예술을 이끌어간다는 차원에서 추진된다. 역사가 오래된 나라에서는 이러한 메세나 활동이 장르별로 실제 예술발전을 이끌어가는 사례도 적지 않다.[33]

최근에는 기업들이 메세나를 넘어 직접 경영에 나선다. 기업들은 당초의 지원이나 사업 관여 정도를 벗어나 직접 경영하는 것이다. 기업 입장에서 비용이 많이 들더라도 전체적으로 사업을 다양화하고 있다. 더구나 메세나 활동 방법이 발달되어 문화사업을 단순 지원하는 데 그치지 않고 문화사업에 직접 나서는 기업이 늘고 있다.[34]

기업들이 직접 사업을 경영하는 형태는 다양하다. 사회와 문화활동을 직접 연결하거나, 찾아가는 문화활동, 미술 음악분야의 감상지원도 늘리고 있다. 그 밖에도 기업이 마을사람들과 공동작업을 하거나, 공공시설에서 전시·공연 정보를 제공하고 있다.

① 불황기 기업메세나

최근에 들어 글로벌 경제불황은 문화시장이나 예술활동에 그림자를 드리우고 있다. 시장경제에 맡기는 나라들의 예술단체는 경영적자로 허덕이며 교향악단이 파산하거나 감독해고, 단원 급여 삭감, 프로그램 축소로 이어졌다. 정부주도로 정책을 펼치는 유럽도 정부나 자치단체는 물론 기업의 재정보조가

---

33 기업메세나 활동이 오래된 일본에서는 신일본제철이 음악지원활동을 계속하고 '신일본콘서트' 프로그램이 오랜 역사를 지니며 라디오 공개 녹음 방송에서 근현대음악을 일본에 처음 소개해왔다. 또한 백화점전람회는 미쓰비시가 시작(1906)했고, 이세단(伊勢丹)은 이세단미술관, 도부(東武)백화점은 도부미술관을 개설해서 수준 높은 기획전을 연다. 시세이도는 기업문화부를 두고(1990)기업문화를 펼치고, 경영에 도움받으며 장래 기업문화 방향을 설정하고 예술을 지원한다.

34 독일은 전통적으로 공적 보조가 많았고, 문화예술단체 종사자들도 대부분 공무원이며, 공적 보조를 당연시 했다. 따라서 기업이 제공하는 지원은 예술가 사이에도 부정적이었다. 그러나 지금은 정부 보조금이 감소하는 추세라서 이런 인식도 변하고 있다.

줄어 문화정책 운영에 영향을 받는다. 특히 예술단체들의 경영에 파산위기, 고통, 해산위협 등으로 적지 않은 불안 속에서 연명하는 지경에 이르는 경우도 많다.[35]

기업의 후원·협찬·지원을 받는 상황에서 순조롭게 이윤을 남길 때는 '사회공헌, 문화공헌'의 이름으로 기업메세나활동이 당연시되었다. 그러나 경영이 어려워지면서 기업지원이 우선 삭감되어 생색내기로 지원하는 것이 안타깝지만 사실이다. 이렇듯 기업지원이 줄어들자 티켓판매만으로 경영해야 하는 예술단체들은 매년 누적되는 적자를 감내해야 하는 상황이다. 그러나 경제 여건이 개선되면 기업의 사회적 책임에 대한 인식은 당연히 높아지고, 기업의 지원형태는 또 변화되어 다시 활기를 보이기 시작할 것이다. 원론적으로 다시 돌아가서 메세나의 본질을 착실히 다지며 사회공헌을 위하여, 지역사회나 국가예술을 위해 기업들이 나설 것이다.[36]

② 새로운 방향

이처럼 활발한 메세나 활동을 문화정책의 하나로 어떻게 자리매김할 것인가가 중요과제이다. 우선, 지원정책의 수단과 방법을 세련되게 해야 한다. 기업의 메세나 활동은 자발적 사업으로 바뀌는 추세지만 현실적으로는 협찬과 자발적 사업의 중간 수준에서 추진하는 것이 바람직하다. 이 같은 추세를 반영하는 예로는 대표적으로 아웃리치 활동의 증가를 들 수 있다.[37]

또한 메세나 활동을 통해 사람을 키우는 문화인력 정책으로 나아가야 한

---

35 영국 로얄 필 경영위기, 독일 베를린 필 시보조 삭감, 방송국 예산배분 중단으로 방송국들의 합병, 외화손차익으로 당하는 고통이 늘어나고 있다.

36 일본 기업메세나협의회는 이런 관점에서 지역커뮤니티 재생을 위한 새로운 정책 비전인 '뉴콤 팩트(ComPAct)'를 제안했다. 이를 위한 5원칙으로 ① 순환형사회의 재생과 창조, ② 지역문화의 재생과 창조, ③ 시민자치에 의한 사회적 과제의 해결, ④ 섹터 간의 네트워크 강화, ⑤ 지역 간 네트워크의 형성 을 추진하고 있다.

37 아웃리치는 예술과 사회를 연결하는 사업이다. 미술·음악·이벤트를 문화시설 외부의 장소, 또는 사람들이 모이는 장소로 가서 새 감상자를 키운다. 이에 대한 기획과 운영은 기업메세나로서 예술가·문화단체와 함께 만들기도 한다. 또한 공동작업으로 작품을 만들어 공공시설에 전시하는 경우도 있다. 어려운 현대예술을 지역주민과 부담 없이 즐기도록 하는 것이다. 아웃리치는 자금획득에 연결되는 예술경영의 기본 수단이다. 이로서 고객을 개발하고, 나중에는 시장을 바탕으로 수입 증가로 연결된다. 또한 시장과 관계없이 공공·민간으로부터 지원을 받게 된다. 이는 문화예술에 대한 사회적 의미를 증대시키는 공공활동에 대한 보상이다.

다. 예술과 접하면서 기업은 일하는 사람의 창조성을 높이게 된다. 이를 위해
서는 자체적으로 창의력개발 프로그램을 운영할 수 있지만 메세나 활동을 펼
치는 것이 효율적이다. 기업과 지역사회의 관계에서 보면 지역시민의 생활의
질을 향상시키는 데 공헌하고 지역주민의 생활이 향상됨에 따라서 기업은 그
지역에서 우수한 인재를 모집할 수 있다. 결국, 사람들을 활성화시키고 감성
을 높이며, 창조력을 키우는 방향으로 메세나 활동을 추진해야 한다.

아울러 지역수준의 문화활동을 주로 지원하는 지역단위 메세나 활동을
강화하고, 시민메세나 형태의 조직을 만들어 메세나 활동을 새롭게 바꿔야 한
다. 또한 민간의 자발적인 참여로 지역문화협동을 강화하여 민간의 창의성을
살리고, 역량을 문화활동에 활용하여 지역자원의 총활용 시스템을 만들게 된
다. 지역에서 대상으로 삼을 간판급 대기업은 반드시 참여시키며, 건실한 중
소기업체, 지역특성이 있는 수산협동조합이나 농산물협동조합, 은행, 보험회사
등 서비스 업종을 모두 참여시키도록 해야 한다.[38]

---

38 특히 지역수준에 맞는 화랑·미술관·도서관·다목적 공연장 시설을 사업장이나 자사 건물 안
   에 설립하여 지역주민에게 개방하거나 문화시설을 재단설립으로 운영하도록 한다. 자치단체나
   문화단체에 문화활동 물품·활동자금·시설 건립용 토지·기자재 등을 기부하기도 한다. 아울
   러 지역문화진흥 활동을 계속적·안정적으로 추진하는 재단을 설립하여 문화사업을 실시한다.

PART 4

문화정책의 혁신

Chapter 13

문화정책 형성, 집행과 평가

1. 창의적 정책 형성

    문화정책을 형성·집행하는 데 관련된 사항들의 집합을 정책체계(policy system)라고 한다. 정책체계는 좋은 문화정책을 합리적으로 개발하여 성공적으로 집행하는 데 필요한 요소들로 구성된다.[1] 문화정책체계를 제대로 이해하고 만들기 위해서는 먼저 그 구성요소들의 짜임과 역할을 잘 파악하고 배려해야 한다.

    좋은 정책을 만들기 위해 정책체계를 어떻게 엮어야 하는가? 정책은 ㉠ 정책형성 ㉡ 정책집행 ㉢ 정책평가 ㉣ 피드백 과정으로 이루어지는 정책체계를 갖는다. 이러한 과정을 전제로 해서 집행할 수 있도록 완성된 산출물을 정책이라 한다. 정책 산출물에는 그 정책을 만든 이유, 정책의 내용, 정책집행 예상효과, 집행에 필요한 판단을 담게 된다. 정책 만들기의 기본 과정과 산출

---

[1] 지역에서 문화개발이란 문화마을, 문화시설, 문화특산품 산업, 문화관광개발 같은 것을 말한다. 한편, 국가정책에서 문화개발은 문화예술진흥정책, 문화시설 마련, 각 부처나 민간의 문화개발, 국가차원의 국민문화개발을 일컫는다. 문화정책은 이러한 문화개발을 포함하지만, 폭넓은 문화적 과제를 계획적·정책적으로 해결하려는 노력들이므로 문화개발과는 차원이 다른 논의이다.

물은 이 같은 정책체계 안에서 서로 유기적으로 연관되어 있다. 이처럼 정책
산출물이 서로 맥락성(contextuality)을 가져야 당초 뜻한 대로 형성·전개할 수
있는 좋은 정책이 된다. 결국, 문화정책을 합리적·효율적으로 형성·집행하기
위해서는 최종산출물로서의 정책 그 자체뿐만 아니라 그와 관련된 모든 요소
를 총괄하는 정책체계를 잘 구성해야 한다.

  문화정책과정에서 중요한 것은 창의적이어야 한다는 점이다. 따라서 정책
과정에서 창의성을 높이기 위한 방식, 절차, 이를 뒷받침할 교육과 지원이 특
히 중요하다(Robert Weisberg, 2010). 창의적 문화정책개발은 어떠해야 하는가?
먼저 정책의제를 선정하고 이를 실제 정책으로 개발하기 위해서 이슈 문제를
정책문제로 바꿔야 한다. 이때 창의성을 발휘하기 위해 정책이슈를 정책 주체
가 집단적으로 인지하고 받아들이며, 다른 견해를 갖는 집단들과 소통해야 한
다. 그리하여 사회문제를 문화정책문제로 이슈화하고, 또한 자연스럽게 공공
의제(public agenda)의 자리로 올려놓는다. 여기에서 창의적인 정책이 되려면
'이슈기업가적인 행동'을 보여, 단순한 전문가가 아니라 '창의적인 전문가'로서
정책을 형성해야 한다.[2]

  다음에는 정책목표를 설정하는 단계에서 사회적 욕구의 우선순위를 결정
하여 사회적 최적성을 선택한다. 또한 정책목표를 명확히 하고, 문화단체들의
집단의견을 반영하며, 참여와 토론으로 구체화한다. 특성이 강할 뿐만 아니라
비정형적인 성격을 갖는 문화정책은 이런 과정을 반복하면서 비로소 창의적
목표에 도달하게 된다.

  문화정책은 이 같은 과정을 거치면서 단순한 창조성이 아닌 '적응적 창조
성'으로 나가야 한다. 정책대안의 개발과 관철과정에서 창조적 분열이 아닌
'창조적 융합책'을 만들어야 한다. 정책논리는 선형적 논리가 아닌 '통합적 논
리'로 전개해야 하고, 개발된 정책의 성격은 단일 기능적 창조성보다 '다기능
적 창조성'으로 만들어야 한다.

---

  2 정책담당자는 반복 전문성 아닌 창의적 전문성을 가져야 한다. 정책환경이 단순하던 시절에는
    일정한 반복적 경험이 풍부한 숙련가를 높이 평가했다. 그러나 복잡한 정책을 해결하려면 결
    과만 고려하는 숙련가보다 새로운 문제해결 방식을 찾고 모험을 마다하지 않는 전문가가 필요
    하다. 새로운 문제를 발견하고 더 큰 모험을 감수하는 발견적 문제해결자로서의 정책개발자를
    창의적 전문가라고 말한다.

(1) 합리적 정책형성

문화정책은 당연히 이치에 맞게 합리적으로 형성되어야 한다. 합리성이란 주어진 상황에서, 가능한 모든 정보를 활용하여, 최선에 이르고자 하는 노력을 다하는 것을 말한다. 따라서 문화정책은 관련된 자료를 수집하여 정확히 분석하고 판단하는 과학적 자료 분석과정을 거쳐야 한다. 아울러 정책에 영향을 미칠 문화환경을 충분히 파악하고, 다양한 결정방식을 고려하여 정책을 형성하는 것이 바람직하다.

그렇지만 현실적으로 완벽한 합리성을 추구하기는 어렵기 때문에 기존의 문화정책들을 토대로 그보다는 약간씩 나은 정책을 추구하는 방식으로 결정한다. 이를 점증주의적 결정방식(incremental approach)이라고 말한다.

문화정책에 대한 평가를 중시하는 입장에서 정책과정을 보면 각 단계에서마다 평가를 하는 절차적 합리성을 갖추는 것이 바람직하다. 이런 점에서 보면 정책과정은 '정책목표 설정 → 정책대안선택 → 사전평가 → 정책결정 → 정책실시 → 사후평가 → 과제의 재고 → 정책입안의 과정'을 거치게 된다.

이러한 과정에서 특히 문화적 특성이 정책과정에 어떻게 반영되는지 주목해서 평가해야 한다. 예컨대 ㉠ 문화활동에서 고유가치의 재발견 활동 ㉡ 주민문화생활과 문화자원 실태 조사 ㉢ 자원활용에 있어서 환경·예산의 제약조건 파악 ㉣ 필요하고 실현가능한 문화정책목표의 설정 ㉤ 목표실현에 의한 성과달성, 각종 자원의 사전평가 ㉥ 문화향유자나 문화정책의 수요 파악 ㉦ 목표실현을 위한 복수의 대안설계 등이다. 절차적 합리성을 갖추지 않고 성급하게 만든 정책안이 집행과정에서 시비거리가 되거나 문제를 일으키는 경우가 많다.

(2) 시스템 요소 배치

합리적인 정책형성을 위해서 정책목표, 자원, 관련 조직구조, 집행담당자, 형성절차와 같은 시스템 내부요소를 제대로 배치해야 한다. 그렇다면 이때 고려해야 할 점은 무엇인가?

정부, 단체, 기업과 같은 정책 주체들이 무엇을 어떻게 집행할 것인가를 명확하게 정의한 정책목표일수록 좋은 정책이다. 특히, 목표의 내용이 내적 일관성을 지녀야 하고, 정책결정자들, 집행자, 민간부문의 관련 문화단체들의 견해를 종합하여 수렴해야 한다. 특히 대중적인 관심을 불러일으키는 정책의제(public agenda)이거나 사회적인 이슈가 된 것을 정책의제로 끌어들여 채택한 외부 주도적 정책의제(outside initiative agenda)인 경우에는 이 점에 특히 유의해야 한다.

또한 문화정책 형성에 절대적으로 중요한 인적·물적인 자원요소의 동원과 배분을 결정해야 한다. 자원 가운데서도 크게 영향을 미치는 자원의 질적 또는 양적인 관리문제는 중요하다. 인적 자원의 경우 어떠한 자질을 가진 정책담당자인가가 중요하며 물적 자원의 경우는 문화재원의 총량, 소요 재정규모가 중요하다.

그 다음으로는 정책에 관련되는 내외부 조직을 구조화해야 한다. 정책집행기관의 구조적 특성, 정책집행조직과 그를 둘러싼 환경과의 관계는 정책집행의 성공여부에 영향을 미치는 중요한 요인이 된다. 아울러, 정책형성 책임자의 태도가 적극적인가 소극적인가, 법규 중심적인가 창조적 문제해결 중심인가에 따라서도 좋은 정책만들기의 성공 여부가 좌우된다.

(3) 정책형성과 문화기획, 문화전략

문화기획은 특별한 문화정책상의 문제를 해결하기 위하여 구체적인 전략과 대응방안을 마련하는 작업과정을 뜻한다. 그 과정을 거쳐 완성된 기획결과를 계획이라고 부른다. 문화정책의 형성은 이러한 문화기획을 여러 가지 만들어가는 단초를 제공해 준다는 점에서 중요하다.

문화전략은 해당 정책목표를 실현하기 위한 정책수단을 어떻게 구축할 것인가를 말한다. 또한 지원, 육성, 보호, 조성, 규제와 같은 정책수단을 어떻게 조합하여 목표달성도를 높일 것인가를 구상하는 것이다. 그러므로 정책형성과 문화전략은 맥락성을 갖춰야 실효성을 높일 수 있다.

이런 점에서 앞으로 4차산업혁명 기술이 문화에 미칠 영향을 평가해야 한다. 급격한 기술발달이나 도입으로 인간의 문화향유와 표현, 문화유산, 공동체 활동, 문화다양성에 미치는 문제점, 영향의 크기는 어떠할지를 전문가 집단이 평가해야 한다.

이런 문제는 글로벌 대화, 각국 정부 위원회에서 거버넌스 활동, 윤리적 고려, 행동방향과 목록을 작성하는 등 적극적으로 나아가야 한다. 인공지능이 인간 고유의 지능을 개발하여 인간을 확장시킬 때 생기는 윤리문제도 협의해야 한다.

2. 정책집행과 순응

정책집행이란 만들어진 문화정책을 현장에서 직접 효율적으로 시행하는 것을 말한다. 겉보기에는 결정된 정책을 단순히 집행하는 것처럼 보이지만, 정책을 집행하면서 사실상 계속적·구체적으로 새롭게 결정하는 연속 과정이다. 아울러 그 과정에서 정책대상 집단에 실질적으로 영향을 미친다. 결국, 문화정책집행은 이처럼 정책형성과 상호작용을 유지하는 계속적·동태적 과정이다.

정책을 결정한 뒤 집행에 들어가는 과정을 거치는 동안에 자연히 정책집행력을 키운다. 우선, 정책이 결정되고 나면 결정된 내용을 내외부에 공식화해야 한다. 공식화하기 위해서는 법과 시행령을 마련하여 국민과 관계기관에 공표하거나, 정부 공문서로 만들어 배포한다. 그리고 집행을 담당할 책임기관과 사람을 배정한다. 이 때는 기존조직을 이용하기도 하지만 새로운 정책일 경우는 따로 기관을 창설하고 담당자를 충원하며 예산을 배정한다.

정책집행이라고 하는 것은 문화예술의 가치를 실현하는 '정책 가치의 구체화' 과정이다. 목표로 정한 가치는 단지 결정되었다는 것만으로 저절로 달성될 수는 없다. 반드시 동태적인 집행과정을 거쳐야만 가치를 실현할 수 있다. 추진조직의 상위 결정권자로부터 일선기관 담당자에게 정책내용이 전달되면서 목표 가치를 점점 구체화하고 실현한다.

개발한 문화정책을 효율적으로 집행하기 위해서는 관련 기관의 지지를 얻고 국민들이 잘 따라주도록 여건을 조성해야 한다.

문화정책이 결정한 대로 집행자나 일반단체들이 따라주는 순응(順應, compliance)의 경우는 문제가 없으나, 불응(不應, noncompliance)의 경우는 주의해야 한다.[3] 순응을 확보하기 위해 우선 대중매체의 지지를 받아야 한다. 대중 관심이 높은 정책은 그 정책을 형성하고 집행하는 데 힘을 받는다. 중장기적으로 계획하는 정책보다 일시적인 문화정책의 경우는 이러한 대중매체의 지지가 중요하다. 지역 문화사업의 경우 여론의 지지가 더욱 중요하다. 한편, 정책 결정에 영향을 미치는 국회나 지방의회의 지지도 순응확보에 중요하다.

문화정책에 대한 순응이 이뤄지지 않으면 어떤 이유에서든지 그 정책은 실패한 것이나 마찬가지이다. 실패 요인을 점검하기 위해서는 우선 문화정책 구조가 경직적인지를 살펴보아야 한다. 정책 참여 구조가 폐쇄적이어서 의견을 충분히 수렴하지 않을 경우, 정책 시야가 좁아져 형성과 집행 모두에 실패 가능성이 잠재되어 있었다고 보아야 한다.[4]

---

3 문화정책에 대한 불응은 설득이 안 되거나, 결정자의 권위가 없거나, 정책이나 기준이 모호할 때, 기존 가치체계와 대립될 때, 관련 문화단체들의 이익조절이 어려울 때 생긴다. 당초 형성된 정책대로 집행되지 않으면 그 정책은 지연되거나, 의도했던 정책목표가 왜곡 또는 목표변경이 불가피해서 심하면 정책을 폐기한다. 정책불응이 생기면 원인을 파악 대처해야 실패하지 않는다.

4 문화정책 실패 사례로 국립자연사박물관 건립정책을 들 수 있다. 이는 당초 1995년에 건립할 계획이었으나, 부처간 정책논리 차이 때문에 조정이 안 돼 좌절되었다. 자연사박물관은 인류의 문화유물과 동식물 표본을 수집 전시하고 교육하는 기능을 갖는다. 이는 미국 스미스소니언박물관 등 세계적으로 1,100여 개에 이르고 독일은 600개 넘게 갖고 있다. 국가위상이나 인구수를 감안해 보면 우리나라에 170개 정도는 보유해야 하는데 단 하나도 없는 실정이다. 대학들에 자연사박물관이 있지만 이 정도로는 국제기준상 자연사박물관이라 할 수 없는 실정이다.

이 정책은 결정과정부터 실패했다. 기획 연구가 진행(1995~1998)되다가 외환위기로 연구예산마저 끊겼다. 기획예산처는 2000년에 국고지원의 타당성 조사를 KDI에 의뢰한 결과 시설·부지의 과다책정과 운영비 과다계상으로 타당성 도출이 어렵다고 판정받았다. 그러나 박물관 사업은 국가 자연유산 보존과 연구 측면에서 문화사업으로 추진해야 한다고 지적했다. 그 뒤 국립자연사박물관정책은 한 푼의 국고지원도 받지 못한 채 장기과제로 미뤄 오늘에 이르고 있다. 결국 부처 할거주의와 문화정책에 대한 통합적 리더십과 조정능력 부족으로 우리는 경제대국이면서도 자연사박물관 하나 갖지 못한 채 대한文국은커녕 '문화빈국'으로 남아 있는 안타까운 꼴이다.

3. 정책평가

(1) 종류와 과정

문화정책 평가란 정부 문화조직·단체들이 달성해야 할 목표와 나아가야 할 방향을 사전에 지표로 설정하고 그 결과를 확인하는 것이다. 다시 말하면, 목표에 대한 전반적인 달성 정도, 목표를 달성하는 데 관련된 사업들의 상대적 효과성을 평가하는 것이다.

그런데, 평가에서 어떠한 결과를 받을 것인가 또는 평가결과를 어떻게 반영할 것인가에 대하여 집행주체들이 지나치게 관심을 가지면서 평가가 점차 형식화되고 있다. 그럼에도 불구하고 세련된 평가방식으로 평가결과를 산출하고, 이 평가결과가 피드백되어 집행에 영향을 미치므로 평가를 적극 활용하려는 시도는 늘어나고 있다.

문화정책평가는 평가의 시점, 주체, 대상 기간에 따라 몇 가지로 나눠볼 수 있는데, 실제로 문화정책을 평가할 때는 이 방법들을 적절히 섞어서 활용한다. 평가의 방법에는 어떠한 것들이 있는가?

우선 정책과정 중 언제 평가할 것인가에 따라 과정평가와 총괄평가로 나눈다. 과정평가는 형성평가, 중간평가, 진행평가라고도 부른다. 정책집행 중에 나타나는 문제점을 해결하고 집행전략과 방법을 새로 모색하려는 평가이다. 실제로 정책 추진중에 어려움이 있거나 예상될때 어려운 이유를 파악하고, 앞으로 정책추진에 도움될 정보를 얻기 위해 진행중에 평가를 한다.

총괄평가란 정책결과 또는 정책효과평가라고도 한다. 정책이 집행된 뒤에 당초 의도했던 효과를 얼마나 성취했는지 판단하는 것이다. 따라서 엄격히 말하면 정책효과성 평가라고 한다. 일반적으로 문화정책 평가라고 할 경우에는 이 총괄평가를 일컫는다.

또한 평가 담당주체에 따라 내부평가(자체평가)와 외부평가로 나눈다. 내부평가는 사업시행 기관이 스스로 자체평가를 실시하거나, 특수 평가자를 고용해 평가하는 것이다. 이는 기관이 자체적으로 경영개선을 위해 스스로 하는 자발적 평가이다.

외부평가는 외부전문기관이 평가하는 것이다. 사업기관의 선택여지가 없이 강제적인 경우나, 기관의 자발적인 의도로 외부기관에 평가를 의뢰하는 경우도 있다. 외부평가를 할 경우에는 평가단을 구성한다. 외부평가단은 경영평가·자문, 조사·연구 경험있는 전문가 중심으로 구성한다. 이 경우 문화 분야 외에 회계, 조직·인사, 경영전략 분야에 알맞은 전문가를 평가위원으로 위촉한다.

① 평가과정

문화정책은 '정책목표의 설정 → 정책형성 → 정책결정 → 정책집행 → 사후평가 → 목표수정' 같은 정책과정을 거치고 반복하면서 피드백하여 수정 보완한다. 각 단계마다 분석·평가를 하지만 여기서는 정책형성 후의 평가, 정책집행 후의 평가에 대해 분석하는 것을 말한다. 문화정책을 평가할 때도 이러한 과정에 맞춰 몇 단계로 나눌 수 있다.

첫 단계에서는 목표를 명확히 한다. 정책목표가 명확해야 달성 정도를 평가하는 기준이 서게 된다. 이를 위해 정책목표가 근거하는 문화예술적 가치를 찾아내야 한다. 이러한 가치는 공공서비스의 목표, 문화활동의 타당성을 평가하는 데 결정적인 역할을 한다. 목표를 중장단기로 구분해서 결정자가 스스로 구체화하도록 하면 목표를 명확히 하는 데 도움이 된다.

그 다음에는 정책목표 달성 여부 기준을 정한다. 우선은 통계적으로 의미 있는 변화인지 통계적 유의성(statistical significants)을 본다. 또 정책결정자나 사업책임자가 정한 변화달성 수준을 넘어서는 경우 정책적 유의성(policy significants)을 달성했다고 평가할 수 있다.

그리고 인과모형을 설정하고 연구 설계를 한다. 인과모형(因果模型)은 평가를 통해 어떤 변화를 발견하고 행동대안을 마련하기 위해 만든다.[5] 그리고 나서 인과모형에 관련된 투입변수, 매개변수, 정책결과에 대하여 측정한다. 투

---

5 이 모형을 만들기 위해서 몇 단계를 거친다. 우선 평가대상 문제에 적합한 변수를 찾아내 이를 설명한다. 또 변수들의 영향 범위(문화단체나 대상 국민)를 확정한다. 또한 집행되고 나서 효과가 나타날 때까지의 시간 차이를 구체화한다. 이러한 모형과 가설이 설정되면 사업을 관찰하고, 자료를 수집·측정, 분석하고 해석하는 평가준비 단계로 나아간다.

입변수와 매개변수의 변화가 대상 집단에 어떤 영향을 미쳤는지 보는 것이 평가이다.[6]

② 특성화

문화사업 평가는 일반서비스 평가와 달리 문화적 특성을 감안해야 한다. 예를 들면, 예술사업의 경우는 예술의 질(보존성, 탁월성, 혁신성), 예술의 유통, 예술의 소비와 향유를 중시한다.[7]

이런 맥락에서 문화정책 지원사업을 평가할 때 보몰과 보웬이 말한 세가지 특징을 반영해야 한다. ㉠ 소득부족의 필연성, ㉡ 외부성(사회적 편익), ㉢ 관객의 속성(고학력, 고소득, 전문직 등) 등을 고려해야 한다는 것이다.

우선, 문화활동을 하는 민간주체는 소득부족의 필연성을 감안해야 한다. 문화사업은 시장에서 높은 수익을 올리거나 상업적 이익을 실현하기 어려워 채산성이 맞지 않기 때문에 지원한다는 점을 인식해야 한다. 사업주체가 문화단체나 비영리단체인 경우가 많으므로, 영리사업보다는 비영리사업에 맞는 평가방법을 활용해야 한다.

비영리사업을 평가할 때는 대부분 공익성을 증진시키는 데 목적을 두기 때문에 흑자를 내는 것만 목적이 아니라는 점을 유의해야 한다. 그러므로 평가는 사업이 얼마나 효율적으로 집행되었는가를 확인하게된다. 결국 비영리기관의 문화사업 평가에서는 사기업 경영평가와 다른 평가모델을 적용해야한다. 비영리기관의 평가지표 중 비계량지표의 비중이 높은 것은 이러한 까닭에서이다.

또한, 외부성(사회적 편익)을 감안해야 한다. 문화시설 정책에서는 단지

---

6 투입요소에는 정책이나 사업 목적, 집행원칙, 집행방법, 인적·물적 자원, 서비스 수혜자, 서비스의 기간, 후원자, 관리가 해당된다. 측정을 위해 투입변수, 매개변수, 산출변수들과 상호 관계에 대한 가설들을 조작적으로 정의해야 한다.

7 문화정책 평가지표보다 상위개념으로 문화지표 개념이 있다. 유네스코는 일찍이 〈문화지표체계의 권고 시안〉(1981)을 제시해 문화지표개발에 공이 크다. 여기서 문화예술의 종류는 ① 문화유산 ② 문예 ③ 음악 ④ 무대예술 ⑤ 조형예술 ⑥ 영화, 사진 ⑦ 방송 ⑧ 사회문화활동 ⑨ 스포츠, 게임 ⑩ 자연, 환경같은 10개 영역으로 구분한다. 한편 문화활동의 기능을 창작에서 참여에 이르는 과정을 기준으로 ① 창작과 생산 ② 전달과 보급 ③ 수용과 소비 ④ 보호와 기록 ⑤ 참여의 5단계로 구분한다. 이렇게 해서 10개 영역, 5단계의 기능별로 측정목적, 이용통계 분류표를 사용하도록 권장했다.

관객 만족도를 조사하는 것만이 아니라 문화시설의 외부성을 평가해야 한다. 금전적 평가가 가능한 경제적 파급효과 외에 시설이 풍기는 문화적 분위기, 사람들의 창의성을 자극하는 생산의 질적 변화, 사람들의 문화적 소통을 원활하게 하는 데 대한 금전적 평가가 곤란한 외부성도 있다는 점을 유의해야 한다.

아울러, 문화소비자의 속성을 감안해야 한다. 문화소비자는 대개 고학력, 고소득, 전문직으로 구성되어 있다. 따라서 문화정책은 재분배 내지 평등성을 배려하여 평가해야 한다. 예를 들어, 문화시설의 건립이나 운영성과 평가 때 설문조사로 관람객 수치만 조사하는 것이 아니고 어떤 사람들이 많이 오는가를 조사해야 한다. 그 결과에 따라 공연 전시내용을 다양하게 하고, 관객에게 예술교육 프로그램을 실시하고, 관람시간을 조절해야 한다.

정책을 평가의 고려기준은 문화정책 이념보다 실제 운용 측면에 맞춘다. 우선, 사업에 투자한 노력(투입규모), 능률성(투입과 산출의 비율), 효과성(가치 있는 성과 달성 정도), 적절성(문제해결 정도), 형평성(관련 집단간의 동등한 배려), 만족도(수혜자 만족도), 과정 적절성(당초 예상대로 집행되는지 여부)을 고려해야 한다. 이는 목표 대비 사업 달성도 평가에서 일반적으로 적용되는 기준이다.

문화정책 결정은 합리성만으로 이뤄지지 않기 때문에 평가도 반드시 합리모형에만 따르는 것은 아니다. 예를 들면, 아트프로젝트 평가에서는 프로듀스적 사고방식, 집단지성에 대한 고려와 같은 '조직화된 무질서'를 감안해야 한다. 특히, 불명확한 선택, 불명확한 기술, 유동적 참가구조 때문에 정책모형의 하나인 '쓰레기통모형(garbage can model)'을 적용할 수도 있다(久木元拓, 2009).[8]

(2) 지표개발과 선택

문화정책 평가지표란 정책을 평가하는 준거기준이다. 평가지표는 서술적 지표와 규범적 지표로 나눈다. 서술적 지표는 문화정책이 놓여있는 현재 상태

---

8 쓰레기통모형이란 실제 정책결정은 반드시 합리적인 기준에 따라서만 이루어진다기보다는, 쓰레기통처럼 다양한 것들이 뒤죽박죽 얽히고 설킨 상태에서 결정된다는 것이다. 즉, 다양한 조직, 단체, 개인, 정부의 의견들이 복잡하게 상호영향을 미치며 문화정책을 형성할 수도 있다는 뜻이다.

를 그대로 보는 방식이고, 규범적 지표는 바람직한 모습을 찾을 목적으로 사용한다. 정책목표를 중요시하는 평가때는 서술적 지표보다 규범적 지표를 사용한다.

평가를 할 때는 사업을 객관적으로 보기 위해 타당성 있는 지표 몇 개만으로 분석하기 때문에 측정 요건을 제대로 갖춘 지표를 잣대로 삼아야 한다. 문화정책의 현재 모습과 바람직한 방향을 아울러 평가할 수 있는 지표의 요건은 다음과 같다.

표 13-1 │ 평가지표의 요건

지표의 요건	내 용
측정 가능성	평가지표는 평가대상을 객관적으로 측정할 수 있어야 한다. 따라서 계량지표든 비계량지표든 평가의 객관성을 확보할 수 있도록 지표를 개발해야 한다.
개선 가능성	평가지표는 평가를 통해 대상 사업 경영에 도움을 줄 수 있어야 한다. 따라서 평가지표는 가능한 한 평가 분야의 개선 잠재력을 자극할 수 있도록 설정해야 한다.
관리 가능성	평가지표는 평가받는 기관이 스스로 관리할 수 있는 순수한 관리노력을 측정해야 한다. 기관이 통제할 수 없는 외적인 요인은 지표를 설정할 때 가급적 제외 또는 조정해야 한다.
상대적 중요성	평가지표를 관리하고 평가목적에 알맞도록 운용하기 위해서 지표의 종류와 수는 어느 정도 제한하는 것이 바람직하다. 따라서 지표 상호간의 상대적 중요도에 따라 지표를 선정해야 한다.
충분성	평가지표는 기관이 달성한 성과를 충분히 평가할 수 있도록 지표의 내용이 분명하고 지표항목간의 구분이 명확해야 한다. 동일한 성과가 서로 다른 지표로 중복 평가되면 안 된다.
비교 가능성	평가지표는 평가와 사업을 관리하는 데 안정적이어야 하며, 연도별로 성과와 개선 정도를 비교할 수 있어야 한다. 따라서 정책이나 관리환경이 급변하는 경우를 제외하고는 평가지표의 계속성을 유지하는 것이 중요하다.

① 지표의 선택

문화정책 평가지표는 목표대비 성과치를 나타내는데, 이를 계량화하는지 여부에 따라서 계량지표와 질적지표로 나뉜다.[9] 계량지표로는 문화행사나 단체

9 계량지표는 평가자의 주관이 개입하지 않고 관리하기 쉬워 결과를 쉽게 받아들인다. 그러나

경영실적을 사후평가하는 데 쓸모있고, 질적지표는 비계량지표 실적을 산출하기 위한 경영과정이나 문화기관 자체 평가에 적합하다.

계량지표를 사용할 경우에 평가는 특정 시점에서 문화사업의 진도나 자금집행을 실적량이나 집행금액으로 표시하여 정태적으로 분석한다. 따라서 계획화된 지표를 사용하여 실적·성과를 통계적으로 분석하기 마련이다. 이 때 기준은 정확성(실적/계획), 효과성(목표실현치/목표계획치=발생된 효과/기대효과), 능률성(산출/투입, 편익/비용) 등으로 평가한다.[10]

질적지표(비계량지표)를 사용하는 분석은 사업의 중요도나 동적 과정을 고려해 다른 사업에 미치는 파급효과(영향, 물질적 성과, 시장수요)를 검토한다. 또한 제반 규범이나 기준과의 관계를 비교·검토하는 방법이다. 질적 분석의 기준은 사업의 합목적성, 균형성, 정책적 부합성, 합리성, 주민의 만족도를 분석한다. 이 방법은 양적 기준으로 능률성 평가하는 방법을 보완하려고 분석자의 경험적 사고를 토대로 종합분석하는 것으로 집행관리에 활용되는 핵심 기법이다.

문화정책 평가에서는 계량지표보다는 질적지표가 주로 사용되기 마련이다. 그러나 주관적인 질적평가로 신뢰성을 잃거나 문제발생을 막기 위해 계량지표 병행을 권장한다. 문화정책의 성격을 감안해서 두 종류의 지표를 적절하게 배합해야 할 것이다.

계량화하기가 실제로 어렵고, 지표내용이 복잡하거나 지나치게 기술적이면 경영평가의 의미를 놓칠 우려가 있다. 한편 질적지표(비계량지표)는 실적의 계량화가 불가능한 어려움을 뛰어넘어 평가할 수 있다. 그러나 평가자의 주관이 개입되면 신뢰성을 얻기 어렵다.

10 정확성 평가란 사업이 계획대로 집행되는지 또는 집행되었는지를 평가하는 집행관리의 핵심 기법이다. 사업의 집행과정을 당초 계획에 따라 검토하는데, 이는 사후평가할 때 효과성 평가를 위한 사전과정으로서 중요하다. 주로 양적 분석이 대부분이지만 질적 분석을 병행하는 경우도 있다. 효과성 평가는 시행된 사업이 당초 목적을 달성했는지, 기대효과와 실제 효과를 비교·평가하는 것이다. 이 때는 사업효과를 사업 외적 효과와 분리하기 위하여 사업과 효과 간의 인과관계를 모형으로 설정하여 효과를 측정한다. 한편, 능률성 평가는 실시된 사업에 투입된 자원과 산출과의 비율을 측정한다. 이는 경제적 능률성, 자원의 합리적 이용을 평가하는 분석으로서 주로 경제적 수익률을 계산한다. 이는 사업시행 결과 산출된 편익과 소요비용을 화폐로 환산할 수 있을 때만 가능하다.

그림 13-1 │ 사업평가 지표의 체계

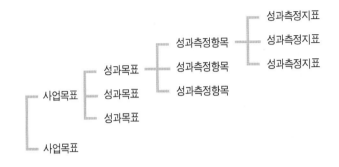

끝으로 정책평가는 논리적 일관성을 지녀야 한다. 따라서 일정한 체계에 맞춰 평가지표를 구성해야 정확한 분석근거로 사용할 수 있다. 이를 위해 우선 평가대상 기관이 갖는 사업목표 달성도를 평가하기 위해 논리적 체계를 갖춰야 한다. 아울러, 적절히 가중치를 두어 전체적인 기관운영의 효율화를 평가한다. 이를 위해서 각 목표별로 성과목표를 몇 개 정하고, 각 성과목표별로 다시 성과측정항목을 세분한 뒤에, 최종적으로 각 항목별 성과측정지표를 개발한다.

평가지표를 만들 때는 지표의 한계를 감안해야 한다. 정책평가 지표는 아무리 과학적·논리적 일관성을 가져도 문화활동 특성이나 평가대상에 따라서 타당성이 다르게 나타날 수 있다. 또한 측정과정에서도 오류가 생기거나 지표 사이에 갈등과 모순이 나타날 수 있다. 더구나 문화예술 활동은 측정할 자료가 부족한데, 이 때는 성과를 거두기 어렵다. 지표 구성모형들이 서로 다를 경우에도 비교가능한 평가지표로 사용하기 어렵다. 이때는 추구하는 가치 자체에 대한 합의 달성이 어려우므로 신중해야 한다.

② 평가요소

문화정책과정에 따라 각 단계별로 하는 평가에는 몇 가지 방식이 있다. 보편적으로 정책집행과정에서 각 단계별 목표에 맞게 추진했는지를 평가한다. 이 때는 정책형성과정에서 정책목표가 상위 국정목표와 연관성을 가지고, 문화환경 변화를 감안했는지가 중요하다. 또한 계획내용은 예산범위 안에서 고루 마련되었는지, 프로그램은 경제성·효율성을 높이도록 편성되었는지를 평가한다. 정책집행 과정 평가에서는 당초 일정대로 집행되고, 투입 자원의 집행효율성이 적절한지 파악한다. 또한 시행과정의 적절성을 파악하기 위해 집행 중 환경변화 반영, 관련 당사자들에 대한 적정한 정보 제공여부를 평가한다. 정책성과에 대해서는 목표의 달성도를 파악하기 위해 당초 설정한 목표에 도달한 정도를 평가해야 한다.

최근 정보기술의 발전에 따라 문화정책 평가에서도 정보처리에 맞춰 정책과정을 평가하는 방식이 등장한다. 이는 표준프로세스를 정립하여 이에 따라 정책수립 과정을 정형화한 것이다. 정보처리 방식을 활용한 문화정책 평가에서는 기본적으로 목표 설정의 타당성, 사업추진의 효율성, 소요비용과 시간, 사회적인 공헌도, 목표의 달성을 측정한다.[11]

이러한 관점에서 정책과정별로 관리할 사항을 정리할 수 있다. 첫 단계인 정책구상 단계에서는 정책정보를 공유하는 데 중점을 둔다. 다시 말하면, 정책화 검토, 조사, SWOT분석, 고객요구 분석, 과정도 작성, 자원계획을 수립한다. 정책형성단계에서는 정책상황을 잘 관리하는지를 평가한다. 여기서는 정부 방침이나 사회문화적 수요를 정책안으로 구체화하는 데 타당성 검토, 시나리오 작성, 홍보계획, 의견수렴, 부처간 협의를 거치는지를 평가한다. 그 다음 단계인 정책확정 단계에서는 관련 부처간 연석회의, 문화단체, 시민과의 협의를 거치고 있는지 평가한다. 마지막으로 집행단계에서는 시행계획에 바탕을 두고 추진하며 모니터링, 성과측정을 제대로 하는지 평가한다. 이러한 정보관리에 의한 문화정책 평가는 단순한 정책에 적용하기 쉽고, 사전에 충분히 기획하여 시행하면 성공할 가능성이 높다. 또한 신속한 의사결정과 정책담당자의 학습을 돕고 성과관리 기반을 마련하여 정책실적을 관리할 수 있어 다른 평가방법과 병행하면 효율적일 것으로 보인다.

---

11 이는 사람의 주관적 의사결정 방식에 의한 정책관리에서 벗어나 정보시스템으로 관리하는 방식이다. 다시 말하면, 표준 프로세스를 활용해서 정책오류를 최소화하기 위해 고객요구, 성과지표, 정책타당성을 사전검토하는 것이다. 또한 정책추진 상황 파악과 정책관리를 체계화하기 위해 최상위 정책목표부터 단위정책 과제에 이르기까지를 효율적으로 관리한다. 아울러, 정책정보 공유와 성과측정 기반을 구축하여 최선의 정책을 재활용한다.

표 13-2 | 문화정책과정별 평가 요소

과 정	요 소
정책설계	고객 지향적 설계, 정책운용 원칙 존중, 개혁활동과 연결, 예산 관련 실행성 확보, 정보 공개
정책수립	환경변화 대응 신규 정책 발굴, 전문적 의견 수렴, 적정 계획과정, 여건대응 조정·수정
정책집행과정	의견 충분히 수렴·홍보, 대내외적 협조 원활, 적법절차 집행, 본래 계획 일정대로 진척, 사업별 추진계획 준수
정책추진결과	기대효과·파급영향 분석의 현실성, 자원투입·산출·파급효과 감안, 중간평가 실시, 성과평가 기준 적절성, 성과평가 주체 적절성, 평가주체의 기술·전문성 보유, 자율성·공정성 확보, 사업수행 성공(또는 실패) 이유· 편익의 크기·능률 정도
피드백	문제사업의 중단 여부, 사업집행 관행·절차 개선, 새로운 기술·전략 추가 여부, 유사사업 확산 여부

표 13-3 | 사업운영 평가 요소

항 목	요 소
사업개요	달성계획 주요 목표, 대안들, 기타 대안들, 최종 대안 선택이유, 전체 계획과의 부합성, 대상계층, 적정 수요예측, 여론 지지 확보, 필요 자원 확보 적정성
조 직	조직 구성 적합성, 법적 위상, 봉사대상층, 제공서비스의 종류, 타 조직의 연관형태
재 무	사업의 내구연한(耐久年限), 투자비·운영비 적정여부, 감가상각률 적정여부, 비용 편익 흐름, 비용 편익 흐름의 가변성, 사업 위험도와 민감도 예상, 투입물 가치, 투입 소요예상 인원과 비용, 부대비용, 발생할 외부효과의 크기, 사업 후 이득과 손해 집단
경영관리	경영주체, 전문성과 능력보유, 경험과 기술, 자율성, 훈련 교육 계획

③ 결과 피드백

평가결과는 관련 당사자가 명확히 이해하고 개선에 활용할 수 있도록 잘 정리하여 보고서로 남긴다. 보고서에서는 중요 부분을 강조하고, 필요한 최소한도 항목을 정확히 기술한다. 이 보고서는 다음 단계 정책집행을 위한 준비로 활용된다. 특히 과정평가에서 사용될 평가보고서는 다음 사항을 중심으로 작성 한다.

우선, 사업의 필요성, 시급성, 배경을 평가한다.[12] 아울러, 그 문화정책이 주민생활과 지역발전에 얼마나 기여하는지 평가한다. 주민들의 문화생활, 다양한 문화소비층 생활문화 조성, 특수 계층·저소득층 대상 활동을 평가하고 주민 만족도를 측정하여 이에 부합하는지 평가한다.13

또한 국가계획이나 경제사회 정책과 부합함을 기술한다. 우선 새로운 정책전환과 관련하여 부합하는지, 문화콘텐츠산업화 목표나 추진과 부합하거나, 지식기반사회의 문화예술창의력 제고, 지역문화의 균형발전, 전문화 인력시설에 해당되는지를 파악하여 정리한다. 그 밖에도, 문화복지사업인 경우 복지국가를 형성하는데 문화사업의 일환으로 추진되고, 문화민주주의 확산, 실질복지의 확충에도 부합하는 점을 살펴본다.

나아가 정책수요와 수혜에 대하여 기술한다. 먼저 주민의 욕구증대와 수요창출 요구를 반영하는 공급인가를 파악한다. 주민자치단체, 비영리단체의 자발적 욕구에 대응하는지, 대응성 확보차원에서 얼마나 해결가능한지, 문화시설 확충으로 잠재능력을 향상시키는지 살펴본다. 또한, 사업의 수혜 정도가 얼마나 되는지를 산출해서 평가한다.14

그리고 정책의 파급효과를 예상하여 기술한다. 우선 사회문화적으로 국민 문화향유 제고, 지역이미지 창출과 개선, 대외 이미지 개선효과를 가져오는지 파악한다. 이는 다른 산업이나 마케팅에 우선적으로 인식된다. 특수 문화시설의 경우 희귀성과 교육효과로 좋은 지역이미지를 얼마나 높이는가를 평가한다.

---

12 역사적 전통과 배경에 비춰 문화정체성 형성에 중요하고 문화의 계승 발전에 필요한지 평가한다. 또한 문화국가 발전이나 지역 문화유산과 조화를 이루고 독특한 문화적 가치로 인정받을 수 있는지 평가한다. 아울러 다른 시설물과 차이나는 점을 부각시키고, 차별화 필요성을 평가한다. 또한, 문화정책이 사회발전 추세에 어떻게 부응하는지 평가한다. 특히 문화환경 변화를 수용하기 위한 시설이거나, 지능정보사회 수요에 필수적인지를 평가한다.

13 예를 들면, 교양·취미 학습 강좌, 레크리에이션 활동, 음악·영화 같은 문화예술 활동, 정보제공과 시설·운영에 대하여 느끼는 만족도 조사결과를 평가한다. 아울러 지역발전에 얼마나 기여하는지, 문화민주주의 확산, 낙후 지역의 문화발전에 기여했는지를 평가한다. 예를 들어, 주민 기피시설 건설때 주민화합용 문화시설이나 공원을 설립하면 좋은 평가를 받을 수 있을 것이다.

14 특정 문화사업으로 어떤 계층 주민이 어느 정도 혜택을 받을 수 있는지 파악하고, 유효수요의 크기 자체를 성과로 보고 그 달성수준을 평가한다. 즉, 행사참가자, 문화시설 이용자 서비스의 달성목표를 많이 확보하려는 노력을 평가한다. 아울러, 서비스 이용자격 있는 사람들(잠재수요량) 가운데 그 서비스 선택이용자(유효수요량)를 얼마나 끌어들이는지가 양자의 대응비율로 파악되므로 이용률(시설이용률) 또는 참가율(행사개최 참가율, 자원봉사 등록률)을 파악한다.

또한 지역문화 중심체 역할(지역의 특수성이나 독특한 색채 반영, 기본적인 기능으로서 전시·수집보존·교육보급·조사연구)을 평가한다. 또한 문화교류 중심지(문화중심체 기능 충족, 다른 지역에 대해 문화교류 창구) 역할을 얼마나 하는지 평가한다.

이때 경제사회적 수익성과 타당성 평가가 중요하다. 이는 수익성을 판단하여 평가하는 과정인데 이를 위해 문화시설사업인 경우 내구 연수, 할인율, 감가상각률 자료를 수집, 활용한다. 아울러, 비용과 편익의 흐름을 추적하여 현재가치화 한다. 기초 자료로 비용편익의 현재가치의 흐름을 얻고 그를 사회적 할인율과 비교하여 사업 수익성도 평가한다. 그리고, 이른바 3E라고 하는 경제성(economy), 효율성(efficiency), 효과성(effectiveness)을 평가한다. 편익의 측정에 있어 이 셋 중 편익 범위를 무엇으로 해야 할 것인지 결정해야 하는데, 보통은 사업의 직접적 성과물인 효율성을 지표로 사용한다.

그 밖에도 재원조달 가능성과 재정에 대하여 기술한다. 가장 중요한 재원조달 방법을 중앙－지방, 공공재원－사적재원 중 어느 것을 얼마나 동원하는지 평가한다.[15] 또한 사업결과 나타난 문제점과 대책을 기술한다. 문제점 파악 때 사업추진과 집행과정에서 의도하던 정책목표 달성의 방해요인을 분석하여 평가한다.

④ 평가결과의 활용

문화정책 활동을 평가한 결과는 비영리단체 활동은 물론 예술경영과 접목시켜 경영효과 달성도를 높이고, 단체·시설 운용에도 활용할 수 있다. 아울러 문화소비자의 문화적 권리 제고에 예상되는 문제점을 찾아 해결할 수 있다. 다시 말해서, 문화적 권리 실현을 위해 정책형성과 결정과정에서 문화소비자의 참가를 보장하고, 국민 창조성·정책능력·향유능력을 높이도록 활용한다.

구체적으로는 사업관리자에게 사업의 질적 수준을 높이고, 효과에 대한 책임성을 확보한다. 아울러 목적을 얼마나 달성하였는가, 성공 또는 실패의 원인은 무엇인가를 찾아내 개선안을 만드는 데 활용한다. 또한 당초의 사업이

---

15 구체적으로는 재원조달 비용과 이자, 사업에 투입될 자원이 다른데 사용되었을 때 생기는 기회비용을 고려한 종합적인 분석을 보여준다. 특히, 민간에서 조달된 재원의 경우 회수·상환방법을 평가한다. 조달된 자원을 회수·상환하기 위하여, 문화시설 가격을 얼마로 책정하고 그에 따른 회수액은 얼마이며, 그것으로 조달된 자원을 상환할 수 있는지를 평가한다.

나 사업프로그램의 운영에 관한 효율성이나 효과성을 증진시키는 관리 측면에 활용한다. 물론 이러한 평가를 거치면서 자연스럽게 사업성공에 필요한 원칙과 전략을 재발견한다. 아울러, 문화정책 문제와 그의 해결을 위해 사업전략의 효과성 증거를 확립하고 관련 지식개발에 활용한다. 이렇게 함으로써 효과성 증진을 위해 여러 기법을 사용하는 실험과정으로 유도하거나, 목표달성을 위해 사용한 수단들을 재규정하게 된다.

4. 평가실행

(1) 문화영향평가

경제성장 패러다임에 근거한 개발 위주의 정책으로 소중한 문화적 가치가 상실 또는 파괴되는 문제가 대두되었다. 또한 문화가 단순한 여가나 오락을 위한 부수적인 영역이 아니라, 국민의 풍요로운 삶을 위한 필수 요소로 자리매김했다.

이에 따라 국가와 지역공동체의 발전, 정체성 형성 인식 제고가 요구되고 있다. 인간으로서 누려야 할 기본적인 문화적 권리 보호와 국민 삶의 질 향상은 지속적으로 주시해야 하기 때문에 모든 분야에서 우선 평가해야 할 사항으로 간주되었다. 이에 문화가치를 적극 반영하는 '정책의 문화화'가 필요해 문화기본법이 제정되었고(2014), 그에 따라 모든 분야에서 문화영향을 평가하고 재점검하는 제도적 장치를 마련하게 되게 되었다.

문화영향평가(cultural impact assessment)는 문화적 관점에서 국민의 삶의 질에 미치는 영향을 평가하는 것이다. 문화체육관광부는 한국문화관광연구원을 문화영향평가지원기관으로 지정하여 시행하고 있다(2014~2015년 시범기간, 2016년 본격 시행). 구체적으로는 국가나 지자체의 계획과 정책으로 생긴 긍정적 영향을 강화하고 부정적 영향을 완화하려는 것이다. 이로써 문화적 영향을 고려한 공공정책 수립과 집행으로 정책의 사회적 수용가능성과 효과성을 높인다고 본다. 나아가 지속가능한 사회 성장을 이끌어 가는 데 목표를 둔다.

문화영향평가가 평가대상을 선정할 때 모든 사업을 대상으로 하기는 어려워 중점 분야를 선정해 왔다. 처음에는 계획, 도시재생, 시설 건립, 문화재 복원등을 대상으로 평가를 시작했다. 그리고 문화도시특화사업, 대규모 건설사업, 디자인사업, 환경조성사업, 도시개발 사업과 같은 분야를 중점대상으로 바꿔가면서 평가했다.

평가는 자체평가[16]와 전문평가[17]로 구분한다. 평가지표는 평가영역을 문화기본권, 문화정체성, 문화발전으로 설정하고, 6개의 평가지표와 14개의 핵심지표[18]를 기준으로 평가한다.

문화영향평가를 좀 더 효과적으로 운용하려면 평가대상별 평가체계 구조화에 관련된 몇 가지 보완이 필요하다. 우선 평가대상에 따라 유형을 복잡하게 만들고 있는데 이를 단순화하고 유연하게 분류해야 한다. 또한 법령, 계획, 사업을 대상으로 약식평가, 기본평가, 심층평가로 나눠하고 있는데 대상과 평가유형을 전략적으로 엮어서 추진해야 한다. 그리고 가장 중요한 것은 평가결과를 객관화하고 비교하기 쉽게 표현해야 한다. 아울러 평가유형별 수행체계 개선 및 평가결과 객관화 방안을 마련해야 한다(김연진·연수현·정원희, 문화영향평가 대상별 평가체계 구조화연구, 한국문화관광연구원, 2022).

(2) 지원사업에 대한 평가

중앙정부, 예술위원회, 지자체는 지원한 문화사업의 성과를 점검하고 문제점을 찾아낼 목적으로 지원사업에 대해 평가한다. 이 평가 결과에 따라서

---

16 자체평가는 정책 소관기관(중앙행정기관, 지방자치단체) 담당자가 해당 지역의 계획·정책·사업이 문화에 미치는 잠재적인 영향을 자가진단을 통해 간단히 평가하는 방식을 의미한다.
17 전문평가는 평가대상이 되는 계획과 정책에 대해 전문성을 지닌 평가수행자를 선정하여 실시하는 평가방식을 의미한다.
18 문화영향평가 지표체계의 예

평가영역	평가지표	핵심가치
문화기본권	문화향유	문화향유권 / 문화환경권
	표현과 참여	문화참여권 / 정보문화 향유권
문화정체성	문화유산	문화유산 보호 / 문화유산 향유권
	공동체	지역공동체 / 갈등발생 가능성 / 사회적 합의
문화발전	문화다양성	문화다양성 권리 / 문화평등권 / 문화격차
	창의성	창의성 발전 / 미래지향성

추가지원, 감축지원과 같은 후속조치가 뒤따르기 때문에 평가를 하는 입장이나 평가를 받는 입장이 모두 민감하게 반응한다.

평가의 실제 운영은 해당 지원을 받은 기관이 자체적으로 평가를 하거나, 평가위원을 구성하여 전문적으로 평가를 한다. 그리고 그에 따른 문제를 개선하기 위한 컨설팅을 하는 방식으로 전개된다. 대부분이 사업종료 후에 성과에 대하여 계량 또는 정성적인 정보에 바탕을 두고 등급화 하고 있다.

이런 평가가 오랫동안 이어져 왔는데, 지원사업에 대한 문화체육관광부나 한국예술위원회의 평가는 이미 매너리즘에 빠져있다. 앞에서 설명한 일반적인 사업평가에서 나타나는 증후군들이 나타나고 있다. 뿐만 아니라, 지원받아 사업을 시행하는 기관들이 평가압박 때문에 사업을 기피하는 일까지 생겨나고 있다. 평가의 본래 취지에 맞지 않게 '평가를 위한 평가'도 생겨나 제도적 개선과 평가대상 엄선, 현실적인 평가설계가 필요한 실정이다.

Chapter 14

전환기 지속발전 혁신 생태계

1. 환경의 변화와 융합 생태계

(1) 지능정보사회 문화전략

4차산업혁명 기술과 웹 3.0보편화로 글로벌사회구조가 바뀌고, 코로나19 집단감염으로 생활환경은 불안하다. 보편적 복지 수요가 급증한 반면에 사회문화적 배려와 공동체 질서는 상대적으로 더 불안해졌다. 이런 변화에 대응하는 사회역량에 대해 그동안 가져왔던 기대는 충격, 좌절의 혼돈 속으로 빠져들어 가고 있다. 이에 따라 우리는 새로운 사회문화 질서파악과 대응에 관심을 갖게 되었다. 이러한 대전환기에 노출된 사회문화 모습과 총체적 변화환경에 맞춰 이제 전환기 생태계 전략을 단단하게 마련해야 한다.

먼저, 그동안 유지하며 자랑스럽게 여겼던 정보사회시스템과 정책환경을 재점검해야 한다. 윤리, 개인프라이버시, 권리 의무의 상호존중, 사회안전망, 사회 신뢰기반을 검토하고 인간 중심의 지능정보사회를 구축해야 한다.

이 같은 대전환기에 대응하는 인간에 대한 새로운 관점도 대두된다. 무엇보다 정보기술 중심으로 변화된 사회가 결국은 인간에 대한 작용과 함께 반작용을 일으켰다고 본다. 인간은 확장되었고, 적어도 정량적으로는 향상되어가고 있다. 작업은 기계가 대신하거나, 새로운 기능을 덧붙이는 방식으로 대체된다. 나아가 사고방식이나 지식까지도 기계에 위임하는 외부화(externalization)가 급속히 진행된다. 결국, 인간은 기술과 어떻게 연결관계를 가져갈 것인가 하는 점이 사회문화 생태계 질서나 정서에 중요해졌다.

이제 인간은 새 기술을 적용하며 어떻게 생태계 중심을 잡고 지속발전할 수 있는지 생각해야 한다. 인공지능기술이 사람의 상태, 기호까지 감안해서 최적 행동을 도출해주지만, 건강, 안심, 즐거움 같은 정서에 대해서까지도 최적의 도움을 주지는 못한다.

이런 상황에서 인간이 존중받고 자연생태계와 조화롭게 살아갈 수 있도록 거시적인 사회문화 혁신 생태계를 구축하는 담론을 전개하고 전략을 구축해야 한다.

(2) 인구와 기후대응 문화협력

전환기를 거치면서 사회가치 추구의 중점이 '경제공동체'에서 '생명공동체'로 바뀌고 있다. 자연재해, 전염병 때문에 인간이 '사라지는가', '살아남는가'의 갈림길에 서게 된 데 따른 방향수정이다.

저출산, 고령화 때문에 문화시장의 소비 인구구조나 소비패턴이 바뀌면서 창작자는 물론 소비자에게도 창발적 대응 기회가 생긴다. 코로나19 집단감염이나 웹 3.0환경으로 변화된 문화활동 참여방식, 창작예술가나 문화기관이 문화생태계와 연결하는 방식도 바뀌었다. 소비양상 변화에 따른 문화정보의 흐름이 문화활동의 핵심을 차지하며 시간과 공간의 실시간 연결소비가 자연스레 늘어난 때문이다.

문화소비자를 특정 공간과 시간에 끌어들여 묶어두기보다는 소비자선택의 몫으로 남겨주고, 사람에게 찾아가는 문화활동으로 바뀌고 있다. 나아가 물리적 거리 제약에서 벗어나 창의적인 접근기회를 만들어 내도록 연결시키고 있다.

소비나 문화활동에 참여할 참여몰입포털에 다양한 커뮤니티를 제공하여 서로 연결, 구축하고 지원하기에 이르고 있다. 사회문화 활동 주체끼리 상상력과 삶의 내러티브를 형성한 문화예술활동 보전을 위해서 연대감을 키우는 것이 분명해졌다. 아울러 이 같은 문화예술활동 커뮤니티를 보호할 도구와 그에 대한 신뢰를 시스템으로 보장해야 한다.

기후변화에 대해서는 문화단체가 활동책임을 분담해야 한다는 공동인식이 커지고 있어 다행이며, 그에 따른 공동체 상호 신뢰협력과 필수인력 교류가 중요해졌다. 이 때문에 과학자, 의사, 언론인, 문화예술인, 기업인들의 국제협력이 더 중요하다. 더 이상의 문화적 집단마비를 초래하거나, 국제사회 교류를 묶어둬서는 생태계 전반에 타격이 커진다. 코로나19 집단감염에 따른 국가 이기적 행태는 인류의 미래와 글로벌 사회문화 관계질서를 훼손시킬 수 있어 경각심을 가져야 한다. 사회문화 전반에 걸쳐 분열 아닌 글로벌 연대를 위한 새로운 리더십이 요구된다.

사회문화 발전 전략기조도 공존과 공생만으로는 한계가 있다. 공진화로 나아가야 지속발전 생태계를 구축하고 이어갈 수 있다. 그런데 그것은 공진화 조건을 서로 갖춰야 하기 때문에 그리 녹록하지는 않다.

문화정책이 다루는 사회적 가치에 주목해야 한다는 논의가 늘어난 것은 기술변화와 사회문화, 인구문제와 예술의 역할, 기후변화에 대한 문화적 접근에 따른 것이다. 이 이슈가 우리의 절실한 논제로 자리한지 오래되었지만, 단지 경고하고 소통하면서 심각성을 공동인식, 공동시동하는 수준에 머물러 있다. 이제는 창발적으로 접근해서 해결에 나서야 한다. 수량적 성과주의 발전을 잠시 멈추고 생태계 보전과 공진화로 돌려야 한다. 문화활동 주체들부터 자기 역할을 만들어 실천해야 지금의 대전환기를 슬기롭게 넘길 수 있다.

경제공동체 경영방식은 인간과 자연의 관계를 우선시하는 자연생태계 존중의 사회문화로 나가야 한다. 글로벌 폐쇄가 절정에 이르는 기간에 CO_2배출량이 줄어 든 것을 감안하면, 전염병에 대응하는 혁신적인 접근방법도 낙관적이다. 각 활동 주체와 리더들은 조직성과, 지속적 혁신, 지속가능성, 신뢰에 관한 가치관을 재정립하고 접근해야 한다. 포용적 행동으로 모든 사람을 끌어들여 열린 대화와 솔루션을 장려하는데 우선순위를 두어야 한다. 학습과 기술,

실천적 활동, 포용, 공유된 미래 보호를 위해 창발적으로 생태계를 혁신해야 한다.

2. 사회문화생태계 역량 결집

(1) 공공서비스 혁신

생태계 역량가운데 공공부분이 사회생태계 순환역할에 큰 역량을 발휘한다. 그를 바탕으로 우리 사회에서 문화예술의 고유가치와 경제사회가치를 연결하면 바람직한 생태계에 힘이 될 것이다.

코로나19 집단감염 중에는 공공이 밀집장소 출입이나 만남의 기회를 제한시켜 문화활동 생태계가 위축되었다. 전환기를 지나서 특정 장소에 밀집하기 보다는 종래와 다른 방식으로 공공서비스를 하고 이를 위한 공공혁신도 확산시키게 된다. 따라서 사회문화 수요변화에 맞게 문화콘텐츠 생태계 전반의 혁신이 이뤄지고 웹콘텐츠 프로그램 제공 기반도 바꾸어야 한다.

무엇보다도 대전환기에는 공공부문이 사회적 힘을 문화로 모으는데 앞장서야 한다. 사회적 여력을 재점검하여 새롭게 인식하고, 창조적인 사회문화 활동을 재설계 할 필요가 있다. 문화예술과 사회 생태계에 투입하는 문화예술 생산을 자극하며, 건강사회 문화생태계를 구축하도록 활동주체들이 서로 공동 인식하고 연계 활동해야 한다.

아울러 공공은 민간 협력시스템을 구축하고, 문화단체와 소비자간 연결을 고도화하고, 데이터 축적으로 사회문화 생태계 총역량의 효율화를 모색해야 한다. 나아가 지역의 사회문화교육에 대한 서비스를 다양하고, 문화공간 온오 프연계를 위해서 디지털공간 공공서비스는 무한 확장되어야 한다.

(2) 민간 활성화

전환기를 벗어나면서 문화 잠재력을 갖춘 민간주체들이 다양하게 참여

기회를 늘리고 있다. 특히 생태계를 위해서는 소비자의 문화적 참여권리를 증진시키고, 문화에서 경제사회적 발전동인을 찾아내 활용하며, 이를 지속가능한 성장모델로 활용하도록 해야 한다.

4차산업혁명 기술 소용돌이가 산업 생태계 전반 특히 문화예술콘텐츠 생산·유통·서비스에 영향을 미치면서 전에 없는 민간부문이 활성화될 것으로 예상된다. 그러므로 미리 활성화 기반을 구축하고, 활동주체들이 제약없이 예술활동을 펼칠 여건을 갖춰야 한다.

민간활력의 주체인 예술인력 활동지원에 대해서도 제도 정비가 시급하다. 코로나19 집단발병기에 손실을 본 자영업자를 위한 다각적 정책이 단발성 조치에 그쳤고 민간활력에까지 효과를 미치지 못했다. 자영업자 지원도 기존 시스템안에 포함되지 않는 근로자들에 대한 조치가 어려운 불합리한 점도 노출되어서 시스템을 보완해야 한다.

자영업 문화서비스 활동가들의 업무 외 근로 유형에 맞는 활동 필요를 절감하게 되었다. 특히, 자영업 활력제고를 위해서 프리랜서나 하이브리드고용 대처, 소비자 습관변화에 제대로 적응하도록 권고해야 할 것이다.

(3) 사회적 신뢰

구성원간 상호 신뢰는 문명사회의 징표다. 공진화 관점에서 보면 신뢰는 바람직한 공통가치로써 누구나 무한긍정을 보내지만 사실상 실현하기는 어렵다. 인간의 욕망과 자본중심 사회문화 속에서 어쩌면 불가피 한 것인지 모른다. 그러나 인간집단 속에서 신뢰문제는 공동체 생태계 유지의 뇌관과도 같아서 소홀히 할 수 없는 문제이다.

전환기를 거치면서 우리 생태계의 신뢰성이 흔들렸다. 지속발전을 위해서는 신뢰사회 또는 공공성이 높은 사회로 전환시키는 문제에 나서야 한다. 그동안 우리사회에 대한 신뢰평가는 낮은 편이었다. 경제적으로 살기 좋은 나라이지만, 구성원간 상호신뢰 협조 네트워크는 낮다고 평가받았다.

그러나 우리 사회 내부적으로는 '신뢰할만한 사회'로 자평하고 있다고 생각한다. 신뢰할만 하다는 근거는 코로나19 혼란상황에서 사회적거리두기 같은 자기의무 실천, 공공방역시스템을 믿고 따른데서 나온 것이라고 본다. 생명공동체 의무에 충실하게 반응한 결과이다. 정부의 권고에 따라서 자기의무를 잘 실천했고, 사회적 거리두기에 따른 모임자제나 방역시스템에 대한 신뢰가 잘 지켜진 덕분이다. 또한 신뢰 위반에 대해 정부가 적극 대응하고, 한편으로는 각종 사회적 비용책임도 정부가 감당했기 때문이다. 무엇보다 문화활동 주체들이 위기의식을 공감하고 자발적인 행동책임으로 연결시켜 위험한 터널을 빠져나오는데 기여했기 때문이다.

집단감염 이후 웹 3.0시대 신뢰사회 구축을 위해서 활동주체들의 프라이버시와 공공성의 관계 네트워크 방식은 새로운 활동방식으로 전환되고 있다. 다시 말하면, 개인프라이버시 보호와 공공 대처 방법을 모색하고 있다. 이를 위해서 전문가, 웹이론가, 해커, 비기술계통 활동가, 전문분야의 활동가가 모여 기술적인 솔루션과 함께 문제를 공유하면서 대체방안을 모색해야 한다.

결국, 이제 우리사회는 전환기를 거치며 투명성 제고 사회문화정책에 더 비중을 둬야 지속발전가능한 생태계로 나아갈 수 있게 된다. 위기발생이 사회신뢰 시험대이자 학습기회였던 셈이다. 공동체 구성원의 윤리적 행동 표출시험으로 사적인 편취나 부패가 등장하여 전환기 사회능력을 손상시키지 않게 정확한 대응처방, 정부역할, 신뢰도 제고 사회로 바꿔야 한다.

(4) 포용과 치유

전환기 정책에서는 장해, 고령, 질병, 실업, 저소득, 국적 때문에 사회적으로 배제(social exclusion)된 사람들을 먼저 고려해야 한다. 이제는 인간의 다양한 여건을 배려하는 사회문화적 취지에서 실질적인 문화정책으로 펼쳐야 하기 때문이다. 사회적 포용(social inclusion) 정책으로 누구든지 사회의 한 구성원으로서 삶을 유지하며 생활하도록 건강, 범죄, 교육, 고용에 대하여 문화예술에 바탕을 두고 접근해야 한다(Deborah Stevenson et al, 2010).

전환기 위기를 극복하는 보다 적극적 방법으로서 '예술전달 활동'의 하나로 예술가들을 복지시설에 파견하여 교류하는 활동도 생겨나고 있다. 이렇게 예술가들이 배제된 삶의 터전으로 찾아가서 워크숍을 펼치거나 여가활동을 창조적으로 활용하게 하며, 창조시간을 공유하면서 마음의 교류를 이루는 활동을 펼치는 '착한 문화활동'인 것이다.

이러한 사회적 포용 실천의 따뜻한 예술활동은 장애와 예술, 예술과 사회가 서로 공진화하도록 연결하는 사회적 네트워크 활동이라는 점에서도 아름답다. 아울러 이러한 활동으로 대개 고령자나 장애자가 주체적인 창조활동을 하고 이를 사회에 제공하고 있다. 그리고 복지현장과 예술현장이 서로 다리역할을 하면서 밀접하게 활동을 계속 이어갈 수 있다는 점을 특징으로 살려야 한다.

3. 지속가능 생태계 구축

전환기를 극복하고 생태계를 지속발전시키기 위해서 기존 시스템으로 활동하면서 생겨난 문제를 우선 해결해야 한다. 그리고 나서 그간 형성되었던 공생에서 벗어나 공진화로 나아가는 생태계 지형도를 구축해야 한다. 전환기 사회의 굴곡진 문화를 지우고 서로 함께 공진화해야 지속발전이 가능하기 때문에, 이 지형도는 지속발전 담보장치로서 중요하다.

공진화는 단순 선형적으로 진행된다고 보장할 수 없다. 의도된 전략으로 준비하는 과정에서 수많은 장애물을 제거하며, 활동 전제조건을 전략적으로 갖춰야 한다. 다시 말하면, 관계상의 문제점과 출구통로를 파악하고, 공동수요를 우선 창출하여, 활력 있게 창발적 진화를 전개하는 방향으로 진행시켜야 한다. 이렇게 해서 공진화 관계를 보다 창발적으로 구축해가는 공진화지형도를 만들어 가는 것이다.

(1) 출구 통로 만들기

출구를 찾고 통로를 만들기 위해서는 먼저 문제점을 파악해야 한다. 역사를 돌이켜 보면 전환기에 전쟁투자 몰두, 건강하지 못한 사회문화(항우울제, 노동계급 붕괴, 사회분열), 감염병 집단발병, 재정경제 위기가 있었다. 그런데 이 위기요인에 대처하는 거버넌스 실현이 어려웠고, 시스템이 적기에 적절하게 작동하지 못해 실패한 사례가 많다. 그것은 사회문화와 생태계의 위기를 극복하지 못한 채 사랑과 증오, 두려움과 희망, 지지와 경멸, 분노와 경외 사이에서 글로벌 혐오감으로 확산되었다.

전환기 사회문화 전반의 공진화에서 초점을 둘 것은 무엇인가? 먼저 시장, 사회문화 활동 주체, 기업들의 운영에서 생기는 상호작용 변화에 주의해야 한다. 단지 경제공동체에 해당되는 산업, 제도적 틀, 네트워크, 집적 구조 사이의 역동적이고 발전적인 상호작용으로만 파악하면 안 된다. 그들의 사회적, 경제적 환경뿐만 아니라 각 주체별 에이전트의 행동과 그들이 포함된 더 넓은 환경과 활동주체의 상호 작용을 모두 고려해야 한다.

이와 관련해서 핵심이 될 논점은 사회문화 공진화 생태계를 구축하는 데 기둥이 될 시스템 전환, 협력관계, 신뢰, 문화기반 전략 마련에 우선순위를 둬야 한다.

결국, 전환기 사회문화 생태계 구축에서는 문화활동 시장활성화, 소비자 친화적 접근, 정책 일관성, 민간 창의와 자율 존중, 개방화와 외부지향성, 인간 존엄을 바탕에 깔고 접근해야 한다. 일하는 시간보다 동기, 강도보다 감성, 성과보다 과정을 더 중요하게 다루며 공진화로 지속발전하도록 생태계를 구축해야한다.

이어서 통로를 만들어가야 한다. 출구를 찾고 통로를 만들기 위해서는 전환기 이슈인 지능정보화의 활용, 전략화, 지속발전 수요발생, 전환기 대응의 순서를 만들어야 한다.

서로 해치지 않는 공존 → 서로 도움을 주는 공생 → 함께 발전하는 공진화로 나아가는 통로를 열어야 한다. 결국, 서로 침해하지 않고 존립하며, 각자 이익을 챙기면서 함께 살아가는 관계로 진행한다. 그리고, 함께 추구하는 과정에서 관계를 적극화하고 또 다음 단계로 나아간다. 그래서 활동 주체들이 밀접하게 작용하면서 새로운 성질을 갖는 방식으로 또 출구를 만드는 것이다.

(2) 공동수요 창출

전환기 관련 활동주제들 사이의 관계를 파악하여 해결해야 할 수요를 공동인식해야 한다. 전환기 뒤에는 지금과는 다른 세계관으로 바꿔야 하며, 파국이 반복되지 않게 살펴봐야 한다. 관련 주체들의 관계에서 감성적 공감과 소통을 거쳐 체험적 관찰과 안목을 갖도록 해줘야 한다. 개인들은 개인이익보다 공동체 안전에 주력해야 하며, 사람 사이의 연대와 신뢰를 추구해야 위기를 반복하지 않는다.

자연생태계 성찰, 새로운 세계관을 갖춰 자본주의 탐욕에서 벗어나도록 가치우선 순위를 둬야 한다. 자연생태계가 인간과 맺는 상호의존성을 성찰하여, 이기적 활동을 버리고 협력기반의 새로운 주체로 나아가야 한다. 이때 공진화를 위한 룰에 따르는 수동적 접근보다는 자발적 인식에서 능동적으로 출발하는 것이 바람직하다.

보다 현실적으로는 사회적 거리 극복을 위한 소통을 늘려 각 분야의 전문가를 존중하고, 전문성 차이를 인정하며, 색다른 가능성을 모색하도록 전문가 관계를 특히 잘 만들어야 한다.

나아가 새로운 공동체를 만들어가는 원칙·규칙·규범을 준수하는 사회에 대한 확고한 인식 전환이 동시에 일어나야 한다. 서로 도구가 되지 않고 생태계를 지속발전시키고, 창발성 증진을 위해 함께 활동하며 추구해야 할 공동수요를 창출해야 한다.

우선 전략적으로 협력적 공진화 환경을 만들어서, 생태계 전체를 지속 발전시키겠다는 점을 공동인식한다. 그리고 메타인지를 공감하는 단계를 갖는다. 전환기 환경에서 통로 선상의 각 주체들은 메타인식, 메타인지를 가져야 한다.

그리고 나서 하위요소의 관계가치를 창출 조정한다. 일반적으로 보면, 상위시스템과 하위시스템이 같은 방향으로 진화되도록 만들어야 한다. 여기에서는 마음, 지각, 행동, 기술, 기존 환경, 제도가 사회시스템 하부요소로서 이들의 관계가치를 조정하여서 공동수요를 만들어간다. 또한 문화사회 발전에 있어서 중요 하위요소인 제도와 실천적인 협동행위가 서로 일정한 관계가치를 갖도록 조정해야 한다. 전환기이므로 시대에 필요한 인지능력을 육성하는 것도 활동주체에게 중요하다.

공동수요 창출을 위해서는 이를 운영할 협력네트워크 규칙을 만들어 공동인식해야 한다. 다시 말하면, 공동수요를 실현하는데 전제가 되는 공진화 규칙을 만들어서 상호 영향미치는 룰로 자리매김해야 한다. 이 과정을 반복 지속하게 하는 요인의 하나가 바로 네트워크협력이기 때문이다. 전환기 소용돌이 속에서 많은 분야들이 서로 융합하여 공진화하도록 창발을 전략적으로 활용하자는 것이다. 그러기 위해 먼저 협력네트워크를 만들어가는데 있어서 각 개체간의 상호작용으로 생겨난 동적인 네트워크의 규칙, 그리고 생태계 구성인자 간 공동규칙을 만들어야 한다.

이와 관련해서 실질 네트워크 활동이 중요한데, 모든 문화주체들이 국소적 최적점에 집착하지 말고 혁신적으로 생태계 지속발전 추진에 힘을 모아야 한다. 활동 주체들은 '개별가치의 총합을 넘어서는 네트워크로서의 가치'를 창출해내는 창발에 나서고, 전환기 이전의 관계요소를 재창조하며 융합연결한다. 활동주체들 간 새로운 가치비전의 융합, 지배관계가 아닌 전환기 경험의 학습 공유, 전략적 틀 공유, 리스크에 균형있게 대응, 그리고 가치의 공동창조에 주력해야 한다.

이러한 것들에 대한 대응 방법으로 글로벌 리더들이 모여 우리의 미래를 보호하겠다는 약속을 하고 정부·산업·조직이 공동의 미래를 재설정하여 사회 분열을 봉합해야 한다.

(3) 창발적 공진화

우리 사회는 각 개별주체 활동만으로도 발전이 이뤄지지만, 전환기 위기 때 보았듯이 전체적으로 연결된 아름답고 조화로운 관계가 성립되어야 지속발전이 가능하다. 이를 위해서 활동주체의 개별의도를 넘어서서 적용되는 자기조직적 창발법칙을 사회조직단위들의 기술이나 경제적 진화에 적용하고 있다.

복잡다양한 관계로 형성된 사회 속에서 창발성이 만들어지며, 연결된 개체가 상호작용을 일으킨 결과로 단독 개별가치의 합을 넘어서서 네트워크로서의 가치를 만들어 내게 된다.

전환기 사회 구성원들은 자신만의 라이프스타일, SNS 일상화 등으로 삶의 방식을 바꿔간다. 더구나 '선택과 집중'을 확실히 하며, 새로운 인간형으로 바뀌는 일까지도 만들어 간다. 이런 변화 때문에 더더욱 창발적 접근이 필요하다.

창발성 현상과 전략으로 나아가면 개별 단위활동의 총합을 넘어서는 전체적 성과가 나타난다. 그 결과 개별 요소들이 이전에는 갖지 못했던 특성이 전체구조에서 새롭게 돌출하기 마련이다. 이에 따라서 또 다른 새로운 현상과 질서가 생겨난다.

창발성 전개 과정에서는 먼저 다양한 개별 주체가 자율적·내발적으로 행동하여 그들 사이에서 상호작용이 활발하게 일어난다. 그리고, 항상 열린 상태로 새로운 주체들을 받아들이게 된다. 그러나 현실적으로 상호작용 주체가 매우 복잡다양해서 네트워크로서의 가치나 상위질서를 만들어 내기가 그리 쉽지는 않다. 따라서 실제로 창발 가능성을 예측하거나 창발을 일으키기도 쉽지 않다.

그럼에도 불구하고 전환기를 극복하고 지속발전을 이루기 위해서는 몇 가지 창발 조건을 고려하여 창발을 유도하는 것이 과제이다.

이를 크게 보면, 우선 관계성을 형성하고 상호연결하며, 창발플랫폼을 구축하고, 지속발전 공진화 적응지형도를 구축하는 전략적·단계적인 접근으로 추진해야 한다.

① 관계성 형성과 연결

창발성이 생겨나는 데 있어서는 인터페이스가 핵심이라고 그동안 봐왔으나, 최근에는 그보다는 창발적인 관계를 의도적으로 형성하는 것이 더 중요하다고 본다. 다시 말하면, 창발적 공진화 과정이 진행 중일 때 주체와 객체가 창발적 질서(관계)를 형성하도록 의도적으로 행동하는 것이 창발성을 촉진하는데 더 중요하다는 것이다. 다시 말하면, 관계성은 주체의 행위결과뿐만 아니라 전략적인 행위로 나타나게 된다고 본다.

이런 점에서 결국 주체와 객체가 연결되는 관계성에 주목하게 된다. 전환기 사회문화적 혼란 속에서 상호네트워크를 통해 스스로 미학적 원리를 향상시킨다. 이 창발적 활동으로 활동주체들은 자기주도적 발전을 이루고 사회문화와 공진화할 것을 기대할 수 있다.

진화는 원래 개별적 진화, 관계성 진화, 계속적 진화로 이뤄진다. 그런 관점에서 전환기를 거친 공진화는 생태계 전반에 걸쳐 지속발전하도록 해야 한다. 이를 위해 우선 역할을 설정하고, 역할 기대 변화를 받아들여야 한다. 지능정보사회에 들어 인간은 인공지능을 받아들여 행동의욕이 향상되고 관계성 향상이 이뤄질 것으로 본다. 지능정보시대의 문화전략으로 인공지능과 로봇, 인간지능의 공진화 정도에 따라서 혁신 생태계에도 큰 변화가 생길 것이다. 그러므로 지능정보시대를 이끌어 갈 인간이 인공지능과 공진화하도록 창발적 전략을 펼쳐야 한다. 그리하여 활동주체들의 업무나 생활에서 질적 수준 향상과 더불어 심신의 풍요로움도 커지도록 한다.

또한 문화정책이 전환기 소셜디자인을 주도해야 한다. 우리 사회활동 주체인 언론, 사법, 사회조직, 공동체, 개인들이 바로 전환기 동안의 사회적 손실 요인을 주시하고 각성해야 한다. 자원의 동원과 배분 과정에서 혈연, 지연, 학연, 캠프, 폐쇄적 네트워크를 우선시하고 이기심의 사회적 책임화에 나선 것을 반성하고 바꿔야 한다. 그리하여 사회계층 간 유연성을 확대하고, 능력과 기회의 평등을 이뤄 새로운 관계 형성과 연결의 기회로 창발적 공진화 생태계를 구축할 수 있다.

② 창발플랫폼 구축

전환기에 누적된 복잡한 문제들에 대응하기 위해 미래지향 플랫폼을 구축해야 한다. 미래 시스템을 재설정하고, 전환기 수요에 맞게 인간의 미래행동규범을 재고해야 한다. 전환기 동안 기존 시스템이 불공평하게 작동했고, 지속가능하지도 않다는 사실을 확인한 바 위기를 벗어나도록 더 공정하고 친환경적인 미래를 위한 기회를 만들어야 한다.

이를 위해 전환기 디자인에서 첫 단계인 기존 요소의 교체, 설계적 결합과 유도적 신결합을 이뤄내는 새로운 결합을 과감하게 실현해야 한다. 그리고 융합육성의 실천을 위해 전환기 이후 새로운 장과 기회에 당사자로서 적극 참여해야 한다.

그리고 이런 활동들을 위한 창발플랫폼을 갖춰야 한다. 참여자 간 상호작용의 패실리테이터로서 각자 역할을 새롭게 설정하면서 활동에 나서야 한다. 플랫폼은 제3자 간의 상호작용을 가능하게 하는 장(기반)이다. 그러므로 플랫폼 설계는 창발전략의 핵심이다.

전환기 사회에서 새로운 출구를 찾을 때, 활동주체나 활동소비자들이 플랫폼에 참여하여 경쟁적으로 창의력을 발휘하거나 새로운 프로그램을 구축하여 가치를 창조해 낸다. 전환기에 혁신을 일으키고 에코시스템을 구축하여 폭발적인 가치 창조에 도달하는 사례들이 많다.

한편, 플랫폼의 운영에서 전환기 이후에 중요한 것은 데이터 자본이므로 데이터에 근거한 문화전략으로 전개해야 한다. 이제 문화정책은 공공이 주도하는 '최대다수의 최대행복'이 아니라 '최다소수의 절대 행복'을 위한 플랫폼을 만들어 가는데 있다. 이에 따라 데이터기반의 문화예술경영으로 평균의 추구가 아닌 '데이터 중심의 적응형 시스템'에 의존하게 된다.

아울러 전환기 이후 데이터 역할 인지, 인간의 역량 재인식, 문화예술경영 접목에 따라 데이터 역할을 바꾸는 현상들이 많아진다. 사회시스템에서 인간의 모든 활동이 데이터로 축적되어 피드백된다. 문화소비자들의 취향 데이터가 바뀌고 있어, 소비자 행동결과로 나타나는 '결과 데이터'보다는 '소비과정 데이터'가 더 의미가 크다. 이제는 인간들의 활동과정을 송두리째 파악할 수 있게되어 결국 과정을 만들어가는 협업이 중요하게 된다.

그에 따라 생태계 전반에서 생성되는 데이터를 공공재로 간주하고, 그 결과 데이터를 사회적 권리로 다뤄야 한다. 사회구성원 모두가 양질의 데이터 접근이 가능해야 하고, 기존 인프라기반 데이터시장도 공익차원에서 데이터를 제공할 수밖에 없게 된다.

대전환에 즈음하여, 우선은 기존 시스템에 대한 재평가와 대전환에 대하여 구성원 모두가 공동 인식해야 한다. 그리고 이 변화가 적절한지를 기존 시스템에서 디지털 전환, 변화된 기술의 적합성, 지속가능성 전략을 재평가하고 필요하면 재교육한다.

이제 인류의 미래행동 규범을 재고해야 하는 시기에 이르러 미래 시스템을 재설정해야 한다. 기존 시스템이 공평하게 작동하지 않았고, 지속가능하지도 않다는 사실을 전환기 동안 확인했다. 위기에서 배운 것을 바탕으로 더 공정하고 환경친화적인 미래를 위해 함께 일할 기회를 만들어야 한다. 이를 위해 글로벌 리더들이 모여 미래를 보호하겠다는 약속을 하고, 정부나 산업, 조직이 미래를 만드는 방법을 낙관적으로 재설계하는 혁신확산을 전개하는 문화정책 생태계 전략이 필요하다. 전환기 고통은 미래 안정장치를 시스템으로 만들었을 때 심리적 보상감으로 되돌아 온다.

Chapter 15

창조성 확산과 정책혁신

1. 창조성의 사회적 확산

(1) 창조성 기반 만들기

소용돌이치는 사회환경 가운데에서 창조적인 문화정책 혁신 요구가 커지고 있다. 최근에는 종합적 문화정책으로서 사회돌봄 문화정책, 문화환경 조성, 문화콘텐츠의 서비스, 지능정보화 문화정책, 복지적 문화권 확충을 더욱 중시하고 있다. 그 뿐 아니라 문화예술을 통한 국가의 품위 고양, 지역 간 불균형 시정, 지역문화의 고유성 확보, 문화유산의 관광자원화, 문화의 국제교류 등에서도 새로운 기대가 생기고 있다. 문화정책은 새로운 관점에서 접근하여 사회문화가치를 실현하기 위한 혁신정책으로 바뀌어야 한다.[1]

정책 기능도 창조·향유·표현뿐만 아니라 웹 3.0을 기반으로 하는 매개역할을 상대적으로 더 중요시하고 있다.[2] 또한 중간 규모의 정책으로서 사회학

---

1 문화는 특정 집단의 일상적·비일상적인 활동(학술·예술활동 등)에 걸친 가치체계이다. 이러한 활동은 재생산되거나 미래를 바꾸기도 한다. 이런 점에서 문화정책 혁신은 문화정책의 가치체계를 스스로 다른 관점에서 되묻고 개혁해 가는 것을 말한다.

2 매개기능은 출판사, 매스컴, 비평가, 프로듀서, 경영담당자, 연구자, 공무원, 국제교류 전문가,

습, 문화예술 치유, 문화중심적 사회정책개발을 추가하는 것도 이 같은 맥락이다. 이에 따라 '문화가치가 스며들어 부가가치를 창출하는 종합정책' 체계로 나가야 집행효율성을 기할 수 있게 되었다.

특히, 4차산업혁명 기술에 따라 문화콘텐츠와 산업을 결합하여 나아가고 있다. 디지털 미디어 관련해서 문화정책은 문화산업을 둘러싼 전쟁을 치르고 있다. 새로운 예술장르 창조(다른 분야 융합, 새 분야 창조), 새 기술과 표현방법 개발(원격 연출, 예술간 융합연출, NFT기술 결합, 데이터자본의 활용), 창조와 소비활동 지원, 사회에 대한 신규수요의 체계적 추진을 위해 문화정책에서 국가차원의 정책리더십도 새로 규정해야 한다.

우선, 사회전반에 창조적 환경을 폭넓게 조성해야 한다(Robert Weisberg, 2010). 특히, 문화활동에 직접 영향을 미치는 창조적 활동의 변화를 특히 멀티미디어와 스마트 환경 보급과 관련하여 눈여겨보아야 한다. 그동안에는 예술활동의 주체(창조자), 소비자, 활동의 장(장소)의 3각 구조가 정책의 주요 내용을 구성해왔다.[3]

또한 정책과 경영의 이원론적 접근을 깨트리고 정책의 경영측면을 강조하여 경영포용적 정책으로 나가야 한다. 문화정책을 둘러싸고 있는 공사 간의 제휴와 역할분담, 마케팅을 감안한 종합적 관점의 추진이 이제 당연시 된다. 시설 설치행정의 전형이었던 종래의 '문화행정'관행으로부터 종합적인 관점의 '문화기반 국가경영 정책'으로 바꿔야 한다.[4]

문화정책 리더십

전환기를 맞이하여 이처럼 새로운 혁신을 불러 일으키기 위해서는 종합

지역문화 리더들이 담당 하는 역할을 뜻한다.

3　그러나 최근 멀티미디어 보급에 따라 이 같은 구도가 완전히 해체되고, 정책 지원의 대상도 끝이 없이 다변화하여 낡은 정책관을 벗어나 새로운 문화정책 철학을 확립하는 것이 중요하다.

4　문화기반 국가(대한文국)를 창조하기 위해 독자적인 노하우를 축적하거나, 외부 관계자의 이해를 조정하고, 주체적으로 그 기능 유지 관점을 세워야 한다. 여기에서 '정책의 창조성'은 넓은 의미로서 문화예술인의 창조성 발휘기회, 창의성 내재적인 사회구성원, 이들을 지원하는 자본 등 3자의 연계와 접촉을 원활히 하는 데 조명의 초점을 맞춘다. 다시 말하면 사용 중인 제도를 고치고, 비문화적 국가경영의 틀을 막연히 뒤따르지 않고, 자유로운 발상과 적극적인 제안을 소중히 하고, 새 대안 개발에 몰두하는 것을 뜻한다.

적인 문화정책 리더십을 발휘해야 한다. 문화는 속지성(屬地性), 민족성, 장소성이 강하므로 개성이 요구되지만 한편으로는 국제 문명의 소산으로서 '문화영토 확장'과 보편성에 대한 요구도 막강하다. 이처럼 다채로운 대상을 다양한 방법으로 접근하는 문화정책은 한쪽에 치우치지 않고, 보편성과 개성의 조화를 이루는 정책기조를 확립해야 한다.

문화정책은 이처럼 총괄적인 문화정책 체계의 필요성, 문화정책의 기능, 문화정책의 대상내용, 문화정책 형성과정의 특수성의 측면에서 종합적이고 광범위한 정책체계가 필요하다.[5] 이와 관련하여 파트너십을 어떻게 구축할 것인가 하는 문제도 중요하다. 이에 따라 국가·예술단체·민간의 역할관계를 조정하여 지원의 대상과 방법을 구조화하고, 민간에 의한 지원 유도조건을 가다듬어 새로운 체계를 도출해야 한다.

또한, 문화정책 과정을 세련되게 추진해야 한다. 우선 문화정책 주변 분야를 정책환경으로 진정성 있게 받아들이고 이와 연계하여 교육, 경제, 복지와 서로 긴밀한 관계를 맺어야 한다.[6] 아울러 정책형성과정을 세련되게 거쳐야 한다. 공급자 위주 정책형성으로부터 소비자 위주의 정책형성으로 전환하기 위해 각 문화정책 기관들이 평가시스템의 전면도입, 문화정책과정의 과학화, 문화경영마인드의 확산, 사회과학적 접근으로 합리성을 높여야 한다.[7]

아울러, 정책 주체 사이에 역할분담과 종합조정 기능을 강화한다. 국가, 지방자치단체, 민간기업, 문화단체가 각자 입장에서 사람·프로그램·재원 협동을 이뤄야 한다. 따라서 문화공유정부 체계를 갖추고 중앙정부는 협동을 이끌어 내는 종합 조정기능을 강화해야 한다.[8]

---

5 문화정책 체계는 범주를 어떻게 보느냐에 관련된다. 문화, 예술, 종교, 체육, 관광 영역을 대상으로 하는 좁은 의미를 벗어나 넓은 의미의 문화를 대상으로 하는 경우를 말한다. 즉, '인간이 자연에 손을 대서 형성된 물심양면의 성과'로서 의식주를 비롯해서 기술, 학문, 예술, 도덕, 종교, 정치적인 생활양식을 포함하여 광범위하게 대상을 설정한다.

6 문화예술교육에서 초중등교육은 문화예술 기본 소양을 증대시키고, 고등교육에서는 예술활동의 주체를 양성하며, 사회교육에서는 예술중심의 사회교육을 전개하는 등 역할에 맞게 구성해 운영한다. 이런 맥락에서 개별 주체들이 상호신뢰적 보완관계로 예술과 교육학습의 시너지 효과를 거두기 위한 종합정책 체계를 구성해야 한다.

7 이러한 혁신개념은 좀 더 넓게 보아서 문화 이외의 분야에 문화적 관점을 도입하는 것, 문화행정 자체의 혁신, 권한을 자치단체에 위임하는 것으로 파악하는 입장도 있다.

8 이러한 글로벌 경향을 감안하여 유네스코는 문화정책의 종합적 추진 권고안을 다음과 같이

더 나아가 주요 국가들의 문화정책과 비교하는 비교정책적 접근도 필요하다. 선진국들은 오랜 역사에 걸쳐 문화정책에 체계적으로 접근하고 계획적으로 추진하고 있다. 환경변화에 따라 선진국들이 어떠한 문화정책과 전략을 구사하는지 정책을 비교하여 정책의 환경 적합성을 추구하고, 선행정책을 벤치마킹하여, 선행국가의 실수를 반복하지 않도록 후발주자(late starter)의 이점을 챙겨야 한다. 이런 점에서 주요 국가들은 환경변화를 감안한 문화정책과 전략을 개발하기 위해 부문별 중장기 계획을 수립하고, 임시 추진팀을 운영해 계획적으로 접근하고 있다.9

(2) 창조 환경

고도 지능정보사회에서 창조적인 여건을 만드는 것은 중요하다. 그러므로 핵심기능인 창조능력이 번창할 수 있는 사회 분위기를 보장해주는 것이야말로 미래지향적인 정책방향이다.10

창조력을 사회 전반으로 확산하기 위해서 일반 국민들이 쉽게 문화 관련 정보에 접근하도록 서비스하고 교육받을 기회를 확충해야 한다(Robert Weisberg, 2010). 또한, 창조적 체험이 가능한 활동공간을 마련하고 발표기회를 주며 활발히 교류하게 해야 한다. 발표의 장을 마련하기 위해서는 아마추어 활동 기회, 창조인프라를 확대·조성해야 한다.

① 창조환경 조성

창조력 확산을 위한 사회환경 만들기로 신진예술가를 발굴·지원하고, 시민들에게 창조적인 예술체험 기회를 열어주는 데 주력해야 한다.

제시한 바 있다(1998). ① 내생적 지속적인 요소를 활용한 정책설계 ② 사회경제를 고려해 문화정책을 발전정책으로 통합 ③ 문화정책 비전을 수용 ④ 창작인과 관련기관의 참여 보장 ⑤ 문화정책 협조 과정을 개발 ⑥ 도시화·글로벌화·기술변화 관련 협동체제 구축 ⑦ 발전에 대한 문화적 요인을 고려하여 기획 ⑧ 공유가치를 기반으로 개인·지역·국가 상호간 교환 촉진.
9 최근 영국은 〈National Plan for Cultural Education(2013)〉, 〈Achiving Great Art for Everyone〉 (2012), 〈Our Competitive Future: Building the Knowledge Driven Economy〉 (1998. 12)을 발표했다. 싱가폴은 〈Renaissance City Project〉(2000)를 추진했고, 중국도 〈문화개혁발전계획개요〉(2012), 〈문화산업진흥계획〉(2009)을 추진했다.
10 이와 관련하여 발표의 기회를 만들어 주고, 발표 여건을 조성하며, 창조력 제고를 위한 사업을 지원하며, 발표의 장을 조성해야 한다.

아울러, '예술의 창조와 향유의 유동화'를 위해 노력해야 한다. 사회적인 창조 가능성을 사람들이 이해하고, 예술에 대하여 이해하지 못하는 것을 부끄러워하고, 문화예술을 진정으로 사랑하도록 하는 것이다. 이를 위해 구체적으로는 '문화친밀권' 밖의 사람들을 끌어들이고 예술의 사회화 시스템을 만들고, 시민사회 지향적 예술정책을 만들어가야 한다.

또한, 사회를 창의적인 환경으로 조성하기 위해 예술과 사회의 관계를 변화시키도록 문화예술 지원시스템(기금, 메세나, 문화발전계획) 체계화, 예술경영차원에서 공공문화시설 활성화, 일상생활속의 문화활동의 보편화로 변환시킨다.11

또한 창조 인프라를 확충해야 한다. 이는 '창조 활동에 관한 고정자본인 하드웨어와 이를 운영하는 소프트웨어(인력, 유동자본, 노하우)를 결합'하는 것이다.12 이의 효율적 추진을 위해 문화인프라가 중요한데, 문화예술진흥을 위한 전반적인 제도, 문화에 관한 정보시스템의 정비, 문화단체의 조직형성, 문화시설의 물적 기반 정비, 예술가 인재교육 영역을 잘 구축해야 한다.13

② 활성화 지원

창조성을 활성화하고 확산하기 위해서는 기본적으로 창조증진에 관련된

---

11 창조성 확대로 사회여건을 갖추기 위해 예술서비스 조직을 변화시켜야 한다. 이 사례로 오스트리아의 ASIAS(Artist's Studio in a School)는 예술가가 초등학교에 가서 선생님과 협력하여 새로운 워크숍수업을 하는 프로젝트다. 또한 예술가 집단이 어느 지역에 머물면서 주민들과 의논해 지역문제 해결 시스템을 만드는 사례도 있다. 일본에서는 예술과 사회의 커뮤니케이션 확대를 위한 메세나프로젝트인 아웃리치활동을 지원한다. 이때는 자금과 연구 활동을 함께 지원한다. 결국 예술의 힘을 이용하여 사회 속에서 자기표현, 관계성 창조를 실현하고, 일상생활 속에서 예술에 접촉할 기회를 만드는 활동들이다.

12 문화공간이나 미술관 건립은 예술창조의 하부조직을 정비하는 것이며, 건립 건물수가 많으면 많을수록 좋은 평가를 받았다. 이런 사회기반에는 시스템이나 노하우, 객관적 기준, 법률이나 각종 규제, 시설경영 노하우가 축적되어 있다. 창조력 증진에 관련된 활동에는 여기서 나아가 법규에 내용을 담을 것, 소요재원 확보와 인재를 확실히 배치, 문화시설·예술가, 주민들의 관계를 명확히 할 것이 포함된다.

13 인프라는 사회적 문화순환(circular flow of culture)을 원활히 하며, 문화예술의 표현·교류·축적을 매끄럽게 하는 순환기제이다. 인프라가 빈약하여 순환을 막거나 방임하면 창작품 소멸은 물론 사회전체가 '문화동맥경화'에 걸리고 만다. 그렇다고 시장원리에만 맡기면 경제수익 실현이 쉬운 채산성 사업만 번창할 것이 뻔하다. 상업화가 가속화되면, 지역·세대·소득의 다면적 격차로 빠질 수 있다. 따라서 공공은 '예술을 지도하는 존재가 아닌 예술에 봉사하는 존재'로서 문화인프라의 수급 균형유지, 문화환경 조성의 기본적인 책무를 수행해야 한다.

교육과 인프라 지원 전략을 강화해야 한다(Robert Weisberg, 2010).

먼저 정규·비정규 교육환경을 창조적으로 조성한다.14 이를 실현하기 위해 국가는 교육체계에서 예술의 역할을 강화하고 평생 예술학습을 지원한다.15

또한 문화예술 창조자들의 창조적 활동에 필요한 '문화정보댐'을 구축해야 한다. 예를 들어, 각종 자료와 데이터, 문화산업 DB를 충실하게 쌓아야 한다. 각종 문화관련 활동들이 전문화되어감에 따라 매개 역할을 담당할 전문가, 창조전문가들이 제시하는 집단지성이 문화정책결정에서 점차 중요시되고 있다(久木元拓, 2009). 이러한 문화행정가, 무대장치 전문가, 문화산업 마케팅 전문가 양성을 담당할 조직확충이 창조경쟁 시대에 시급하다.16

③ 기회마련: 다양성·접근성·연계성

창조력 증진기회 마련과 관련하여 정책관점에서 첫째 다양한 창조성, 둘째 참여적 문화생활, 셋째 예술교육 개발, 넷째 교육체계와의 연계성 등에 주목해야 한다.17

먼저 접근성을 최대한 확대한다. 이를 위해 신규수요 확보, 관객개발에 우선적인 중점을 둔다. 여기서 접근성 확대란 소극적인 의미에서는 정체성 유

14 아이들이 창의적으로 자라도록 교사, 부모, 지역사회 관계자가 창조적 환경을 만들어 주고 행정구조로서 제도화하는 방법도 있다. 예를 들어, 초·중·고등학교 교육과정에서 창의적인 학습을 할 수 있도록 돕고, 중앙정부·지방자치단체·대학에서도 창조적 환경을 계속 만들어가는 것이다.
15 미국의 예술교육협력 활동은 단체간 협동행동을 지원한다. 또한 연구·평가·초등교육과 예술분야 협력으로 학생들에게 예술지도와 학습가치 보고서를 발간하고, 전문교향악단과 청소년오케스트라단들이 학생들에게 생생한 음악공연을 추진한다. 이러한 목적 달성 전략으로써 미국 학교에서는 기본적인 교육에 꼭 필요한 예술을 만드는 데 기여하는 프로젝트와 활동에 투자한다.
16 최근 급증하는 문화예술 창조, 보급단체들의 순기능적 활성화는 그 자체가 창조력을 확보하는 데 중요하다. 일본의 문화예술활동진흥을 위한 '시민활동촉진법'이나 세제상의 우대조치를 규정한 '특정공익증진법인제도', 미국의 비영리예술단체에 대한 세제혜택이 이들의 활동을 수월하게 하는 기폭제로 활용된다.
17 유네스코는 창조력 제고 가능한 환경을 조성하도록 문화정책이 여러 형태로 창조성을 증진시켜야 한다고 추진한다. 이를 위해 국적, 성별, 나이, 신체적·정신적 결함에 상관없이 모든 시민들이 문화적 실천에 쉽게 접근해야 한다. 문화적 정체성이나 개인과 사회적 소속감을 높이고, 미래를 계속 추구할 수 있게 해야 한다. 또한, 문화예술을 창조하기 위해 지역적, 창조적, 참여적 문화생활을 키우고, 다원주의적 다양성을 보장하도록 한다. 그리고 문화예술을 모두를 위한 교육의 기본차원으로 인정하고, 예술교육을 개발하고, 모든 교육에서 창조성을 키우기 위해 문화와 교육체계를 연계시켜야 한다고 제안한다.

지와 같이 국민 모두가 참여하는 문화생활을 향유할 수 있게 하는 것이다. 그 결과 보다 많은 소비자 창출을 가져올 수 있도록 하는 것이다. 다시 말하면, 이는 대중이 문화매체에 접근할 수 있게 하고, 이로써 국가 문화 창조력의 근간이 되도록 순회 전시회 지원, 극장 운영, 각종 페스티벌 개최, 이벤트 연출을 지원하는 것을 말한다. 여기에서 중요한 개념은 '예술을 체험하는' 것이 아니라 '예술적인 체험을 하는 것'이어야 한다는 점이다. 물론 그 결과보다도 그러한 프로세스가 더욱 중요하며, 다른 많은 과제와 연결시켜 능동적으로 추진하도록 하는 일련의 방법론을 활용하는 것이 창조력을 활발히 키워나가는 데 중요하다. 이와 함께 발표기회를 늘려야 한다. 새로운 작품을 창조하거나 새로운 정보·공연·전시를 위한 기회를 확대하며, 새로운 예술단체들·예술인들 사이에 원활히 소통하도록 한다.[18]

또한 다양성을 유지하도록 힘쓴다. 창조력을 키우기 위해서는 사회가 문화적 다양성을 소중하게 생각하고 이를 수용하는 자세와 분위기를 넓혀야 한다. 다양성을 보장하는 분위기를 유지하기 위해 대표적 예술단체에 중점 지원하지만, 전국적 예술단체 또는 커뮤니티 활동을 전반적으로 지원해야 한다. 물론 문화가치 확산을 위한 고도의 의욕적·야심적인 창조활동과 예술활동의 자주성을 바탕으로 공공지원을 펼쳐야 한다.

이와 함께 문화와 교육을 연계하여 청소년층의 창의성과 혁신능력을 고무시키고, 문화예술 분야 영재를 발굴하는 것은 미래의 국가경쟁력에 직결된다. 이들에게 창의성과 경영능력을 겸비할 수 있는 교육기회를 늘려주고 프로그램들을 다양하게 개발하는 것이 중요하다.

(3) 창조적 시스템과 확산

문화정책의 혁신은 결국 문화국가로 가는 데 목적이 있다. 창조적인 문화

---

18 NEA는 창조성 제고 사업을 다음과 같이 제안한다. 예술인들에게 창조적 공간을 지원하여 예술인 공동체에 거주하게 한다. 문학장학제도를 통해 작가들에게 창작수단을 제공한다. 또한 작품을 발표하거나 작품 재해석을 위한 프로젝트를 확대시킨다. 또한 작품의 창조와 발표 기회확대 정책을 평가 하기 위해서 관련 그룹을 소집한다. 예술가가 창조활동을 하도록 재료·시간·공간을 제공하는 예술 프로젝트들에 투자한다. 예술작품의 창조와 발표 기회를 지원하기 위해 주 예술기관들과 지역단체가 협력한다(www.arts.gov/learn/Strategic/Goal3.html).

국가란 '인간이 자유롭게 창조력을 발휘하여 문화와 경제활동에서 풍부한 창조활동을 펼치고, 기존 경제사회시스템을 혁신적으로 바꿔 유연한 시스템으로 만드는 국가'라고 말할 수 있겠다.[19] 이를 위해서 우선 창조주체가 정확한 목적을 가지고 일하는 방법을 개발해야 한다.[20]

문화정책 주체는 자기 역할에 대한 인식을 바꿔 보다 창의적인 데 역점을 두어야 한다. 정부는 직접적인 생산자라기보다는 사회에 있어서 문제해결의 길라잡이가 되는 촉매역할을 한다. 문제가 생길 때마다 정부역할을 추가하기보다는 정부역할이 사전에 충분히 결정되어야 한다. 또한 정부는 중장기적 관점에서 일하며 늘 세상의 움직임을 예견해야 한다.

창조문화국가는 공생·공진화하는 문화정책 네트워크를 만들고 이를 중시하여 정책을 만들어야 한다. 정부는 커뮤니티의 지지 위에서 성립(community-owned government)하며, 문화소비자인 국민의 이익을 제일로 중시(customer-driven government)하고, 이를 효율적으로 추진하기 위해서 분권적 경영을 추진해야 한다.

또한, 문화정책은 경영원리 중심의 정책관을 갖춰야 한다. 즉, 경쟁원리 속에서 정부를 경영하고, 결과를 중시하는 분위기를 갖추고(results-oriented government), 기업처럼 경영하고, 시장원리를 중시하는 정부여야 한다.

이러한 활동은 모두 창조적 방식으로 이루어져야 한다. 정책혁신에 대한 요구를 흔히 거론하지만 문화정책이 지향하는 수요자 중심적 정책, 촉매역할과 같은 간섭 없는 지원원칙을 시스템으로 만들어야 한다.[21] 의사결정 방식은

---

19 창조문화국가는 기존 경제사회시스템을 혁신적으로 바꿔서 유연한 시스템으로 만드는 것이 중요하다. 그래서 결국 사회문제를 창조적으로 해결하는 기회가 많아지게 된다. 이를 위해서 예술가, 과학자가 자유롭게 활동하고, 창조성을 지원하는 문화시설을 늘리며, 산업창조에 자극을 주는 사회서비스를 늘리고, 국민의 창조력과 감성을 높여 활동을 보장해야 한다.

20 창조주체가 존립 정당성을 가지려면, 비전-목표-목적-전략이 논리적으로 연계되어야 한다. 예를 들어 미국 NEA도 조직의 존립근거를 분명하게 알리려고 애쓰고 있다. 이처럼 하나의 조직이 존립하기 위해서는 비전, 목적, 전략을 계층적으로 수립해야 한다. 이러한 목표체계로 조직존립의 당위성이 인정받고, 활동범위와 내용, 활동결과 평가가 이루어 진다. NEA는 자체 조직혁신을 위하여 이 점에 노력한다. 이를 위해 조직의 대 국민 접근성을 높이고 수혜자를 위한 서비스를 강화하고 내부조직 운영을 혁신하고 있다.

21 싱가포르 정보예술부는 문화예술 활동의 경제성 외에도 창조적·예술적 활동을 담당한다. 안정적인 성장을 유지하려고 혁신과 새로운 발견, 지식창조에 호의적인 환경을 조성한다. 지식노동자가 활기차고 동기를 이루도록 창조성 붐을 조성하여 국내외 유능인력을 끌어들여 사회 역

지나친 합리적 문제해결 사고 중심에서 프로듀스적 사고로 전환되어야 한다
(久木元拓, 2009).[22]

2. 새 정책 패러다임

(1) 체계화와 논리 구성

창조적 혁신을 위해 문화정책의 틀을 새롭게 바꿔야 한다면 무엇을 어떻
게 해야 할 것인가? 우선 문화정책의 본래 모습을 바탕으로 바람직하게 체계
화하고 논리를 구성해야 한다. 문화정책은 그 나라의 역사적 경위와 그때그때
의 소비자수요에 따라 형성된다. 따라서 편하게 다른 나라 모델을 원용할 수
도 없을 뿐더러 참고할 만한 문화정책학이론이 아직 확립되어 있지도 않다.
정책현실에 있어서 정책효과의 역진성, 정책수단의 도구화에 대한 문화정책철
학적 성찰이 깔린 정책논리를 확산시켜야 한다.

독립변수인 문화정책은 이처럼 중요한데도 불구하고 그 논리적 뒷받침이
될 문화정책 연구는 이제 시작에 불과하다.[23] 아울러 종합과학적인 연구가 필

동성을 부여하고 성장하도록 이끄는 정책으로 추진한다.

22 합리적 문제해결사고와 프로듀스적 사고(여러 가지 방법을 찾아서 목적물의 가치를 높이는 생
각과 행동)는 차이가 있다(久木元拓, 2009).

	합리적 문제해결 사고	프로듀스적 사고
판단기준	옳은가 옳지 않은가 가능한가 불가능한가	그럴 의사가 있는가 없는가 해보겠는가 그만하겠는가
감성 vs. 이성	감성 < 이성	감성 > 이성
중시하는 것	합리성, 객관성	아이디어, 생각, 대의명분
개선 vs. 혁신	개선 > 혁신 (레드오션)	개선 < 혁신 (블루오션)
목 표	예상되는 결과	예상불가능한 결과
사고의 기반점	원 인	미 래
사고 프로세스	원인 → 문제 → 해결책	과제 ← 미래 이미지 → 해결책

23 정책연구에는 두 가지 관점이 있다. 하나는 문화정책을 정책결정의 산물로 보는 소위 종속변
수적 시각이다. 종속변수 시각에서는 정책이 나오는 과정, 환경에 미치는 영향에 관심을 갖는
다. 또 하나는 정책 자체가 투입·전환·산출·피드백으로 구성되는 정책결정 과정의 성격을 결
정짓는다고 보는 독립변수적 시각이다. 독립변수적 시각에서는 정책 자체의 성격이나 내용에

요하다. 문화정책은 우선 관련 정책들을 포함시켜 문화정책학으로 정립해야 한다. 문화정책에서는 '국가수준에서의 분산화, 지역수준에서의 종합화' 방식으로 효율성을 추구하지만, 현실적합성을 갖춰야 하므로 그 모두를 포괄적으로 수렴해야 한다. 이러한 점에서 볼 때 여러 인접정책을 포함해 종합적인 정책 논리를 구축해야 한다. 종합연구 방법론을 모색하는데는 예술경영과 불가분의 관계를 유지하며 문화적 특성을 살리는 접근방안을 개발해야 한다.

끝으로, 문화자원을 심층분석하고 최대한 활용해야 한다. 문화정책 연구에서 문화자원은 앞으로 중요한 연구영역으로 떠오른다. 이러한 관점에서 문화자본 개념은 경제학적인 자본개념에 당연히 포함되던 물적 자본·인적 자본을 능가하는 중요한 개념이다.[24]

(2) 패러다임의 전환

전환기와 같이 문화예술 환경이 복잡해질 때는 정책의 역할·내용·환경에 맞게 정책 패러다임을 바꿔야 한다. 패러다임 변화는 문화예술정책의 목적과 기대, 개념적 근거 재규정으로부터 새롭게 출발한다. 또한, 궁극적으로는 새로운 사회에서 중시하는 경제적·기술적·문화적 변화에 창조적으로 대응하는 방안을 모색해야 한다.

그동안 문화정책은 주어진 정책 틀 안에서 제각기 다른 '시대 감정'과 우선순위에 맞춰 주변 정책의 논리와 언어를 답습하는 데 급급했다. 이 논리에 따라 문화예술에 대한 공공지원과 보조, 수요와 부족, 다른 지적인 활동(과학, 인문학)과의 대등한 취급, 특정 예술분야들에 대한 강조를 요구하는 정도에 머물렀다.

이러한 변화를 다 거쳐 온 지금 전환기에 놓인 문화예술정책학은 몇 가지

더 관심을 갖는다. 결국 문화정책은 독립변수 관점에서 정책내용에 초점을 두고 이에 따라서 정책과학에서 축적한 논리와 접근방법으로 정책내용, 형성과정도 분석해야 한다.

24 경제 관점에서 보면 문화는 문화산업과 같은 경제활동의 총체를 의미하지만, 다른 한편으로는 사회가치의 총합을 의미한다. 문화자본으로서 건축물·문화유산과 같은 유형자본은 물론이고 아이디어·신념·전통과 같은 인간행동의 바탕이 되는 자본이 모두 연구대상이 된다. 특히, 사회문제에 대한 문화정책적 접근이 새롭게 각광받는 추세에 비춰보면 사회관계자본(social capital)에 대한 중요성이 커지고 있다. 믿음, 호혜성, 네트워크를 바탕으로 맑고 밝은 문화사회로 가는 길을 닦는 정책기조를 중요시해야 한다.

관점에서 새로운 패러다임 구축의 돌파구를 열어야 한다.

기본적으로 문화예술 지원은 '보조가 아니라 공공 투자'라는 인식으로 전환해야 한다. 그리고 문화예술은 엔터테인먼트와 결합함으로써 경제성에 연관되는 복합산업으로 발전될 수 있다는 '문화의 부가가치에 대한 생각'을 가져야 한다. 나아가 예술과 인문학·기술과학은 큰 차원에서 문화정책에 깊이 연결되어 있다는 맥락적 인식을 가져야 한다. 특히, 예술은 다른 분야의 정책이슈·프로그램 활동·인력에 중요한 자원으로 활용된다는 네트워크인식을 굳게 가져야 한다(久木元拓, 2009).

이 같은 새로운 정책 패러다임에서 정부의 역할·수단·방법은 앞에서 논의한 바와 같은 정책기조와 이념에 충실해야 한다.[25]

그런데, 과연 이 새로운 패러다임은 성공적으로 정착할 수 있을까? 이는 아무래도 문화예술 정책체계를 구성하는 핵심 구성 요소들의 정치성에 따른다. 분명한 지도력, 내실있는 지원, 긍정적인 정책 활동을 위한 '기회의 창'을 여는 데 도움이 되는 정치경제적 환경을 우선적으로 마련해야 한다.

(3) 새 연구과제

새로운 문화정책학 패러다임은 연구내용도 새롭게 바꿔야 한다. 전환기 사회변화와 기술발달을 받아들여 문화예술발전을 위해 좀 더 정책지향적인 관점을 가져야 한다.[26]

문화정책학이 새롭게 연구해야 할 분야로 ㉠ 정책모델 개발 ㉡ 지원시스템 적정화 ㉢ 성과 평가시스템 ㉣ 저작권 관리라고 본다. 이는 문화정책 패러다임 전환과 관련하여 시급한 항목들이다.

첫째, 문화정책의 독자적 모델을 개발하고 구축한다. 다시 말하면, 문화정책을 형성·집행·평가하는 데 긴요한 틀을 개별분야나 정책보다는 거시적인

---

25 이 관점에서 현재와 같은 보조금 지원형태가 효율적인가, 정부나 문예진흥기금은 문화발전에 주도적인 책임과 기회를 제공하고 리더십을 발휘하는가를 재점검해야한다. 아울러 모든 정부 차원의 문화발전을 위한 기여는 중앙정부 상호간, 지방자치단체와의 관계에서 문화기관들과 생산적인 관계를 유지하는가의 문제도 확실하게 챙겨야 한다.

26 앞으로 문화정책을 어떻게 연구할 것인가에 대하여 트로스비(Throsby)는 여섯 가지를 말하고 있다. ① 데이터의 수집과 분석 ② 문화산업의 활동내용이나 조직에 대한 연구 ③ 문화자본과 문화유산에 대한 연구 ④ 창조성의 분석 ⑤ 공공부문의 역할 ⑥ 문화의 가치이다.

이념과 목표를 선택해서 모델화하는 것이다.[27] 예술중심 정책에서 넓은 의미의 문화정책으로 정책 패러다임을 바꿀 수도 있다.[28] 그런데 차이가 많은 각국의 사정, 너무도 광범위한 문화개념을 꿰뚫어 볼 수 있는 모델을 만드는 것은 그리 쉽지도 않고 모두가 동의할 수도 없을 것이다.

둘째, 합리적인 지원시스템 개발론(공적지원·비영리조직·네트워크)이다. 특히 비영리단체·공익단체에 대한 연구와 더불어 예술지원 시스템을 어떻게 합리적으로 모델화하는가는 문화정책에서 줄곧 연구자에게 새로운 과제를 안겨주고 있다. 지원 방법에 관해 ① 국고보조금 중점 의존형 ② 국가·자치단체간 보조금의 매칭형 ③ 기부장려 세제정비 중심의 유도형 ④ 기업·재단·비영리단체 재원 집중개발형으로 나눠볼 수 있지만 아직은 적실성 있는 제도화를 기다리고 있을 뿐이다.

셋째, 문화예술 성과에 대한 평가시스템, 문화영향평가시스템을 현실적합하게 개발해야 한다. 평가시스템은 전문적 평가와 향유능력 발달에 대한 일반적 평가를 모두 아울러야 한다. 평가에서 어려운 것은 '진짜 문화예술 활동'을 찾아내 평가하는 문제, 어느 수준까지를 경험과 시행착오로 인정해서 예술단체의 다양한 실험과 권리를 인정할 것인가를 판단하는 문제이다. 지원자의 입장에서도 다양한 지원조직·평가기준, 다양한 재원·지원방법에 대한 기준이 필요하다. 문화예술 성과에 대한 평가는 전문적 평가뿐만 아니라 향유능력 있는 소비자평가로부터 영향을 받기 쉽다. 또, 평가에 대한 합의형성 과정도 새롭게 연구해야 할 주제이다.

넷째, 저작권 등 지적 소유권에 대한 가치평가이다. 예술에 대한 평가가 사회적으로 확실해지면, 공연이나 창작물은 지적소유권은 물론 인접권으로서

---

27 예를 들면, 몇 가지 지표를 사용해서 최고수준의 예술활동을 키우기 위한 노력, 예술의 분권화·민주화를 바탕으로 모델을 구축할 수 있다. 또는 비영리 예술단체와 상업적 예술과의 연대, 예술단체의 사업수입 가능성을 바탕으로 모델을 만들 수도 있다.

28 예술중심에서 문화로 변화시킨 사례를 미국에서 볼 수 있다. 미국은 예술정책에 중점을 두고 그동안 주정부의 예술정책 이슈를 중심으로 추진해 왔다. 그러나 정치적 변화를 거치면서 NEA 사업의 공공편익과 예술정책의 공공목적들이 명확하지 않게 되어 예술프로그램의 정치적인 가능성이 더욱 의심받게 되었다. 결과적으로 예술정책에 대한 의견불일치가 늘어나고 이에 따라 정치적 실패와 함께 NEA와 연방예술정책을 위협하게 된다. 이 과정에서 새로운 정책 패러다임이 탄생되었는데, 이는 예술정책만 배타적으로 중시하기보다 일련의 문화정책들을 포함한다는 것이다. 새로운 예술정책은 이러한 변화 끝에 새로운 사고와 틀을 짜게 되었다.

문화적·학문적·경제적 가치를 갖는다. 과연 이 가치를 어떻게 파악할 것이며, 설계·창조노하우와 결합하여 생겨난 독자적인 자원을 어느 정도로 인정할 것인가가 문제이다. 최근 빅데이터, 네트워크가 발전하면서 자본·노동·토지에 대한 지적 자원보다는 노하우에 대한 지적자산 가치가 높아져 문화정책에서도 이 문제가 중요해졌다. 그리고 지적자산의 발생과정을 사회문화적·경제적인 틀로 연구하는데 관심이 늘고 있다. 나아가, 예술의 창조적 성과를 만들어내는 사회적·경제적인 구조를 연구하여 그 결과를 과학·기술 등 다른 창조적 영역에 적용할 수 있을 것이다.

3. 문화정책의 혁신: 맺는 말

앞에서 문화정책이 추구해야 할 이념으로 가장 높은 이상 가치로 인본주의를, 사회목적 가치로서 창조성을 들었다. 그리고 이를 실천하기 위한 정책 가치로서는 합리성, 효율성, 민주성, 형평성을 제시했다. 이러한 이상적인 이념적 가치달성하기 위한 문화예술 정책의 근간을 이룰 것은 사람, 창조, 정책 효율성이라고 말할 수 있겠다. 이 책 전반에 걸쳐 이러한 목표를 달성하기 위해 어떤 정책을 어떻게 개발하고, 논리를 전개하며, 정책수단을 개발할 것인지 논의했다.

새로운 문화정책을 개발하는 데 앞으로 어떤 관점에서 접근해야 할까? 우선 목표와 정책수요를 연계시키는 데 집중해야 할 것이다. 다시 말하면, 큰 틀에서 문화정책의 이념과 목표, 그리고 새로운 정책수요를 연결하고 이를 실현하기 위한 전략적 과제를 발굴해야 한다.

(1) 인본주의

인본주의를 실천하기 위해서는 우선 문화예술의 민주화가 선행되어야 한다. 문화민주화와 인본주의를 실현하는 전략으로 세 가지를 들 수 있다. 먼저 문화예술을 가능하면 많은 사람들에게 보급시키는 것이다. 예를 들어, 문화시설의 정비, 뉴미디어나 정보시스템을 활용해서 언제 어디서나 감상기회를 갖게 해야 한다.

① 문화예술 민주화

문화예술의 내용과 그 가치의 민주화를 실현해야 한다. 그 결과 학교 교육에서 조차도 그러한 엘리트 예술만을 가르치며, 정부도 예술보급을 도시 엘리트 문화에 초점을 두었다. 물론, 오늘날에 이르러 이에 대한 반성이 지배적 현상이다.

예술창조 과정에 비전문 일반인들을 참가시키도록 한다. 직업적 예술가의 창조활동 결과에 대해 일반 향유자들은 피동적·일방적으로 소비하는 정도에 그칠 수도 있다. 문화시대에 모든 사람들이 참가하는 문화예술을 키우기 위해서는, 창조활동에서도 민주화의 진전이 절대적이라고 생각된다.29

이를 사회에 확산하기 위해서는 체계적으로 문화교육을 활성화하고 보편화해야 한다. 문화예술에 관한 교육을 바탕으로 인본주의를 실현하는 지름길을 열어야 한다. 그러나 문화예술 교육은 문제가 간단하지 않고 단순 학습내용의 확장 이상의 것이어서 학교문화예술교육에 각별한 대응이 요구된다.30

② 품격 높은 사회문화

문화가 모든 사회구성원으로부터 똑같이 지지받는 것은 아니다. 오히려 문화는 같은 문화적 속성을 공유하는 계층에 의해서 보호·유지되어 왔다. 문화적인 계층은 일반적으로 문화적 교양이라는 일종의 문화적 재화에 익숙해져 있다. 문화예술이 가져오는 사회에 대한 품격화를 확실하게 보장하는 전략은 문화정책과 사회가 공진화하는 길이다(이흥재, 2012). 이 문화계층이라는 것은 확실하게 드러나 보이는 것은 아니지만 어느 나라든지 소수의 특권층으로 형성되기 마련이다.31

---

29 문화활동 참여는 전문가뿐만 아니라 사회구성원 하나하나가 문화창조에 참여하도록 하는 것으로 '문화의 보급에서 문화의 민주주의로'라는 구호(유럽문화정책회의 채택문), '고용과 여가시간의 연계'(프랑스), '문화분야의 인재양성과 교육, 문화의 보급과 일반인의 문화활동에 대한 참가기회 확충'(일본) 등에서도 전략 과제로 채택된 바 있다.

30 일반 대중들이 커뮤니티수준의 활동으로 예술적 소양함양과 체험 기회도 적으며, 그 방법에도 어려움이 도사리고 있다. 문화발전에서 중요한 예술경영교육은 이제 겨우 윤곽을 잡았을 뿐이고, 앞으로 예상되는 문화예술 활동 확대를 감안해서 전문적 교육으로 도약해야 한다.

사회에서 문화예술의 위상을 높이려면 문화예술인에게 높은 권위와 명성을 안겨주어야 한다. 예술인에 대한 사회적 권위 인정의 역사는 나라에 따라 다르지만 훈장·교육시스템을 갖춰 넓히고 있다.

중앙정부는 지방자치단체, 사회교육제도, 문화행사, 이벤트를 활용하여 예술·대중·시장과 접촉해 왔다. 결국 이러한 전략은 어느 정도 성과를 거두어 문화적 정체성을 보존하고 유지하는 전략으로써 성공했다.

(2) 협창주의(협동적 창조주의)

문화예술의 발전과 향유에 기여하기 위해서는 문화예술단체나 활동의 창조력과 질적 수준이 탁월해야 한다. 협동적 창조활동이 성공적으로 지속되기 위해서 정책 주체들은 국민 참여를 늘리고 국민에 대한 책임을 다하는지를 평가받아야 한다. 이때 기준은 예술의 질과 시민의 문화적 생활에 관한 논리에 바탕을 둔다.

① 경쟁적 탁월화

문화정책은 예술가의 창조활동을 적극 지원하여 경쟁력을 높이게 운영하는 것이 최고의 목표다(Robert Weisberg, 2010). 대개 질적 수준이 높은 문화 창조의 거점과 함께 지역의 이미지를 높이는 데에 기획의도를 둔다. 지역에 대한 직접적인 이익을 너무 의식하지 않은 채 창작에 전념하면 역설적으로 그 지역에 탁월한 성과를 가져올 수 있다는 것이다. 이를 '경쟁적 탁월화 전략의 집단적 수용'이라고 부를 수 있다.

② 문화네트워크와 협동

문화예술이 아무리 인간적인 활동이라고 하지만, 정책으로 그것을 달성하기 위해서는 냉정한 전략이 필요하다. 또한, 문화예술 활동을 지원하고 성과를 활용하도록 사회적 지원제도를 갖춰야 한다.

이러한 제도는 다른 문화시스템으로부터 자립적·독립적 세계를 가지면서

---

31 '사회의 품격화'를 담보하는 문화계층은 몇 가지 특징을 지닌다. 첫째, 중간계층은 지나치게 편중 구성되어 있다. 둘째, 문화계층은 뚜렷하게 구성된다. 셋째, 남성은 경제적 수입이나 교육수준을 중시하고 여성은 문화적 교양을 중시한다.

정치경제시스템과 새로운 관계를 맺는다. 아울러 사회구성체들은 각자 다양한 형태의 분권시스템을 가지고 유기적으로 움직인다.32

　　이러한 것들은 예술시장이 어느 정도의 규모에 도달된 사회에서는 일반적으로 일어나는 공통현상이다. 다만, 그 시장화와 문화정책 수행에 있어서 활동주체별로 개성이 다르게 나타나게 마련이다.

　　또한 공공 문화정책 시스템은 중앙과 지방 사이에서 위임형 집권체계에서 수평적 분권체계와 참여구조로 시스템 전환이 이뤄지고 있다. 아울러 권한·재원·정보·인력·기술 등 자원의 분산효율화를 이룰 수 있는 네트워크를 중요하게 생각하는 협동적 문화정책을 펼치고 있다. 사회적인 정보의 공유와 함께 개성 있는 것을 부드럽게 결합하는 네트워크 구축으로 문화정책의 새로운 틀을 엮어야 전환기 환경에 맞는 보다 효율적인 협동적 창조체계를 이룰 것이다.

③ 지원수단의 다원화와 거버넌스

　　시장경제 중심 국가에서 예술활동 지원은 그동안 모두 민간에 위임되어 있었다. 그러나 점차 공공부문 개입의 효율성을 감안하여 정부개입이 추가되어 혼합화되고 있다.33 미국에서는 오히려 국가, 지방, 민간의 3자 협력으로 다각적인 문화정책을 펼치게 되면서 예술가에게 선택의 여지를 주고 창조자유를 지키는 데 도움을 주고 있다. 이로써 국가 또는 지방공공단체의 재정이 새롭게 주목을 받고 있다.

　　한편, 정부 주도적 정책의 역사를 간직해 왔던 나라들은 오히려 민간과 문화협동으로 지원수단을 다원화하며 거버넌스를 구축한다. 출발점이 시장 주

---

32 경제시스템이란 문화예술 산업화를 이루며, 대규모의 예술시장을 갖고, 기업메세나와 스폰서십 같은 시스템이 확립되는 것을 말한다. 정치시스템으로는 예술에 대한 공공지원과 문화정책적 추진체계를 갖춘 것을 말한다. 두 가지는 서로 다르면서도 전략적 보완관계를 유지한다. 경제시스템은 수요와 공급의 함수로 존재하며 거기에서는 '보이지 않는 손'이 움직인다. 그러나 문화선진국에서 보듯이 정치시스템으로서의 문화정책은 예술가의 활동과 활동결과를 계획적으로 통제하는 것이므로 서로 다르다.

33 미국은 NEA를 설립하여 연방정부가 예술보조를 시작함에 따라 주와 시, 마을도 문화예산을 급증시켜 결국 총체적인 문화재정이 늘어났다. 그 결과 오늘날 국가, 지방공공단체, 기업, 재단, 개인들의 다양한 재원이 예술로 흘러들어오고 있으며, 특히 최근에는 기업도 예술지원을 비약적으로 강화하며 예술지원이 다양화되고 있다.

도적이든 정부 주도적이든 간에 현대 국가의 정책은 자유시장국가와 전통적 행정국가의 절묘한 결합으로 문화거버넌스를 추진하고 있다. 문화거버넌스는 실질적인 재정확보를 통해 문화서비스 수준을 향상시키는데, 이것이 성공할지는 정부와 민간 문화공동체의 광범위한 참여가 효율적으로 가동될 것인가에 달려있다고 생각된다. 따라서 문화프로그램에 대한 정치적인 지원을 다양하게 유도하기 위해 전략적으로 접근하는 문화 거버넌스에서도 정책 핵심주체가 정책혁신가로서 역할을 하지 않으면 성공을 보장하기가 쉽지 않다. 특히 우리와 같은 여건에서 이러한 과도기적 흥미거리가 내실 있게 뿌리내리기 위해서는 거버넌스 구성원들의 책임을 강화하는 조치를 좀 더 고려해야 할 것이다. 이런 맥락에서 정부의 활성자 역할(facilitator)에 대한 기대와 생태계 활성화 노력을 새롭게 주목해야 한다(이흥재, 2011).

(3) 가치부가주의

① 문화예술 융합화

문화예술에 기술융합으로 새로운 문화예술 세계를 열어가는 트렌드에 맞춰 문화콘텐츠 융합, 기술융합, 학문적 통섭, 문화관련 정책융합 등 다면적 융합을 구축해야 한다. 이간은 융합융화로 문화정책과 관련 분야의 공존(cross platform), 공생(symbiotic relationship), 공진화(coevolution)를 가져오게 된다. 이로서 문화예술 생태계가 새로 구축 또는 활성화된다. 이 과정에서 정책에 따라서는 정부가 활성자 역할을 담당하여 문화정책 부가가치와 경쟁력을 높이게 된다.

② 문화흐름의 글로벌화

글로벌화가 문화예술 발전에 어떤 영향을 미치든, 글로벌 규모의 문화활동과 콘텐츠산업이 대규모화·팽배화되고 있다. 글로벌 문화적 보편화는 정보사회와 문화사회를 이끄는 두 바퀴를 연결하는 축으로서 매우 중요하게 움직인다. 따라서 전략적으로 문화다양성과 다문화를 존중하되 문화정체성을 잃지 않도록 정책적으로 추진해야 한다. 또한, 전 지구적인 문화시장이 성립되어 있으므로 국가 문화발전 전략에서는 세계시장 전략까지 당연히 고려해야 한다. 이때 가치의 보편주의화와 자국 문화의 정체성 사이에서 균형을 잃지 않도록 정책적으로 유의해야 한다.

③ 문화콘텐츠의 부가가치화

문화예술시장은 예술의 수급확장과 공진화를 위한 기본 바탕이 되므로 최대한 활성화되어야 한다. 국내외 시장 구분할 것 없이 각 장르별로 세분화된 시장의 규모가 일단은 좀 더 커져야 한다. 시장을 관리하고 있는 사람들에게 수요와 공급이 통제를 받고 있지만, 시장의 활성화를 이뤄 문화예술 발전 전략에서 중요한 축을 담당하도록 해야 한다.

문화예술산업이 더욱 커짐에 따라 이제는 예술이 경제의 부담이 되는 것이 아니라 오히려 경제를 이끌어가려고 한다. 문화예술의 사명과 가치는 경제적 가치와 조화를 꾀하여, 문화예술의 투자를 유인할 수 있어야 한다. 그러기 위해서는 문화산업의 발전에 필요한 특성 있는 전략을 개발해야 한다.[34] 아울러 정책결정자들은 투자를 확보하기 위해 문화예술의 경제적 효용에 관한 기초연구를 강화하고, 문화콘텐츠산업의 규모에 관한 데이터를 관리하여 문화콘텐츠의 부가가치를 과학적으로 창출해내야 한다.

구슬이 서말이라도 꿰어야 보배다.
문화정책이 구슬을 꿰는 실이 되어야 한다.

---

[34] 문화산업 전략을 통해 정책 담당자들은 국가·자치단체·재단·기업·개인 등에 의한 다원적인 지원체계를 그 나라의 실정에 맞게 구축하고 있다. 문화정책 가운데서 각 나라들은 특히 다원적인 지원체계 수립을 통해 전략적으로 접근하는 경향이 두드러지고 있다.

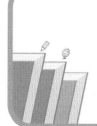

참고문헌

1. 바탕 글(저자의 문헌)

[단행본]

이흥재 역, 문화예술경제학, 살림, 2000.

_____ 역, 예술경영과 문화정책, 역사넷, 2002.

_____, 문화예술과 도시경제, 문자향, 2002.

_____, 문화예술정책론, 박영사, 2005.

_____, 문화정책, 논형, 2006.

_____ 역, 문화재정책개론, 논형, 2007.

_____, 문화사회만들기, 논형, 2010.

_____, 현대사회와 문화예술, 푸른길, 2012.

_____, 문화정책론, 박영사, 2014.

_____, 4차산업혁명과 소셜디자인 문화전략, 푸른길, 2018.

_____, 왕의 소통: 권력과 문화의 짝춤, 푸른길, 2022.

정근식 외 공저, 문화도시 만들기, 경인문화사, 2001.

한국문화경제학회 공저, 문화경제학만나기, 김영사, 2001.

유민연 외 공저, 예술과 경영, 태학사, 2002.

전운성 외 공저, 중소기업 경영혁신 솔루션, 강원대출판부, 2005.

[논문 및 보고서]

김영주, 지역사회기반 문화예술교육 운영구조 연구, 한국문화경제학회 추계학술대회 발제문,
    2013

_____, 커뮤니티아트 활동에서 나타나는 창발현상에 의한 공진화 효과 연구(복잡계이론을 기반으로), 추계예술대학교 박사학위논문, 2016.

_____ 외, 로컬푸드직매장지원사업 문화영향평가 연구, 한국문화관광연구원, 2016.

_____, 韓国の文化影響評価制度の導入背景と推進過程, 일본문화정책학회 추계학술대회 발제문, 일본문화정책학회, 2017.

_____, 문화영향평가연구체계와 향후 과제, 한국문화경제학회 동계학술대회 발제문, 한국문화경제학회, 2017.

_____ 외, 어르신문화프로그램지원사업 평가 및 발전방안 연구, 한국문화원연합회, 2017.

_____ 외, 평창문화올림픽 의미 및 성과분석 연구, 한국예술위원회, 2018.

_____ 외, 정왕동 어울림 스마트 안전도시 재생사업 문화영향평가, 한국문화관광연구원, 2018.

_____ 외, 서울어젠다 이행실적 점검을 위한 기초 연구, 한국문화예술교육진흥원, 2018.

_____ 외, 신중년 문학, 자연, 예술 소재 문화예술교육 프로그램 결과분석 연구, 한국문화예술교육진흥원, 2019.

_____ 외, 원주 근대역사문화공간 재생활성화 사업계획 문화영향평가, 한국문화관광연구원, 2019.

_____ 외, 오산 문화도시 조성사업 계획 문화영향평가보고서, 한국문화관광연구원, 2019.

_____, 경기도 아동청소년 예술공연 공간 확대 방안, 2020경기도 의회 정책토론회 발제문, 경기도의회, 2020.

_____, 비대면 시대, 새로운 환경변화에 따른 청년예술가 지원정책 방향성 논의, 발제문, 한국문화경제학회, 2021.

_____ 외, 문화영향평가 핵심가치지표 타당성 논의 <문화정책논총> 35집 1호, 2021.

_____ 외, 문화예술교육사 현장 역량강화 사업 만족도조사 연구보고서, 한국문화예술교육진흥원, 2021.

_____ 외, 인생나눔교실 사업평가 연구, 한국예술위원회, 2021.

_____, 문화예술교육사 현장 역량강화 사업 만족도 조사결과, <문화예술교육사 현장 역량강화 워크숍> 발제문, 한국문화예술교육진흥원, 2022.

_____, 문화영향평가 자체평가 개선방안 모색, <2022년 문화영향평가 심포지엄> 문화영향평가의 오늘과 내일 발제문, 한국문화관광연구원, 2022.

_____ 외, 전라남도 장흥군 폐산업시설 및 유휴공간 문화재생사업 계획 문화영향평가보고서, 한국문화관광연구원, 2022.

_____ 외, 우리가치인문동행 사업평가 연구, 한국예술위원회, 2022.

_____ 외, 익산시 문화도시 조성사업 및 금마고도지역 도시재생 사업 계획 문화영향평가

보고서, 한국문화관광연구원

이흥재, '국제문화교류 활성화를 위한 정보관리의 효율화 방안', 〈문화정책논총〉, 6, 한국
　　　문화정책개발원, 1994.

_____, '농어촌 주민 문화생활 활성화 방안 연구', 〈국민문화생활 향상을 위한 방안〉, 한
　　　국문화정책개발원, 1994.

_____, '총괄', 〈메세나 연차보고서〉, 한국기업메세나협의회, 1994, 1995, 1996, 2000.

_____, '재정분권화의 구조와 정책적 효과', 안해균, 〈한국관료제와 정책과정〉, 다산출판
　　　사, 1994.

_____, '국민생활지표의 구성을 위한 시론', 〈문화정책논총〉 7, 한국문화정책개발원,
　　　1995.

_____, 해외문화원 활성화 방안 기초연구, 한국문화정책개발원, 1995.

_____, '자치시대 지방문화행정의 이념과 역할', 〈지방행정〉, 1996. 11.

_____, '문화부문 비영리단체의 활성화를 위한 정책과제', 〈문화정책논총〉 8, 한국문화
　　　정책개발원, 1996.

_____ 외, 춘천인형극제의 지역경제 및 사회문화적 효과연구, 한국문화정책개발원, 1996.

_____, 국민문화복지 재원 조성방안, 한국문화정책개발원, 1996.

_____, 문화시설의 지역경제 및 사회문화적 효과 연구, 한국문화정책개발원, 1997.

_____, 국립극장, 예술의전당, 국립국악원 조직 및 기능의 특성화 방안, 한국문화정책개
　　　발원, 1998.

_____ 외, 일본대중문화 유통실태 및 개방에 따른 파급효과, 한국문화정책개발원, 1998.

_____, 일본의 문화분권화 정책, 한국문화정책개발원, 1998.

_____, '국제화시대의 문화시장개방과 경쟁력 강화', 〈문화정책 세미나〉, 한국문화정책학
　　　회, 1998. 10.

_____ 외, 기업의 문화예술 활동 조사연구, 한국문화정책개발원, 1998.

_____, '미래지향적인 제도개선으로 문화의 시대를', 〈문화와 나〉, 삼성문화재단, 1999. 9.

_____, '공공문화자산으로서의 공연예술', 〈한국연극〉, 한국연극협회, 1999. 12.

_____ 외, 일본대중문화개방의 심사분석, 한국문화정책개발원, 1999.

_____, '지방문화산업정책의 문제점과 향후 과제', 〈문화정책논총〉 11, 한국문화정책개발
　　　원, 1999.

_____, '문화산업을 고부가가치산업으로 육성하기 위한 정부의 역할', 〈예산수요자와의
　　　정책토론회 보고서〉, 재정경제부, 1999.

_____, '문화산업 규제의 논리와 실제', 〈문화산업의 규제완화〉, 매일경제연구소, 1999.

_____, 지식기반 경제발전을 위한 문화산업의 활성화 방안 연구, 한국문화정책개발원,

1999.

_____, 현대 기업경영과 문화예술, 경희대학교 최고경영자과정, 1999.

_____, '문예진흥기금 재원 개발 및 확충', 〈문예진흥기금 확충을 위한 세미나〉, 문화예술진흥원, 2000. 11.

_____ 외, 지역문화의 현안과 대안, 지역문화의해사무국, 2000.

_____, '지방도시 문화행정의 과제와 방향', 〈제9회 한일지방자치국제세미나〉, 지방자치학회, 2000.

_____, '문예진흥기금과 문화예술 진흥', 〈문화와 나〉, 삼성문화재단, 2001. 1.

_____, '도시문화정책의 방향', 〈국토〉, 국토연구원, 2001. 5.

_____, '문화재원의 확보와 효율적 배분기준 설정', 〈문화예술〉, 문화예술진흥원, 2001. 8.

_____, '도시마케팅: 도시와 장소판촉', 〈도시문제〉, 대한지방행정공제회, 2001. 9.

_____, '도시의 무엇을 팔 것인가', 〈문화도시·문화복지〉 113, 한국문화정책개발원, 2001. 10.

_____, '문화예술진흥을 위한 재정지원: 어디까지 해야 하나', 〈비전2011 문화진흥반토론회〉, KDI, 2001.

_____ 외, 국립극장 경영평가 보고서, 문화관광부, 2001, 2002.

_____, '우리 문화역사마을 만들기의 의의와 과제', 〈문화도시·문화복지〉 133, 한국문화정책개발원, 2002. 1.

_____, '일본의 문화마을만들기', 〈문화도시·문화복지〉 135, 한국문화정책개발원, 2002. 11.

_____, '건물재생의 선봉, 미국의 문화역사마을 만들기', 〈문화도시·문화복지〉 138, 한국문화정책개발원, 2002. 12.

_____ 외, 청소년 건전 육성을 위한 종교계의 역할제고 방안, 한국문화정책개발원, 2002.

_____ 외, 우리문화 창달을 위한 향교와 서원 기능의 현대적 활용방안, 한국문화정책개발원, 2002.

_____ 외, 우리나라 공연예술 실태조사 분석 및 기본계획, 한국문화정책개발원, 2002.

_____, '문화예술 지원정책의 문제점과 방향', 〈문화정책〉 한국문화정책학회, 2002.

_____, '문화시설 투자에 대한 심사분석 시론', 〈문화정책논총〉 14, 한국문화정책개발원, 2002.

_____, '우리나라 문화산업의 현황과 한중교류 방향', 〈한중문화교류세미나〉, 아시아문화교류협의회, 2002.

_____, '문화공학과 정보기술의 만남', 〈문화도시·문화복지〉, 한국문화관광정책연구원, 2003. 4.

_____, 문화재정 중기투자방향, 기획예산처, 2003. 6.

_____, '아름다운 공진: 함께 커나가기', 〈미르〉, 국립극장, 2004. 10.

_____ 외, 국립극장경영평가 결과 보고서, 문화관광부, 2004.

_____, '문화예술지원과 로또복권 이익금 활용', 〈문화예술〉, 문화예술진흥원 2005. 5.

_____, '전문예술법인단체제도의 지원 정책적 의미', 〈전문예술법인 백서〉, 한국문화관광정책연구원, 2005.

_____, 융합환경에 따른 콘텐츠정책 전환과 생태계활성화, 〈GRI논총〉, 13-2, 경기개발원, 2011.

_____ 외, 농어촌희망재단 문화사업 비전연구, 마사회 농어촌희망재단, 2012. 11.

_____, 지역문화정책과 사회적 자본의 통합적 공진화, 〈GRI논총〉, 15-2, 경기개발원, 2013.

_____, 4차산업혁명시대 콘텐츠산업 지원방향, 한국콘텐츠진흥원, 2017.

2. 참고 글

경기문화재단, 공연장상주단체 육성사업 평가보고서, 2011.

구문모, 콘텐츠산업의 1인 창조기업 성공사례 분석연구, 한국문화관광연구원, 2010.

국토연구원, 도시의 문화와 경제에 관한 국제세미나, 2001.

권남훈, 콘텐트의 산업화에 따른 시장변화 및 발전전략연구, 정보통신정책연구원. 2000.

김경욱, 문화정책과 재원조성, 논형, 2011.

김성규, 비영리단체의 설립과 관리 실무, 문자향, 2002.

_____, 예술단체의 재원조성과 투자유치, 경인문화사, 2004.

김성태, 정보정책론과 전자정부론, 법문사. 2002.

김연진, 연수현, 정원희, 문화영향평가 대상별 평가체계구조화 연구, 한국문화관광연구원, 2022.

김정수, '미녀와 야수: 문화행정의 새로운 패러다임모색', 〈한국행정연구〉, 11-1, 한국행정학회, 2002.

김주호 외, 예술경영, 김영사, 2002.

김태완, 정희선, '예술인복지법 통과의 의미와 과제', 〈보건복지포럼〉 한국보건사회연구원, 2012. 1.

김흥규, 공공문화시설건립타당성 사전평가제 연구, 한국문화관광연구원, 2011.

김효정, 문화예술분야 고용촉진을 위한 직업현장 연계방안, 한국문화관광연구원, 2011.

남화경, 한국현대금속공예에 나타나는 스토리텔링 사례연구, 한국디자인문화학회, 2019.

노준석, 콘텐츠 1인창조기업 육성전략, 한국콘텐츠진흥원, 2009.

노준석 외, 세계창조산업전략과 시사점(1), 한국콘텐츠진흥원, 2013.

류정아, 지역문화 정책 분석 및 발전방안, 한국문화관광연구원, 2012.

문화체육관광부, 문화산업백서, 각 연도.

_____, 문화정책백서, 각 연도.

_____, 문화기관의 문화예술 소비활성화 방안, 2005. 5.

_____, 1인창조기업 육성전략, 2008.

_____, 콘텐츠코리아 비전 21, 2001.

_____, 국민여가활동 조사, 2010.

_____, 문화도시 추진 가이드라인 참고, 2022.

박소현, 문화예술의 새로운 흐름, 한국문화관광연구원, 2011.

박영정, 지역문화예술교육 활성화 방안 연구, 한국문화관광연구원, 2010.

부천문화재단, 지역문화정책과 도시마케팅, 디프넷, 2005.

성남문화재단, 세계문화클럽 포럼, 자발적 예술활동과 문화공동체 활성화, 2009.

손원익 외, 민간비영리조직을 통한 재정지출의 효율성 제고방안, 한국조세연구원, 2012.

송도영, 프랑스의 문화산업체계, 지식마당, 2003.

양종회, 문화예술사회학, 그린, 2005.

_____, 미국의 문화산업체계, 지식마당, 2003.

양현미, 문화의 사회적 가치, 한국문화관광연구원, 2007.

양효석, 문화나눔의 사회적 확산을 위한 정책방향, 한국문화예술위원회, 〈문화복지, 문화
       나눔 확산을 위한 정책방향〉, 2011. 11.

오수길, 새로운 문화거버넌스의 가능성과 한계, 〈문화정책논총〉, 한국문화관광정책연구
       원, 2004.

우창화, 산학연 연계를 통한 CT R&D 전략: 문화산업과 기술개발, 한국문화관광정책연구
       원, 2003.

유네스코, '대중의 문화생활 참여 및 기여를 촉진하는 권고', 1976.

_____, 문화적 표현의 다양성 보호와 증진 협약(Convention on the Protection and Promotion of
       the Diversity of Cultural Expression), 국가법령정보센터(http://www.law.go.kr), 2015.

윤사라, 간호사의 코로나19에 대한 지식, 감염관리 수행, 회복탄력성 및 사회 심리적 건강
       간의 상관관계. 중앙대학교대학원 석사학위논문, 2020.

윤성식 외, '지식정보사회의 문화산업정책', 〈정부학연구〉 10-2, 나남출판, 2004.

윤소영, 동호회활동 실태 및 활성화 방안, 한국문화관광연구원, 2010.

_____, 100세 시대대비 지역 여가향유 확대를 위한 전달체계 모델 구축, 한국문화관광연

구원, 2012.

_____, 여가문화활성화를 위한 여가기본법 제정안 연구, 한국문화관광연구원, 2012.

_____, 여가행복지수 개발 기초연구, 한국문화관광연구원, 2013.

이병두, '예술수요 결정요인에 대한 고찰', 〈문화예술〉, 문화예술진흥원, 1993. 6

이복남, '다문화시대와 프랑스 문화정책의 방향', 〈문화도시·문화복지〉, 한국문화정책개
발원, 2002. 3.

이상열, 전통문화산업 융복합 활성화 방안, 한국문화관광연구원, 2012.

이용관, 콘텐츠산업과 한국 고유문화 연계방안 연구, 한국문화관광연구원, 2012.

이인찬, 정보통신기술이 콘텐츠산업에 미치는 파급효과 분석, 정보통신정책연구원, 2000.

이주혁 역, 예술행정론,(J. Pick, Arts Administration, F&F. N., 1980), 현암사, 1980.

이중한 외, 기업의 문화예술지원과 방법, 신구미디어, 1994.

이형진 역, NPO란 무엇인가(Lester M. Salamon, America's Nonprofit Sector), 아르케,
2000.

이호영 외, 네트워크사회에서의 문화산업 경쟁력 제고방안, 한국정보통신연구원, 2006.

임종훈, 치유환경 기반 공공디자인 평가체계에 관한 연구: 평가요소를 통한 체크리스트를
중심으로, 상명대학교 박사학위논문, 2016.

전병태, 공연예술분야 예술인상주제도 연구, 한국문화관광연구원, 2004.

_____, 커뮤니티아트 진흥방안 연구, 한국문화관광연구원, 2007.

_____, 세계 주요 아트센터 평가사례 비교분석 연구, 한국문화관광연구원, 2008.

_____, 유네스코창조도시 네트워크 가입 지원연구, 한국문화관광연구원, 2008.

정광호 외, '비영리조직의 자율성과 자원의존성에 관한 실증연구: 문화예술단체를 중심으로',
〈한국행정학회보〉 12-1, 한국행정학회, 2003.

정광호·최병구, 문화격차 분석과 문화바우처 정책설계, 〈지방정부연구〉 10-4.

정석순·이준엽, 전시의 체험요소, 방문가치, 행동의도에 관한 연구, 〈관광연구저널〉
25-2, 2011.

정영선, 스토리텔링을 통한 도시의 지문찾기, <함께하는 충북 균형발전>, 충북연구원,
2015.

정용덕 외 역, 거버넌스, 정치 그리고 국가, 법문사, 2003.

정정길, 정책학원론, 법문사, 2000.

조광호·김홍규, 민간투자사업 BTL 시설활용현황 조사연구, 한국문화관광연구원, 2011.

조주영·이효원. 치유환경요소를 이용한 치매노인요양시설 평가 연구. 한국의료복지건축학회,
16권 1호, 25-34, 2010.

주동범 외, 프랑스 문화거버넌스 연구, 〈한국정책과학회보〉, 2003.

주진오, 문화원형 디지털화사업의 평가와 향후 발전방향, 〈코카포커스〉, 한국콘텐츠진흥원, 2012.

주형일 역, 문화의 세계화, 한울, 2000.

중앙일보, 산업클러스터 발전전략 심포지엄, 2002.

지방행정연구원, 지방 문화산업 정책의 방향, 2000.

청주문화도시 국제회의 조직위원회, 도시의 지속가능성과 문화, 2001.

최병선, 정부규제론, 법문사, 2000.

파스칼 다이에즈, 프랑스의 예술교육, 〈한국예술종합학교논문집〉, 한국예술종합학교, 2001.

한국개발연구원, 국립경주극장 건립사업 타당성 조사, 2002.

한국문화정책개발원, 한국문화산업의 동북아지역 진출활성화 및 협력방안 연구, 2002.

＿＿＿, 국민문화예술활동 조사, 각연도.

＿＿＿, 문화예술인실태조사, 각연도.

＿＿＿, 창의적 문화국가 건설을 위한 정책 제언, 1997.

＿＿＿, 평생문화학습 방안 연구, 1997.

＿＿＿, 문예회관 운영표준 모델 연구, 2000.

한국문화예술교육진흥원, 문화예술교육 효과분석 연구, 2012.

한국문화예술위원회, 지역협력형사업 평가보고서, 2012.

＿＿＿, 영국의 창의적 재능: 자발적 아마추어 예술, 2009.

한국문화원연합회, 생활문화공동체 지원관련 정책연구 보고서, 2011.

＿＿＿, 생활문화공동체 활성화 방안 연구, 2012.

한국문화정보센터, 문화정보화백서, 2004.

＿＿＿, 정보화시대의 문화콘텐츠 관리정책 포럼, 2004.

한국문화콘텐츠진흥원, 문화콘텐츠산업 중장기 발전전략 연구, 2003.

한국콘텐츠진흥원, 콘텐츠의 문화적 향유 확대방안, 2011.

＿＿＿, 지역문화산업클러스터 실태조사, 2011.

＿＿＿, 세계콘텐츠산업의 현황과 트렌드변화, 2012.

＿＿＿, 콘텐츠산업의 고용효과 분석과 고용정책 방향, 〈코카포커스〉, 2012.

＿＿＿, 스마트콘텐츠 시장조사, 2012.

＿＿＿, 콘텐츠산업 생태계 형성과 정책 거버넌스 구축 방안, 〈코카포커스〉, 2012.

한국보건사회연구원, 한국인의 삶의 질, 1996.

허 범, '정책의 본질', 유훈 외, 〈정책학개론〉, 법문사, 1985.

＿＿＿, '공공정책결정과 공직윤리', 〈한국산업사회의 구조와 가치관의 제문제〉, 한국정신
　　　문화연구원, 1992.

_____, '공공정책의 형성과 집행', 〈행정학개론〉, 대영문화사, 1988.

_____, '문화정책의 이상과 도전', 〈한국정책학회보〉 11 - 1, 한국정책학회.

허은영, 문화예술분야 기부 활성화를 위한 정책적 지원방안 연구, 한국문화관광연구원, 2009.

_____, 문화시설 운영효율성 지표개발 연구, 한국문화관광연구원, 2010.

_____, 예술분야 일자리 특징 및 인력정책방향, 한국문화관광연구원, 2010.

현영하 역, 비영리단체의 경영, 한국경제신문, 2003.

加藤桂子, '都心部再開發における非營利団体の活動と地域経済への波及効果', 〈文化経済学会年次大会予告集〉, 文化経済学会(日本), 1996.

加藤種男, '芸術NPOの社会的機能', 〈文化経済学会年次大会予告集〉, 文化経済学会(日本), 1997.

_____, '文化芸術支援:メッセナの新たな方向', 〈文化経済学〉, 文化経済学会(日本), 2002. 9.

_____, '芸術社会論ことはじめ', 〈文化経済学〉, 文化経済学会(日本), 2001.

かじとおろ, 自治体の文化政策, 風響社, 2000.

間場壽一, 地方文化と社会学, 世界思想社, 1998.

岡本包治, イベントによる地域活性化, ぎょうせい, 1992.

文化の消費者翻訳研究会(1997). アルビン・トフラー 文化の消費者, 勁草書房, 1997.

犬塚潤一郎, '文化政策としてのイベントロッジ', 上野征洋, 〈文化政策を学ぶ人のために〉, 世界思想社, 2002.

高久彩, 'EU文化政策における博物館収蔵品の流動性', 〈文化政策研究〉 4, 日本文化政策学会, 2010.

高島博, '地域つくりの文化經濟學研究', 〈文化経済学会年次大會予告集〉, 文化経済学会(日本), 1999.

古賀弥生, 芸術文化がまちをつくる, 九州大学出版会, 2008.

谷川眞美, '文化政策の現場としてのアウトリーチ活動', 上野征洋, 〈文化政策を学ぶ人のために〉, 世界思想社, 2002.

管野英機, 文化とレジャーの経済学, 中央経済社, 1993.

管原道雄, '施設の高機能化', 平本一雄, 〈自由時間社会の文化創造〉, ぎょうせい, 1994.

鳩根智章, 'インターカルチュラルポリシーについて', 〈文化政策研究〉 5, 日本文化政策学会, 2011.

久木元拓, '集団的知性の形成から捉えたアートプロジェクトの組織経営的政策分析・評価試

　　　　論', 〈文化政策研究〉 3号, 日本文化政策学会, 2009.

構上智恵子, '国民統合と文化政策の形成', 〈文化経済学〉, 文化経済学会(日本), 2000.

鬼木和浩, '自治の文化化', 〈文化政策研究〉 5号, 日本文化政策学会, 2011.

近畿通商産業局, 歴史・文化資源を活かした地域活性化のあり方に關する調査報告書: 情報シ
　　　　ステムの現狀と今後の活用, 1995.

根木昭, 文化会館通論, 晃洋書房, 1997.

＿＿＿, '地方公共団体の文化政策理念と政策展開の方向', 〈文化経済学会年次大会予告集〉,
　　　　文化経済学会(日本), 1997.

＿＿＿, 日本の文化政策, 勁草書房, 2001.

＿＿＿, 芸術文化政策:政策形成とマネジメント, 放送教育振興会, 2002.

＿＿＿, '文化政策の論点', 〈文化経済学〉, 文化経済学会(日本), 2002.

＿＿＿ 外, 文化政策概論, 晃洋書房, 1996.

金武創, '芸術支援政策の財政問題に関する一考察', 〈文化経済学会年次大会予告集〉, 文化経
　　　　済学会(日本), 1996.

＿＿＿, '地方財政論からみた文化ホール', 〈文化経済学会年次大会予告集〉, 文化経済学会
　　　　(日本), 1997.

＿＿＿, '財政支援制度としての文化支援システム', 〈文化経済学会年次大会予告集〉, 文化経
　　　　済学会 (日本), 1998.

＿＿＿, '芸術支援財政の日英比較', 〈文化経済学〉, 文化経済学会(日本), 1998. 5.

＿＿＿, 'NPOと文化政策', 上野征洋, 〈文化政策を学ぶ人のために〉, 世界思想社, 2002.

金田民夫, 美と芸術への序章, 法律文化社, 1979.

磯貝靖洋, '新しいヒューマン世界, 新しい文化理念のために: 文化経済学はヒューマンサイエ
　　　　ンスになることができるか', 〈文化経済学〉, 文化経済学会(日本), 2000. 3.

吉本光宏, '米国地方政府の文化政策:ニューヨークを中心に', 〈文化経済学会年次大会予告
　　　　集〉, 文化経済学会(日本), 2000.

吉田忠, '文化と情報', 池上淳 外, 〈文化政策学の展開〉, 晃陽書房, 2003.

上野征洋, 文化政策を学ぶ人のために, 世界思想社, 2002.

NIRA, 都市の文化的自立と分散型国土の形成, 1993.

にっせい基礎研究所, 芸術活動の底辺を支える米国政府機關の文化政策: 多様な非営利芸術機
　　　　関の育成に向けて, 1999.

端信行, '文化開発論序説', 池上 淳 外, 〈文化政策の展開〉, 晃洋書房, 2003.

丹下甲一, '租税政策を活用した文化・芸術振興政策の可能性とその限界', 〈文化政策研究〉 4
　　　　号, 日本文化政策学会, 2010.

大木裕子, '戦後日本の芸術分野において国際文化交流', 〈文化経済学〉, 文化経済学会(日本), 2002.

大蔵省, ソフト化社会の人間と文化, 1985.

大鳥俊一, 地域活性化と広域交流の創造, 創成社, 1997.

大澤寅雄, '公共ホールにおける事業評価制度のあり方', 〈文化経済学会年次大会予告集〉, 文化経済学会(日本), 2001.

大河直躬, 都市の歴史とまちつくり, 学芸出版社, 1995.

德丸吉彦, 社会における人間と芸術, 放送教育振興会, 2002.

渡辺通弘, 'より説得力ある文化政策を求めて', 〈文化経済学会年次大会予告集〉, 文化経済学会(日本), 1996.

稲木徹, '文化政策の国際的評価視点', 〈文化政策研究〉 3, 日本文化政策学会, 2009.

渡部薫, '都市の創造性と文化消費:消費者の文化創造能力からの考察', 〈文化経済学〉, 文化経済学会(日本), 2005.

東京都生活文化局, 東京における文化事業の實施に関する構造調査, 1999.

東京都総務局, 行政評價制度の施行において評價結果報告書, 東京都総務局行政改革推進室, 2000.

東京都, 都市文化の創造をめざして, 2000.

稲桓良典, 人間文化基礎論, 九州大学出版会, 2003.

藤島たいすけ, 名画の経済学(William.D.Grampp, Pricing the Priceless), ダイヤモンド社, 1991.

鈴木茂, '地方工業都市の内發型發展論と産業文化', 〈文化経済学会年次大会予告集〉, 文化経済学会(日本), 1997.

_____, 産業文化都市の創造, 大明堂, 1998.

瀬沼克彰, 住民参加の文化開発, 学文社, 1981.

_____, 現代余暇論の構築, 學文社, 2002.

武長悠行, 文化情報論序説, 学文社, 1999.

米村惠子, '市民の生活意識のルネッサンス', 森啓, 〈市民文化と文化行政〉, 學陽書房, 1988.

宝田昌子, '文化施設を支える人才と運営ソフト', 平本一雄, 〈自由時間社会の文化創造〉, ぎょうせい, 1994.

福原義春, 文化資本の經營, ダイヤモンド社, 1999.

_____, 文化資本論, ダイアモンド社, 2001.

福井有, 情報と社会文化, エピック, 1999.

本田洋一, '地域ものづくり産業の振興と芸術系大学の役割', 〈文化政策研究〉 3, 日本文化政策学会, 2009.

本田和子, 子供と若者の文化, 放送大学教育振興会, 1998.

富本真理子, '地域資源の活用による観光まちづくりに関する考察', 〈文化政策研究〉3, 日本文化政策学会, 2009.

山崎正和, 文化が地域をまちつくる, 学陽書房, 1996.

山田真一, '南米ベネスエラの音楽教育システムエルシステマの政策的考察', 〈文化政策研究〉3, 日本文化政策学会, 2009.

山田浩之, '文化産業論序説', 〈文化経済学〉, 文化経済学会(日本), 2002.

森 啓, 市民社会と文化行政, 學陽書房, 1988.

森巖夫, 地域まちつくり読本, 地域活性化センター, ぎょうせい, 1996.

森正直, 文化経済学原理, 九州大学出版会, 2003.

三浦文夫, デジタルコンテンツ革命, 日本経済新聞社, 1997.

相郎憲昭, 文化学講義, 世界思想社, 2003.

上野征洋, 文化政策を学ぶ人のために, 世界思想社, 2002.

上原惠美, '文化マネジメントの實態', 池上 淳, 〈文化政策学の展開〉, 晃洋書房, 2003.

石川實, 生活文化を学ぶ人のために, 世界思想社, 1998.

笹沼俊樹, 企業の文化資本, 日刊工業新聞社, 1991.

笹井宏益, '文化政策の課題', 〈文化経済学〉, 文化経済学会(日本), 1995.

小松隆二, 市民社会と公益学, 不磨書房, 2002.

_____, 公益とまちつくり文化, 慶應義塾大学出版会, 2003.

小林眞理, '文化行政法の基本原理と構造: 文化権の確立に向けて', 〈文化経濟学年次大会予告集〉, 文化経済学会(日本), 1993.

_____, 'オーストリア文化振興法の構造と特徴', 〈文化経済学会年次大会予告集〉, 文化経済学会(日本), 2001.

_____, '文化政策における行政の役割と課題', 上野征洋, 〈文化政策を学ぶ人のために〉, 世界思想社, 2002.

_____, 文化権の確立に向けて, 勁草書房, 2004.

小暮宣雄, 地域文化・情報化戦略, ぎょうせい, 1996.

小田重和, '文化施設はたれのものか', 平本一雄, 〈自由時間社会の文化創造〉, ぎょうせい, 1994.

小松隆二, 公益とまちつくり文化, 慶應義塾大学出版会, 2003.

松本伸二, '芸能實演家の雇用と勞動條件', 〈文化経済学会年次大会予告集〉, 文化経済学会(日本), 1993.

松本茂章, 官民協働の文化政策, 水曜社, 2011.

松下圭一 外, 文化行政, 学陽書房, 1981.

＿＿＿＿, 市民文化と自治体文化戦略, 公人の友社, 2003.

植木浩, 文化と社会, 芸団協出版部, 2001.

神昭晴子 外, 情報社会を理解するためのキーワード1, 2, 3, 倍風館, 2003.

申斗燮, 非営利団体の経済分析, 名古屋大学博士学位論文, 2003.

失作弘, 地方都市再生への條件, 岩波書店, 2002.

安澤秀一, 文化情報学, 北樹出版, 2002.

壓林二三雄, 日本の文化産業, 有斐閣, 1981.

野村卓志, '高度情報化社会(IT社会)と文化政策', 上野征洋, 〈文化政策を学ぶ人のために〉, 世界思想社, 2002.

永島剛, イギリス「大きな社会」構想とソーシャルキャピタル論, 2011.

＿＿＿＿, '「福祉国家」との関係をめぐって―', 〈社会関係資本研究論集〉 2号. 119-133.

友岡邦之, '文化社会学における制度的側面への三つのアプローチ', 〈文化経済学〉, 文化経済学会 (日本), 2001. 9.

＿＿＿＿, '社會学 〈界〉 の特性と文化政策学の可能性', 〈文化政策研究〉 5号, 日本文化政策学会, 2011.

熊本純子, '非営利組織と芸術文化産業', 〈メセナ〉, 25, 1996.

衛紀生, 文化政策と地域社会, テアトロ, 1997.

有馬昌宏, '文化経済学における実証主義研究の動向と課題', 〈文化経済学〉, 文化經経済学会 (日本), 2002. 3.

伊藤裕夫, これからの芸術文化政策, 芸団協出版部, 1995.

＿＿＿＿, '芸術文化振興に対する芸術家と鑑賞者意識の差に対して', 〈文化経済学論文集〉, 文化経済学会(日本), 1996.

＿＿＿＿, '文化政策研究の対象と研究課題', 〈文化政策研究〉 2, 日本文化政策学会, 2008.

＿＿＿＿, '文化政策としてのアートマネジメント', 上野征洋, 〈文化政策を学ぶ人のために〉, 世界思想社, 2002.

伊志嶺絵里子, 'シンガポールの芸術政策におけるブランド戦略', 〈文化政策研究〉 4, 日本文化政策学会, 2010.

日本文化行政研究会, 文化行政, 水曜社, 2001.

日本情報處理開發協會, 情報化白書, 1999.

林睦, '學校教育における音樂家活動の調査研究', 〈文化經濟學〉, 文化經濟學會(日本), 2002.

紫田英杞, '芸術文化団体における非営利組織の社会的役割', 〈文化経済学会年次大会予告集〉, 文化経済学会(日本), 1996.

長谷川秀男, '地場産業と地域文化の形成發展', 〈文化経済学会年次大会予告集〉, 文化経済学
　　　　会(日本),1995.

猪瓜範子, まちつくり文化産業の時代, ぎょうせい, 1992.

跡田直澄 外, '非営利セクターの経済分析', 〈社会保障研究〉 29-4, 1994.

田中敬文, '舊共産主義諸國の芸術文化におけるの非営利組織', 〈文化経済学会年次大会予告
　　　　集〉, 文化経済学会(日本), 1996.

_____, 非営利団体の経済分析(James, E. et al., The Nonprofit Enterprise in Market
　　　　Economies, Harwood Academic Publishers, 1986), 多賀出版, 1993.

_____, '非営利団体の行動と経済モデル', 〈社会保障研究〉 30-4, 1995.

田中捻久, '米政府の国際文化交流政策と機構', 〈文化経済学〉, 文化経済学会(日本), 2001.

田中鮎夢, '芸術政策における消費者補助金制度の可能性', 〈文化政策研究〉 1, 日本文化政策
　　　　学会, 2007.

電通總研, NPOとは何か, 日本経済新聞社, 1996.

_____, 情報メディア白書, ダイヤモンドー社, 2003.

井口貢, 文化現象としての経済－現代経済の諸相, 学術圖書出版社, 1995.

_____, 入門文化政策, ミネルヴァ房序, 2011.

正木桂, '文化権の憲法上の根拠に関する一考察', 〈文化政策研究〉 3, 日本文化政策学会,
　　　　2009.

齊藤隆文, イメージとしての都市, 南雲堂, 1996.

佐々木晃彦, 企業と文化の對話, 東海大学出版会, 1991.

_____, '経営学において芸術経営学の位置', 〈文化経済学会年次大会予告集〉, 文化経済学会
　　　　(日本), 1996.

_____, 文化経済学への招待, 芙蓉書房出版, 1997.

_____, '芸術經営論の現代的課題', 〈文化経済学〉, 文化経済学会(日本), 2000.3.

佐々木雅幸, 創造都市の 経済学, 勁草書房, 1999.

_____, 'イタリアにおいて都市文化政策', 〈文化経済学会年次大會予告集〉, 文化経済学会(日
　　　　本), 2000.

_____, 創造都市への挑戦, 岩波書店, 2001.

_____, 創造都市と日本社會の再生, 公人の友社, 2003.

中山夏織, '英國にみるアートマネジメントの限界', 〈文化経済学会年次大會予告集〉, 文化経
　　　　済学会(日本), 1995.

中川幾郎, 分権時代の自治体文化政策, 勁草書房, 2001.

_____, '参加と連携の論理と行動', 上野征洋, 〈文化政策を学ぶ人のために〉, 世界思想社,

2002.

曾田修司, '芸術の獨創性を生み出す芸術振興政策とは何か', 〈文化経済学会年次大會予告集〉, 文化経済学会(日本), 2001.

池上淳, 舞台芸術: 芸術と経済のジレンマ(W. J. Baumol & W. G. Bowen, Performing Arts, 1966), 芸団協出版部, 1994.

_____, 芸術文化振興政策の財政的基礎, 日本芸能実演家団体協議会, 1995.

_____, 情報社会の文化経済学, 丸善ライブラリー, 1996.

_____, 情報化時代の文化経済学, 丸善, 1996.

_____, 文化と固有価値の経済学, 岩波書店, 2003.

枝川明敬, '文化施設整備過程における文化指標の研究', 〈文化経済学〉, 文化経済学会(日本), 2000.

_____, '全国的に見た文化施設と活動に関する調査研究', 〈文化経済学〉, 文化経済学会(日本), 2001.

持元江津子, 'ケインズの芸術論と芸術のもつ公共性について', 〈文化経済学〉, 文化経済学会(日本), 2000.

川上敏寛, '都市におけるクリエイティブな余暇空間と文化政策', 〈文化政策研究〉 3, 日本文化政策学会, 2009.

川井田祥子, '障害者の福祉 well-beingにおける芸術的表現の意義', 〈文化政策研究〉 5, 日本文化政策学会, 2011.

川村陶子, '文化政策の国際関係的アプローチ', 〈文化政策研究〉 2, 日本文化政策学会, 2008.

青木圭介, '消費者選択と経済改造', 池上淳, 〈文化政策学の展開〉, 晃光書房, 2003

總合研究開發機構, 市民公益活動の促進に關する法と制度のあり方, 1996.

秋葉美知子, 'アメリカにおける雇用政策と地域芸術振興に関する研究', 〈文化政策研究〉 1, 日本文化政策学会, 2007.

出口正之, 'ニューディール時代の文化政策の実態と意義', 〈文化経済学会年次大会予告集〉, 文化経済学会(日本), 2001.

桶田真理子, '国際文化交流機関の理念と経営', 〈文化政策研究〉 3, 日本文化政策学会, 2009.

阪本崇, '消費による学習と選好の変化', 〈文化経済学会年次大会予告集〉, 文化経済学会(日本), 1998.

_____, '消費者選好の文化と文化的需要:家計生活モデルを利用したT. Scitovskyの再評価', 〈文化経済学会年次大会予告集〉, 文化経済学会(日本), 1997.

_____, '文化政策の目的は何によって言われるべきか', 〈文化政策研究〉 5, 日本文化政策学会, 2011.

＿＿＿，‘格差社会における文化政策’, 井口貢, 入門文化政策, ミネルヴァ房序, 2011.

片方善治, 企業の文化, 毎日コミュニケーション, 1991.

片山泰輔, ‘自立支援としての文化政策’, 〈文化経済学会年次大会予告集〉, 文化経済学会(日本), 2000.

平本一雄, 自由時間社会の文化創造, ぎょうせい, 1994.

平野健一郎, 国際文化交流の政治經濟学, 勁草書房, 1999.

平田オリザ, 芸術立國論, 集英社新書, 2001.

浦野進, 學校における藝術鑑賞, 〈文化經濟學會論文集〉, 文化經濟學會(日本), 1号, 1995.

河島伸子, ‘文化政策の国際比較研究: 文獻レビューが示唆するもの’, 〈文化経済学会年次大会予告集〉, 文化経済学会(日本), 1995.

＿＿＿，‘文化政策における地域分散’, 〈文化経済学〉, 文化経済学会(日本), 1998. 5.

＿＿＿，‘文化政策研究の国際的動向’, 〈文化経済学〉, 文化経済学(日本), 1999. 3.

＿＿＿，文化政策における生き残り戦略, 文化政策研究 2, 文化政策学会(日本), 2008.

丸尾直美, ‘非営利組織の経済分析’, 〈社会保障研究〉 30-4, 1995.

後藤和子, ‘芸術・文化への公的支援において公共選択の可能性と課題’, 〈文化経済学会年次大会予告集〉, 文化経済学会(日本), 1998.

＿＿＿，‘地域公共政策としての地域文化振興の課題’, 〈文化経済学会年次大会予告集〉, 化経済学会(日本), 1999.

＿＿＿，文化政策学, Compact, 2001.

＿＿＿，‘生活の質と文化政策: スウェーデン事例’, 〈文化経済学会年次大会予告集〉, 文化経済学会(日本), 2001.

＿＿＿，‘文化政策の評価をめぐって:文化政策の主体はだれか’, 上野征洋, 〈文化政策を学ぶ人のために〉, 世界思想社, 2002.

＿＿＿，‘創造性の経済学への試論’, 〈文化経済学会年次大会予告集〉, 文化経済学会(日本), 2002.

＿＿＿ 外, 市民活動論, 有斐閣, 2005.

＿＿＿，‘文化政策研究と文化経済学’, 〈文化政策研究〉 5, 日本文化政策学会, 2011.

黒川徳太郎, 実演家の権利に関する契約(Frank Gotzen, Performer's Rights Contracts), 芸団協出版部, 1976.

Carl Grodach, Anastasia Loukaitou-sideris, Cultural Development Strategies and Urban Revitalization: A Survey of US Cities, *International Journal of Cultural Policy*, 13-4, 2007.

Creative Industries Task Force, Creative Industries: Mapping Document, 1998.

David Cowi, Challenging Cultural Institutions to make a Profit, William S. Hendon, *Economics of Cultural Decision*, Cambridge: Abt Books, 1983.

David Cray, Loretta Inglis, Strategic Decision Making in Arts Organizations, *The J. of Arts Management, Law and Society*, 41, 2011.

David Throsby, On Cultural Policy: Where We've been and Where We're gone, 〈文化経済学〉, 文化経済学会(日本), 2002. 3.

Deborah Stevenson, David Rowe, Kieryn Mckay, Convergence in British Cultural Policy: The Social, the Cultural, and the Economic, *The J. of Arts Management, Law and Society*, 40, 2010.

Dick Netzer, Arts and Culture, Charles T. Clotfeler ed., Who Benefits from the Nonprofit Sector, The Univ. of Chicago Press, 1992.

Don Fullerton, Tax Policy toward Art Museums, Martin Feldstein eds., *The Economics of Art Museums*, Chicago, The U. of Chicago Press, 1991.

Dominic Power, Culture, Creativity and Experience in Nordic and Scandinavian Cultural Policy, *International Journal of Cultural Policy*, 15-4, 2009.

Elenora Belfiore, Oliver Bennett, Rethinking the Social Impacts of the Arts, *International Journal of Cultural Policy*, 13-2, 2007.

Franco Bianchini et al., Cultural Policy and Urban Regeneration, Manchester, Manchester Univ. Press, 1993.

Frank Hodsoll, Public Funding for the Arts, *The J. of Arts Management and Society*, Summer 1996.

Harold Horowitz, Governmental Decisions on the Arts in a Decentralized System, William S. Hendon, *Economics of Cultural Decision*, Cambridge: Abt Books, 1983.

Harold L. Vogel, Entertainment Industry Economics, Cambridge Univ. Press, 1998.

Harvey Feigenbaum, Is Technology the Enemy of Culture?, *International Journal of Cultural Policy*, 10-3, 2004.

Jan Drewnowski, Studies in the Measurement of Level of Living and Welfare, United Nations Research Institute for Social Development, Report No. 80.3, Geneva, 1970.

Jim McGuigan, Doing a Florida thing: The Creative Class Thesis and Cultural Policy, *International Journal of Cultural Policy*, 15-3, 2009.

John Holden, Culture and Learning: Towards a New Agenda, *DEMOS Consultation Paper*, February 2008.

John Kreidler and Leverage Lost, The Nonprofit Arts in the Post-Ford Era, *The J. of Arts and Management, Law, and Society*, 26-2, Summer,1996.

Jonathan Paquette, Science as Culture and Leisure: Cultural Policy, Industry and Scientific Culture in the Canadian Context, *International Journal of Cultural Policy*, 17-1, 2011.

Katja Lindqvist, Public Governance of Arts Organisations inSweden: Strategic Implications, *International Journal of Cultural Policy*, 13-3, 2007.

Li-Jung Wang, Denise Meredyth and Jeffery Minision, Citizenship and cultural policy, *International Journal of Cultural Policy*, 16-1, 2010.

Lyudmila Petrova, David Throsby: The Economics of Cultural Policy, *Journal of Cultural Economics*, 35, 2011.

Mark Banks, Justin O'Connor, After the Creative Industries, *International Journal of Cultural Policy*, 15-4, 2009.

Martin Feldstein, The Economics of Art Museums, The Univ. of Chicago Press, 1991.

Martin Fernand, Determining the Size of Museum Subsidies, *Journal of Cultural Economics*, 18, 1994.

MacRae Duncan, Jr., Policy Indicators, Chapel Hill and London: The University of North Carlolina Press, 1985.

Michael Useem, Corporate Support for Culture and the Arts, Margaret Jane Wyszomirski ed., The Cost of Culture, New York; ACA Books, 1989.

Nick Wilson, Social Creativity: Re-qualifying the Creative Economy, *International Journal of Cultural Policy*, 16-3, 2010.

Nina Kressner Cobb, Looking Ahead: Private Sector Giving to the Arts and the Humanities, *The J. of Arts and Management, Law, and Society*, 26-2, Summer, 1996.

Njordur Sigurjonsson, Orchestra Audience Development and the Aesthetics of "Customer Comfort, *The J. of Arts Management, Law and Society*, 40, 2010.

OECD, New Direction for Industrial Policy, Paris: OECD, 1998.

O'Hagan, John, "Acess to and Participation in the Arts: the Case of Those with Low Incomes/Educational Attainment", *Journal of Cultural Economics*, 20-4, 1996.

Peter M. Mclsaac, Public-Private Support of The Arts and German Cultural Policy The case of Wilhelm Bode, *International Journal of Cultural Policy*, 13-4, 2007.

Rhoda H. Halperin, Cultural Economics, Univ. of Texas Press, 1994.

Roberta Comunian, Roberta Comunian, Kong L. and O'Connor J., Creative Economies, Creative Cities, Asian European Perspectives, *Journal of Cultural Economics*, 34, 2010.

Robert Weisberg, The Study of Creativity: from Genius to Cognitive Science, *International Journal of Cultural Policy*, 16-3, 2010.

Ruth Twose eds., Cultural Economics, New York, Springer-Verlag, 1992.

Richard E. Caves, Creative Industries. Harvard Univ. Press, 2000.

Roger A. McCain, Consumer's Decision for Cultural Services, William S. Hendon, Economics of Cultural Decision, Cambridge: Abt Books, 1983.

Sonia S. Gold, Consumer Sovereignty and the Performing Arts, William S. Hendon, Economics of Cultural Decision, Cambridge: Abt Books, 1983.

Susan Galloway, Stewart Dunlop, A Criique of Definitions of The Cultural and Creative Industries in Public Policy, *International Journal of Cultural Policy*, 13-1, 2007.

Tibor Scitovsky, Subsidies for the Arts, William S. Hendon, *Economics of Cultural Decision*, Cambridge: Abt Books, 1983.

The European Task Force, Culture and Development, 1997.

The President's Committee on the Arts and the Humanities, Creative America, Washington D.C., 1997.

Theodor W. Adorno, The Cultural Industry, Routledge, London, 1991.

UNESCO, Action Plan on Cultural Policies for Development, *Intergovernmental Conference on Cultural Policies for Development*, 1988.

UNESCO, Cultural Development: Some Regional Experiences, The UNESCO Press, 1981.

Virginia Lee Owen, Art Providers in the Private Sector, William S. Hendon, Economics of Cultural Decision, Cambridge: Abt Books, 1983.

William A. Luksetich, Simultaneous Model of Npnprofit Symphony, Orchestra Behavior, *Journal of Cultural Economics*, 19-1, 1995.

찾아보기

저자 약력

이흥재

서울대 행정대학원 석사, 성균관대대학원 행정학박사.
전, 추계예술대학교 교수로서 문화예술경영대학원장과 문화예술경영연구소장을 지냈다. 한국문화경제학회장, 한국지역문화학회장을 맡았다. 정책현장에서 한국문화정보센터(현 한국문화정보원)소장, 전주정보문화산업진흥원장으로 일했다.

문화정책에 관련해서 문화정책론(2014), 문화재정책개론(역, 2007), 문화정책(2006), 문화예술정책론(2005), 예술경영과 문화정책(역, 2002)을 펴냈다. 그 밖에 4차산업혁명과 소셜디자인 문화전략(2018), 현대사회와 문화예술(2012), 문화사회만들기(2010), 문화예술과 도시경제(편, 2002), 문화예술경제학(2000), 왕의 소통: 권력과 문화의 짝춤(2022), 삶이 계절이라면 가을쯤 왔습니다(2019)를 저술했다.

김영주

문화예술학 박사. 추계예술대학교 문화예술경영연구소 연구교수로서 문화정책 연구를 하고 있으며, 가톨릭대학교와 국제예술대학교 겸임교수로 재직 중이다. 한국문화경제학회 학술위원장, 한국지역문화학회 이사, 한국문화관광연구원 전문자문위원, 은평문화재단 이사 등 문화정책 현장에서 왕성하게 활동하고 있으며, 일본 문화정책에도 관심이 많다.

주요 문화정책 연구로는 로컬푸드직매장지원사업 문화영향평가연구(2016), 지역문화예술지원사업 평가연구(2016), 어르신문화프로그램지원사업평가 및 발전방안연구(2017), 평창문화올림픽 의미 및 성과분석 연구(2018), 서울어젠다 이행실적 점검을 위한 기초연구(2018), 오산문화도시 조성사업 계획 문화영향평가(2019), 아르코청년예술가지원사업 만족도조사 및 사업개선연구(2020), 인생나눔교실 사업평가연구(2021), 문화예술교육 1차 종합계획 이행현황 분석(2021), 우리가치인문동행 사업평가연구(2022), 전통문화산업 정책 효율화를 위한 기초연구(2023) 등이 있으며, 저서로는 '기억력을 지켜주는 컬러링북(학고재)' 3권이 있다.

제2판
문화정책론

초판발행	2014년 6월 11일
제2판발행	2023년 3월 10일
지은이	이흥재·김영주
펴낸이	안종만·안상준
편 집	양수정
기획/마케팅	조성호
표지디자인	BEN STORY
제 작	고철민·조영환
펴낸곳	(주)박영사
	서울특별시 금천구 가산디지털2로 53, 210호(가산동, 한라시그마밸리)
	등록 1959. 3. 11. 제300-1959-1호(倫)
전 화	02)733-6771
f a x	02)736-4818
e-mail	pys@pybook.co.kr
homepage	www.pybook.co.kr
ISBN	979-11-303-1710-6 93350

* 파본은 구입하신 곳에서 교환해 드립니다. 본서의 무단복제행위를 금합니다.
* 저자와 협의하여 인지첩부를 생략합니다.

정 가   28,000원

* 이 책의 초판은 2013학년도 추계예술대학교의 특별연구비 지원으로 이루어진 것입니다.